Impacto da Pandemia da Covid-19 nas Estruturas do Direito Público

Impacto da Pandemia da Covid-19 nas Estruturas do Direito Público

2022

Coordenadores

Carlos Blanco de Morais
Miguel Nogueira de Brito
Miguel Assis Raimundo

ALMEDINA

IMPACTO DA PANDEMIA DA COVID-19 NAS ESTRUTURAS DO DIREITO PÚBLICO
© Almedina, 2022
COORDENADORES: Carlos Blanco de Morais, Miguel Nogueira de Brito, Miguel Assis Raimundo

DIRETOR ALMEDINA BRASIL: Rodrigo Mentz
EDITORA JURÍDICA: Manuella Santos de Castro
EDITOR DE DESENVOLVIMENTO: Aurélio Cesar Nogueira
ASSISTENTES EDITORIAIS: Isabela Leite e Larissa Nogueira
ESTAGIÁRIA DE PRODUÇÃO: Laura Roberti

DIAGRAMAÇÃO: Almedina
DESIGN DE CAPA: FBA

ISBN: 9786556277141
Dezembro, 2022

Dados Internacionais de Catalogação na Publicação (CIP)
(Câmara Brasileira do Livro, SP, Brasil)

Wmpactos da pandemia da Covid-19 nas estruturas do direito público / coordenadores Carlos Blanco de Morais, Miguel Nogueira de Brito, Miguel Assis Raimundo. – São Paulo : Almedina, 2022.

Vários autores.
Bibliografia.
ISBN 978-65-5627-714-1

1. Coronavírus (COVID-19) – Aspectos jurídicos 2. Coronavírus (COVID-19) – Pandemia 3. Direito público – Brasil 4. Direito público – Portugal 5. Direitos fundamentais 6. Responsabilidade civil I. Morais, Carlos Blanco de. II. Brito, Miguel Nogueira de. III. Raimundo, Miguel Assis.

22-127998 CDU-342:616.24-002(469:81)

Índices para catálogo sistemático:

11. Portugal-Brasil : Coronavírus : COVID-19 : Direito público 342:616.24-002(469:81)

Cibele Maria Dias - Bibliotecária - CRB-8/9427

Este livro segue as regras do novo Acordo Ortográfico da Língua Portuguesa (1990).

EDITORA: Almedina Brasil
Rua José Maria Lisboa, 860, Conj.131 e 132, Jardim Paulista | 01423-001 São Paulo | Brasil
editora@almedina.com.br
www.almedina.com.br

SOBRE OS COORDENADORES

CARLOS BLANCO DE MORAIS
Professor Catedrático da Faculdade de Direito da Universidade de Lisboa. Coordenador Científico do Centro de Investigação de Direito Público.

MIGUEL NOGUEIRA DE BRITO
Doutor em Direito. Professor Associado na Faculdade de Direito da Universidade de Lisboa. Advogado.

MIGUEL ASSIS RAIMUNDO
Doutor em Direito. Professor Associado na Faculdade de Direito da Universidade de Lisboa e Investigador do Centro de Investigação de Direito Público.

SOBRE OS AUTORES

ELIVAL DA SILVA RAMOS
Professor Titular da Faculdade de Direito da USP; Mestre, Doutor e Livre-Docente (Direito Constitucional) pela Faculdade de Direito da USP. Procurador do Estado de SP aposentado; ex-Procurador Geral do Estado de SP. Procurador Chefe da Fundação de Amparo à Pesquisa do Estado de São Paulo – FAPESP. Advogado-parecerista especializado. Vice-Presidente do Instituto Pimenta Bueno – Associação Brasileira dos Constitucionalistas. Membro da Academia Paulista de Letras Jurídicas.

FERNANDO MENEZES DE ALMEIDA
Professor titular da Faculdade de Direito da Universidade de São Paulo (USP).

JOSÉ JOÃO ABRANTES
Juiz Conselheiro do Tribunal Constitucional de Portugal. Professor Catedrático da Faculdade de Direito da Universidade Nova de Lisboa.

JOSÉ MARINHO PAULO JUNIOR
Doutorando em Direito (UNESA). Mestre em Direito Processual (UERJ). Especialista em Mediação pelo Justice Institute of British Columbia (Canadá). Membro do Ministério Público do Estado do Rio de Janeiro. Ex-Membro do Ministério Público do Rio Grande do Sul. E-mail: jmarinho@mprj.mp.br

JUAN RAMÓN FERNÁNDEZ TORRES
Catedrático de Derecho Administrativo en Universidad Complutense de Madrid. Abogado.

LUIS FELIPE SALOMÃO
Ministro do Superior Tribunal de Justiça.

MASSIMO LUCIANI
Professor titular de Direito Constitucional na Facoltà di Giurisprudenza dell' Università degli Studi di Roma "La Sapienza".

PAULO GUSTAVO GONET BRANCO
Doutor em Direito (Universidade de Brasília). Professor do Instituto Brasileiro de Ensino, Desenvolvimento e Pesquisa – IDP. Membro do Ministério Público Federal.

PEDRO ROMANO MARTINEZ
Doutor em Direito. Professor Catedrático da Faculdade de Direito da Universidade de Lisboa.

RAQUEL BRIZIDA CASTRO
Doutora em Direito. Professora da Faculdade de Direito da Universidade de Lisboa. Advogada.

RICARDO PEDRO
Doutor em Direito Público pela Faculdade de Direito da Universidade Nova de Lisboa. Investigador no Centro de Investigação de Direito Público (CIDP) da Faculdade de Direito da Universidade de Lisboa.

ROGER STIEFELMANN LEAL
Professor Doutor de Direito Constitucional na Faculdade de Direito da Universidade de São Paulo. Visiting Scholar na Harvard Law School (2019). Doutor em Direito do Estado pela Universidade de São Paulo.

SUMÁRIO

INTRODUÇÃO

Numa obra recente sobre os efeitos da pandemia da doença COVID-19 na vida das democracias, dá-se nota de duas grandes possíveis estratégias de compreensão do fenómeno: por um lado, os que acreditam que a pandemia significará um desvio mais ou menos breve (espera-se) da política normal, que retomará em breve o seu controlo sobre as nossas vidas; por outro lado, os que entendem que a pandemia marca um antes e um depois na configuração e perceção das relações entre os cidadãos e entre estes e o Estado[1].

Esta dualidade de critérios assume particular relevância no âmbito da compreensão dos estados de emergência. Se é certo que um dos traços do seu regime jurídico consiste em induzir o regresso à normalidade, não é menos certo que se mostram cada vez mais diluídas as fronteiras entre a normalidade e exceção.

Qual será, pois, o "novo normal" depois da pandemia? Qual o impacto desta última nas estruturas jurídicas dos estados de exceção? Repare-se que não parece sequer ser possível excluir que a pandemia seja, ela própria, uma manifestação de novos tipos de riscos, os "riscos antropogénicos", ou os "riscos existenciais", isto é, os riscos resultantes do aumento do poder da humanidade, em que esta última parece ter chegado a um ponto que coloca um sério risco para a sua própria existência[2].

[1] Cf. Maduro, Miguel Poiares e Kahn, Paul W., "Introduction: A New Begining", in *Democracy in Times of Pandemic: Different Futures Imagined*. Cambridge: Cambridge University Press, 2020.

[2] Cf. Ord, Toby, *The Precipice: Existential Risk and the Future of Humanity*. New York: Hachette, 2020, p. 29.

Neste contexto, o propósito da presente obra não consiste apenas em descrever regimes jurídicos dos estados de exceção com base nos quais se procurou fazer face aos desafios da pandemia, mas refletir sobre a adequação daqueles "velhos" regimes aos "novos" tempos, bem como sobre os limites dos estados de emergência.

A obra compõe-se de textos com origem em apresentações no IX Fórum Jurídico de Lisboa, realizado na Faculdade de Direito da Universidade de Lisboa em 15, 16 e 17 de novembro de 2021, mas reformulados expressamente para efeitos de inclusão na presente obra. A mencionada conferência e a presente obra integram-se no Projeto de Investigação Governance 4.0, desenvolvido pelo Centro de Investigação em Direito Público da Faculdade de Direito de Lisboa, em conjunto com a Fundação Getúlio Vargas e o Instituto Brasileiro de Ensino, Desenvolvimento e Pesquisa (IDP), contando ainda com a colaboração de renomados professores e investigadores do Departamento de Direito de Estado da Universidade de São Paulo, com o qual o Centro de Investigação celebrou um acordo de cooperação. Participam também na obra Professores da Universidade Complutense de Madrid e da Universidade La Sapienza, de Roma. Impõe-se ainda registar que a presente investigação foi parcialmente financiada por fundos nacionais através da FCT – Fundação para a Ciência e a Tecnologia, I.P., no âmbito dos projetos UIDB/04310/2020 e UIDP/04310/2020.

A primeira parte da obra, sob a epígrafe "O direito de emergência constitucional", versa sobre temas mais gerais do direito de emergência constitucional em face da pandemia. Neste âmbito, Carlos Blanco de Morais procura situar o caso português em face da distinção entre o modelo legislativo, pautado por leis de emergência sanitária que habilitaram as autoridades do Estado e de coletividades territoriais autónomas a restringir direitos, liberdades e garantias, e o modelo de estado de exceção constitucional, caracterizado pela suspensão temporária, mas prorrogável dos mesmos direitos de liberdade. A sua conclusão é a de que Portugal alternou o estado de emergência, com a aplicação de leis restritivas de direitos, sendo que "o estado de exceção declarado pelo Presidente da República implicou por parte de um Governo inicialmente relutante em recorrer a poderes constitucionais de emergência, uma posterior tendência em usar o instituto como uma 'via verde', ágil e flexível no enfrentamento da pandemia, com a colaboração do Chefe do Estado, a anuência dócil do Parlamento e a indulgência dos tribunais".

Massimo Luciani, por sua vez, sustenta que a resposta das instituições italianas não foi a de uma democracia autoritária e que não houve quebra de legalidade constitucional. Os procedimentos seguidos, salvo algumas falhas, estão essencialmente corretos. Para além disso, segundo o mesmo autor, a Constituição, mais uma vez, mostrou que pode oferecer um arcabouço normativo sólido e eficaz, contra todos aqueles que se queixam da ausência de norma explícita sobre os estados de emergência: a ausência de dispositivos precisos não significa mutismo constitucional. Todavia, a experiência demonstra que as regras emergenciais tendem a sobreviver à própria emergência, pelo que a guarda não pode ser baixada.

Roger Stiefelmann Leal reflete sobre a resposta do Estado à Covid-19 no contexto específico de uma estrutural federal, como é a do Brasil. Neste contexto, a sua análise da jurisprudência do Supremo Tribunal Federal leva-o a concluir que a adoção de uma noção romântica de federalismo cooperativo acabou por insuflar uma preocupante descoordenação entre as esferas de governo.

Miguel Nogueira de Brito procura evidenciar uma tendência para o esbatimento da contraposição entre os modelos jurídicos mais comummente usados no plano jurídico para lidar com a pandemia, isto é, o modelo legislativo centrado na restrição de direitos e o modelo da emergência constitucional baseado na suspensão de direitos. Neste contexto, sustenta que, *(i)* se rejeitarmos, como devemos, a ideia de que a suspensão de direitos em estado de sítio ou de emergência envolve a supressão dos direitos fundamentais, no sentido da sua abolição temporária; e *(ii)* se aceitarmos que essa mesma suspensão significa, afinal, a supressão temporária do regime das restrições aos direitos, com exceção do princípio da proporcionalidade e da garantia do conteúdo essencial, pelo menos em relação a alguns direitos; então *(iii)* seremos levados a concluir que as diferenças entre suspensão e restrição são porventura menores do que à partida se poderia pensar. Para além disso, o autor trata ainda da articulação entre o direito internacional e o direito constitucional interno a propósito do tratamento da pandemia, bem como a necessidade evidenciada por esta última de repensar o Estado social.

A segunda parte ocupa-se do impacto das medidas adotadas para lidar com a pandemia nos direitos fundamentais, em especial os direitos dos trabalhadores. Neste âmbito, Elival da Silva Ramos critica um individualismo exacerbado em detrimento de restrições à liberdade individual amplamente justificadas e que não ultrapassam o limite irredutível da dignidade da pessoa humana. Por seu turno, José João Abrantes debruça-se sobre os efeitos da pandemia nos direitos fundamentais dos trabalhadores e Pedro Romano Martinez sustenta a necessidade de repensar o modelo de proteção do trabalhador em face de novas tecnologias e diferentes modos de prestar trabalho, bem evidenciadas no período pandémico.

Por sua vez, a terceira parte da obra aborda o papel dos tribunais na tutela dos direitos, incluindo estudos de Juan Ramón Fernández Torres, Raquel Brizida Castro e José Marinho Paulo Júnior. O primeiro dos referidos autores, Juan Ramón Fernández Torres, defende, a partir de uma análise do controlo levado a cabo pelo Tribunal Constitucional da gestão da pandemia em Espanha, que este país está a passar por uma extraordinária prova de resistência do Estado de Direito, sujeito a um processo de erosão que corre o risco de se prolongar muito mais do que a própria emergência sanitária que deu origem à aplicação de um direito de exceção, que por sua vez passou por inúmeras mudanças à medida que a pandemia evoluiu. O desafio agora é desenhar ferramentas jurídicas que ofereçam soluções confiáveis que perdurem no tempo, sem prejudicar as garantias dos cidadãos e evitar a repetição dos erros constatados.

Raquel Brízida Castro defende que a pandemia agravou a percepção das insuficiências do nosso sistema de fiscalização concreta da constitucionalidade, em especial no que respeita às gigantescas dificuldades jurídico-processuais que constrangem o acesso à justiça constitucional especializada, no ordenamento jurídico-constitucional português. Em acréscimo, o contencioso administrativo não se revelou, no presente domínio material, especialmente amigo dos diretos fundamentais. Com algumas exceções, mesmo os meios processuais que geravam maiores expetativas mostraram-se, na maioria absoluta dos casos, inservíveis para lidar com situações críticas pois, salvo alguns casos de criatividade jurídica de geometria variável, renderam-se ao pragmatismo das dificuldades processuais geradas pela regulação de emergência, por natureza, de vigência curta e temporalmente limitada.

José Marinho Paulo Júnior, por sua vez, salienta o desafio de readequação de todos os atores à nova realidade pós-pandémica cultural transnacional, que exige saber transdisciplinar atento à ebulição da consensualidade em todo o mundo e aos limites da virtualização. Neste contexto, chama a atenção para a necessidade de operadores – especialmente, os de controle (como Tribunais de Contas e Ministério Público) – sensíveis e abertos ao diálogo, em abandono à formação adversarial que caracterizou as anteriores gerações de profissionais do Direito.

Ainda na terceira parte, Luis Felipe Salomão, a partir da sua perspetiva e rica experiência de magistrado, destaca um conjunto de temas jurídicos que a pandemia veio pôr na ordem do dia. Neste contexto, discute, designadamente, a questão do dever anexo de renegociação nas relações contratuais, bem como as várias possibilidades de enquadramento dos casos de incumprimento das obrigações contratuais, como as emergentes de contratos relativos a lojas instaladas em *shopping centers*, por factos relacionados com a pandemia.

Finalmente, uma quarta parte, dedica-se ao problema da responsabilidade civil do Estado no contexto da pandemia. Assim, os textos de Fernando Menezes de Almeida e Paulo Gustavo Gonet Branco analisam as especificidades da responsabilidade civil do Estado no contexto da pandemia no Brasil. Por seu turno, Ricardo Pedro sustenta que nos contextos de excecionalidade real e fática entra, em regra, em cena uma juridicidade alternativa que, muitas vezes, substitui a juridicidade assente no princípio da legalidade em sentido estrito, afastando regras procedimentais, de competência, etc. A necessidade pública de proteger o interesse público em crise pode impor uma redistribuição dos encargos públicos sofridos pelos particulares que, desde logo, auxiliaram no combate à situação causadora de danos, pelo que se torna muito relevante a figura da indemnização pelo sacrifício, de modo a restabelecer o valor Justiça em face dos diferentes encargos públicos assumidos por certos particulares ou grupos de particulares.

Sem se assumirem como estudos definitivos sobre uma realidade ainda em mutação, os textos reunidos no presente volume permitem, ainda assim, cremos, uma primeira avaliação bastante abrangente sobre a reação dos ordenamentos jurídicos do Brasil, Espanha, Itália e Portugal aos extraordinários desafios colocados pela pandemia.

Lisboa, julho de 2022

CARLOS BLANCO DE MORAIS
MIGUEL NOGUEIRA DE BRITO
MIGUEL ASSIS RAIMUNDO

PARTE I

O DIREITO DE EMERGÊNCIA CONSTITUCIONAL

1.
DECLARAÇÃO E EXECUÇÃO DOS ESTADOS DE EMERGÊNCIA E DE CALAMIDADE PÚBLICA EM PORTUGAL DURANTE A PANDEMIA: UM DIREITO EM CONSTRUÇÃO?

CARLOS BLANCO DE MORAIS

1.1. Introdução: Modelos jurídicos comparados de estado público de necessidade no enfrentamento de uma crise pandémica;

Uma leitura retrospetiva da crise sanitária ocorrida entre 2020 e o momento presente numa boa parte dos ordenamentos jurídicos europeus e americanos demonstra que os mesmos não se encontravam preparados para enfrentar, no imediato, um quadro catastrófico prolongado como o de uma Pandemia que marcou tragicamente o período correspondente aos anos de 2020 e 2021.

Os cidadãos, a par das perdas expressivas de vidas e de quadros inéditos de emergência hospitalar, foram sujeitos a restrições de direitos fundamentais, numa intensidade sem precedentes que mudaram, nalguns casos para sempre, o seu modo de vida. A maioria dos Estados europeus ocidentais passou a viver numa ordem jurídica de crise prolongada, marcada por um perfil autoritário em certas formas de exercício do poder que, ressalvado o caso da França, da Grécia e dos Estados Ibéricos, nunca tinha sido por eles experimentado desde o II Conflito Mundial. Com efeito, um conjunto expressivo ordenamentos do universo democrático não tinham previsto, nem na Constituição nem na lei, institutos jurídicos especificamente adequados a enfrentar uma ameaça epidémica de dimensões catastróficas que implicaria a tomada de medidas compulsivas que buliram com as liberdades quotidianas de cidadãos, habituados durante décadas a disfrutá-las sem entrave.

Em alguns casos houve que aprovar novas leis de emergência em matéria de saúde pública, noutros que se reformar leis antigas, noutros ainda que experimentar enferrujados estados de exceção constitucional que não cobriam exatamente este tipo de catástrofes e, em quase todas as situações, que praticar em quadros de urgência, atos apressados de constitucionalidade duvidosa muitos dos quais, entre a condescendência dos tribunais, a retração dos Parlamentos e o medo da população, passaram entre os pingos da chuva.

De todo o modo, a reação jurídica à crise pandémica assentou, fundamentalmente, em dois modelos jurídicos[3]:

i) O modelo legislativo pautado por leis de emergência sanitária que habilitaram as autoridades do Estado e de coletividades territoriais autónomas a restringir direitos, liberdades e garantias;
ii) O modelo de estado de exceção constitucional, caracterizado pela suspensão temporária dos mesmos direitos de liberdade.

Noutras situações recorreu-se a modelos mistos, tendo-se feito uso do estado de exceção a título principal e de legislação restritiva a título suplementar.

A Alemanha representa o paradigma legislativo centrado na opção restritiva de direitos. O poder político recusou aplicar estados de necessidade como o relativo a desastres naturais (cfr. artigo 35, n.º 2, da Constituição Federal – CF – que permite a mobilização de forças policiais e militares), havendo que reconhecer que esse instituto não prevê no seu objeto imediato uma situação epidémica grave ou pandémica. De todo o modo, os estados de tensão e defesa (artigo 115 da CF) e estado de emergência interno (artigo 91 da CF) não seriam aplicáveis à situação sanitária

[3] *Vide,* com maior desenvolvimento, Brito, Miguel Nogueira de. "Modelos de Emergência no Direito Constitucional". *e-Pública,* v. 7. n.º 3. abril 2020, pp. 7 ss. Vide, igualmente, um quadro comparado em https://datastudio.google.com/u/0/reporting/1sHT8quopdfavCvSDk7t-zvqKIS0Ljiu0/page/dHMKB.

em causa, importando referir que determinam a restrição de direitos fundamentais, mas não a sua suspensão[4].

O Estado alemão optou por aplicar a Lei Federal de Proteção de Infeções[5], alterada em março de 2020, ao abrigo do qual

i) O Parlamento decretou o estado de emergência epidémica, o qual autoriza a restrição de direitos de liberdade;
ii) Delegou nos estados federados competências para regulamentarem a situação pandémica e restringirem direitos de liberdade;
iii) Permitiu aos referidos estados federados aprovarem ao abrigo da mesma lei, normas legais e regulamentos destinados ao combate à pandemia, determinando o encerramento de estabelecimentos públicos e privados, o recolher obrigatório "ligeiro", o distanciamento social, o uso obrigatório de máscaras e a limitação de eventos e manifestações;
iv) Permitiu a restrição severa a direitos de liberdade como a liberdade de circulação, a liberdade religiosa, a iniciativa privada, o direito de aprender e ensinar e o exercício de profissão.

Embora o princípio da proporcionalidade que opera como parâmetro e medida de valor constitucional da restrição de direitos fundamentais tenha sido tomado genericamente em conta pelas autoridades competentes, o facto é que se verificou o seu enfraquecimento em tempo de crise[6], em razão do facto de se registar uma falta de informação detalhada aos tribunais sobre o impacto excessivo, ou não, de certas decisões restritivas, a qual os terá impedido de julgar a validade de certas medidas à luz do princípio da proibição do excesso. Pese este facto, alguns tribunais invalidaram medidas restritivas à luz do critério da necessidade inerente ao referido princípio, tendo deles sido extraídas orientações que terão exigido determinabilidade e especificação das providências restritivas de

[4] Kaiser, Anna-Bettina. "O Estado de Exceção no Direito Alemão e a Atual Pandemia: Modelos Comparativos e Direitos Constitucionais". *e-Pública*, v. 7. n.º 3, abril 2020, *1.1.* Disponível em: www.e-publica.pt/volumes/v7n3a02.html.

[5] Cfr. www.gesetze-im-internet.de/ifsg/BJNR104510000.html.

[6] Kaiser, Anna-Bettina, ult. loc cit., 2.1.b.

direitos. Ainda assim, questionou-se alguma condescendência jurisdicional relativamente às disposições da lei que habilitaram o Ministro da Saúde a aprovar medidas administrativas que terão derrogado ou desaplicado certas leis.

Além-Atlântico, o Brasil seguiu com *nuances* o paradigma alemão, com alguma criatividade jurisprudencial do Supremo Tribunal Federal.

O Presidente da República decidiu não decretar estados constitucionais de exceção como o "estado de defesa" (artigo 136.º da Constituição federal) fundado em calamidade natural de grandes proporções em áreas determinadas, o qual, afetaria os direitos de reunião, circulação e ocupação e uso bens e serviços públicos. O Congresso optou por aprovar a "Lei enfrentamento da emergência de saúde pública decorrente do COVID" (Lei n.º 13.979, 6 de Fevereiro de 2020) que conferiu ao Ministro da Saúde o poder de determinar a duração da situação emergencial.

O artigo 3.º da mesma lei conferiu às "autoridades" (expressão ambígua quanto ao âmbito subjetivo), poderes para enfrentar a emergência e restringir direitos fundamentais (de entre outras medidas). Como as competências em matéria de saúde pública são concorrenciais, colocaram-se dúvidas sobre se os estados e municípios poderiam adotar as medidas restritivas de direitos.

De entre as restrições de direitos fundamentais a serem decretados pelas referidas autoridades, o artigo 3.º enumerou, através de normas com um alcance muito genérico, as seguintes, de entre outras: isolamento; quarentena; determinação compulsória de exames médicos, testes, amostras clínicas, vacinação e tratamentos médicos específicos; uso de máscaras; exumações e cremações; restrição de circulação em rodovias, portos e aeroportos; requisição de bens e serviços mediante justa indemnização bem como de pessoas; autorização para importação de bens, equipamentos e medicamentos.

A continuação da crise sanitária e a caducidade da Lei de emergência colocaram problemas críticos sobre a continuidade da sua aplicação. O Supremo Tribunal Federal numa sentença "normativa" reflexiva do seu ativismo ímpar em qualquer outro ordenamento (STF 31 Dez 2021) decidiu:

i) Prorrogar a vigência da lei[7];
ii) Excluir do seu âmbito de aplicação as medidas extraordinárias previstas nos artigos 3°, 3°-A, 3°-B, 3°-C, 3°-D, 3°-E, 3°-F, 3°-G, 3°-H e 3°-J, inclusive dos respetivos parágrafos, incisos e alíneas;
iii) Admitir que Federação, Estados e Municípios pudessem adotar as medidas restritivas de âmbito sanitário já que esta matéria se inscreveria no domínio de competências concorrenciais (permitindo aos entes menores o encerramento de estabelecimentos, contra o entendimento dos órgãos administrativos federais)[8], implicando este entendimento que estados e municípios poderiam adotar medidas sanitárias restritivas de direitos fundamentais (artigos 23.º e 24.º da Constituição).

Considerou-se, de entre vozes críticas, que a falta de determinabilidade das normas da lei habilitante da restrição de direitos geraria um risco de governamentalização arbitrária da afetação de direitos, espalhada de forma diferente por um elenco vastíssimo de entidades territoriais, com risco de conflitos positivos e negativos de competências com a Federação.

O modelo alternativo ao exposto consistiu na declaração dos estados constitucionais de exceção, caracterizados pela suspensão de direitos de liberdade. Foi o caso de Portugal durante um dado período, de Espanha, da Suíça, da Finlândia, da República Checa e da Estónia de entre outros. Essa suspensão, contudo, coexistiu em boa parte dos casos expostos com leis sanitárias restritivas de direitos em fases menos agudas da epidemia.

O caso português é o objeto central do presente escrito. Não apenas porque alternou o estado de emergência, com a aplicação de leis restri-

[7] O STF entendeu que, embora a vigência da Lei 13.979/2020, de forma tecnicamente imperfeita, se encontrava associada ao Decreto Legislativo 6/2020, que decretou a calamidade pública para fins exclusivamente fiscais, cessando vigência em 31 de dezembro de 2020, não se poderia excluir, segundo o mesmo Tribunal, que a verdadeira intenção do legislador seria a de manter as medidas emergenciais pelo tempo necessário à superação da fase mais crítica da pandemia.

[8] O STF considerou que paralelamente à União, caberia aos Estados e Municípios assegurar aos seus administrados os direitos fundamentais à vida e à saúde contemplados nos artigos. 5°, 6.º e 196.º do texto constitucional.

tivas de direitos, mas porque o estado de exceção declarado pelo Presidente da República implicou por parte de um Governo inicialmente relutante em recorrer a poderes constitucionais de emergência, uma posterior tentação em usar o instituto como uma "via verde", ágil e flexível no enfrentamento da pandemia. Tentação que recebeu a colaboração do Chefe do Estado, a anuência dócil do Parlamento[9] e a indulgência dos tribunais. Esta benevolência judicial alargou-se a outros Estados europeus, mas comportou exceções. Foi, nomeadamente, o caso Tribunal Constitucional de Espanha que declarou parcialmente inconstitucionais dois decretos do Governo que declararam o "Estado de Alarme", porque, no primeiro caso[10], a afetação do direito de circulação excederia os pressupostos do sobredito estado de alarme e porque se estaria a afetar certos direitos e em certos termos sem que tal fosse assumido e fundamentos e sem condicionamentos de duração, registando-se uma falta de discussão e autorização parlamentar para o efeito.

De todo o modo, antecipa-se que nenhum dos dois modelos ou paradigmas se revelou totalmente adequado a lidar com os desafios da pandemia, pelo que se considera que, seja na Constituição, seja na lei, um estado de urgência sanitária deveria ser instituído como figura autónoma e apta a lidar com ameaças críticas de natureza análoga às da pandemia[11]. O poder político deveria extrair lições não apenas de ordem técnica, mas também de ordem jurídica sobre o modo como, em concreto, enfrentou jurídica e legalmente a pandemia no período de 2020/2021.

[9] Criticamente em relação à conduta parlamentar GONÇALVES, Pedro Costa. "Abdicação parlamentar na emergência e continuação da abdicação na calamidade". *Observatório Almedina*, 21/05/2020, URL: https://bit.ly/36SZqMv/.

[10] *Vide*, em relação à primeira decisão, https://hj.tribunalconstitucional.es/docs/BOE/BOE-A-2021-13032.pdf (Sent. 148/2021, de 14 de julio de 2021, re4curso de inconstitucionalidade).

[11] Atestando a inexistência de um estado de emergência específico de natureza sanitária nas Constituições alemã e Portuguesa, cfr. MONIZ, Ana Raquel. "Estado de exceção e Covid-19, Comentário à apresentação O Estado de Exceção no Direito Alemão e a Atual Pandemia: Modelos Comparativos e Direitos Constitucionais pela Professora Anna-Bettina Kaiser. *e-Pública*, v. 7. n.º 3, abril 2020, p. 8. Disponível em: www.e-publica.pt/volumes/v7n3a03.html.

2. Direito de necessidade e crise sanitária

2.1. O estado de emergência como instituto de exceção constitucional apto para lidar com a pandemia no modelo misto português

2.2 1. Os estados de necessidade pública

Pode falar-se em *estado de necessidade pública* quando, em face de uma crise grave e extraordinária que envolve um cenário de perigo objetivo e atual para bens jurídicos e interesses superiores da coletividade, insuscetível de ser enfrentado pelo Estado através da legalidade ordinária, este sacrifica temporariamente outros bens de menor valor para salvaguardar os primeiros[12].

Se ordinariamente, o sacrifício sem mais desses bens, em regra reconduzível a direitos e interesses legalmente protegidos de pessoas individuais e coletivas, envolveria a ilicitude e a invalidade dos atos sacrificiais, já em estado de necessidade, esse sacrifício é juridicamente justificado à luz da prevalência de bens e interesses superiores, no contexto de um juízo de ponderação operado pelo legislador ou, no limite, pelo juiz. O estado de necessidade pública é, assim, configurado como uma variante do estado de necessidade justificante.

Na ordem jurídica portuguesa, fora do domínio civil e penal, o estado de necessidade pública assume, essencialmente, duas variantes:

i) A do estado de exceção constitucional, previsto no artigo 19.º da CRP;
ii) A do quadro de necessidade pública de ordem legal, estipulado no Código do Procedimento Administrativo, na Lei de Bases da Proteção Civil e na Lei do Sistema de Vigilância em Saúde Pública[13].

[12] Morais, Carlos Blanco de. *O Estado de Exceção*. Lisboa, 1984, pp. 10 ss.; em geral, GOUVEIA, Jorge Bacelar. *O Estado de Exceção no Direito Constitucional*. Coimbra: Almedina, 2020.

[13] *Vide*, sobre estes institutos, durante a pandemia, https://www.icjp.pt/content/5-minutos-de-direito-em-estado-de-emergencia.

2.2.2. O estado de emergência como estado de exceção constitucional

a) Pontos cardeais do regime do estado de emergência

No caso do estado de exceção constitucional este, nos termos do n.º 1 do artigo 19.º da CRP, assume duas formas possíveis: a do estado de sítio e a do estado de emergência.

Os pressupostos materiais da declaração destas duas formas de estado de exceção são comuns e radicam na agressão efetiva ou iminente do território nacional por forças estrangeiras, grave ameaça ou perturbação à ordem constitucional democrática e, para o que interessa a este escrito, numa situação de calamidade pública. A calamidade é uma fórmula de textura aberta que envolve acidentes e desastres graves, catástrofes naturais, catástrofes geradas por ação humana e eventos epidémicos e pandémicos.

Convocando o que já escrevemos sobre esta matéria e focando o estado público de necessidade apenas no pressuposto de uma calamidade pública, como é o caso de uma pandemia, importa fixar os traços comuns distintivos entre estado de sítio e estado de emergência[14]:

i) Os pressupostos da declaração desses dois estados excecionais revestem caráter comum (n.º 2 do art. 19.º da CRP) mas devem assumir "menor gravidade" no estado de emergência do que no estado de sítio (n.º 3 do mesmo artigo), pelo que a opção por um ou por outro instituto, considerada essa gravidade (nível superior da seriedade da ameaça, do evento já consumado ou do seu ulterior impacto se efetivada), deve ser feita no respeito pelo princípio da proporcionalidade (n.º 4 do referido preceito)[15];
ii) A declaração do *estado de* emergência assume, quantitativa ou horizontalmente, caráter parcial, já que "apenas pode determinar a suspensão de alguns dos direitos liberdades e garantias susceptíveis de serem suspensos" (n.º 3 do art. 19.º), se bem que que a

[14] Morais, Carlos Blanco de. *Curso de Direito Constitucional*, I. Coimbra: Almedina, 2022, pp. 98 ss.

[15] Cfr. Alexandrino, José de Melo. *Direitos Fundamentais – Introdução Geral*. Lisboa, 2007, pp. 124 ss.

suspensão de cada direito passível de afetação possa ser feita, verticalmente, no todo (paralisando o seu conteúdo essencial), ou envolver, apenas, uma dimensão do respetivo exercício;

iii) Atenta a lei orgânica que regula os estados de exceção (LOESEE[16]), enquanto a declaração do estado de sítio predica, atenta a maior gravidade dos seus fundamentos, a intervenção ativa das Forças Armadas na respetiva execução, com possibilidade de substituírem as autoridades civis, essa intervenção militar não tem lugar no estado de emergência, onde o papel das Forças armadas assume caráter eventual e auxiliar.

Assim, em face de uma situação de calamidade pública, como é o caso de uma pandemia, o Presidente da República, órgão competente para declarar o estado de exceção (alínea d) do artigo 134.º da CRP), não está limitado a declarar o estado de emergência. Na verdade, ele pode optar, à luz da gravidade da ameaça valorada pelo princípio da proporcionalidade, por decretar tanto o estado de sítio como o estado de emergência. Se, por hipótese, ocorrer um terramoto ou uma cheia de grandes proporções ou uma epidemia de efeitos muito graves que afete as necessidades básicas da população e crie problemas sérios de ordem pública (como pilhagens, desordens e desrespeito coletivo por regras de confinamento ou recolher obrigatório) podem existir fundamentos para a declaração do estado de sítio.

b) Atributos de proximidade e de diferenciação entre suspensão e restrição de direitos de liberdade

No que concerne ao estado de emergência, este instituto ao implicar a suspensão do exercício de direitos, liberdades e garantias (n.º 1 e o n.º 5 do artigo 19.º da CRP) distingue-se do instituto da restrição dos mesmos direitos (n.ºs 2 e 3 do artigo 18.º da CRP), pese a existência de alguns efeitos comuns.

A distinção entre restrição e suspensão não é totalmente clara e, como se verá, a prática derivada da declaração do estado de emergência em 18 de

[16] Lei Orgânica n.º 1/2012, de 11 de maio.

março de 2020 fez esmaecer alguns dos elementos diferenciais avançados pela doutrina clássica. Um e outro instituto envolvem, como elemento comum, uma afetação desfavorável ao exercício de direitos, liberdades e garantias determinada primariamente por normas jurídico-públicas.

Como elementos distintivos, cumpriria referir os seguintes[17]:

i) A restrição de direitos operaria, em termos inovatórios, por via de lei parlamentar ou decreto-lei autorizado pelo Parlamento (alínea b) do n.º 1 artigo 165.º da CRP), enquanto a suspensão seria declarada por decreto do Presidente da República, uma norma atípica da função política, com audição obrigatória do Governo e aprovação Parlamentar (alínea d) do artigo 134.º conjugada com o n.º 1 do artigo 138.º da CRP);
ii) A restrição teria caráter permanente, enquanto a suspensão assumiria natureza temporária, vigorando pelo período máximo de 15 dias, suscetível de ser renovada sucessivamente por igual período, se tal viesse a ser julgado necessário (n.º 5 do artigo 19.º da CRP);
iii) A lei restritiva deveria ter conteúdo geral e abstrato e não produziria efeitos retroativos (n.º 3 do artigo 18.º da CRP), enquanto o decreto que determina a suspensão não se encontraria sujeito, pelo menos explicitamente, a esse tipo de limites;
iv) A lei restritiva não vincularia outros atos legislativos, sendo uma lei de densificação total[18], pois regula em pormenor toda a matéria, enquanto o decreto que declara a suspensão poderia assumir uma densidade reguladora variável, dado que tanto seria passível de incorporar um conteúdo enquadrador de outra normação

[17] Sobre alguns atributos diferenciais, vide, em geral, com definições de ordem genérica, MIRANDA, Jorge. *Direitos Fundamentais*. Coimbra, Almedina, 2017, pp. 459 ss. e pp. 481 ss. Mais detalhadamente, NOVAIS, Jorge Reis. "Direitos Fundamentais e inconstitucionalidade em situação de crise – a propósito da epidemia". *e-pública*, v. 7, n.º 1, abril 2020, pp.89-90. Vide, ainda, LOPES, Pedro Moniz. "Significado e alcance da «suspensão» do exercício de direitos fundamentais na declaração de estado de emergência". *e-pública*, v. 7, n.º 1, abril 2020, pp. 130 e 137. Num plano mais teorético, comparando modelos estrangeiros, BRITO, Miguel Nogueira de. Ult. loc cit., p. 20.

[18] MORAIS, Carlos Blanco de. *Curso de Direito Constitucional*, I. Coimbra: Almedina, 2022, p. 334.

legal concretizadora de teor suspensivo ou, diversamente, reger ela própria, com pormenor, os termos determinados por força dos quais suspenderia o exercício de certos e determinados direitos;

v) A lei restritiva não poderia diminuir a extensão e o alcance do conteúdo essencial da norma que declara o direito (na prática, não pode afetar o direito com uma intensidade que comprometa a utilidade prática do seu exercício, de acordo com o n.º 3 do art.º 18.º da CRP), enquanto a suspensão implica uma paralisia do exercício do direito que, no limite, pode afetar o seu conteúdo fundamental e inviabilizar o seu exercício na totalidade, sem prejuízo do respeito pelo principio da proporcionalidade;

vi) Todos os direitos de liberdade, mesmo o direito à vida (vide o caso do direito à interrupção voluntária da gravidez) e à integridade física (como é o caso dos testes de paternidade) são suscetíveis de restrição, mas não de suspensão, dado que o n.º 6 do artigo 19.º da CRP prescreve liminarmente que *"em nenhum caso"* o estado de exceção pode afetar o direito à vida, à integridade pessoal, à identidade pessoal, à capacidade civil e à cidadania, à não retroatividade da lei criminal, ao direito de defesa dos arguidos e à liberdade de consciência e de religião.

Algumas diferenças entre os dois institutos ter-se-ão esbatido durante a crise financeira de 2010/2014 e durante pandemia (2020/2021) em relação a alguns destes elementos distintivos.

Em termos de duração, as restrições podem, em tese, assumir vigência não permanente mas temporária, caso a lei o determine: – foi o que sucedeu noutros ordenamentos com leis de emergência sanitária já referidas *supra*, contendo restrições e integrando clausulas originarias de caducidade (Brasil), realidade que teria sido possível consagrar no ordenamento nacional. Por outro lado também os atos suspensivos de direitos em estado de emergência podem prolongar-se faticamente por tempo indefinido, mediante renovações sucessivas, se tal for julgado indispensável para enfrentar a situação de necessidade, tal como sucedeu com o estado de emergência em 2020 (*infra*, sobre as sucessivas prorrogações).

A suspensão parcial e temporária de direitos poderá, em tese, ser determinada por lei. A possibilidade de se suspender temporariamente, não por declaração do estado de exceção, mas por lei, componentes do exercício de um direito de liberdade ou um direito de natureza análoga aos direitos, liberdades e garantias foi demonstrada durante a crise financeira das dívidas soberanas de 2010/2014. Foram, então, textualmente suspensas por leis financeiras, normas que garantiam o pagamento de parcelas dos subsídios de férias e de Natal, um direito social de natureza análoga aos direitos liberdade e garantias dos trabalhadores, como componente da sua retribuição[19] Algumas das normas que suspenderam parcelas do vencimento foram julgadas inconstitucionais (Acórdão n.º 187/2013), não pelo facto de a suspensão ser ditada por lei, mas porque os cortes temporários teriam sido excessivos à luz do critério jurisprudencial da "igualdade proporcional" [20].

No plano material, durante a crise pandêmica o regime da suspensão parcial de direitos aproximou-se do regime das restrições. Acompanhamos, mas apenas parcialmente, o entendimento doutrinal, segundo o qual durante a crise pandémica a convergência entre restrição ou suspensão, no plano substancial, terá sido quase total[21].

Logo à partida, tal como sucede com as restrições, a suspensão de direitos decretada pelo Presidente teve caráter parcial relativamente a cada direito afetado. Contudo, isso não significa que, neste mesmo plano, as duas figuras tenham pedido a sua autonomia. Com efeito, em futuro estado de emergência pode ser perfeitamente decretada a suspensão, não parcial, mas total de um ou vários direitos, porque a suspensão depende da gravidade da situação de exceção e poderá, noutras circunstâncias, ter um alcance vertical mais constritivo de um direito objeto de afetação do que no período de 2020/2021. Nesse ponto diferenciar-se-ia, necessariamente, da restrição, a qual se encontra sempre limitada no seu alcance, já que afeta necessariamente um segmento do exercício do direito restringido, mas não a integralidade desse exercício.

Por exemplo, restrição e suspensão parcial do direito de circulação nas vias públicas podem coincidir na proibição de movimentação dos cida-

[19] Alínea a) do n.º 1 do artigo 59.º conjugada com o artigo 17.º da CRP.

[20] Assim, Morais, Carlos Blanco de. *Curso de Direito Constitucional*, II. Coimbra: Almedina, 2022, pp. 582 ss.

[21] Novais, Jorge Reis, ult. loc cit, p. 90.

dãos entre determinadas horas bem como na proscrição de ajuntamentos de um determinado número de cidadãos no horário em que seja permitido circular. Contudo a apenas a suspensão ditada em estado de exceção pode impor, no limite, uma proibição temporária, mas total, de circulação na via pública. É evidente que a sujeição da suspensão ao principio da proporcionalidade pode mitigar ligeiramente a absolutidade da fórmula suspensão total, já que a admissibilidade de circulação por razões impreteríveis de saúde deve ser interiorizada num contexto de "necessidade" dentro da "necessidade".

É também certo, como afirma a doutrina, que o texto da declaração do estado de emergência de março de 2020 tornou fosca a distinção entre as duas figuras na medida em que, a dado passo usou o termo restrição.

Com efeito, em diversos casos o decreto traçou critérios genéricos e habilitou as autoridades a proceder à concretização do regime da suspensão de direitos através daquilo que foi designado pelo diploma como uma "restrição". Tratou-se de uma técnica normativa que alguma doutrina (*infra*) reputou de inconstitucional, dado que o decreto não cumpriu no seu entendimento, a função de especificação dos direitos suspensos[22].

Trata-se de um uso indevido da expressão restrição pelo decreto. A declaração pode ter habilitado o Governo concretizar no plano do detalhe, com algum grau de inovação, alguns dos termos da suspensão, supondo-se que o Governo deveria proceder a essa concretização por decreto-lei, na observância dos critérios gerais que regulam a referida suspensão. Já a leitura diversa de que o decreto presidencial possa ter substituído uma lei de autorização legislativa, habilitando o Governo a restringir, por decreto-lei ou regulamento, direitos de liberdade, a mesma não seria constitucionalmente admissível pois seria uma delegação não prevista na Constituição, violando-se a norma do n.º 2 do artigo 111.º da CRP.

Será que, diferentemente da restrição, um direito de liberdade se apaga ou inexiste durante a suspensão?

[22] Sobre a incompletude da declaração na sua função de especificação, sem, todavia, admitir a sua inconstitucionalidade, vide Lopes, Pedro Moniz. "Significado e alcance da «suspensão» do exercício de direitos fundamentais na declaração de estado de emergência". *e-pública*, v. 7, n.º 1, abril 2020, pp. 140 ss.

Há quem sustente que a suspensão implica que o direito suspenso fique apagado temporariamente ou obnubilado, deixando a norma constitucional de proteção de produzir efeitos, na medida em que tal seja ditado pela declaração presidencial que a consagra[23]. Trata-se de uma imagem algo ficcional no plano jurídico que não parece convincente. E não o é, sobretudo, no caso de uma suspensão parcial de direitos, como a que ocorreu no período de 2020/2021, já que existe, como vimos e como a doutrina em apreço admite, alguma semelhança com o instituto de restrição desses direitos. Ora se essa semelhança existe será difícil falar em direito apagado, mas sim em direito parcialmente afetado no seu exercício, por força da paralisação de uma parcela do seu âmbito de proteção.

Mas, por outra banda, se a suspensão for total, o direito continua a existir, mas o seu exercício fica integralmente ou quase integralmente paralisado, sendo a norma constitucional privada temporalmente da sua eficácia. Nesse caso, talvez seja um pouco forçado afirmar que, enquanto dura a suspensão, o direito "deixa de existir" enquanto tal. É que, o direito não é expulso temporariamente da ordem jurídica e a norma que o consagra não pode ser tratada como "norma aparente" como sucede com a figura da inexistência jurídica. O direito encontra-se presente no ordenamento em estado de latência e a norma que o declara estará privada da sua eficácia, obstando ao seu exercício. Contudo, caso a norma suspensiva da declaração presidencial seja declarada inconstitucional (*vide*, com as devidas diferenças, o caso do Estado de Alarme em Espanha), a norma suspensa retoma de imediato a sua vigência, o que parece pouco ajustado à ideia de uma inexistência temporária, mesmo em sentido figurado.

De todo o modo, tal como afirma esta doutrina, enquanto durar a suspensão, o Parlamento não deveria poder exercer a sua competência legislativa disciplinadora do direito suspenso, inscrito na reserva parlamentar, se o exercício da mesma competência legislativa contrariar a declaração, já que esta última prevalece sobre qualquer norma contrária. Já a edição de normação legal parlamentar meramente complementar ou intersticial não parece estar excluída[24].

[23] Novais, Jorge Reis. ult. loc cit, p. 92.

[24] Cfr sobre o tema, Alexandrino, José de Melo. "Devia o direito à liberdade ser suspenso? Resposta a Jorge Reis Novais". *Observatório Almedina*. Disponível em https://observatorio.

Pode a restrição ditar constrições a certos direitos que a suspensão não pode afetar? Paradoxalmente, a resposta é afirmativa. Assim, caso exista um novo tipo de epidemia especialmente letal e contagiosa que ameace a própria existência da humanidade ou da população do Estado, pode ser imprescindível uma vacinação não apenas obrigatória, mas coativa. Sucede que em estado de emergência, o n.º 5 do artigo 19.º da CRP determina que "em nenhum caso" pode ser afetada a integridade pessoal dos cidadãos, nesta compreendida a integridade física.

Vedando esta regra inequivocamente proibitiva, qualquer operação ponderativa que a fizesse ceder no caso considerado (estima—se, ademais que a ponderação não deve ter por objeto regras, mas apenas princípios), a solução jurídica para enfrentar o quadro de perigo (fora de quadros inadiáveis de estado de necessidade administrativa) seria a de recorrer à edição de uma lei parlamentar restritiva do direito à integridade física. Direito que, à luz do n.º 2 artigo 18.º da CRP, pode ser afetado desfavoravelmente, tendo em vista a salvaguarda de outros direitos e interesses constitucionalmente protegidos.

Em suma, pese diversas semelhanças, que se acentuaram com a declaração do estado de emergência entre 2020 e 2021, as duas figuras mantém traços distintivos que podem ser relevantes, sobretudo no quadro de suspensões totais ou quase totais de certos direitos por parte de declarações de conteúdo pormenorizado.

2.3.1 Os estados de necessidade pública de ordem legal

Já quanto ao quadro de necessidade de ordem legal, este deverá apenas, em tese, implicar a restrição e não a suspensão de direitos, liberdades e garantias.

a) No Código de Procedimento Administrativo

A lei que aprova o Código de Procedimento Administrativo (CPA) determina no n.º 2 do seu artigo 3.º o seguinte:

almedina.net/index.php/2020/04/07/devia-o-direito-a-liberdade-ser-suspenso-resposta--a-jorge-reis-novais/#not), n.º 4, dando diversos exemplos essa intervenção parlamentar durante o estado de emergência.

"Os atos administrativos praticados em estado de necessidade, com preterição das regras estabelecidas no presente Código, são válidos, desde que os seus resultados não pudessem ter sido alcançados de outro modo, mas os lesados têm o direito de ser indemnizados nos termos gerais da responsabilidade da Administração."

Trata-se de um princípio geral de Direito Administrativo positivado na lei que credencia a desaplicação de normas do CPA, digam ou não as mesmas respeito a direitos fundamentais que dele constem, e que envolve, segundo o Supremo Tribunal Administrativo (STA), uma "atuação sob o domínio de um perigo iminente e atual para cuja produção não haja concorrido a vontade do agente"[25].

Caso envolva o sacrifício de um direito, liberdade ou garantia, um ato administrativo praticado em estado de necessidade consistirá numa intervenção restritiva vertente sobre esse direito. Está-se, portante, diante de um ato coberto por uma legalidade excecional[26] que, sem essa cobertura, seria ilícito. O CPA justifica a exclusão da potencial ilicitude do mesmo ato, no pressuposto de que os resultados que se pretenderia alcançar na salvaguarda de bens e interesses mais valiosos num quadro de perigo não pudessem ser obtidos de forma alternativa, sendo garantido, de qualquer modo, um direito de reparação aos lesados.

b) Na lei de bases da proteção civil: o estado de calamidade pública

Já num contexto mais particular centrado em cenários de acidente grave ou calamidade pública, a Lei de Bases da Proteção Civil[27] visa, no n.º 1 do seu artigo 1.º" prevenir riscos coletivos inerentes a situações de acidente grave ou catástrofe, de atenuar os seus efeitos e proteger e socorrer as pessoas e bens em perigo quando aquelas situações ocorram". Para o n.º 2 do artigo 3.º da mesma lei, catástrofes envolvem acidentes graves *"suscetíveis de provocarem elevados prejuízos materiais e, eventualmente, vítimas,*

[25] Cfr o passo do Acórdão do STA de 4 de março de 2004 (Proc. 01353/03), já formulado por Marcelo Caetano e citado por Correia, José Manuel Sérvulo. "Revisitando o Estado de Necessidade". *Escritos de Direito Público. I.* Coimbra: Almedina, 2019, p. 135.

[26] Correia, José Manuel Sérvulo ult. loc. cit, p. 139, convocando uma fórmula de André Gonçalves Pereira.

[27] Lei n.º 27/2006, de 03 de Julho.

afetando intensamente as condições de vida e o tecido socioeconómico em áreas ou na totalidade do território nacional".

Uma pandemia consiste, naturalmente, num evento acidental grave e prolongado no tempo que se enquadra na tipologia das situações catastróficas. Para lidar com essas situações o artigo 9.º da Lei prevê os "estados" ou "situações" de alerta, contingência e calamidade pública.

Interessará especialmente a este escrito, o "estado de calamidade pública", suscetível de ser decretado pelo Governo para a totalidade ou parte do território nacional mediante Resolução do Conselho de Ministros (artigo 19.º da lei de Bases) porque envolve a possibilidade de restrição ou de intervenção restritiva de direitos, liberdades e garantias.

Com efeito, as alíneas a) a c) do n.º 2 do artigo 21.º da lei de bases preveem a possibilidade de mobilização de pessoas por tempo determinado, condicionamentos aos direitos de circulação de pessoas e veículos, a permanência das primeiras em certos locais e, ainda, a fixação de cercas sanitárias, medidas que afetam restritivamente os direitos de liberdade (artigo 27.º) e de deslocação e fixação dos cidadãos em qualquer parte do território nacional (n.º 1 do artigo 44.º da CRP). Trata-se, pois, de uma lei de vigência permanente, mas que permite a restrição temporária dos referidos direitos. Um exemplo, portanto, de efeitos restritivos de direitos com eficácia transitória, se bem que o seu prolongamento possa ocorrer por tempo indeterminado.

A lei sempre suscitou dúvidas a respeito da latitude com que habilita o Conselho de Ministros a restringir determinados direitos de liberdade, com algum caráter inovador, através de um regulamento administrativo aprovado sob a forma de Resolução daquele órgão (vide jurisprudência recente, Acórdão 89/2022, *infra*).

De acordo com a jurisprudência constitucional (Acórdão n.º 464/2019 do TC) uma regra legal de conteúdo fortemente restritivo de um direito de liberdade deverá implicar a "formulação de uma norma clara e previsível". No plano do requisito da determinação do conteúdo normativo que defluiria do critério da necessidade, que o n.º 2 do artigo 18.º da CRP impõe à lei no âmbito do princípio da proporcionalidade, exigir-se-ia um fundamento, preciso e determinado na lei restritiva (subcritério da determinabilidade) devendo a norma legal restringente dispor com densidade suficiente, os termos da restrição. A ausência de um grau satisfatório dessa determinação pode gerar um défice de fundamentação da intervenção restritiva que essa norma procura credenciar e uma lesão ao critério da necessidade, causando dúvidas de constitucionalidade. Daí a existência de sucessivos apelos, mesmo oriundos do Presidente da República, para a alteração da lei ou para a edição de uma lei detalhada para reger situações de emergência sanitária[28].

c) Na lei que aprova o sistema de vigilância em saúde pública

O n.º 1 do artigo 17.º da lei que aprova o "Sistema de Vigilância em Saúde Pública"[29] prevê que o membro de Governo na área da Saúde possa tomar medidas de exceção em caso de emergência sanitária que impliquem a restrição, suspensão ou encerramento de atividades, bem como a separação de pessoas que não estejam doentes. O n.º 2 do mesmo preceito estipula que o mesmo membro do Governo possa editar regulamentos com eficácia imediata que tornem efetivas as medidas de contingência para as epidemias. Umas e outras decisões devem respeitar o princípio da proporcionalidade, nomeadamente o critério da determinabilidade da norma restritiva.

Alguns dos reparos colocados à legislação anterior valem, igualmente, para esta lei, sobretudo no tocante ao grau de novidade problemático de regulamentos restritivos de direitos.

2.4. O enfrentamento da pandemia em Portugal através de um modelo misto de medidas de necessidade pública

De tudo o que foi escrito, resulta que, diante de uma crise grave de saúde pública que possa ser configurada como uma calamidade, os órgãos de soberania, atenta a seriedade da situação, podem optar entre declarar, em situações mais urgentes e de maior perigo, o estado de exceção constitucional que envolve a suspensão de direitos, liberdades e garantias ou em cenários menos graves, recorrer a quadros legais de necessidade pública radicados na restrição dos mesmos direitos.

[28] https://observador.pt/2021/05/02/marcelo-diz-que-deve-ser-criada-uma-lei-especifica-sobre-emergencia-sanitaria/

[29] Lei n.º 81/2009, de 21 de Agosto.

Se a situação for pontual e envolver um quadro singular de perigo que careça de uma decisão inadiável, pode a Administração atuar em estado de necessidade administrativa ao abrigo do n.º 2 do artigo 3.º do CPA. Para outras situações de menor gravidade e risco, mas de maior duração, o Governo pode convocar os institutos previstos na Lei de Bases da Proteção Civil e na lei de Vigilância, sem prejuízo das dúvidas de constitucionalidade que se possam, em tese e já na prática, colocar sobre essas leis.

A crise pandémica confirmou, na prática, o funcionamento de um modelo misto ou híbrido no exercício de poderes de necessidade pública para enfrentar um evento de alto risco sanitário nunca antes experimentado na ordem constitucional portuguesa de 1976.

Durante a fase inicial e mais crítica da pandemia e, posteriormente, no decurso de um subsequente período de agravamento, o Presidente, articulado com o Governo e com o beneplácito do Parlamento, recorreu à via "forte" ou "dura" do estado de emergência.

No restante período de tempo, durante a fase menos grave da crise pandémica e, também, no contexto de um processo de vacinação mais elevada, o Governo, depois de cessar, por duas vezes, o estado de exceção constitucional, recorreu substitutivamente ao estado legal de calamidade pública.

Observe-se um quadro sinóptico da situação de necessidade tal como esta ocorreu.

O estado de emergência foi decretado pelo presidente da República no dia 18 de março, nos termos do Decreto n.º 14-A/2020. Foi renovado por duas vezes por força do Decreto n.º 17-A/2020, de 2 de abril, e do Decreto n.º 20-A/2020, de 17 de abril, vigorando até ao dia 2 de maio. Seguiu-se o estado de calamidade pública decretado pelo Governo por via da Resolução do Conselho de Ministros n.º 33-A/2020, de 30 de abril, aprovada ao abrigo do artigo 19.º da Lei de Bases da Proteção Civil, já aqui mencionada, registando-se sucessivas prorrogações até 30 de julho. Seguiu-se a declaração do estado de alerta em todo o território.

No dia 31 de outubro o Governo decretou, de novo, o estrado de calamidade pública no território continental (Resolução do Conselho de Ministros n.º 92-A/2020), seguindo-se, novamente, a decretação do estado de emergência (Decreto do Presidente da República n.º 51-U/2020 de 6 de novembro) renovado doze vezes até 30 de abril de 2021, vigorando posteriormente o estado de calamidade pública (Resolução do Conselho de Ministros n.º 45-C/2021, de 29 de abril). Seguiram-se renovações, entreamadas por estados de contingência e regresso ao estado de calamidade até início de 2022.

Em suma, o modelo jurídico para o enfrentamento de situações de calamidade pública como a pandemia assume carater misto, classificado por alguns autores como "dualista"[30], em que o estado de emergência como instituto de exceção constitucional alternou, de algum modo, com o estado de calamidade, de fonte legislativa.

3. O direito de emergência na lei e na prática: dilemas, lacunas e incertezas entre o modelo constitucional e o direito decidido

3.1. Tópicos sobre o figurino constitucional e legal do estado de emergência

a) Tramitação: a decisão relativa ao estado de exceção como um ato jurídico complexo

Embora caiba em exclusivo ao Presidente da República decretar o estado de exceção (alínea *d)* do art. 134.º da CRP), este último qualifica-se como um ato jurídico complexo pois, para a sua formação e perfeição, concorrem atos interlocutórios obrigatórios, bem como trâmites de controlo político por parte de outros órgãos de soberania.

Assim, a declaração, aprovada pelo Presidente da República sob a forma de decreto presidencial, assume conteúdo normativo e sujeita-se, em primeiro lugar, a um parecer obrigatório mas não vinculativo do Governo (alínea f) do n.º 1 do art. 197.º e da alínea l) do art. 138.º da CRP). Decisiva, contudo, é a subsequente intervenção parlamentar, já que a Assembleia da República é o órgão competente para autorizar, ou não, a declaração, sob forma de resolução (alínea l) do art. 161.º, conjugada com o n.º 5 do art. 166.º e o n.º 1 do art. 138.º da CRP). Obtida a autorização, carece ainda a declaração de ser referendada ministerialmente

[30] Freitas, Tiago Fidalgo de. "A execução do estado de emergência e da situação de calamidade nas regiões autónomas – o caso da pandemia COVID-19". e-pública, v. 7, n.º 3, abril 2020, p. 48

(n.º 1 do art. 140.º da CRP), sendo posteriormente publicada no Diário da República (alínea d) do n.º 1 do art. 119.º). Quando a Assembleia não se encontrar reunida ou não for possível reuni-la imediatamente, a autorização é dada pela respetiva Comissão Permanente, devendo o referido ato ser confirmado pelo Plenário, quando for possível reuni-lo (n.os 1 e 2 do art. 138.º da CRP).

b) Síntese sobre o peso político-institucional de cada um dos poderes envolvidos na génese e perfeição da declaração.

O Presidente da República como poder moderador, o Governo como poder consultivo e o Parlamento como instituição representativa dos cidadãos, órgão de fiscalização política e cúpula poder legislativo, intervêm na perfeição do **ato de declaração** do estado de emergência.

Parece resultar do exposto que, **no plano puramente constitucional,** o Presidente e o Parlamento são, respetivamente, órgãos determinantes na edição da declaração: o primeiro intervindo na formação constitutiva do ato (iniciando livremente o processo e aprovando o decreto) e o segundo exercendo sobre o decreto presidencial o seu controlo de mérito (autorizando ou denegando a autorização de que o mesmo carece para valer juridicamente). Nesta tramitação constitucional, o Governo protagoniza uma posição jurídica subsidiária, dado que lhe está reservada a formulação de um parecer obrigatório, mas não vinculativo sobre a declaração, sem prejuízo de a lei (LOESEE) lhe atribuir importantes poderes de execução daquela, numa fase *ex post*.

Esta arquitetura constitucional de poderes é certeiramente escrutinada criticamente por Pedro Sanchez quando dá nota do facto de o Governo, gozando em face de outros Executivos europeus em Direito Comparado da titularidade de "um extremo ímpar de competências legislativas, vê reduzidas, no regime constitucional da declaração dos estados de exceção, as suas competências políticas, ficando numa posição de dependência em relação aos outros dois órgãos de soberania"[31]. Se esta leitura se afigura como constitucionalmente correta, o facto é que,

[31] SANCHEZ, Pedro Fernández. "Sobre os Poderes Normativos do Presidente da República e do Governo em Estado de Exceção". *Revista da Ordem dos Advogados*. Ano 81, Jul./Dez 2021, p. 758.

como o mesmo autor assinala noutro passo do seu escrito, a prática política gerada pela primeira declaração do estado de emergência em 2020 criou novas dinâmicas infraconstitucionais quanto ao exercício efetivo dos poderes soberanos de exceção. Dinâmicas que geraram interpretações algo insólitas do Tribunal Constitucional sobre o posicionamento constitucional dos mesmos poderes (Acórdão n.º 352/2021). Na verdade, o Governo, articulado com o Presidente, poderá ter assumido, em termos práticos, um protagonismo liderante na consecução do estado de exceção. Retornaremos a esta questão mais adiante.

c) Natureza jurídica da norma que declara o estado de emergência

O decreto presidencial que declara o estado de emergência é, substancialmente, uma norma atípica da função política[32]. Assume um conteúdo político-normativo análogo ao da lei, dispõe de uma força geral afim da lei e, ainda, de um poder subordinante análogo às leis materialmente paramétricas de outras leis, mas não possui forma de lei nem é ditada por um órgão legislativo. Trata-se de uma atipicidade estrutural que a posiciona como norma política fora do catálogo típico dos atos normativos.

Sem prejuízo de poder descer ao concreto, a declaração assume por regra um conteúdo geral no tocante às normas que determinem de modo especificado a suspensão, no todo ou em parte, de direitos, liberdades e garantias suscetíveis de serem abrangidos pela mesma declaração (cfr. n.º 6 do art. 19.º da CRP). Trata-se de normas que devem estabelecer os termos e os limites da suspensão de cada um desses direitos, bem como âmbito territorial e temporal de aplicação das normas constritivas.

Não se tratando de um ato legislativo, as suas normas vinculam, tal como foi antecipado, atento o disposto no n.º 8 do artigo 19.º da CRP, todas as "providências" que lhe confiram "execução", as quais compreendem atos legislativos, normas regulamentares e atos administrativos, devendo prevalecer sobre as segundas em caso de colisão. Entende-se, igualmente, que a declaração tem força jurídica prevalecente, mormente preemptiva, sobre as leis da Assembleia da República que disponham de

[32] Canotilho, José Joaquim Gomes. *Direito Constitucional e Teoria da Constituição.* Coimbra: Coimbra Editora, 1993, p. 855; Morais, Carlos Blanco de. *Curso de Direito Constitucional,* I, op. cit, p. 100.

forma diversa ou contrária às normas da declaração suspensivas de direitos inscritos na reserva de lei parlamentar. O exercício do poder legiferante do Parlamento fica travado durante a duração do estado de exceção em tudo o que implicar uma antinomia ou desvio ao conteúdo da declaração em matéria de afetação de direitos, pois o contrário converteria o instituto do artigo 19.º da CRP numa peça jurídica inútil, nominalizando o estado de necessidade constitucional. Tal não impede, tal como se antecipou, o Parlamento de regular aspetos do mesmo direito que não estejam cobertos pela declaração ou não prejudiquem a sua eficácia e a das normas legais das autoridades de execução que a concretizem.

Sem embargo, o decreto presidencial que aprova a declaração, sendo normativamente vinculante é, simultaneamente, um ato vinculado, pois para além de dever acatar a Constituição, encontra-se sujeito à lei do estado de sítio e estado de emergência (LOESEE), incluída na reserva de lei orgânica (n.º 7 do art. 19.º e alínea *e)* do art. 164.º conjugada com o n.º 2 do art. 166.º da CRP).

d) Força e conteúdo do ato de autorização parlamentar

A Constituição não confere à resolução parlamentar que habilita o decreto que contém a declaração do estado de emergência mais do que uma faculdade autorizativa da mesma declaração.

Contudo, a LOESEE estabelece no n.º 1 do seu artigo 16.º que: *"A resolução de autorização da declaração do estado de sítio ou do estado de emergência conterá a definição do estado a declarar e a delimitação pormenorizada do âmbito da autorização concedida em relação a cada um dos elementos referidos no artigo 14.º"* Este último artigo configura o conteúdo que a declaração deve corporizar [33].

Se é um fato que a resolução assumiu o lugar primitivamente ocupado pela lei que autorizava a declaração, antes da revisão constitucional de

[33] Será o caso da caracterização e fundamentação do estado declarado; âmbito territorial; duração; especificação dos direitos, liberdades e garantias cujo exercício fica suspenso ou restringido; determinação, no estado de sítio, dos poderes conferidos às autoridades militares; determinação, no estado de emergência, do grau de reforço dos poderes das autoridades administrativas civis e do apoio às mesmas, pelas Forças Armadas, sendo caso disso.

1997 e que podia concretizar o conteúdo desta última, existem dúvidas sobre se a *"delimitação pormenorizada do âmbito da autorização"* a que alude a LOESEE pode ir mais muito mais além do que a reprodução do conteúdo do decreto que aprova a declaração e que consta do seu artigo 14.º.

Com efeito, a Constituição limita-se a atribuir normatividade ao conteúdo do decreto presidencial que contém a declaração do estado de emergência (n.º 5 e n.º 8 do art. 119.º da CRP), abstendo-se de o fazer em relação ao ato de autorização parlamentar, cujo conteúdo a Constituição não define nem atribui normatividade autónoma, mas apenas, no limite, comete um conteúdo recetício (cfr. alínea m) do art. 161.º e art. 138.º da CRP). Uma lei orgânica como a LOESEE não pode, por conseguinte, atribuir ao conteúdo de uma resolução parlamentar que se define como um ato político de controlo, um conteúdo normativo próprio que contenha um escopo disciplinador ou concretizador do ato autorizado.

Por um lado, não se entenderia com que credencial constitucional as hipotéticas normas de pormenor contidas numa resolução (que é um ato político ou, no limite, uma norma atípica da função política), poderiam vincular atos legislativos de execução da autorização sem violarem o princípio da tipicidade da lei (n.º 5 do artigo 112.º da CRP).

Por outro lado, importa aduzir que a resolução de autorização parlamentar não pode incorporar normas regulamentadoras da declaração, as quais são reserva de competência das autoridades de execução (n.º 8 do artigo 19.º da CRP).

Finalmente, não pode a resolução contrariar o conteúdo da declaração, interpretá-lo, limitá-lo ou esvaziar o seu alcance através de normação de pormenor. Se a resolução confirmativa do Plenário da Assembleia no respeitante à autorização da declaração dada pela Comissão Permanente durante o período em que o primeiro não estiver reunido (n.º 2 do art. 16.º da Lei n.º 1/2012) está proibida de "restringir o conteúdo do decreto de declaração", a mesma proibição deve aplicar-se à resolução autorizativa, por identidade de razão.

e) Competência para a execução do estado de emergência

A Constituição não impõe nem determina textualmente que a execução do estado de emergência (ou de sítio) constitua um poder atribuído ao

Governo[34]. Ainda assim, a competência governamental nessa tarefa de execução poderá ser implicitamente inferida a partir do estatuto constitucional do Governo como órgão superior da Administração Pública e, ainda, como órgão de condução da política geral do País (artigo182.º da CRP), sendo que a atividade de execução de um estado de exceção, embora possa conformar um conceito amplo que envolve mais do que uma atividade do Estado, compreende necessariamente o exercício da função administrativa[35].

Esta indeterminação constitucional, quanto à expressa identificação dos órgãos responsáveis pela tarefa em causa, permite à LOESEE a faculdade de configurar, com alguma margem de discricionariedade política, quais as autoridades que intervêm na execução dos estados de exceção e quais as respetivas competências.

Se bem que a Constituição não garanta na atividade de execução um papel inequívoco de predominância ao órgão governamental, a LOESEE fá-lo, ao clarificar no seu artigo 17.º que a *"execução da declaração do estado de sítio ou do estado de emergência compete ao Governo"*, sem prejuízo das competências atribuídas às autoridades militares em estado de sítio (n.º 2 do artigo 8.º) e aos Representantes da República nas regiões, em estado de emergência (n.º 2 do artigo 20.º)[36].

Cabendo a todas as autoridades competentes pela execução a faculdade de poderem tomar *"as providências necessárias e adequadas ao pronto restabelecimento da normalidade constitucional"* (n.º 8 do artigo 19.º da CRP) **não é nítida qual a natureza, forma e grau de novidade dessas providências**.

Semelhante falta de clarificação coloca dúvidas, no plano estritamente normativo, sobre a tensão e o traçado fronteiriço entre a densidade regu-

[34] Freitas, Tiago Fidalgo de, ult. loc. cit., p. 43, que critica o caráter lacunar da Lei Fundamental em matéria de execução, considera ser de "bondade duvidosa" que a Constituição não tenha feito a explicitação dos órgãos competentes para a mesma execução.

[35] Cfr, em geral J. Duarte Coimbra-Marco Caldeira-Tiago Serrão "Direito Administrativo da Emergência", Coimbra, 2020.

[36] Exprimindo dúvidas de constitucionalidade sobre as competências do Representante da República, pelo facto de a LOESEEE lhe atribuir competências administrativas que a Constituição presentemente não lhe confere, vide Freitas, Tiago Fidalgo de, ult. loc cit, pp. 57 ss.

ladora da normação do decreto presidencial de declaração do estado de emergência, de um lado, e a densidade reguladora das providências normativas do Governo e de outras autoridades que lhe dão execução, de outro. Trata-se de uma questão central deste escrito que se examinará adiante a propósito da prática do estado de emergência em 2020/2021.

f) Controlo de validade da declaração e dos atos da respetiva execução
A vigência do estado de emergência não afeta a competência dos tribunais (n.º 7 do artigo 19.º da CRP). Confirmando esta asserção, o artigo 6.º da LOESEE garante que nos estados de exceção, neles compreendido o estado de emergência, *"os cidadãos mantêm, na sua plenitude, o direito de acesso aos tribunais, de acordo com a lei geral, para defesa dos seus direitos, liberdades e garantias lesados ou ameaçados de lesão por quaisquer providências inconstitucionais ou ilegais"*. O artigo 22.º da mesma lei confirma, nos seus n.ºs 1 e 2, que os tribunais comuns se mantêm no exercício das suas competências devendo velar "pela observância das normas constitucionais e legais que regem o estado de sítio e o estado de emergência".

A lei não parece autorizar tribunais de exceção sem prejuízo de a declaração, no que toca à tutela dos direitos suspensos, poder vir a determinar regras excecionais em matéria de foro.

Em suma, o Tribunal Constitucional é competente para, em controlo abstrato sucessivo ou em controlo concreto, apreciar a constitucionalidade da declaração, nomeadamente à luz do princípio da proporcionalidade, bem como das providências normativas que lhes confiram execução. Por seu turno, os tribunais comuns, mormente os tribunais administrativos têm competência para julgar a constitucionalidade e legalidade de regulamentos e atos administrativos que executem o estado de emergência, bem como as providências cautelares e intimações para a proteção de direitos liberdades e garantias que sejam propostas.

Tal como se verá adiante, este quadro garantístico de elevado escalão experimentou uma prática surpreendentemente anémica durante a exceção em tempos de pandemia.

g) Fiscalização política da execução do estado de emergência
A alínea b) do artigo 162.º da CRP confere, explicitamente, à Assembleia da República competência para fiscalizar e acompanhar a aplicação dos

estados de exceção, devendo o Governo, para o efeito, de acordo como artigo 28.º da LOESEE, enviar-lhe um relatório sobre a referida aplicação para ser avaliado. O Presidente da República, a par do Parlamento, deve ser informado pelo Governo sobre a execução do estado de emergência (artigo 17.º da LOESEE). A prática foi, tal como se examinará, pouco concludente sobre a eficácia dos órgãos fiscalizadores, com destaque para o Parlamento.

3.2 Da adequação e correspondência entre o figurino constitucional e legal do estado de emergência e a sua aplicação prática durante a crise pandémica.

Durante 44 anos o regime constitucional dos estados de exceção nunca foi aplicado. E o facto é que só quando certas normas constitucionais de necessidade pública são confrontadas com a prática é que se consegue entender se e como funcionam efetivamente, ou seja:- i) Se estão politicamente ajustadas aos desafios da realidade contemporânea ou carecem de modificadas ou completadas com novos institutos de urgência; ii) Em que termos é que a sua aplicação administrativa se mostrou exequível; iii) Como é que essas normas são lidas, integradas e aplicadas pelos poderes soberanos nas suas dimensões mais indeterminadas e até lacunares, onde existem "buracos cinzentos" e até "buracos negros legais" que permitem a certos poderes mover-se inventivamente com poucos limites e até com alguma dose de arbítrio[37].

Trata-se de uma realidade que se manifesta em vários sistemas jurídicos estrangeiros, antes e depois da pandemia[38]. Basta rever como o instituto dos "plenos poderes" (artigo 16.º da Constituição francesa da Quinta República) foi aplicado pelo General de Gaulle durante a crise da Argélia, o qual agiu transitoriamente como um quase-ditador comissarial à romana, sem limite de tempo e sem interferência parlamentar, para nos

[37] Brito, Miguel Nogueira de, ult. loc. cit., p. 23.

[38] Brito, Miguel Nogueira de (ult. loc. cit., p. 12) abordando o ordenamento belga, escreve que *"(...) a verdade é que, se a law in books proclama que os estados de exceção se regem pelo direito constitucional normal, a law in action revela uma realidade diferente, com a assunção de poderes de emergência pelo executivo, confirmada pelos tribunais (...)".*

apercebemos que durante os estados excecionais existe, por vezes, um véu que tapa as estátuas dos deuses[39].

A declaração do estado de emergência no dia 18 de março de 2020 e a sua renovação sucessiva geraram uma prática que criou precedentes, mas que também suscitou muitas dúvidas políticas e de constitucionalidade[40]. Passemos em revista, sinteticamente, um conjunto de situações problemáticas legadas pela declaração e execução do estado de emergência em 2020 e 2021.

a) Uma declaração de estado de emergência de conteúdo minimalista na regulação normativa dos direitos suspensos

a.a. Dúvidas sobre a densidade reguladora da declaração

Registámos que o Presidente da República, desde a aprovação do Decreto n.º 14-A/2020 de 18 de março, por força do qual decretou o estado de emergência, optou por uma declaração de conteúdo muito genérico e minimalista em relação à obrigação constitucional de "especificação" dos direitos, liberdades e garantias suspensos ou passíveis de suspensão.

Na referida declaração, o Presidente, mais do que decretar regras pormenorizadas sobre a suspensão de direitos, credenciou antes o Governo na assunção de responsabilidades na determinação dos termos específicos em que cada direito previamente suspenso seria afetado.

[39] Morais, Carlos Blanco de. *O Estado de Exceção.* Lisboa, 1984, p. 34.

[40] Sánchez, Pedro Fernández, ult. loc. cit., p. 769 ss. (que fala numa prática de regulação da exceção à margem da Constituição); Novais, Jorge Reis, ult. loc cit, p. 88 ss. (que aplaude a declaração e os termos da execução mas critica o facto de não ter sido suspenso o direito de liberdade e considerar que a suspensão do direito de circulação não cobriu confinamentos obrigatórios e internamentos compulsivos); Brito, Miguel Nogueira de (ult. loc. cit., p. 25) critica as ratificações ou convalidações retroativas de atos legislativos inválidos de restrição de direitos pela Lei n.º 1-A/2020, de 19 de março entendendo que este retorno aos "bills de indemnidade" não é aceite pelo nosso ordenamento; e Lopes, Pedro Moniz (ult. loc. cit., pp. 141 ss.), pronunciando-se sobre a questão de constitucionalidade do conteúdo minimalista da declaração e sobre a problemática da suspensão do direito de liberdade.

Observe-se as seguintes alíneas do artigo 4.º da declaração que suspende parcialmente diversos direitos, liberdades e garantias.

> *"a) Direito de deslocação e fixação em qualquer parte do território nacional:* ***podem ser impostas*** *pelas autoridades públicas competentes as restrições necessárias para reduzir o risco de contágio e executar as medidas de prevenção e combate à epidemia, incluindo o confinamento compulsivo no domicílio ou em estabelecimento de saúde (...)";*
> *b) Propriedade e iniciativa económica privada:* ***pode ser requisitada*** *pelas autoridades públicas competentes a prestação de quaisquer serviços e a utilização de bens móveis e imóveis, de unidades de prestação de cuidados de saúde, de estabelecimentos comerciais e industriais, de empresas e outras unidades produtivas (...)".*

Focando o primeiro caso (o segundo é análogo), o decreto determina a suspensão, em abstrato, do direito de deslocação e fixação, dita alguns critérios muito gerais sobre os termos da suspensão, mas, na prática, autoriza o Governo a especificar o regime dessa suspensão em razão das circunstâncias (é utilizada, estranhamente, a expressão "restrições necessárias"), sendo elucidativa a expressão **"podem ser impostas".** Assim, o diploma concede, primeiramente, ao Governo, a faculdade de impor ou não essas medidas suspensivas, pelo que, se o Governo se tivesse abstido de editar normas particulares sobre a afetação desse direito, a suspensão ditada pelo decreto não teria eficácia.

Contudo, paralelamente, o Presidente não deixou de proceder à suspensão de outros direitos, de forma direta e com efeitos imediatamente cogentes, sem diferir para o Governo a efetivação ou não das medidas suspensivas, mas apenas a sua concretização com limitado ângulo de discricionariedade. Foi o caso do direito à greve em atividades e serviços essenciais.

Vejamos:

> "c) Direitos dos trabalhadores (...). **Fica suspenso o exercício do direito à greve** na medida em que possa comprometer o funcionamento de infraestruturas críticas ou de unidades de prestação de cuidados de saúde, bem como em setores económicos vitais para a produção, abastecimento e fornecimento de bens e serviços essenciais à população;
> (...)

g) Direito de resistência: **fica impedido todo e qualquer ato de resistência** ativa ou passiva às ordens emanadas pelas autoridades públicas competentes em execução do presente estado de emergência."

Nestes casos foram definidos, de forma imperativa, os termos da suspensão através de normas proibitivas de conteúdo geral que, no primeiro caso, apenas requeriam uma identificação concreta das infraestruturas e serviços pelo órgão de execução.

Semelhante geometria variável do conteúdo da declaração deixou duas questões problemáticas por solucionar, a saber:

i) Será que, no caso das alíneas a) e b) do artigo 4.º da primeira declaração o Presidente terá incorrido em inconstitucionalidade, seja em razão de um défice na obrigação de especificação dos direitos suspensos (n.º 5 do artigo 19.º da CRP) seja por ter conferido indevidamente uma delegação de poderes ao Governo, não suscetível de autorização à luz do n.º 2 do artigo 111.º da CRP?
ii) Será que o Presidente, no plano político-institucional, se eximiu da responsabilidade constitucional que lhe caberia na determinação dos termos em que os direitos deveriam ter sido suspensos, descarregando essa função no Governo?

Examinemo-las em separado.

a.b. Défice de especificação no conteúdo da declaração.

Um setor da doutrina considera que a fraca especificação dos direitos suspensos na declaração acarretaria a inconstitucionalidade desta última.

Para este setor doutrinal, o Chefe de Estado, desde o primeiro Decreto n.º 14-A/2020, teria renunciado ao exercício das competências presidenciais em favor do Governo, devolvendo-lhe o conteúdo, alcance e modo de conformação das regras de suspensão do exercício de diversos direitos[41], tendo-lhe atribuindo, indevidamente, o "status" de legislador de emergência. Mas, em paralelo, em relação a outros direitos de liberdade,

[41] Sánchez, Pedro Fernández. "Sobre os Poderes (...)", op. cit., p. 772.

como o da greve, ele teria definido e limitado com precisão o direito suspenso e os termos da suspensão, seguindo o figurino constitucional.

No primeiro caso exposto, o Presidente teria abdicado da sua obrigação de especificação dos direitos suspensos, repartindo essa faculdade com o Governo, ao delegar-lhe o poder normativo de ditar os termos que iriam reger a afetação de cada direito[42]. Ora, paralisar um direito fundamental não seria equivalente a autorizar o Governo a determinar essa paralisação, verificando-se uma colisão com o n.º 7 do artigo 19.º da CRP.

Que dizer?

É certo que a Constituição exige que seja o decreto presidencial que declara o estado de emergência a "especificar" quais os direitos liberdades e garantias suspensos. Especificar não se reduz a uma simples enumeração de direitos suspensos, mas implica, no seu limite mínimo, uma caracterização das condições genéricas, de ordem objetiva e subjetiva, em que cada direito é passível de ser sacrificado e, no seu limite máximo, uma pormenorização do regime de afetação desfavorável do direito, sobretudo em caso de suspensão parcial.

Parece evidente que diversos segmentos dos decretos presidenciais roçaram um minimalismo prescritivo suscetível de levantar dúvidas pertinentes sobre a existência de um défice de especificação de alguns direitos, desafiando o n.º 5 do artigo 19.º da CRP. Ainda assim, neste caso de fronteira, que pelo seu caráter fosco ou impreciso não deveria configurar um modelo para futuras declarações, entende-se que não terá existido uma inconstitucionalidade inequívoca, por três ordens de razões:

Em primeiro lugar, o decreto determina a suspensão de direitos como o de deslocação, mas fixa critérios que pautam essa suspensão. Por exemplo: i) Estabelece-se o caráter parcial dessa suspensão; ii) Enumera-se, pese que exemplificativamente, medidas constritivas derivadas do combate à pandemia; iii) Fixa-se parâmetros ou condições de necessidade pública quanto à interdição de deslocações e permanência de cidadãos na via pública, elencando-se situações em que essa permanência pode ser justificada; iv) Impõe-se ao Governo a determinação das situações em

[42] SÁNCHEZ, Pedro Fernández, ult. loc. cit., p. 778.

que a liberdade de circulação individual e preferencialmente desacompanhada se mantém.

O mesmo sucede, de algum modo, com os direitos de iniciativa privada, circulação internacional e manifestação.

Esses critérios gerais determinam condições, fixam autorizações, estabelecem limites, ditam obrigações e avançam padrões exemplificativos que, pese a sua expressiva indeterminação, excluem aquilo que seria uma declaração puramente enumerativa acompanhada de uma "delegação de poderes" em branco ao Governo. Existe, por conseguinte, uma especificação minimalista, centrada na caracterização dos termos genéricos da suspensão, a qual acata, embora no limite, os requisitos mínimos da obrigação constitucional prevista no n.º 5 do artigo 19.º da CRP.

A declaração deixa ao Governo, que nos termos da LOESEE é o órgão de execução, a definição das condições objetivas e subjetivas e circunstanciais, por força das quais este órgão pode afetar cada um desses direitos e a delimitação parcial do seu âmbito de proteção, o que envolve o diferimento para o Executivo de poderes normativos com algum conteúdo inovador, pese que limitado.

Como se poderá tentar explicitar mais adiante, as competências dos órgãos de soberania atinentes à declaração e execução do estado de emergência são diferenciadas, mas têm vasos comunicantes no plano normativo. Quanto mais genérico ou aberto for o conteúdo minimamente admissível das normas da declaração, maior a liberdade ou discricionariedade normativa dos órgãos com competências de execução, em particular do Governo.

A expressão "execução" não se reconduz a um mero poder administrativo vinculado e, tal como reconhece aliás a doutrina que ora se aprecia e que sustenta a inconstitucionalidade da primeira declaração do estado de emergência, semelhante fórmula deve ter um perfil "flexível"[43]. Embora essa mesma doutrina negue às providências de execução poderes inovadores ou criativos na configuração do âmbito de proteção do direito parcialmente suspenso, entendemos, pela nossa parte, que desde que haja uma cobertura ou credenciação explícitas operada por critérios

[43] Sánchez, Pedro Fernández, ult. loc. cit., p. 779.

gerais ínsitos na declaração, deve-se considerar que um mínimo útil de novidade pode ser admissível nas normas governamentais de "execução". Isto, sobretudo, num quadro de necessidade pública onde nem todas as dimensões relativas à permissividade de afetação de um direito suspenso podem ser antevistas na declaração do estado de exceção. Esta deve deixar o órgão de execução "respirar" e atalhar às situações específicas e contingentes, cobertas horizontalmente, mas não originariamente previstas no conteúdo da declaração ou que careçam de alterações ditadas por mudanças de circunstâncias, de necessidades e de riscos[44].

Estando em causa a paralisação parcial de direitos fundamentais e estando a suspensão sujeita ao princípio da proporcionalidade que exige determinabilidade ao conteúdo das normas constritivas ou suspensivas dos mesmos direitos, verifica-se que essa mesma imposição de determinabilidade deve ser garantida, não apenas por uma norma, mas por uma cadeia de normas da função política: à cabeça, a declaração, a qual deve enumerar os direitos afetados e fixar critérios mais ou menos detalhados sobre os termos da sua suspensão; e, complementarmente, a mesma determinabilidade impõe-se às normas legislativas de execução cuja densidade reguladora é variável já que esta depende da malha, mais aberta ou mais fechada da declaração, devendo sempre mover-se no seu âmbito.

Observe-se que o Governo é titular da função legislativa (artigo 198.º da CRP) e a execução de uma declaração do estado de emergência, sobretudo no tocante à afetação específica de direitos fundamentais

[44] Atente-se no seguinte passo do escrito de LOPES, Pedro Moniz, em abono da não inconstitucionalidade (ult. loc cit, p. 142): *"As normas atributivas de maior discricionariedade são, porém, de uma perspetiva ex post, mais adaptáveis à variabilidade das circunstâncias subjacentes aos casos que suscitam a respetiva aplicação. Se o ambiente regulado é sujeito a variações exógenas – como paradigmaticamente ocorre a respeito da consensualmente «imprevisível» pandemia do Covid-19 –, tal implica que as normas mais precisas sejam necessariamente sujeitas a revisões mais frequentes, sob pena de obsolescência normativa, acarretando custos de criação fixos mais elevados. (...). Um maior grau de determinação das condições normativas dará causa a uma menor margem de escolha no momento de implementação, o que pode concorrer– nomeadamente devido a uma circunstância de facto imprevista pelo Presidente– para um menor grau de aptidão para o cumprimento dos objectivos subjacentes ao decreto presidencial de suspensão de direitos fundamentais: retomar anormalidade constitucional o quanto antes."*

previamente suspensos, constitui reserva de ato legislativo[45] sempre que haja que determinar as condições objetivas, subjetivas e circunstanciais especificas da paralisação parcial de um direito ou o desguarnecimento do seu âmbito de proteção traçado pela Constituição, sendo certo que este mesmo ato governativo deve ser habilitado e balizado pelo decreto presidencial.

Em segundo lugar, é certo que quando o decreto presidencial usa as expressões ***"podem ser impostas pelas autoridades públicas*** *competentes as restrições necessárias para reduzir o risco de contágio"* ou "**pode ser requisitada** pelas autoridades públicas competentes a prestação de quaisquer serviços", as mesmas tanto podem ter uma leitura inconstitucional como podem ser interpretadas em conformidade com a Constituição.

Na verdade, se a expressão for entendida como uma delegação no Governo, dos poderes presidenciais primários de especificação dos direitos fundamentais afetados, ocorreria uma inconstitucionalidade orgânica, pois sem credencial habilitante e ao arrepio do n.º 2 do artigo 111.º da CRP, o Presidente estaria a transmitir ao Governo componentes medulares da sua competência exclusiva de declaração do estado de exceção associada à especificação inovatória dos termos da afetação de cada direito[46].

Se, contudo, a referida fórmula for lida, algo benigna e forçadamente, como a delimitação de competências que o Governo pode ou não exercer nos domínios legislativo e administrativo, como órgão de execução do decreto presidencial e na observância de parâmetros objetivos que dele constem, entende-se que essa leitura não seria necessariamente inconstitucional.

Se bem que a declaração do estado de emergência não possa, na generalidade, afetar as regras constitucionais em matéria de competência dos órgãos de soberania (n.º 7 do artigo 19.º da CRP) o facto é que, na especialidade, a declaração desse estado de exceção permite ao Presidente afetar direitos fundamentais no âmbito da reserva parlamentar, cance-

[45] Morais, Carlos Blanco de. *Curso de Direito Constitucional,* I, op. cit., p. 109; Sánchez, Pedro Frernández, ult. loc. cit., pp. 782-783.

[46] Trata-se da leitura feita, com uma argumentação incisiva, por Sánchez, Pedro Frernández, ult. loc. cit., pp. 776-779.

lando o protagonismo de lei de conteúdo limitativo. Assim, em estado de emergência o Presidente: i) Pode, ao abrigo do regime constitucional da suspensão de direitos, dispensar por decreto, em benefício próprio, a exigência de uma autorização legislativa parlamentar, estabelecendo diretamente uma afetação do mesmo direito cujo conteúdo constritivo pode ser igual ou mais intenso do que adviria da restrição; ii) E pode, também, fixar com um grau de determinação adequado, os critérios gerais dessa afetação desfavorável de ordem suspensiva, cometendo ao órgão de execução poderes de densificação legislativa desses critérios.

Foi o que ocorreu em 2020/2021.

Os critérios da adequação e da necessidade diante da situação emergencial credenciaram a opção presidencial em estabelecer um regime de enquadramento jurídico julgado mais apto para lidar com um cenário especifico de urgência, com uma dose de imprevisibilidade e mutação de riscos, passível de afetar certos direitos de liberdade, sendo considerado que os fins da declaração quanto ao retorno da normalidade seriam mais eficazmente atingidos com a outorga de uma maior discricionariedade politica e administrativa ao Governo na sua tarefa de execução.

Quer o termo "especificar" quer o termo "execução" dispõem da necessária plasticidade para se ajustarem à colaboração entre poderes que se mostrem mais aptos para lidar com cenários mutáveis e contingentes de calamidade, sendo estas fórmulas algumas das sobreditas *áreas ou buracos cinzentos* que pautam muitos regimes jurídicos dos estados de exceção em diversos ordenamentos.

É claro que, se o decreto não tivesse suspendido os direitos em causa e habilitasse o Governo a decretar essa suspensão, o mesmo seria inconstitucional, por afronta ao princípio da indelegabilidade de poderes soberanos fora dos casos permitidos na Constituição. Mas tal não sucedeu.

Ainda assim, parece tecnicamente pouco correto, na declaração de Março de 2020, o uso da expressão "podem" ser impostas as "restrições necessárias para reduzir o risco de contágio".

As restrições estão sempre sujeitas à reserva de lei parlamentar, pelo que a declaração do estado de emergência, podendo, no contexto da figura da suspensão, suprir a necessidade de uma lei reguladora ou de autorização da Assembleia da República e determinar, ela própria, critérios mais ou menos densos de afetação do direito, a mesma não pode, contudo, suprir essa autorização para habilitar o Governo a restringir direitos. Daí que a expressão "restrições" que foi usada impropriamente no diploma deva ser interpretada corretivamente, seja no domínio da habilitação ao Governo quanto à possibilidade de editar normas legislativas de concretização da suspensão de certos direitos, bem como de aprovar intervenções restritivas de ordem administrativa que, no respeito da legalidade ordinária ou de crise, afetem esses direitos em situações concretas.

Em síntese, pese o caráter criticamente minimalista da declaração, não se considera, numa leitura conforme com a Constituição, que a mesma esteja ferida de inconstitucionalidade em razão de um défice ostensivo de especificação ou de uma delegação indevida de poderes ao Governo para restringir direitos de liberdade.

a.c. Desresponsabilização presidencial na determinação do conteúdo dos direitos afetados pela suspensão e indemnidade a atos nulos da administração

No plano estritamente político parece claro que o Presidente, ao ter optado por uma declaração de conteúdo minimalista procurou habilmente desresponsabilizar-se de potenciais efeitos negativos, mais polémicos ou mais impopulares derivados da densificação e concretização das medidas excecionais[47]. Isto, no que tange a um instituto não antes usado em democracia.

Com enorme habilidade, o Presidente forçou o Governo a aceitar o primeiro estado de emergência, estabeleceu um enquadramento normativo com uma suspensão quase emblemática de um conjunto de direitos e descarregou no Executivo a responsabilidade de boa parte da modulação do regime suspensivo. Por um lado, dir-se-ia, para deixar ao órgão que nos termos da LOESEE é o primeiro responsável pela "execução" dos poderes de exceção, mão livre para estabelecer normas e providên-

[47] Cfr, em geral, sobre a transferência de responsabilidades, LOMBA, Pedro. "Constituição, Estado de emergência e Administração Sanitária: Alguns Problemas". *e-pública*, v. 7, n.º 1, abril 2020, p. 34.

-cias necessárias para lidar com a situação de necessidade. Por outro, para subtilmente alijar a tomada de decisões de conteúdo suspensivo cuja pormenorização no decreto pudesse esbarrar com a sua inexequibilidade, contestação pública, invalidade ou excesso em termos de impacto desfavorável nas pessoas.

Já no plano jurídico, parece indefensável a convalidação por via de "ratificação" pelo decreto presidencial, de potenciais atos ilegais ou inconstitucionais praticados antes e durante o estado de exceção. Semelhante convalidação não merece acatamento de nenhum setor da doutrina nem do próprio titular que sempre sustentou que, pelo menos os atos nulos não poderiam ser sanados ou convalidados[48]. Trata-se de uma situação paradoxal em que a declaração do estado de exceção produz, no que respeita a atos nulos, efeitos de verdadeiro "vodoo" político-administrativo. Não sem dúvidas, apenas atos anuláveis poderiam ser abrangidos por esta ratificação presidencial

Parece claro que esta decisão de convalidação cria precedentes perigosos para o futuro. Ela parece dar cobertura e conforto ao entendimento de que atos administrativos manifestamente ilegais e inconstitucionais, mesmo violadores de direitos de liberdade, praticados no decurso e até no período anterior à declaração do estado de exceção, possam ter expectativas de "indemnidade" por força de um decreto presidencial. Ora não é assim. Durante o estado de exceção os tribunais funcionam e podem declarar a nulidade de atos da administração inválidos, desaplicando mesmo um decreto presidencial que não tenha cobertura constitucional ou legal para os poder convalidar. Para que semelhante efeito de convalidação pudesse ocorrer, necessário seria rever a LOESEE, sem prejuízo da garantia constitucional de que os poderes públicos incorreriam sempre em responsabilidade civil extracontratual por prejuízos especiais e anormais causados a particulares por decisões inválidas.

[48] Marcelo Rebelo de Sousa "O Valor Jurídico do ato Inconstitucional", Lisboa, 1988, p. 257 e seg

b) Uma execução da declaração por um governo liderante e centro de produção de normas legais e regulamentares de conteúdo inovador

b.a. Dúvidas de constitucionalidade suscitadas num acórdão controvertido

O Governo, no marco da declaração do estado de emergência, editou não apenas decretos-leis com regras constritivas dos direitos de liberdade que o Chefe de Estado suspendeu em abstrato, mas, igualmente, decretos de teor regulamentar e conteúdo inovador, diretamente fundados da alínea g) do artigo 199.º da CRP.

Trata-se do caso do Decreto 2-B/2020, de 2 de abril, que determinou normas como as seguintes:

"Artigo 3.º
Confinamento obrigatório

1 – Ficam em confinamento obrigatório, em estabelecimento de saúde, no respetivo domicílio ou noutro local definido pelas autoridades de saúde:

a) Os doentes com COVID-19 e os infetados com SARS-Cov2;

b) Os cidadãos relativamente a quem a autoridade de saúde ou o utros profissionais de saúde tenham determinado a vigilância ativa.

2 – A violação da obrigação de confinamento, nos casos previstos no número anterior, constitui crime de desobediência."

(...)

N.º 1, alínea d) do artigo 43.º

"A cominação e a participação por crime de desobediência, nos termos e para os efeitos da alínea b) do n.º 1 do artigo 348.º do Código Penal, bem como do artigo 7.º da Lei n.º 44/86, de 30 de setembro, por violação do disposto nos artigos 6.º, 9.º a 11.º do presente decreto, bem como do confinamento obrigatório de quem a ele esteja sujeito nos termos do artigo 3.º;"

Colocam-se, por conseguinte, duas questões problemáticas:

i) É admissível que um regulamento administrativo independente de execução do estado de emergência suspenda temporariamente direitos e modifique ou alargue o âmbito de aplicação normas constantes de atos legislativos?

ii) Fará constitucional e politicamente sentido que o Governo, que no processo de declaração do estado de emergência é, estatutariamente, o órgão menos forte, dado que a Constituição nem sequer explicitamente menciona como órgão dirigente do processo de execução, lidere na prática a direção política e administrativa do estado de exceção?

b.b. Do agravamento do crime de desobediência por decreto de natureza regulamentar

Quanto à primeira questão, esta tem a maior pertinência, a partir do momento que o Acórdão n.º 352/2021 do Tribunal Constitucional, tirado em controlo concreto, admitindo a natureza regulamentar do decreto, considerou que:

> *"A declaração de um estado de exceção não autoriza apenas a compressão anormal de direitos fundamentais através da suspensão temporária do seu exercício – (...). Promove ainda um alargamento anormal das competências do poder executivo – a sua vertente orgânica. Ao passo que as restrições de direitos, liberdades e garantias são matéria de reserva de lei parlamentar (artigos 18.º, n.º 2 e 165.º, n.º 1, alínea b), da Constituição), é ao executivo que cabe adotar as medidas de emergência que as circunstâncias venham a reclamar, nomeadamente as que comprimem severamente as liberdades fundamentais cujo exercício tenha sido declarado suspenso."*

A partir deste entendimento o Acórdão admitiu que, por decreto regulamentar fosse agravado o crime de desobediência previsto na lei penal.

Entende-se que as formas normativas de que reveste a "execução" do estado de emergência não são indiferentes para a ordem constitucional. Isto significa que os poderes governamentais de execução não se encontram habilitados a proceder a derrogações ao princípio da legalidade, da tipicidade da lei e, ainda, a deslegalizações sem credencial na Constituição.

Não é, pois, pacífico, que o Governo possa aprovar decretos regulamentares emitidos ao abrigo da sua competência administrativa sem fundamento na lei, para afetar desfavoravelmente com conteúdo inovador, direitos, liberdades e garantias abrangidos pela declaração, transpor a reserva de ato legislativo, quebrar o princípio da tipicidade da lei e beliscar o princípio da legalidade penal. A necessidade de ser preservada a competência dos órgãos de soberania durante o estado de emergência, tal como prevê o n.º 7 do art.º 19.º da CRP, não pode ignorar uma discussão hipotática sobre eventuais vícios de normas regulamentares que disponham, inovatoriamente, na reserva de lei correspondente à matéria de direitos, liberdades e garantias.

Se a norma do n.º 3 do art.º 18.º da CRP impõe uma reserva formal de lei parlamentar ou de decreto-lei autorizado no caso de se vir a restringir um direito de liberdade, situação que implica sempre uma afetação parcial desfavorável do exercício de um direito, mas com salvaguarda do seu conteúdo essencial, com que fundamento jurídico seria possível sustentar a ideia, como parece fazer o Acórdão n.º 352/2021, de que basta um regulamento governamental editado em estado de emergência para suspender o mesmo direito, suspensão que pode envolver, no limite, um regime mais rigoroso do que o da restrição?

Parece evidente que a indiferença manifestada pelo Acórdão perante as formas normativas não é convincente. Se é admissível que, diferentemente de uma restrição, a suspensão de direitos possa suprir, na ação presidencial, a necessidade de uma autorização legislativa, no contexto de uma "legalidade de crise" que substitui a "legalidade ordinária", já não parece sustentável que a mesma suspensão possa abolir ou afastar a própria legalidade de crise e transpor por via administrativa uma reserva de ato legislativo que inere ao sacrifício de um direito de liberdade . Não existem poderes anormais do Executivo que permitam manipulação jurídicas das formas dos atos devidos.

A afetação parcial ou total de um direito por norma inovadora de detalhe com conteúdo político (pois envolve escolhas primárias de oportunidade) pertence à função política em sentido amplo e constitui, necessariamente, reserva de ato legislativo ato que contém um critério político de decisão. Daí ser mais do que duvidoso, em face da Constituição, que um regulamento possa agravar a pena de um crime tanto mais que o princípio da legalidade penal (art.º 29.º da CRP) não foi suspenso. O Governo, desde que tenha cobertura na declaração, o que no caso vertente não terá ocorrido, poderá comprimir o direito em causa, mas deverá utilizar para o efeito a forma de decreto-lei.

Por outro lado, as normas dos n.ºs 5, 6 e 7 do art.º 112.º da CRP, que não foram suspensas (sendo, aliás, muito duvidoso que o pudessem ser), vedam a hipótese de um regulamento poder, mesmo transitoriamente: i) Dispensar credencial legislativa; ii) Modificar ou ampliar[49] o conteúdo leis ou substituir-se às mesmas; iii) ser editado, num quadro de exceção, sem amparo na declaração presidencial. E mesmo que esta última habilitasse a emissão de decretos regulamentares primários que derrogassem ou modificassem transitoriamente a lei, essa derrogação seria muito duvidosamente compatível com o artigo 112.º da Constituição.

O transbordo da reserva de lei por regulamentos de exceção constituiu, salvo melhor opinião, um dos "buracos negros" do regime constitucional e legal que cria apreensões futuras. Será que em estado de sítio, com substituição de autoridades civis pelas militares, estas poderão editar regulamentos de necessidade com conteúdo idêntico ao do decreto regulamentar que motivou o Acórdão n.º 352/2021?

b.c. Um Governo liderante do estado de emergência aplicado no período de 20120/2021

Quanto à segunda questão formulada, sem prejuízo da competência impulsionante do Presidente da República, o Governo passou a liderar, com efetividade, tanto a configuração como, fundamentalmente, a concretização do estado de emergência.

A prática desenvolvida no contexto da pandemia, em 2020, demonstrou haver uma estreita colaboração institucional entre Chefe de Estado e Governo. Vimos que o Presidente pressionou um relutante Governo a aceitar a primeira declaração do estado de emergência, tendo este dado a contragosto um parecer favorável e o Parlamento autorizou-a docilmente por esmagadora maioria. Contudo, posteriormente, o Executivo poderá ter ponderado, atento o teor minimalista da declaração, que o Presidente lhe teria concedido, afinal, com generosidade, uma larga margem de atuação legislativa e administrativa, a par de uma responsabilização política suportável, atuação que na prática dispensava com grande vantagem,

[49] Morais, Carlos Blanco de. *Curso de Direito Constitucional,* I, op. cit, p. 157.

complexas autorizações legislativas parlamentares difíceis de obter por um executivo minoritário.

Em suma, o Governo, numa análise de custos e benefícios, entendeu que o estado de emergência, num quadro de temor público, lhe permitiria, com cobertura presidencial, liderar todas as medidas de necessidade e daí a forma como aceitou e até, segundo alguns, estimulou, sucessivas prorrogações e novas declarações. Prorrogações e declarações onde parece implícito um concerto de vontades entre Chefe de Estado e Executivo. Deste modo Governo otimizou a sua ação política na conjuntura de necessidade, articulado estreitamente com um Presidente vigilante, indutor, mas pouco interventor, uma espécie de coautoria assimétrica na configuração do conteúdo dos decretos de prorrogação e modificação dos termos do estado de emergência.

Não merecendo especiais reparos em termos de mérito, nem o primeiro impulso presidencial nem a colaboração estratégica entre os dois órgãos de soberania, numa situação de necessidade pública, importará, ainda assim, formular a seguinte questão:- será que esta codecisão fática ou informal na estruturação das normas excecionais não criará um precedente, no sentido de algum esvaziamento dos poderes presidenciais de exceção e uma governamentalização não apenas na execução mas no recorte da própria declaração?

Atenta a "virgindade" do estado de exceção até 2020, poderá vir a ser gerada uma tendência para, no futuro, caso seja declarado de novo o estado de emergência, se mimetizar a declaração anterior e se entender que a prática consolidada durante um ano deveria vir a ser seguida no futuro.

Ora, a revivescência do referido "precedente" dependerá, sempre, do "estado de saúde" da relação concreta de confluência ou coabitação, entre Presidente e Governo. Efetivamente, ao arrepio da prática de 2020/2021, nada impede o Presidente de vir a aprovar uma declaração do estado de sítio ou de emergência especialmente detalhada, no tocante aos direitos suspensos e diferir para o Governo e outras autoridades comissariais, poderes de execução predominantemente administrativos. Caso tal suceda não se poderá falar em excesso da declaração ou abuso de poder presidencial. A declaração presidencial tem, dentro dos limites constitucionais, geometria variável na sua densidade reguladora e essa realidade permite condicionar os poderes do Governo.

c) O apagamento dos demais poderes: entre um parlamento "carimbante" e uma Justiça tolerante

Se o Presidente operou como impulsionador e enquadrador do estado de emergência e o Governo funcionou como instituição liderante na sua configuração legislativa e concretização administrativa, já a Assembleia da República e os tribunais exibiram um protagonismo apagado.

O Parlamento aprovou, sempre por larga maioria, a declaração do estado de emergência e a sua renovação. Trata-se de uma conduta que não merece reprovação em face da situação de necessidade, se bem que as suas competências de fiscalização se tenham mostrado esquálidas. Trata-se de algo que ocorreu em termos idênticos em Espanha e em Itália.

As resoluções que autorizaram este estado excecional limitaram-se, e quanto a nós bem, a incorporar apenas partes essenciais do conteúdo do decreto presidencial autorizado. Esta prática parlamentar teve pelo menos o mérito de sepultar a regra da LOESEE, que sempre criticámos, nos termos da qual a resolução deveria estabelecer uma regulação pormenorizada do decreto presidencial. Ora, as resoluções que autorizaram o estado de emergência não acrescentaram nada de inovador em termos de concretização ao teor declaração.

Existe uma doutrina especialmente crítica do apagamento do Parlamento seja como legislador seja como órgão de controlo, tanto do estado de emergência, como do estado de calamidade pública que lhe sucedeu[50]. Consideramos, contudo, que em estado de emergência, o papel do Parlamento deve naturalmente esmaecer sob pena de frustrar as medidas de necessidade. Sem prejuízo do indispensável exercício das suas competências de fiscalização, desejavelmente concentradas em questões

[50] Gonçalves, Pedro Costa, ult. loc cit (https://observatorio.almedina.net/index.php/2020/05/21/abdicacao-parlamentar-na-emergencia-e-continuacao-da-abdicacao-na-calamidade/#notah_h). O autor questiona o mérito da declaração de um estado constitucional de exceção, a imposição de uma "tirania dos fins", com desconsideração de critérios de proporcionalidade e a edição de verdadeiras *normas restritivas de direitos dos cidadãos* pelo Governo à margem do Parlamento e com ofensa à reserva de lei.

essenciais e no escrutínio de excessos evidentes na execução do referido estado de exceção, cabe-lhe, fundamentalmente, autorizar a declaração e a sua prorrogação ou, no limite, denegá-la, se a mesma se mostrar desnecessária ou se a execução da declaração precedente se tiver revelado abusiva, portadora de riscos para a ordem constitucional ou eivada de ilegalidades intoleráveis.

Quanto aos tribunais, tanto o Supremo Tribunal Administrativo (STA) como o Tribunal Constitucional coibiram-se, durante o estado de emergência de invalidar medidas excecionais do Governo, mesmo as mais controversas, sem prejuízo de o Tribunal Constitucional se ter ocupado mais recentemente de situações póstumas menos aceitáveis.

Será que na prática, a Justiça se autolimita e apaga ante o peso da situação de necessidade?

Se bem que os tribunais mantenham, as suas competências durante o estado de exceção, nos termos já expostos *supra*, o facto é que num quadro de necessidade pública existe uma relutância dos tribunais em bloquear ou invalidar medidas de necessidade, mesmo de validade duvidosa, dando preferência à aplicação dessas providências que enfrentam, melhor ou pior, situações de perigo[51]. Isto, porventura, porque que os tribunais compaginam que a suspensão ou eliminação de atos inválidos, mas que não perpetrem violações graves ou relevantes da Constituição ou da própria declaração, criam o risco de se destacar como *leading cases* de processos de massas com idêntico objeto, tendo como efeito uma desautorização do Governo ou de outras autoridades comissariais diante uma situação de perigo na qual estes devem atuar com uma autoridade reforçada. Trata-se, com modificações, da lógica de que em "tempo de guerra não se limpam armas".

Tal como sucedeu na Alemanha, o princípio da proporcionalidade enfraqueceu durante o estado de necessidade pública: seja por falta de

[51] SÁNCHEZ, Pedro Fernández, ult. loc. cit. , p. 770, assinala da parte do Tribunal Constitucional e dos tribunais superiores da jurisdição administrativa uma tendência para *"encarar com naturalidade a consolidação de uma prática inconstitucional no ordenamento português, julgando que a gravidade dos factos em que sustentou a declaração do estado de exceção justifica o preço da derrogação de normas constitucionais suficientemente claras e precisas"*, o que não constituiria um bom pressagio da conservação da efetividade da Constituição em estado de exceção.

dados informativos que, com evidência, concedessem maior peso em juízo a certos direitos relativos à circulação e à liberdade económica quando balanceados com o direito à vida e com imperativos essenciais de saúde pública; seja porque os juízes se autolimitaram quando consciencializaram que os critérios ponderativos são fluidos, incertos, casuísticos, pré-compreensivos e discursivos podendo gerar precedentes desarmónicos e passíveis de abalar imperativos de unidade de ação política e administrativa.

Dito isto, os tribunais administrativos exibiram uma grande indulgência frente a dúvidas de constitucionalidade e legalidade que assinaram atos de administração suspensivos e restritivos de direitos. Para o efeito recorreram a critérios de ordem processual para o indeferimento liminar ou o julgamento da improcedência de ações, combinados com alguma demora no julgamento de processos urgentes de que resultou, não infrequentemente, o não julgamento da causa por falta de utilidade processual perante factos já consumados.

Pese o facto de um setor doutrinário considerar a intimação para a proteção de direitos liberdades e garantias um meio processual adequado para a tutela dos mesmos direitos durante o estado de exceção[52], o facto é que o uso deste meio processual foi dececionante, tendo sido indeferidas ou julgadas improcedentes praticamente todas ações propostas por cidadãos cuja esfera jurídica foi afetada por providências administrativas suspensivas ou restritivas[53] .Na verdade, em estado de exceção (ou

[52] Coimbra, José Duarte. "A Justiça Administrativa em Tempos de Emergência e de Calamidade". *e-publica,* v. 7, n.º 1, abril 2020, p. 252.

[53] Vide a seguinte lista elaborada por Flávio Caçote no curso de Mestrado de 2021/2022, no decurso da sua apresentação temática realizada na Faculdade de Direito da Universidade de Lisboa: -Acórdão do STA de 10/09/2020, proferido no processo 088/20.8BALSB – Liberdade de Reunião – Improcedente; Acórdão do STA de 31/10/2020, proferido no processo 01958/20.9BELSB – Direito de livre deslocação, liberdade de culto, direito à família, direito à integridade moral e física, direito à terceira idade- Absolvição da instância por ilegitimidade ativa do autor; Acórdão do STA de 31/10/2020, proferido no processo 0122/20.1BALSB – Liberdade de circulação. Improcedente, com um voto de vencido; Acórdão do STA de 05/02/2021, proferido no processo 012/21.0BALSB – Solicitou-se a revogação da suspensão das atividades letivas e não letivas não presenciais. Extinta por inutilidade superveniente da lide; Acórdão do STA de 25/03/2021, proferido no processo 0122/20.1BALSB – Liberdade de circulação. Extinção por impossibilidade superveniente

de calamidade), será, talvez, mais fácil um camelo entrar pelo buraco de uma agulha que um cidadão afetado nos seus direitos de liberdade obter provimento numa ação relativa à intimação para a proteção desses direitos, junto da Justiça Administrativa.

Por outro lado, dúvidas de constitucionalidade e legalidade em matéria regulamentar foram contornadas por tribunais administrativos, demasiado deferentes com a "razão de Estado" inerente à situação de emergência[54].

O mesmo setor crítico da doutrina relativamente à indulgência dos tribunais administrativos [55] sublinha, no plano do controlo de constitucionalidade que, durante a pandemia, se registou um "enfraquecimento da tutela jurisdicional de direitos fundamentais e da suscetibilidade de

da lide; Acórdão do STA de 25/03/2021, proferido no processo 088/20.8BALSB – Liberdade de Reunião – Extinta por impossibilidade superveniente da lide; Acórdão do STA de 29/04/2021, proferido no processo 041/21.4BALSB – Direito à saúde e princípio da igualdade nas vertentes de acesso e exercício da profissão de enfermeiro e retribuição – Improcedente; Acórdão do STA de 24/06/2021, proferido no processo 083/21.0BALSB – Direito de livre deslocação – Julgou improcedente a reclamação de despacho que tinha indeferido liminarmente a petição dos requerentes; Acórdão do STA de 27/06/2021, proferido no processo 086/21.4BALSB – Liberdade de circulação, julgada improcedente, com um voto de vencido; Acórdão do STA de 27/06/2021, proferido no processo 085/21.6BALSB– Liberdade de circulação. Improcedente, com um voto de vencido; Acórdão do STA de 24/08/2021, proferido no processo 0105/21.4BALSB – Direito de livre deslocação- o requerente pretendia obter uma declaração judicial de isenção de isolamento profilático. Julgada improcedente, com um voto de vencido; Acórdão do STA de 13/09/2021, proferido no processo 0104/21.6BALSB – Direito a realizar e a participar em eventos familiares em domicílios – Extinção por impossibilidade superveniente da lide, com um voto de vencido, em que se entendeu verificar-se antes falta de interesse processual;Acórdão do STA de 21/10/2021, proferido no processo 086/21.4BALSB – Direito de livre deslocação, instância extinta por impossibilidade superveniente da lide.

[54] Com desenvolvimento, Castro, Raquel Brízida. "Algumas notas processuais sobre o controlo de constitucionalidade de normas de emergência na ordem jurídico-processual portuguesa: Em especial, a jurisprudência constitucional e administrativa da Pandemia" (n.º 4), nesta mesma obra.

[55] Castro, Raquel Brízida. "Algumas notas", op. cit, (n.º 5), nesta obra. Vide, igualmente da autora "Direito Constitucional em tempos de pandemia: Pode a Constituição sobreviver a crises sanitárias?" "Constitutional Law in times of pandemic: Can the Constitution survive health crisis?". *Revista da Faculdade de Direito da Universidade de Lisboa*, n.º 1, ano LXI, 2020, pp. 645 ss.

controlo da constitucionalidade das medidas restritivas e/ou suspensivas pelo Tribunal Constitucional."

O Tribunal Constitucional, por seu turno, exibiu uma jurisprudência tirada em controlo concreto que merece reparos de vária ordem

Em primeiro lugar, durante o estado de emergência, o Tribunal Constitucional terá, por vezes, utilizado critérios excessivamente formalistas, tais como a falta de utilidade processual, para não tomar conhecimento de uma maioria de recursos de inconstitucionalidade em fiscalização concreta. Dos oito acórdãos relativamente a atos suspensivos ou restritivos de direitos de liberdade durante a vigência do estado de emergência decretado em razão da pandemia[56], o Tribunal não tomou conhecimento de três recursos e dos admitidos, outros três envolveram juízos negativos de inconstitucionalidade. Dois julgamentos de inconstitucionalidade respeitaram a atos das regiões autônomas.

Em segundo lugar, de entre os acórdãos que proferiram juízos negativos de inconstitucionalidade, destaca-se o Acórdão n.º 352/2021, caracterizado por diversos votos de vencido e objeto de severos reparos neste escrito (b.a de 2.2, supra), sobretudo no passo em que entendeu que o Governo, sendo o órgão responsável pela execução da declaração, passaria a deter poderes extraordinários que lhe permitiriam afetar direitos de liberdade sem autorização da Assembleia ou do Presidente, mesmo no uso de competências administrativas. Toda a teoria que o Acórdão estabelece quanto a um modelo estrito de repartição constitucional de poderes entre Presidente e Governo no domínio do regime de exceção e a consequente tese das competências quase ilimitadas do mesmo Governo no domínio da execução do estado de emergência não têm amparo na Constituição positiva. E é também certo que a consequente aceitação da possibilidade de o Governo aprovar regulamentos modificativos ou derrogatórios da lei em domínios da sua reserva, como o domínio penal, afronta ostensivamente princípios estruturantes da Constituição e cria um perigoso precedente. Este aresto, segundo os críticos, envolve quase

[56] Apud Castro, Raquel Brízida. "Algumas notas", op. cit.: "Acórdãos n.º 921/2021, de 9 de Dezembro; n.º 868/2021, de 10 de Novembro; n.º 435/2021, de 22/06/2021, 2.ª Secção; n.º 381/2021, de 25/05/21, 2.ª Secção; n.º 380/2021, de 27/05/2021, 2.ª Secção; n.º 352/2021, de 27/05/2021, 3.ª Secção; n.º 350/2021, de 27/05/2021, 3.ª Secção; n.º 349/2021, 3.ª Secção".

uma rendição do Estado de direito perante as prerrogativas do Executivo e o império dos factos (e do medo) que rodeou o estado de emergência.

Ainda assim, este fenómeno traduz uma tendência geral, também presente noutros Estados europeus, de complacência dos tribunais frente a medidas excecionais de validade duvidosa, em nome da necessidade essencialista da preservação de bens maiores num quadro de necessidade pública. O poder jurisdicional autolimitou-se no controlo das medidas excecionais e permitiu afetações por vezes desadequadas e desnecessárias a direitos de liberdade.

Mais recentemente, cessado o estado de exceção, o Acórdão 352/2021 foi confrontado com o Acórdão n.º 477/22, da 1.ª Secção que marca uma acentuada diferença de orientação. Este segundo aresto entendeu, a nosso ver corretamente, que o n.º 8 do artigo 19.º da CRP não pode ser dissociado dos limites consagrados no n.º 7 do mesmo preceito. A admissão de que, à luz do n.º 8, o Governo poderia legislar acerca de matérias que a Constituição reserva ao Parlamento desvirtuaria o n.º 7 do artigo que impõe o respeito pela reserva de competências dos órgãos de soberania como limite negativo do estado de exceção. Daí que tenha julgado organicamente inconstitucional norma do Governo que alterava legislação sobre crimes e penas. Semelhante oposição de julgados, que numa matéria destas constituiu um fator de confusão sobre um tema delicado relativo ao estado de exceção, propicia que as duas decisões venham a ser discutidas em Plenário.

Em terceiro lugar, o Tribunal Constitucional, fora do estado de exceção constitucional e em conjunturas onde seja declarado pelo Governo um estado de necessidade sanitária de fonte legal (cfr. 1.3 b)), como o estado de calamidade pública, revela uma severidade muito maior com restrições e intervenções restritivas do Executivo. Nada menos do que 9 acórdãos até à data de feitura deste escrito[57] julgaram inconstitucionais, predominantemente por razões orgânico-formais, resoluções do Conselho de Ministros que, ao abrigo da Lei de Bases da Proteção Civil, determinaram obrigações de confinamento para os cidadãos.

[57] Acórdãos n.ºs 424/2020, 687/2020, 729/2020, 769/2020 e 173/2021, 88/2022, 89/2022, 90/2022 e 464/2022).

Existe, ainda assim, uma diferença entre o bloco dos primeiro 8 acórdãos que censurou os regulamentos governamentais restritivos de direitos e o nono que acrescentou um controvertido vício de ordem substancial.

Representativo do bloco principal foi o Acórdão n.º 89/2022.

Estava em causa uma decisão de um tribunal criminal que julgou a inconstitucionalidade de uma disposição de uma Resolução do Conselho de Ministros de conteúdo regulamentar (a alínea b) do n.º 1 do artigo 3.º da RCN n.º 45-C/2021, de 30/04/2019) da qual resultou a privação da liberdade de alunos de estabelecimento escolar onde se teria detetado um surto de Covid. O pai de uma aluna colocada compulsivamente em isolamento profilático por 10 dias mediante despacho de um delegado de saúde fundado no referido preceito regulamentar, requereu a sua libertação imediata mediante a providência de "habeas corpus". O tribunal "a quo" deferiu a providência requerida e desaplicou a norma da alínea b) do n.º 1 do artigo 3.º da referida RCN, com fundamento em inconstitucionalidade orgânica, por força de invasão de reserva de lei restritiva.

O Tribunal Constitucional confirmou a decisão de primeira instância e julgou a inconstitucionalidade da norma da Resolução que determinou a intervenção restritiva, identificando a disposição violada no direito à liberdade e segurança (artigo 27.º da CRP).

Para o efeito, o Tribunal desconsiderou um conjunto de normas legislativas (precisamente o regime do estado legal de necessidade pública) que serviram de parâmetro à Resolução, a saber:

i) Foi considerado que as normas dos artigos 8.º e 19.º da Lei de Bases da Proteção Civil "*não conferem adequada cobertura legal à atuação do Governo, visto que se trata, no essencial, de normas de competência, não especificamente dirigidas à privação da liberdade, muito menos à privação da liberdade através de um confinamento*";
ii) Quanto ao artigo 17.º, n.º 1 da Lei do Sistema de Vigilância e Proteção da Saúde no quadro de uma "remissão dinâmica" para a base 34 da Lei de Bases da Saúde de 2019, o Tribunal entende que a mesma remissão "não oferece qualquer suporte legal à imposição de uma medida prolongada de confinamento" e se em alternativa a remissão fosse feita para a base XX da Lei de Bases da Saúde de

1990 *" a conclusão – no sentido da falta de cobertura legal para a atuação do Governo – continuaria a manter-se"*, pois a expressão *"as medidas de exceção que forem indispensáveis"*, por muita latitude que se lhe possa reconhecer, não é suficientemente densa para que dela se possa extrair uma previsão de restrição da liberdade pessoal".

iii) O Tribunal conclui que as normas disciplinadoras e, especialmente, as restritivas dos direitos, como o do 27.º da Constituição, ficam abrangidas "pela reserva de competência legislativa prevista na alínea b) do n.º 1 do artigo 165.º da Constituição – competência que o Governo não foi autorizado a exercer", registando-se uma inconstitucionalidade orgânica;

Independentemente da adequação da decisão, o Acórdão não impressionou na fundamentação aduzida. Na verdade, o Tribunal deveria ter convocado a sua própria jurisprudência sobre a "determinabilidade da norma legal restritiva" (Ac n.º 464/2019), à luz do princípio da proporcionalidade que guia as restrições e não apenas aludir à escassa densidade e excessiva latitude das normas legais que fundamentaram. Poderia ter, igualmente, referido ou advertido, também à luz da sua própria jurisprudência (Acórdão n.º 24/83) que um regulamento administrativo não pode ter como parâmetro direto uma base geral. Isto, ressalvada a hipótese da norma habilitante não ser uma autêntica base geral (como parece ser o caso) mas o Tribunal deveria ter assinalado isso mesmo.

Já a nona decisão, ínsita no Ac.n.º 464/2022, julgou também a inconstitucionalidade material dessas resoluções, com base num fundamento pouco convincente, segundo o qual, obrigações drásticas de confinamento domiciliar conformariam uma privação de liberdade e não uma restrição e não teriam amparo no regime taxativo de restrições à liberdade do art.º 27.º da CRP, orientação que não parece ter arrimo lógico na operação interpretativa utilizada.

Semelhante entendimento extremo e algo reducionista na parametração dos limites à circulação e confinamento de pessoas no contexto de uma grave crise de saúde pública cria o risco de inviabilizar a adoção de leis sanitárias restritivas de direitos, como as que existem na Alemanha e deixaria, virtualmente, o estado de emergência como único instrumento para impor confinamentos domiciliares ou internamentos hospitalares compulsivos em caso de pandemia grave ou outras situações calamitosas de ordem análoga. Essa orientação, a proceder em controlo abstrato sucessivo da constitucionalidade, ataria de pés e mãos, com pouca razoabilidade, o poder público, na adoção de medidas necessárias para o enfrentamento de crises de saúde graves.

Do mesmo modo, a desconsideração pelo Acórdão do n.º 1 do art.º 44.º da CRP como fonte direta de uma restrição legal do direito de circulação e deslocação constitui, data vénia, uma disfunção de ordem dogmática que reduz as opções do Estado a um beco sem saída no plano legal, baseado no entendimento de que só o art.º 27.º (direito à liberdade) credenciaria, em abstrato, restrições à liberdade de circulação e deslocação com a agravante de nesse artigo não se prever no seu elenco taxativo, restrições ou privações de liberdade por razões sanitárias.

Os únicos pontos positivos do aresto terão sido:

i) Chamar a atenção para alguma ligeireza do poder político na afetação de liberdades individuais a qual foi excessiva durante a pandemia durante e depois do estado de emergência, levando até o Presidente do Tribunal Constitucional a admitir que os referidos direitos foram objeto de uma desvalorização reveladora de que os mesmos estão menos garantidos do que se supunha e que a tolerância da cidadania e de instituições relativamente ao fenómeno derivou de uma sensação de medo[58];
ii) Alertar a maioria parlamentar para a necessidade de vir conceber uma lei de emergência sanitária muito mais detalhada no plano da determinação dos direitos restringidos e cautelar quanto aos poderes atribuídos pelo Governo na sua execução, que revele um conteúdo mais exigente do que a iniciativa apresentada entretanto no Parlamento;
iii) Criar espaço para que em próxima revisão constitucional o art.º 27.º da CRP seja modificado de forma a integrar a possibilidade de confinamentos e internamentos compulsivos por razões de saúde

[58] https://observador.pt/2022/06/30/presidente-do-tc-a-garantia-e-protecao-dos-direitos-fundamentais-e-bem-menos-segura-e-garantida/

graves em situações de necessidade pública, mormente de ordem epidémica e pandémica.

4. Observações conclusivas: epílogo e nota final sobre uma jurisprudência controversa

4.1. Em síntese, Parlamento e tribunais apagaram o seu protagonismo em estado de emergência em favor do binómio Presidente/Governo e neste o Governo assumiu uma clara liderança, com um papel relevante para as forças armadas na logística da vacinação. No Brasil, pelo contrário, o Executivo e as forças armadas tiveram um protagonismo controverso e manietado e foi a tricotomia Supremo Tribunal Federal/Congresso/Estados que assumiram uma liderança mais atuante.

4.2. Do conteúdo da declaração presidencial do estado de emergência e do seu impacto nos poderes do Executivo na execução dessa declaração

A prática política e administrativa desenvolvida no contexto da primeira vez que o estado de emergência foi declarado na ordem Constitucional de 1976 durante a fase aguda da pandemia, criou espaço para a afirmação do critério de que o decreto presidencial que contém a declaração desse estado de exceção assume conteúdo variável em termos de densidade reguladora.

O Presidente, dentro da sua liberdade político-normativa de conformação ditada por exigências de necessidade, balanceadas com o imperativo de se articular com as autoridades dotadas de poderes de execução, as quais têm a missão de se defrontar com múltiplos cenários concretos de crise e urgência, pode optar, contanto que respeite o critério impositivo mas plástico da "especificação" do teor da declaração (n.º 5 do artigo 19.º da CRP), por:

i) Um nível máximo de pormenorização dos termos em que cada direito fica suspenso, o que implicará, à luz da LOESEE, uma redução expressiva da liberdade política e discricionariedade administrativa do Governo legislador e administrador, como órgão legalmente responsável pela "execução" desse estado de exceção que se terá de mover entre os apertados parâmetros da declaração, assumindo o Presidente uma maior responsabilidade política pelos impactos negativos que dessas normas diretamente defluam;

ii) Pela adoção de uma declaração menos densa que habilite o Governo e outras autoridades a definir pormenores relativos à suspensão de certos direitos, fixando critérios gerais que balizem os termos dessa afetação, mas concedendo margem para uma disciplina mais inovadora no processo de execução, hipótese que corresponde ao paradigma-limite das declarações editadas no período 2020/2021, a qual transfere para o Governo ou outras autoridades comissariais uma maior responsabilidade pela configuração e execução do estado emergencial.

Já observámos que a declaração de março de 2020 representou o mínimo dos mínimos que uma declaração do estado de emergência pode assumir, já que declarações em branco ou "declarações-cartaz", de conteúdo puramente habilitante estribados em critérios indeterminados e espongiformes devem ser julgados inconstitucionais com base em défice de especificação.

Claro está que podem existir modelos hipotéticos de declarações do estado de emergência de conteúdo intermédio entre a versão minimalista e maximalista. E importa, ainda, tornar claro que a declaração pode oscilar entre uma paralisação de todo o exercício de um direito em particular (proibição total de reunião ou manifestação) e paralisações parciais, dependentes de limites normativos ínsitos na declaração.

4.3. Debilidades da jurisprudência constitucional durante a pandemia em face da afetação de direitos: exigência mínima durante o estado de emergência e exigência superlativa durante o estado de calamidade pública

Registámos que um controvertido Acórdão do Tribunal Constitucional tirado em controlo concreto (Acórdão n.º 352/2021) considera que em estado de exceção, o Governo, órgão responsável pela execução da declaração, alarga anomalamente os seus poderes e possui prerrogativas extraordinários que lhe permitem afetar direitos de liberdade sem autorização dos restantes órgãos de soberania. Trata-se de um aresto já contrariado por outro posterior (Ac.477/2022) que foi por nós devidamente assinalado. Contudo, pelo conteúdo insólito do primeiro, impõe-se a feitura de algumas considerações.

Sobre o teor desta orientação jurisprudencial, confrontada com o princípio da separação e interdependência de poderes, seguir-se-á o que escrevemos recentemente em outra obra[59].

Nessa obra foi dito, em primeiro lugar, que se regista uma separação funcional e competencial entre o poder Presidencial de declaração do estado de exceção pelo Presidente e o poder de execução dessa declaração, o qual, contudo, é cometido pela letra da Constituição, não apenas ao Governo, mas a outras "autoridades", não especificadas na mesma Constituição, cumprindo à LOESEE determinar quais os órgãos responsáveis por essa tarefa. A Constituição não menciona o Governo, repete-se, como autoridade suprema responsável pela execução dos estados de exceção, sendo a lei, a LOESEE, que no seu art.º 17.º, investe o Governo nessa competência, mas sem exclusividade no respetivo exercício.

Não é possível, por isso mesmo, acompanhar o Acórdão n.º 352/2021 quando alude a uma "estrita" **divisão constitucional** de poderes entre o Presidente e o Governo no universo da declaração e da execução do estado de emergência. É que, em tese, a Constituição cria espaço para que a LOESEE pudesse atribuir a essência da competência de execução administrativa do estado de emergência a um órgão comissarial que não ao Governo, circunscrevendo o âmbito dos poderes deste último, como órgão superior da Administração Pública, a competências de supervisão.

Assim, não tendo o Governo nos termos do n.º 8 do art.º 19.º da CRP, o exclusivo da competência constitucional para emitir todas a referidas providências é questionável que o mesmo Executivo disponha, apenas com base na Constituição, de um poder tão largo como aquele a que o Acórdão se refere. As suas competências, atento o disposto no n.º 8 do artigo 19.º da CRP, não podem ser lidas isoladamente, mas conjugadas sistematicamente com outros preceitos da Constituição e da LOESEE.

[59] Morais, Carlos Blanco de. *Curso de Direito Constitucional*, I. Coimbra: Almedina, 2022, pp. 104 ss.

Por outro lado, as referidas competências de execução da declaração do estado de emergência devem ser exercidas na estrita observância da mesma declaração, pois é esta que, no respeito pela da LOESEE, comete às autoridades de execução competência para decidirem em concreto e em razão da matéria (n.º 8 do art.º 19.º da CRP).

Em segundo lugar, a declaração só pode modificar a normalidade constitucional nos termos da Constituição e da LOESEE (n.º 7 do mesmo artigo) estando-lhe vedada a capacidade de afetar o núcleo da competência dos órgãos de soberania. Deste modo, tal como se antecipou *supra*, pode o Presidente afetar direitos de liberdade no ato de declaração do estado de exceção e permitir que o Governo concretize normativamente a mesma declaração regulando alguns dos termos da suspensão sem necessidade de uma autorização legislativa. Não poderá, contudo, o decreto presidencial autorizar providências que se traduzam ou numa usurpação de poderes entre órgãos de soberania ou num vício absoluto de competência e forma. Ficam assim vedados atos que, por exemplo, habilitem o Governo a exercer funções jurisdicionais através de decreto-lei, a aprovar por regulamento disciplinas primárias contidas na reserva de lei parlamentar ou a modificar, suspender ou alargar por regulamento e quiçá por decreto-lei o âmbito de aplicação de atos legislativos.

Em terceiro lugar, o Presidente da República não se encontra limitado pela Constituição a listar os direitos suscetíveis de serem suspensos e estabelecer alguns critérios e limites circunstanciais relativamente à suspensão de cada direito, como o fez o Presidente da República em 2020 e 2021. A norma n.º 5 do artigo 19.º da CRP estabelece que o Presidente na declaração deve conter a "especificação" dos direitos suspensos, e essa especificação deve envolver a fixação de critérios reitores dessa suspensão, podendo implicar uma regulação detalhada sobre os termos que balizam a mesma afetação, contanto que impliquem uma disciplina primária.

Ora, as duas hipóteses alternativas, entre regulação detalhada com redução de poderes político-normativos do Governo e regulação mais genérica com um aumento da novidade dos poderes normativos do mesmo Governo permitem excluir uma estrita divisão de competências entre Presidente e Governo, nos termos sustentados pelo Acórdão, e antever, diversamente, um sistema de vasos comunicantes. Neste, os poderes de execução do Governo alargam-se ou restringem-se em razão do detalhe, maior ou menor, do conteúdo da declaração. O Acórdão, intentou, infundadamente, construir um regime minimalista em torno do conteúdo da declaração, tendo por base o decreto de declaração do estado de emergência aprovado em 2020, o qual não constitui um modelo necessário para futuras declarações do estado de emergência.

Sem prejuízo de se concordar com a ideia de que o estado de exceção implica, no plano de execução, uma concentração de poderes no Executivo, já não parece convincente sustentar, como faz o Acórdão, que o Governo *"não carece de autorização da Assembleia da República ou do Presidente da República para decretar as normas que entender necessárias em matérias que integram a reserva de lei parlamentar"*.

Em estado de sítio e estado de emergência, o Governo, encontra-se investido em competências normativas que, no respeito pelos limites da declaração, lhe permitem legislar sobre matérias objeto da reserva legislativa parlamentar, nomeadamente no tocante a direitos de liberdade previamente suspensos. Mas não é possível ler o Acórdão no sentido de se isentar o Governo de uma autorização do Presidente ínsita na declaração para editar as medidas que entender necessárias, pois a execução governamental do estado de exceção encontra-se pautada pela mesma declaração quanto à concretização dos termos da suspensão de cada direito que foi afetado pelo Presidente.

Conjugando as normas dos n.ºs 7 e 8 do artigo 19.º da CRP, parece ser excessivo entender que o Governo, ou outras autoridades de execução da declaração, possam, na base de competências implícitas, exercer uma espécie de "plenos poderes" à francesa, embora mitigados. O precedente jurisprudencial criado por este aresto não corresponde ao figurino constitucional, é problemático e deve ser repensado, sob pena de ser fonte de controvérsias perigosas no futuro.

Mas o Tribunal Constitucional durante a pandemia, fora do estado de exceção constitucional onde foi complacente, frente a conjunturas de necessidade sanitária de fonte legal, como o estado de calamidade pública, revelou uma exigência muito maior frente a intervenções restritivas do Executivo.

Se essa severidade teve fundamento no plano orgânico-formal, já que e material pois o conteúdo pouco denso e determinado de uma lei de bases de credencial restritiva dificilmente pode servir de parâmetro para regulamentos inovadores de conteúdo restritivo de direitos de liberdade, já claudicou quando Ac. n.º 464/2022, a para desses vícios de inconstitucionalidade censurou, igualmente, um vicio de ordem material.

A orientação desse aresto, a proceder em controlo abstrato, manietaria o poder público, na adoção de medidas necessárias para o enfrentamento de futuras pandemias e incentivaria o uso e abuso o estado de emergência para lidar com as mesmas.

A desconsideração do n.º 1 do art.º 44.º da CRP como fonte direta de uma restrição legal do direito de circulação e deslocação reduz, sem fundamento material razoável, as opções do Estado criando a um beco sem saída no plano legal, sustentado na ideia de que só o art.º 27.º (direito à liberdade) fundamentaria adequadamente restrições à liberdade de circulação e deslocação, com a agravante de nesse artigo não se prever no seu elenco taxativo, restrições ou privações de liberdade por razões sanitárias.

Existe, assim, em controlo concreto de constitucionalidade, uma jurisprudência desequilibrada e uma falta de diálogo preocupante entre juízes.

Da necessidade de uma lei de emergência sanitária e dos respetivos obstáculos jurisprudenciais

O surto pandémico e a resposta do Estado à mesma relembram a necessidade de se editar uma Lei de Emergência sanitária, equilibrada e pormenorizada, que opere como instrumento menos rigoroso do que o estado de emergência, mas mais completo e conforme à Constituição do que a Lei de Bases da proteção civil.

Uma lei com uma rubrica central dedicada a epidemias e pandemias, que densifique com expressivo grau de determinabilidade, os direitos passíveis de restrição temporária (como os da circulação interna e externa, liberdade de deslocação, manifestação, reunião, uso de proteções, internamentos compulsivos, afetação de bens, greves em infraestruturas de saúde, de entre outras) e a necessidade das intervenções restritivas de direitos, baseadas nessa lei, se fazerem por decreto-lei tendo em vista a sua sujeição a promulgação presidencial.

Até ao momento, as discussões em torno de uma iniciativa legislativa apresentada sobre a matéria revelaram-se inconclusivas, com o redobrar de críticas a uma certa indeterminação normativa do diploma em matéria de restrição de direitos[60].

Os tribunais confrontam-se, em estado de exceção, com o risco de ser inundados de providências cautelares urgentes e intimações para a proteção de direitos de liberdade ligadas a "petty causes" como reuniões de aniversário e "pedal" no Atlântico, que contestam medidas restritivas excessivas, mas que se obtiverem provimento, debilitam a utilidade do Estado numa conjuntura crítica de necessidade pública.

Em todo o caso, o uso da intimação para a proteção de direitos foi desanimador. Não seria, de menos, ou a reforma do instituto no sentido da maior flexibilização dos seus pressupostos ou a criação de um meio processual célere e específico de tutela de direitos de liberdade em estado de exceção que se foque em lesões manifestamente desproporcionais ao núcleo do direito e obriguem tribunais de um foro judicial específico a decidir num prazo necessariamente curto.

Finalmente, em último lugar, a doutrina dividiu-se radicalmente sobre se se deveria ou não ter sido suspenso no decurso do estado de emergência, o direito de liberdade no artigo 27.º da CRP ou sobre se seria suficiente suspender a liberdade de deslocação ou circulação, ínsita no n.º 1 do artigo 44.º da CRP[61], estando em causa a obrigação de confinamento domiciliar e os internamentos compulsivos de infetados.

[60] Sem que se pretenda desenvolver o tema sobre diplomas em discissão no presente mormente, vide: as críticas do Bastonário da Ordem dos Advogados https://portal.oa.pt/comunicacao/imprensa/2022/05/12/bastonario-alerta-para-inconstitucionalidade-na-futura-lei-de-emergencia-sanitaria-renascenca/; as dúvidas do Presidente da República https://observador.pt/2022/05/12/presidente-da-republica-tenciona-enviar-futura-lei-de-emergencia-sanitaria-para-o-tribunal-constitucional-para-evitar-recursos/;

[61] Por todos, pela necessidade de suspensão do direito de liberdade do artigo 27.º da CRP, Novais, Jorge Reis. "Estado de Emergência – Quatro notas jurídico-constitucionais sobre o decreto presidencial". *Observatório Almedina*. Disponível em https://observatorio.almedina.net/index.php/2020/03/19/estado-de-emergencia-quatro-notas-juridico-constitucionais-sobre-o-decreto--presidencial/); contra e em favor da suficiência da suspensão da liberdade de deslocação, Alexandrino, José de Melo. "Devia o direito à liberdade ser suspenso? Resposta a Jorge Reis Novais". *Observatório*

Sem que se pretenda encarnar por mero pragmatismo uma visão salomónica, entende-se que, no que toca à obrigação de confinamento domiciliar, bem como de quarentenas obrigatórias em domicílio ou em lugar escolhido pelo cidadão, terá bastado a suspensão da liberdade de deslocação fundada no art.º 44.º da CRP: os cidadãos ficam constrangidos a uma fixação domiciliar ou equiparada sem se poderem deslocar ou circular na via pública, sendo espúrio estar a discutir minudências, como a de poderem ou não ficar parados no patamar, à porta do domicílio. Havendo mobilidade domiciliar e a possibilidade condicionada de saídas para abastecimento e para lidar com necessidades de saúde parece excessivo falar, nesse caso, em privação de liberdade.

Sem prejuízo deste entendimento favorável à suficiência do ar.º 44.º da CRP, verifica-se que o Tribunal Constitucional (Acórdão n.º 89/2022) cita doutrina alemã segundo a qual a obrigação de confinamento domiciliar com deslocações restringidas à via pública poderia consistir numa "mera limitação de liberdade (*Freiheits-beschränkung*)" a qual existiria *"quando alguém é impedido, contra a sua vontade, de aceder a um certo local que lhe seria jurídica e faticamente acessível ou de permanecer num certo espaço"*. A liberdade de movimentação não é, assim, em contraposição à privação da liberdade, subtraída, mas apenas limitada numa certa direção". Poderia, deste modo, optar-se por restringir o n.º 1 do artigo 27.º. Contudo, a dar-se ao art.º 27.º da CRP um conteúdo taxativo das situações restritivas da liberdade individual dificilmente se poderia importar a referida doutrina.

Já o internamento compulsivo em estabelecimento de saúde implica uma deslocação forçada a de um cidadão para fora do domicílio ou lugar da sua escolha e a sua fixação noutro local determinado pelas autoridades, contra sua vontade e com a constrição de movimentos. Neste cenário pelo menos a norma genérica do n.º 1 do artigo 27.º atinente ao direito de liberdade deveria ter sido parcialmente suspenso durante o estado de Emergência. Seguindo a doutrina convocada no mesmo Acórdão n.º 89/2022 *"(...) a privação da liberdade (Freiheitsentziehung) existe quando alguém contra a sua vontade é confinado, coativamente, através do poder público, a um local delimitado, de modo que a liberdade corporal-espacial de movimento lhe*

Almedina. Disponível em https://observatorio.almedina.net/index.php/2020/04/07/devia-o-direito-a-liberdade-ser-suspenso-resposta-a-jorge-reis-novais/#not).

é subtraída. Local delimitado (eng umgrenzter Ort) pode ser o espaço de um edifício ou um acampamento."

Neste ponto específico, a primeira declaração do estado de emergência poderá ter claudicado quanto à escolha da norma objeto de suspensão.

Referências

ALEXANDRINO, José de Melo. "Devia o direito à liberdade ser suspenso? Resposta a Jorge Reis Novais". *Observatório Almedina*. Disponível em https://observatorio.almedina.net/index.php/2020/04/07/devia-o-direito-a-liberdade-ser-sus penso-resposta-a-jorge-reis-novais/#not).

— *Direitos Fundamentais – Introdução Geral*. Lisboa, 2007.

BRITO, Miguel Nogueira de. "Modelos de Emergência no Direito Constitucional". *e-Pública*, v. 7, n.º 3, abril 2020.

CANOTILHO, José Joaquim Gomes. *Direito Constitucional e Teoria da Constituição*. Coimbra: Coimbra Editora, 1993.

CASTRO, Raquel Brízida. "Algumas notas processuais sobre o controlo de constitucionalidade de normas de emergência na ordem jurídico-processual portuguesa: Em especial, a jurisprudência constitucional e administrativa da Pandemia" (n.º 4), nesta mesma obra.

CASTRO, Raquel Brízida. "Direito Constitucional em tempos de pandemia: Pode a Constituição sobreviver a crises sanitárias? Constitutional Law in times of pandemic: Can the Constitution survive health crises?". *Revista da Faculdade de Direito da Universidade de Lisboa*, n.º 1, ano LXI, 2020.

COIMBRA, José Duarte. "A Justiça Administrativa em Tempos de Emergência e de Calamidade". *e-publica*, v. 7, n.º 1, abril 2020.

CORREIA, José Manuel Sérvulo. "Revisitando o Estado de Necessidade". *Escritos de Direito Público. I.* Coimbra: Almedina, 2019.

FREITAS, Tiago Fidalgo de. "A execução do estado de emergência e da situação de calamidade nas regiões autónomas – o caso da pandemia COVID-19". e-pública, v. 7, n.º 3, abril 2020.

GONÇALVES, Pedro Costa. "Abdicação parlamentar na emergência e continuação da abdicação na calamidade". *Observatório Almedina*, 21/05/2020, URL: https://bit.ly/36SZqMv

GOUVEIA, Jorge Bacelar. *O Estado de Exceção no Direito Constitucional*. Coimbra: Almedina, 2020.

KAISER, Anna-Bettina. "O Estado de Exceção no Direito Alemão e a Atual Pandemia: Modelos Comparativos e Direitos Constitucionais". *e-Pública,* v. 7. n.º 3, abril 2020.

LOMBA, Pedro. "Constituição, Estado de emergência e Administração Sanitária: Alguns Problemas". *e-pública,* v. 7, n.º 1, abril 2020.

LOPES, Pedro Moniz. "Significado e alcance da «suspensão» do exercício de direitos fundamentais na declaração de estado de emergência". *e-pública,* v. 7, n.º 1, abril 2020.

MIRANDA, Jorge. *Direitos Fundamentais.* Coimbra, Almedina, 2017.

MONIZ, Ana Raquel. "Estado de exceção e Covid-19, Comentário à apresentação O Estado de Exceção no Direito Alemão e a Atual Pandemia: Modelos Comparativos e Direitos Constitucionais pela Professora Anna-Bettina Kaiser". *e-pública,* v. 7, n.º 1, abril 2020.

MORAIS, Carlos Blanco de. *Curso de Direito Constitucional,* I. Coimbra: Almedina, 2022.

— *Curso de Direito Constitucional,* II. Coimbra: Almedina, 2022.

— *O Estado de Exceção.* Lisboa, 1984.

NOVAIS, Jorge Reis. "Direitos Fundamentais e inconstitucionalidade em situação de crise – a propósito da epidemia". *e-pública,* v. 7, n.º 1, abril 2020.

NOVAIS, Jorge Reis. "Estado de Emergência – Quatro notas jurídico-constitucionais sobre o decreto presidencial". *Observatório Almedina.* Disponível em https://observatorio.almedina.net/index. php/2020/03/19/estado-de-emergencia-quatro-notas-juridico-constitucionais-sobre-o-decreto--presidencial/).

SÁNCHEZ, Pedro Fernández. "Sobre os Poderes Normativos do Presidente da República e do Governo em Estado de Exceção". *Revista da Ordem dos Advogados,* ano 81, Jul./Dez 2021.

SOUSA, Marcelo Rebelo de. *O Valor Jurídico do ato Inconstitucional.* Lisboa, 1988.

2.
SISTEMA DELLE FONTI DEL DIRITTO ALLA PROVA DELL'EMERGENZA

MASSIMO LUCIANI

Introduzione. Risalire la catena normativa.

Il paziente 0 e il giorno 1 di quella che sarebbe diventata la pandemia da Covid-19 ancora non li conosciamo e forse non li conosceremo mai, ma il giorno 1 dello *stress* del nostro sistema delle fonti è noto. È il 31 gennaio 2020, infatti, che il Consiglio dei ministri adotta la delibera recante la "Dichiarazione dello stato di emergenza in conseguenza del rischio sanitario connesso all'insorgenza di patologie derivanti da agenti virali trasmissibili"[1]. Ed è da quel momento che si diparte la porzione finale della "catena normativa" che ha retto e regge gran parte della vita pubblica e privata nel nostro Paese ormai da due mesi. Già prima vi erano stati interventi del Ministro della salute, che inizialmente aveva adottato provvedimenti di sorveglianza concernenti "*Tutti i passeggeri sbarcanti in Italia e provenienti con volo diretto da Paesi comprendenti aree in cui si è verificata una trasmissione autoctona sostenuta del nuovo Coronavirus (2019 – nCoV)*"[2] e poi aveva interdetto tutti i voli provenienti dalla Cina[3], ma si trattava

[1] Così il suo *titulum*. La delibera è pubblicata in G.U., Serie gen., 1° febbraio 2020, n. 26.
[2] Art. 1, comma 1, ord. 25 gennaio 2020, in G.U., Serie gen., 27 gennaio 2020, n. 21.
[3] Art. 1, comma 1, ord. 30 gennaio 2020, in G.U., Serie gen., 1° febbraio 2020, n. 26.

di interventi limitati e settoriali. Solo con la dichiarazione dello stato di emergenza nazionale le cose sono cambiate.

Per comprendere cos'è accaduto e cosa sta accadendo occorre risalire quella catena normativa, chiedendosi anzitutto a quali altri anelli si agganci il primo, cioè la ricordata delibera del Consiglio dei ministri.

Al fine di evitare equivoci preciso che la nozione di catena normativa può essere intesa in tre modi, dei quali – qui – considererò soprattutto uno.

Il primo è quello – classico – in cui essa è, in buona sostanza, una "catena normativa della giustificazione"[4], che si ripercorre a ritroso sino a trovarne il fondamento logico (la kelseniana norma fondamentale) o fattuale (la forza legittimante).

Il secondo è quello in cui la si intende come formula descrittiva di un rapporto tra le fonti ordinanti una certa fattispecie tale che "la disciplina dell'oggetto emerge solo dalla catena nel suo insieme"[5], distinguendo tra catena "verticale" (quando a essere collegate sono fonti di forza diversa) e catena "orizzontale" (quando lo sono fonti di pari forza)[6].

Il terzo è quello in cui si parla anche di "catena", ma, in realtà, si ha in mente una "rete" e precisamente una rete di integrazione fra sistemi[7], rete che non sarebbe definita una volta per tutte, ma funzionerebbe come un "processo", nel quale "le dinamiche istituzionali e normative hanno modo [...] di svolgersi assecondando il moto stesso degli interessi e la loro sempre varia combinazione nell'esperienza"[8].

In queste brevi riflessioni esaminerò la catena normativa nella sua prima accezione, alla ricerca del fondamento degli atti normativi collo-

[4] L'espressione è di, B BIX, B.H. *Jurisprudence: Theory and Context.* 7. ed. Durham, North Carolina: Carolina Academic Press, 2015, trad. A. Porciello, P. Chiarella, I. Vadia, C. Atzeni, *Teoria del diritto. Idee e contesti.* Torino: Giappichelli, 2016, 80.

[5] Rescigno, G.U. *L'atto normativo.* Bologna: Zanichelli, 1998, p. 179.

[6] Rescigno, G.U. "La catena normativa. Contributo al tema della fattibilità delle leggi". *Pol. dir.*, 1987, p. 351.

[7] Ruggeri, A. "Neoregionalismo, dinamiche della normazione, diritti fondamentali". *Consulta Online*, 2002, p. 22.

[8] A Ruggeri, A. "Pluralismo assiologico, pluralismo istituzionale, integrazione di sistemi". *"Itinerari" di una ricerca sul sistema delle fonti*, 19, *Studi dell'anno 2015.* Torino: Giappichelli, 2016, p. 101.

cati al suo termine (o quasi), visto che la loro legittimità è stata posta da più parti in dubbio proprio in ragione della pretesa assenza di un'adeguata connessione con altri più robusti e giuridicamente presupposti anelli. Del resto, le altre due accezioni non mi convincono.

Non la seconda, perché non corrisponde alla realtà dell'ordinamento l'idea che, in relazione a singole materie o fattispecie, una catena normativa possa (perché c'è una fonte che basta a se stessa) o addirittura debba (perché, ad es., c'è una riserva assoluta di legge) non darsi[9]. Sempre, infatti, la "disciplina dell'oggetto" emerge *almeno* dalla fonte pretesamente autosufficiente e dalla Costituzione (che non si limita mai a un mero conferimento di attribuzioni normative)[10], sicché l'autosufficienza non può darsi[11]. Non solo. Le catene, senza per ciò trasformarsi in reti, sono sovente *sia* verticali che orizzontali, mescolandosi, nel susseguirsi degli anelli, fonti i cui rapporti sono retti dal principio gerarchico e fonti i cui rapporti sono retti da quello cronologico o da quello della separazione delle competenze (fermo restando, però, che entrambi questi princìpi sono logicamente subordinati a quello gerarchico, ché è sempre una fonte di grado superiore a definire le relazioni diacroniche e quelle competenziali che intercorrono fra le altre)[12].

[9] Rescigno, G.U. *L'atto normativo*, op. cit., p. 180.

[10] C'è da chiedersi, semmai, se la stessa Costituzione possa bastare a se stessa. E qui la risposta, ovviamente, dipende: a) da come si interpreta il rapporto fra la Costituzione e il suo fondamento legittimante; b) dalla concezione (monista o dualista) che si ha del rapporto fra diritto interno e diritto internazionale.

[11] In realtà, la proposta teorica di Rescigno sembra essere rivolta più alla ricostruzione dei rapporti fra organi che a quella dei rapporti tra fonti (e in *questa* prospettiva potrebbe essere accettata): "Il senso complessivo di una catena sul piano giuridico è chiaro: ottenere che alla disciplina complessiva di un determinato oggetto partecipino, ciascun per una parte, più centri di produzione normativa, nel presupposto che l'oggetto presenta diversi livelli di complessità, e dunque sia opportuno che per ciascun livello se ne occupi l'ente meglio attrezzato (è in fondo un'altra manifestazione implicita del principio di sussidiarietà, almeno dal punto di vista ideale)" Rescigno, G. U. *La manutenzione delle fonti,* 2007, p. 39 (che può leggersi al "sito" del Consiglio regionale della Toscana).

[12] Non ascrivibile alle determinazioni di una fonte gerarchicamente superiore (ma a esigenze logiche) è, invece, il principio di specialità, che forse proprio per questo incontra serie difficoltà a essere equiparato ai tre criteri "principali" di risoluzione delle antinomie tra le fonti.

Non la terza, perché essa, più che *descrittiva* della realtà dei rapporti fra ordinamenti, appare *prescrittiva* di un modo di concepirli, in linea con l'attuale tendenza al rafforzamento del giudiziario (che punta sul "dialogo fra le Corti" per sottrarsi alla costrizione del diritto positivo di riferimento) e all'apertura al *forum shopping*, che – lungi dall'essere la vagheggiata tecnica di più alta protezione dei diritti – è semplicemente uno strumento di miglior soddisfacimento degli interessi materiali più forti[13].

Esaminiamo, dunque, i rapporti formali tra i vari tipi di fonti: sarà anche vero che la legittimità delle "procedure" seguite per affrontare l'emergenza "non può essere sempre rigorosamente argomentata da un punto di vista strettamente formale"[14], ma essendo il diritto la veste formale dei rapporti sociali di forza è anzitutto alla prospettiva formale che occorre volgersi.

1. La catena normativa dell'emergenza.

È la specifica catena normativa dell'emergenza che qui interessa. Ormai si tratta di decine e decine di atti, che, se si vuole dare un senso al ragionamento, non è il caso di valutare partitamente. L'esame deve essere dunque condotto per *tipologie* di atti (e di tipologie si tratta anche quando il "tipo" è composto d'un atto soltanto). Dico subito che, almeno per gli atti dei tipi principali (non potendosi – ovviamente – allargare lo sguardo a tutti i tipi di fonte o di provvedimento amministrativo) adottati nel periodo da me considerato[15], e salvo quanto dirò più avanti (specie in ordine al rapporto tra fonti statali e regionali), a me pare che, sul piano dei rapporti *formali* tra le fonti, le gravi preoccupazioni avanzate nel dibattito pubblico non siano fondate. Si è evocato lo "Stato di eccezione"[16]; si sono

[13] Sono rilievi che ho formulato in innumerevoli occasioni. Da ultimo, mi permetto di rinviare, per il quadro generale, al mio *Dal* cháos *all'ordine e ritorno*, in *Riv. fil. dir.*, 2019, 349 sgg.

[14] Pinto, I. Massa. "La tremendissima lezione del Covid-19 (anche) ai giuristi". *Questione Giustizia*, 18 marzo 2020, p. 4.

[15] È bene precisare che questo scritto è stato consegnato per la pubblicazione il in data 10 aprile 2020.

[16] Venanzoni, A. "L'innominabile attuale. L'emergenza Covid-19 tra diritti fondamentali e stato di eccezione". *Forum* di *Quaderni costituzionali*, 26 marzo 2020, p. 9; Trabucco, D. "Sull'(ab)uso dei decreti del Presidente del Consiglio dei Ministri al tempo del Coronavirus: tra legalità formale e legalità sostanziale". *Astrid Rassegna*, n.º 5, 2020, p. 2; Zucchelli,

fatti paragoni con la "dittatura cui i romani facevano ricorso in situazioni di pericolo per la Repubblica"[17], si è scritto "non siamo in guerra (o invece sì?)"[18] e via drammatizzando[19]. Sennonché non c'è alcun bisogno di drammatizzare, perché la situazione è già drammatica di per sé, per i diritti costituzionali, per la pubblica salute e per l'economia, mentre c'è bisogno di verificare se certe categorie (guerra, dittatura, eccezione), che hanno contorni giuridici (sia pur relativamente) precisi possano essere evocate a cuor leggero. E a me pare di no, per le ragioni che poi cercherò di indicare. I rischi della condizione in cui ci troviamo sono enormi (e ne dirò in chiusura), ma per i giuristi le parole e le categorie ch'esse descrivono pesano come macigni, sicché occorre sempre misurarle bene e usarle il più possibile nel loro significato tecnico. Al di là delle parole usate, restano problemi (serissimi) come quello della difficoltà interpretativa di alcune formule generali usate dalla normazione emergenziale e quello di una stratificazione normativa ormai alluvionale, che rende davvero difficile l'orientamento dei cittadini e degli operatori[20].

Quanto al primo, l'abrogazione (da parte del d.l. n. 19 del 2020) dell'infelice formula dell'art. 2 del d.l. n. 6 del 2020 ("*Le autorità competenti, con le modalità previste dall'articolo 3, commi 1 e 2, possono adottare ulteriori misure di contenimento e gestione dell'emergenza, al fine di prevenire la diffusione dell'epidemia da COVID-19 anche fuori dei casi di cui all'articolo 1, comma 1*")[21] ha posto rimedio a un evidente difetto di determinatezza che comprometteva la

C. "*Lo «stato di eccezione» e i pericoli per la Costituzione che finisce violata*". *Il Dubbio*, 4 aprile 2020; Azzariti, G. "Editoriale. Il diritto costituzionale di eccezione". *Costituzionalismo.it*, n.º 1, 2020, pp. 1 ss. (per quanto, nel merito, con non poche cautele). V. anche i veloci scritti di Giorgio Agamben citt. alle nn.tt. 54-56.

[17] Olivetti, M. "Così le norme contro il virus possono rievocare il «dictator»". *Avvenire*, 11 marzo 2020.

[18] Ainis, M. "Il bisticcio del potere". *La Repubblica*, 3 marzo 2020.

[19] Tornerò su queste errate qualificazioni al par. 3.

[20] Note critiche sul punto (non tutte, peraltro, a mio parere, condivisibili), da ultimo, in Guzzetta, G. "E se il caos delle norme anti-contagio fosse un trucco per toglierci la voglia di libertà?". *Il Dubbio*, 4 aprile 2020.

[21] Formula contestata da più parti: v., ad es., Nes, M. De. "Emergenza Covid-19 e bilanciamento di diritti costituzionali: quale spazio per la legalità sostanziale?" *Biolaw Journal*, 16 marzo 2020, p. 5; Filice, F. e Locati, G.M. "Lo Stato democratico di diritto alla prova del contagio". *Questione Giustizia*, 27 marzo 2020, p. 5.

tenuta della catena. Nondimeno, è dubbio che la sanatoria delle misure adottate in attuazione del d.l. n. 6, operata dall'art. 2, comma 3, del d.l. n. 19, possa mettere al riparo dall'annullamento (o disapplicazione) giurisdizionale anche quelle "ulteriori" che siano state eventualmente prese avvalendosi del ricordato art. 2. Se il principio di legalità va inteso (in senso sostanziale) anche come principio di determinatezza delle norme attributive di potere e se tale principio costituisce un vincolo per il legislatore (sicché è da ritenere viziata la legge che lo violi)[22], l'art. 2 del d.l. n. 6 dovrebbe considerarsi incostituzionale e illegittima la sanatoria degli effetti da esso prodotti. Quanto al secondo problema, il d.l. n. 19 del 2020, per le ragioni che si diranno appresso, non sembra averlo risolto.

1.1. La Costituzione.

All'inizio della catena (del diritto positivo) non può che stare la Costituzione, sicché l'interrogativo iniziale e prioritario deve appuntarsi sull'esistenza o meno di una legittimazione costituzionale di atti normativi sub-primari derogatori di norme primarie: un interrogativo che ha trovato innumerevoli tentativi di risposta in dottrina, mentre la giurisprudenza costituzionale l'ha sempre in qualche modo schivato, dando in genere per scontato che una copertura costituzionale ci sia[23].

Ora, escluso che si possano qui ricostruire tutti i molteplici itinerari argomentativi seguiti da una vastissima dottrina, arricchitasi negli ultimi anni di molti nuovi contributi, mi limito a osservare brevemente[24] che, a mio avviso, il fondamento costituzionale c'è e deve rinvenirsi nei tradizionali princìpi del *primum vivere* e della *salus rei publicae*. Sovente, chi condivide questa opinione li considera "valori" immanenti al sistema, ma, quand'anche questo fossero, quel che conta è che essi sono stati sicuramente e chiaramente positivizzati, con la conseguenza che il loro trattamento deve essere quello dei veri e propri princìpi costituzionali. Sebbene i Costituenti abbiano consapevolmente deciso di non normare

[22] Da ultimo, Corte cost., sent. n. 195 del 2019.

[23] V. soprattutto Corte cost., sent. n. 115 del 2011.

[24] Riprendendo riflessioni svolte nel mio *Atti normativi e rapporti fra Parlamento e Governo davanti alla Corte costituzionale,* in AA. VV., *Alle frontiere del diritto costituzionale. Scritti in onore di Valerio Onida,* Milano, Giuffrè, 2011, 1173 sgg.

esplicitamente lo stato di emergenza (e più ancora di assedio)[25], la loro positivizzazione si rinviene infatti in significativi *loci*: nella previsione dell'indivisibilità (art. 5) e dell'unità (art. 87) della Repubblica, ma anche in quella dell'intangibilità dei princìpi supremi del vigente ordine costituzionale, quali argini alla negoziazione pattizia, alla revisione costituzionale, al diritto sovranazionale e al diritto internazionale (artt. 7, 10, 11 e 139)[26]. La Costituzione, non la necessità, fonda i provvedimenti in questione: essi si radicano nel diritto costituzionale positivo, non nella pericolosa[27] idea che la necessità sia essa stessa fonte, come vorrebbe (per riprendere le corrosive parole di Racioppi) "quella nuova «ragion di Stato» che l'imperfetto costitu- zionalismo germanico ci raccomanda col nome pomposo di «diritto di necessità»"[28]. Idea che è radicalmente incompatibile con il primato della Costituzione e con la sua rigidità:

[25] Una sintetica ricostruzione del dibattito alla Costituente, da ultimo, in Minico, G. DE. *Costituzione emergenza e terrorismo*. Napoli: Jovene, 2016, pp. 34 ss.

[26] Per ciascuno di questi profili v'è ormai inequivoca giurisprudenza costituzionale (v., in particolare, sentt. nn. 30 del 1971; 1146 del 1988; 238 del 2014; 115 del 2018.
Non mi sembra probante, invece, il riferimento all'art. 120, comma 2, Cost. e al suo riferimento al "*pericolo grave per l'incolumità e la sicurezza pubblica*" (così, invece, Minico, G. DE. *Costituzione,* op. cit., p. 38), per la limitatezza degli effetti che ne conseguono (l'attribuzione allo Stato del potere sostitutivo).
Insufficiente, poi, il richiamo (che viene da Cintioli, F. "Sul regime del lockdown in Italia (note sul decreto legge n. 19 del 25 marzo 2020)". *Federalismi.it.*, p. 4) all'art. 77 (che non contempla la vera e propria emergenza) ed eccessivo quello all'art. 78 Cost. (che contempla una fattispecie del tutto diversa qual è – si vedrà al par. 3 – la guerra).

[27] E sempre meno condivisa: v. ad es., Cardone, A. *La "normalizzazione" dell'emergenza. Contributo* allo *studio del potere* extra ordinem *del Governo*. Torino: Giappichelli, 2011, pp. 49 ss.

[28] Racioppi, F. "Lo stato d'assedio e i tribunali di guerra". *Giornale degli economisti,* 1898, p. 141. A questa tesi autenticamente liberale e garantista si contrappose quella – di stampo autoritario – di S(anti) Romano, "Sui decreti-legge e lo stato di assedio in occasione del terremoto di Messina e di Reggio-Calabria". *Riv. dir. pubbl. e della p. a. in Italia,* 1909, p. 220: "La necessità si può dire che sia la fonte prima ed originaria di tutto quanto il diritto, in modo che rispetto ad essa, le altre sono a considerarsi in certo modo derivate". La caratura autoritaria della ricostruzione romaniana ben emerge dalla critica alle opinioni più pensose della tutela della libertà individuale, nelle quali vedeva "un residuo, sia pure inavvertito, del dottrinarismo costituzionale della prima maniera, che di tale libertà faceva un *prius* irriducibile, una barriera più o meno insormontabile di fronte alla potestà dello Stato" (*ivi*, 257).

ammettendo la necessità come fonte, la si dovrebbe anteporre alla stessa Costituzione, il che non ha alcun riscontro positivo[29], e se mai la Costituzione venisse (pur provvisoriamente) travolta per ragioni emergenziali non potremmo desumere la legittimità dell'evento dalla necessità, ma dovremmo parlare di vera e propria rottura costituzionale, intesa come consapevole rimozione della forza normativa di alcune disposizioni costituzionali da parte delle istituzioni di vertice (la *Verfassungsdurchbrechung* nel senso di JACOBI e di SCHMITT)[30], destinata a legittimarsi (se vi riuscisse!) in virtù del *fatto*, non della piana applicazione di una (pretesa) fonte di *diritto*.

Ma torniamo alla legittimazione costituzionale. Poiché alla positivizzazione degli interessi conservativi dell'ordinamento non fa seguito una disciplina specifica delle competenze e dei procedimenti per la loro tutela, è da ritenere che la legittimazione s'indirizzi alla fonte primaria. La positivizzazione degli interessi non è dunque tale da consentire all'Esecutivo di adottare provvedimenti normativi eccezionali in deroga alle leggi vigenti (diversi, ovviamente, dai decreti-legge) *omisso medio*, cioè senza un'intermediazione legislativa che li preveda[31]. Alla fonte primaria "intermediaria", a sua volta, non è consentito conferire a quei provvedimenti la medesima forza della legge, perché della forza di una fonte può disporre solo la fonte sovraordinata[32]. È per questo che alle fonti *extra-*

[29] Non dissimile, mi sembra, la posizione di MINICO, G. DE. *Costituzione*, op. cit., p. 24.

[30] Cfr. JACOBI, E. "Die Diktatur des Reichspräsidenten nach art. 48 der Reichsverfassung". *VVdDStRL*, 1, 1924, p. 109; SCHMITT, C. *Verfassungslehre*. 5. ed. (rist. dell'ed. 1928). Berlin: Duncker & Humblot, 1970, p. 100.

[31] Tesi opposta in CARDONE, A. *La "normalizzazione" dell'emergenza*, op. cit., p. 400.

[32] In senso opposto, per il riconoscimento della forza di legge alle fonti *extra-ordinem*, MODUGNO, F. "Le fonti del diritto". ID. (a cura di), *Diritto pubblico*. 3. ed. Torino: Giappichelli, 2017, pp. 191 ss. Che le ordinanze derogatorie della legge abbiano, per ciò solo, forza di legge, è stato costantemente negato dalla Corte costituzionale (v., in particolare, le sentt. nn. 8 del 1956 e 4 del 1977). Nel mio *Atti normativi*, cit., 1178, avevo proposto di ricostruire il rapporto fra legge "intermediaria" e ordinanza derogatoria alla legge in termini analoghi a quelli della delegificazione (nel medesimo senso, ora, MORBIDELLI, G. "Delle ordinanze libere a natura normative". *Dir. amm.*, 2016, pp. 33 ss.; RAFFIOTTA, E. C. *Norme d'ordinanza. Contributo a una teoria delle ordinanze emergenziali come fonti normative*. Bologna: BUP, 2019, p. 66). Nel testo, adesso, provo a leggere la questione nella prospettiva dei limiti intrinseci alla *vis normativa* dell'ordinanza.

ordinem non può essere consentita l'abrogazione, ma solo la deroga temporanea delle fonti primarie, in armonia con il principio – pacifico, perché implicato dall'extra-ordinarietà – della temporaneità dello *spatium temporis* della loro applicazione. Emerge, qui, la relatività della distinzione tra sospensione e deroga: le fonti emergenziali non si limitano a sospendere "per un periodo di tempo determinato l'efficacia di una o più norme anteriori"[33], ma – per quel periodo di tempo – disciplinano certe fattispecie in modo diverso da quelle, eppure non producono i medesimi effetti della deroga "ordinaria", che, caratterizzata dalla definitività[34], non è altro che una forma di abrogazione parziale[35].

Escluso che i provvedimenti emergenziali possano vedersi riconoscere la forza (e dunque anche il valore, con conseguente sindacabilità da parte della Corte costituzionale)[36] di legge, la fonte primaria "intermediaria" non potrà comunque limitarsi alla generica previsione della loro adottabilità. Poiché, come accennato, il principio di legalità, nel nostro ordinamento, va inteso non solo in senso formale, ma anche sostanziale[37], giustamente la Corte costituzionale ha precisato che è "*conforme a Costituzione la possibilità che alle autorità amministrative siano affidati i poteri*

[33] Cicconetti, S. M. *Le fonti del diritto italiano*. 4. ed. Torino: Giappichelli, 2019, p. 66.

[34] Definitivi, peraltro, come già aveva notato S S(Anti) Romano, "Sui decreti-legge e lo stato di assedio", op. cit., p. 265, possono essere gli effetti determinati dalla deroga *ad tempus*, ma questa è – ovviamente – cosa del tutto diversa. Non intendo bene, però, la preoccupazione di Ruggeri, A. "Il coronavirus contagia anche le categorie costituzionali e ne mette a dura prova la capacità di tenuta". *Diritti regionali*, n.º 1, 2020, p. 374, che teme un eccessivo consolidamento "a distanza di tempo dalla loro produzione". Soprattutto per quanto riguarda il sindacato del giudice amministrativo, le norme processuali assicurano un intervento più che tempestivo, anzitutto nella forma della tutela cautelare.

[35] La questione è puntualmente chiarita da Crisafulli, V. *Lezioni di diritto costituzionale*, II. 5. ed. Padova: Cedam, 1984, p. 194 (la deroga che "abbia carattere temporaneo" è sospensione, non abrogazione parziale). Adesivamente, Cicconetti, S. M. *Le fonti del diritto italiano*, loc. cit. Non di sospensione, ma di "rottura", parla invece Morbidelli, G., *Prefazione* a Raffiotta, E. C. *Norme d'ordinanza*, op. cit., p. 5 ss.

[36] Doveroso il richiamo alle riflessioni di Sandulli, A.C M. "Legge. Forza di legge. Valore di legge". *Riv. trim. dir. pubbl.*, 1957, pp. 269 ss.

[37] V., da ultimo, la sent. Corte cost., n. 195 del 2019, ma già prima, proprio nella materia che qui interessa, la sent. n. 115 del 2011. Con particolare rigore, specificamente sul principio di legalità delle pene, la recente sent. n. 32 del 2020.

di emissione di provvedimenti diretti ad una generalità di cittadini, emanati per motivi di necessità e di urgenza, con una specifica autorizzazione legislativa che però, anche se non risulti disciplinato il contenuto dell'atto (che rimane, quindi, a contenuto libero), indichi il presupposto, la materia, le finalità dell'intervento e l'autorità legittimata"[38].

Non solo. Gli atti in questione devono essere autenticamente *extra-ordinem*, sia nel senso che non si dovrebbe abusarne[39], sia nel senso che non è consentito costruire il medesimo modulo ora descritto quando difettano i presupposti costituzionali legittimanti che ho indicato. È per questo che, nella notissima e già cit. sent. n. 115 del 2011, la Corte costituzionale, decidendo una questione di costituzionalità avente ad oggetto l'art. 54, comma 4, del t.u.e.l., per come sostituito dall'art. 6 del d. l. n. 92 del 2008, ha affermato che "*non è consentito alle ordinanze sindacali «ordinarie»* [...] *di derogare a norme legislative vigenti, come invece è possibile nel caso di provvedimenti che si fondino sul presupposto dell'urgenza e a condizione della temporaneità dei loro effetti*".

Il problema, a questo punto, si sposta, diventando quello delle modalità di identificazione e proclamazione di quella situazione di emergenza cui può conseguire l'adozione degli atti *extra ordinem*. Poiché la Costituzione consente al Governo di normare nei casi di necessità e di urgenza adottando decreti-legge, si deve ritenere che sia proprio questa la fonte riservataria di tale identificazione e proclamazione[40]. Tanto, ovviamente, se difetta una previsione *legislativa* che contempli un diverso procedimento generale idoneo alla bisogna. Il che – come fra poco si dirà – è esattamente quanto accade nel nostro ordinamento.

[38] Corte cost., sent. n. 617 del 1987.

[39] Il che, invece, accade frequentemente. Cfr., sul punto, almeno Pinelli, C. "Un sistema parallelo. Decreti-legge e ordinanze d'urgenza nell'esperienza italiana". *Diritto pubblico*, 2009, spec. pp. 3334 ss. Di un "sistema parallelo" di normazione aveva parlato, proprio a proposito delle ordinanze, anche Irelli, V. Cerulli. "Principio di legalità e poteri straordinari dell'Amministrazione". *Diritto pubblico*, 2007, p. 377.

[40] Così Marazzita, G. *L'emergenza costituzionale*. Milano: Giuffrè, 2003, pp. 453 ss. *Contra*, Cardone, A. *La "normalizzazione" dell'emergenza*, op. cit., p. 366 ss., con argomenti che ho avuto modo di sottoporre a critica nel mio *Atti normativi e rapporti fra Parlamento e Governo*, op. cit., 1177 ss., *ad notam*.

In conclusione: la Costituzione contiene il fondamento legittimante (espresso ancorché implicito) della normazione *extra ordinem*, sebbene l'operatività della legittimazione sia condizionata dall'intermediazione di una fonte primaria. È dunque assai dubbio che la diffusa sollecitazione a una revisione costituzionale che disciplini lo stato di emergenza meriti di essere raccolta: la Costituzione ha mostrato di saper reggere[41] e, una volta di più, se ci sono dei problemi non è di là che vengono.

1.2. Le fonti primarie generali. Rinvio.

Alcune fonti primarie disciplinano in via generale i provvedimenti eccezionali che possono essere adottati in situazioni di emergenza. Di esse interessano, qui, soprattutto quelle relative all'emergenza sanitaria, come la l. 23 dicembre 1978, n. 833 (in particolare all'art. 32) e il d. lgs. 2 gennaio 2018, n. 1, recante il "Codice della protezione civile" (*hinc inde*: "Codice"). Se ne parlerà nel prosieguo, laddove si esaminerà la loro capacità (o meno) di legittimare i provvedimenti emergenziali succedutisi negli ultimi due mesi, mentre più sullo sfondo restano le norme ancor più generali dettate dall'art. 2 del t.u.l.p.s. e dall'art. 50, comma 5, del t.u.e.l.

1.3. La dichiarazione dello stato di emergenza.

Come in genere accade, anche la delibera del Consiglio dei ministri del 31 gennaio richiama, a proprio fondamento, una variopinta pluralità di atti normativi. Quello che davvero conta, però, è il primo richiamo, in cui si dà atto che la delibera è adottata "visto" il d. lgs. 2 gennaio 2018, n. 1, e "in particolare" gli artt. 7, comma 1, lett. *c)*, e 24, comma 1. È questo il richiamo che conta, appunto, perché, al di là di quanto si scrive in premessa, l'art. 1, comma 1, della delibera dichiara che lo stato di emergenza nazionale è proclamato "*ai sensi e per gli effetti dell'articolo 7, comma 1, lettera* c), *e dell'articolo 24, comma 1, del decreto legislativo 2 gennaio 2018, n. 1*", così come il comma 2 del medesimo articolo chiarisce che quelli da adottare durante lo stato di emergenza sono gli "*interventi di cui all'articolo 25, comma 2, lettere* a) *e* b) *del decreto legislativo 2 gennaio 2018, n. 1*". In definitiva:

[41] Bignami, V. M. "Chiacchiericcio sulle libertà costituzionali al tempo del coronavírus". *Questione Giustizia*, 7 aprile 2020, p. 11.

a) la deliberazione dello stato di emergenza ha il proprio fondamento nel Codice della protezione civile, fonte primaria la cui legittimità è già stata scrutinata dalla Corte costituzionale[42];
b) essendo assunta ai sensi dell'art. 24 del Codice, quello che viene proclamato (sebbene nell'articolato non lo si dica espressamente) è specificamente lo "stato di emergenza di rilievo nazionale";
c) l'"emergenza" è uno specifico istituto giuridico (che non può confondersi con la guerra, l'eccezione, lo stato d'assedio, etc.), del quale il diritto positivo, al di là delle sue determinazioni teorico-generali, definisce presupposti (artt. 1 e 7 del Codice), conseguenze giuridiche (in particolare, artt. 24 e 25) e limiti temporali (art. 24, comma 3)[43].

La declaratoria dello stato di emergenza non si sottrae al controllo giurisdizionale[44]. Al di là dell'evidente crisi (nonostante l'art. 7, comma 1, c.p.a.) dell'atto politico come atto insindacabile[45], la deliberazione *ex* art. 24 del d. lgs. n. 1 del 2018 è sindacabile perché i suoi presupposti sono stabiliti dalla fonte primaria, con la conseguenza che il loro ricorrere può

[42] Corte cost., sent. n. 418 del 1992. Oggetto della pronuncia era la l. 24 febbraio 1992, n. 225 ("Istituzione del servizio nazionale della protezione civile"), ma il suo contenuto era analogo a quello del Codice. In quell'occasione, la Corte affermò, fra l'altro, che "*Nel ricorrere di così gravi emergenze, quando l'ambiente, i beni e la stessa vita delle popolazioni sono in pericolo e si richiede un'attività di soccorso straordinaria ed urgente, risulta giustificato che si adottino misure eccezionali* [...]".
[43] Tornerò sul punto al par. 3.
[44] Indimostrata, dunque, l'affermazione di Razzano, G. "Le ordinanze di necessità e di urgenza nell'attuale ordinamento costituzionale". *Rivista AIC*, 9 ottobre 2008, p. 11, che "non esiste [...] alcun modo per attivare un giudizio di proporzionalità fra l'amministrazione ordinaria e quella straordinaria, che rimane costituzionalmente incontrollata [...]", ora ripresa da Trabucco, D. "Sull'(ab)uso", op. cit., p. 15.
[45] V. la nota sent. Corte cost., n. 81 del 2012; v. anche, di recente, a mo' di *sequitur* nella giurisprudenza comune, per una concezione restrittiva di "atto politico" e largheggiante di "atto di alta amministrazione", T.A.R. Lazio, Roma, Sez. III, 4 gennaio 2020, n. 54; in dottrina, da ultimo, le opposte opinioni di Feroni, G. Cerrina. "La sindacabilità giudiziaria dell'atto politico. Un'aberrazione costituzionale". *lacostituzione.info*, 7 febbraio 2019 (contraria alla sindacabilità), e Curreri, S. "*L'atto politico è sempre insindacabile?*" *ivi*, 9 febbraio 2019 (favorevole).

ben essere accertato dal giudice (anzitutto amministrativo). Ai sensi del comma 1 dello stesso art. 24, infatti, la dichiarazione può essere adottata solo "*sulla base dei dati e delle informazioni disponibili*", dati che devono dimostrare la sussistenza dei "*requisiti di cui all'articolo 7, comma 1, lettera* c)". Si deve perciò trattare di quei "*dati, univoci e concordanti*" che una nota pronuncia della Corte costituzionale ha considerato essenziali[46].

Sempre la Corte, del resto, ha già riconosciuto la sindacabilità delle dichiarazioni di uno stato di emergenza scrutinando la legittimità costituzionale del d.l. 6 novembre 2008, n. 172, "*nella parte in cui, limitatamente alle aree geografiche in cui vige lo stato di emergenza nel settore dello smaltimento dei rifiuti, configura come delitto condotte che, nel restante territorio nazionale, non sono penalmente rilevanti (lettera* a) *o sono punite a titolo di contravvenzione (lettera* d)". In quella occasione, la violazione della riserva di legge *ex* art. 25 Cost. è stata esclusa perché "*Le norme censurate non appartengono alla categoria delle cosiddette «norme penali in bianco» (che pure, a certe condizioni, questa Corte ha dichiarato costituzionalmente ammissibili* [...]*), in quanto in esse la fattispecie criminosa è compiutamente descritta e le pene sono specificamente previste. La dichiarazione dello stato di emergenza, da parte dell'autorità governativa, è solo una condizione di fatto per l'applicabilità delle norme medesime, che non integra in alcun modo il contenuto del precetto penale, fissato nella legge, in sé e per sé completo ed autosufficiente. Peraltro, la stessa dichiarazione dello stato di emergenza può avvenire solo in presenza dei presupposti legislativamente previsti* [...]. *L'atto amministrativo a carattere generale, che funge da presupposto per l'applicabilità delle sanzioni penali previste dalle norme censurate, è pertanto esso stesso suscettibile di valutazione, sotto il profilo della legittimità, da parte dei giudici ordinari e di quelli amministrativi, nell'ambito delle rispettive competenze. Non si riscontra quindi la possibilità di decisioni governative illegittime, da cui deriverebbero indirettamente le conseguenze penali previste dalle norme oggetto della presente questione, senza che sia esperibile alcun controllo di legalità*"[47]. Insomma, il sillogismo è semplice: se ci sono paradigmi normativi che devono essere rispettati il controllo del giudice non può difettare[48]; qui i

[46] Corte cost., sent. n. 127 del 1995.

[47] Corte cost., sent. n. 83 del 2010.

[48] Si tratta del medesimo ragionamento svolto, ancorché in riferimento al sindacato del giudice costituzionale, dalla cit. sent. Corte cost. n. 81 del 2012. Da ultimo, in questo senso,

paradigmi normativi ci sono; il sindacato giurisdizionale, di conseguenza, non può mancare[49]. D'altro canto, la più garantista dottrina dell'inizio del secolo passato l'aveva sostenuto per i decreti istitutivi dello stato d'assedio[50]: non mi sembra che si possa pensare il contrario in vigenza della Costituzione repubblicana.

Né la compressione delle prerogative del Governo si fa, così, eccessiva, sia perché esse sono sempre tutelabili in sede di conflitto di attribuzione, sia perché il sindacato giurisdizionale su atti del genere dev'essere più "esterno" che mai, essendo tenuto a limitarsi alla verifica della coerenza interna dell'atto[51] e all'accertamento dell'effettiva sussistenza dei *fatti* posti a base della deliberazione[52], senza impingere nel merito (ciò

Panattoni, G. "*La controversa figura dell'atto politico, alla luce dei casi "Diciotti" e "Gregoretti"*. *federalismi.it.*, n.º 8, 2020, p. 223.

49 Sulla possibilità che il giudice (amministrativo) verifichi il "fatto emergenziale", Raffiotta, E. C. *Norme d'ordinanza,* op. cit., p. 246. Non può convincere, pertanto, la giurisprudenza amministrativa quando, a proposito degli atti dichiarativi delle situazioni di emergenza, afferma che nelle norme che li legittimano una "*definizione* [di emergenza] *c'è, anche se avviene* per relationem *con riguardo a ciò che è riconosciuto come tale dalle competenti autorità*" (così Cons. Stato Sez. IV, 29 gennaio 2015, n. 423). Come detto nel testo, la legge definisce i presupposti dell'emergenza e non si limita a normare *per relationem,* onerando l'autorità di governo dell'accertamento istruttorio e della motivazione della sussistenza dei presupposti dell'emergenza.

50 Cammeo, F. "Lo stato d'assedio e la giurisdizione". *Giur. it.*, 1898, pp. 372 ss.; RUIZ, G. Arangio. "Sulla legittimità dei Tribunali di guerra istituiti nei luoghi devastati dal terremoto del 28 dicembre 1908". *Riv. di dir. pubbl. e della p. a. in Italia,* 1909, pp. 520 ss. (v., in particolare, *ivi,* 522: "la Corte suprema dovea considerare, pel suo dovere di esaminare, nelle ordinanze di necessità o di urgenza, se la materia è veramente urgente, senza di che l'arbitrio governativo diventa sconfinato"); S Longhi, S. "Sull'ultimo decreto di stato d'assedio". *Riv. dir. pubbl. e della p. a. in Italia,* 1909, pp.151 ss. (con riconoscimento di un amplissimo potere giurisdizionale di sindacato, anche sui presupposti). *Contra,* ma rapidamente, Traversa, A. *Lo "stato di necessità" nel diritto pubblico interno.* Napoli: Pierro, 1916, p. 90.

51 Almeno su questo punto il controllo giurisdizionale era ammesso anche da S S(Anti) Romano, "Sui decreti-legge e lo stato di assedio", op. cit., p. 271.

52 Più in generale, è da auspicare che il giudice amministrativo italiano non segua l'esempio del più disinvolto "cugino" francese, che di recente, sulla base di un apprezzamento del pubblico interesse diverso da quello operato dal Governo, ha (nientemeno...) "*enjoint au Premier ministre et au ministre de la santé, de prendre dans les quarante-huit heures les mesures suivantes: – préciser la portée de la dérogation au confinement pour raison de santé;*

che non è ammesso, del resto, nemmeno sulla comune discrezionalità tecnica)[53].

Vero questo, sembra abbastanza evidente che, nella specie, non si possa negare alla deliberazione dello stato di emergenza un robusto fondamento. Se non bastasse la dichiarazione dello stato di emergenza internazionale fatta dall'OMS il giorno precedente, sarebbero sufficienti i drammatici dati epidemiologici di questi due mesi a dimostrare l'assurdità e la pericolosità della tesi di chi ha parlato di una "invenzione" dell'epidemia per finalità di controllo sociale[54]. Una posizione così priva di argomentazioni e prove da essere apodittica[55] e che per il suo estremismo biopolitico ha anche il demerito di indebolire quella di chi, più saggiamente, ha messo in guardia dalla "normalizzazione" futura che potrebbe essere suggerita dalla vicenda emergenziale[56].

1.4. I decreti-legge "emergenziali".

Una cospicua serie di decreti-legge ha fatto seguito, sia pure con un certo ritardo (il primo della serie è il n. 6 del 23 febbraio), alla dichiarazione

- *réexaminer le maintien de la dérogation pour «déplacements brefs, à proximité du domicile»;*
- [...] *évaluer les risques pour la santé publique du maintien en fonctionnement des marchés ouverts, compte tenu de leur taille et de leur niveau de fréquentation*".

[53] Che "*non è suscettibile di sindacato in sede giurisdizionale quanto al merito della scelta effettuata, salvo – senza che ciò comporti* [...] *«un'inammissibile inversione dell'onere della prova in ordine all'idoneità tecnica della scelta amministrativa» – vizi di forma o* di *procedura o manifesta irragionevolezza o carenza nell'istruttoria e nel bilanciamento dei diversi interessi coinvolti*" (così, da ultimo, Cons. Stato, Sez. II, 26 marzo 2020, n. 2099).

[54] Cfr. Cfr. Agamben, G. *L'invenzione di un'epidemia* (26 febbraio 2020) e *Contagio* (11 marzo 2020), leggibili in rete alla pagina che questo A. tiene su *Quodlibet.*

[55] Criticata con rigorosa dimostrazione delle sue contraddizioni interne da Grasso, D. "*Agamben, il Coronavirus e lo stato di eccezione*". *minima&moralia,* 27 febbraio 2020, e con durezza, anche con toni – diciamo così – "pittoreschi", da D'Arcais, P. Flores. "Filosofia e virus: le farneticazioni di Giorgio Agamben" (16 marzo 2020). *www.Micromega.net.* Debolissima (soprattutto per il rifiuto di ammettere il grave errore commesso) la risposta di Agamben, G. *Chiarimenti,* 17 marzo 2020, sempre sulla rubrica di *Quodlibet.*

[56] V. le corrette riflessioni di Preterossi, G. *Da emergenza sanitaria a stato di eccezione politico* (25 marzo 2020) leggibile in rete al sito di *MicroMega – Il rasoio di Occam.* Lo stesso Agamben, G. *Riflessioni sulla peste* (27 marzo 2020), sempre loc. cit., è ora costretto a spostare l'attenzione sul "dopo".

di emergenza. La loro legittimità (e la legittimità delle relative leggi di conversione, ché la sorte delle due fonti è – per logica e per ormai saldo indirizzo della giurisprudenza costituzionale – legata)[57] dipende evidentemente dal rispetto o meno dei canoni previsti dall'art. 77 Cost. Qui si deve operare un *distinguo.*

Sul ricorrere dei due *presupposti* della necessità e dell'urgenza, *nulla quaestio.* Anche a voler discostarsi dal consolidato indirizzo della Corte costituzionale, a tenor del quale "*il sindacato sulla legittimità dell'adozione, da parte del Governo, di un decreto-legge va limitato ai casi di evidente mancanza dei presupposti di straordinaria necessità e urgenza richiesti dall'art. 77, secondo comma, Cost., o di manifesta irragionevolezza o arbitrarietà della loro valutazione*"[58], sarebbe difficile negare che in una contingenza come quella odierna l'intervento dei "provvedimenti provvisori con forza di legge" previsti dall'art. 77 Cost. sia legittimo, perché ci troviamo nell'ancor più radicale condizione dell'emergenza[59]. Nonostante alcune voci contrarie in dottrina[60], peraltro, a me sembra evidente che i decreti-legge in questione non possano essere iterati o reiterati: nonostante la peculiarità dello stato di emergenza, l'art. 77 Cost. non tollera d'esserne dimidiato e pretende d'essere osservato nella sua integralità. E, come la Corte ha ben spiegato sin dalla storica sent. n. 360 del 1996, solo "*presupposti giustificativi nuovi di natura «straordinaria»*" (nuovi!) possono giustificare un altrettanto nuovo esercizio della decretazione d'urgenza, tale – però – che il nuovo decreto-legge "*non potrà porsi in un rapporto di continuità sostanziale con il decreto non convertito*". In difetto di presupposti nuovi, l'ulteriore decreto-legge

[57] È arcinoto che è così già dalla sent. Corte cost., n. 29 del 1995.

[58] Così, da ultimo, Corte cost., sentt. nn. 99 del 2018 e 97 del 2019.

[59] Il concetto sarà anche di difficile definizione generale, ma il ricorrere di questa condizione è addirittura intuitivo (così anche Ruggeri, A. "Scelte tragiche e Covid-19". *Giustizia Insieme,* 24 marzo 2020, p. 4) e comunque ha trovato la sua formalizzazione nella delibera del Consiglio dei ministri del 31 gennaio. Sul punto, comunque, si tornerà al par. 3.

[60] V., ad es., Caravita, B. "L'Italia ai tempi del coronavirus: rileggendo la Costituzione italiana". *Federalismi.it,* VII, n.º 6. 2020, VII; Vernata, A. "Decretazione d'urgenza e perimetro costituzionale nello stato di "emergenza epidemiologica". *Forum* di *Biolaw Journal,* 13 marzo 2020, p. 5 (sulla base di una singolare citazione "correttiva", in parentesi quadra, della sent. n. 360 del 1996: "*la sussistenza dei «presupposti giustificativi nuovi* [rectius: attuali] *di natura «straordinaria»*").

dovrebbe "*risultare caratterizzato da contenuti normativi sostanzialmente diversi*", sicché non ci sarebbe alcuna iterazione o reiterazione.

Discorso più complesso per la *condizione* costituzionale di legittimità della decretazione d'urgenza, cioè per la straordinarietà.

Come osservavo già in altra occasione, essa, a mio avviso, non è un presupposto, nel senso che non inerisce in particolare al singolo decreto-legge, condizionando la concreta praticabilità giuridica della sua adozione, ma attiene in generale all'istituto del decreto-legge, sostanziandosi nella prescrizione che la decretazione d'urgenza non può essere uno strumento ordinario di normazione primaria[61]. La conseguenza è che, essendo costituzionalmente vietata la trasformazione della straordinarietà in ordinarietà, gli atti che la determinano sono illegittimi. Proprio per questo ipotizzavo che il principio della straordinarietà, da un lato, vietasse l'urgenza autoprocurata e, dall'altro, imponesse il dovere di dare al decreto-legge e alla legge di conversione un contenuto omogeneo[62], dovere di omogeneità che peraltro sembra ormai *ius receptum*[63].

Che accade, dunque, nella situazione attuale? Non si dovrebbe forse dire che, essendosi la normazione primaria ridotta alla sola decretazione d'urgenza, il principio della straordinarietà è stato violato? A me pare che si debba fare qualche precisazione.

Allo stato delle cose, la moltiplicazione dei decreti-legge non è altro che la proiezione normativa della fattuale eccezionalità del momento,

[61] Luciani, Massimo. "Atti normativi e rapporti fra Parlamento e Governo davanti alla Corte costituzionale". AA. VV., *Alle frontiere del diritto costituzionale. Scritti in onore di Valerio Onida*. Milano: Giuffrè, 2011, p. 1163.

[62] Altrimenti il dipolo decreto-legge – disegno di legge di conversione, strumento straordinario di normazione, si trasformerebbe, appunto, in strumento ordinario: Luciani, Massimo. "Atti normativi", op. cit., pp. 1165 ss.

[63] Sin dalla sent. n. 22 del 2012. Come si legge, da ultimo, nella sent. n. 247 del 2019, "*la violazione dell'art. 77, secondo comma, Cost. per difetto di omogeneità si determina solo quando le disposizioni aggiunte siano totalmente «estranee» o addirittura «intruse», cioè tali da interrompere ogni correlazione tra il decreto-legge e la legge di conversione (sentenza n. 251 del 2014)*". L'obiezione di (un carissimo amico da pochissimo purtroppo scomparso, qual era) Cicconetti, S. M. "Obbligo di omogeneità del decreto-legge e della legge di conversione?". http://www.giurcost.org/studi/Cicconetti2.pdf a tenor della quale la Corte, così, avrebbe introdotto un requisito di legittimità ulteriore rispetto a quelli previsti dall'art. 77 Cost. non può convincere, perché la straordinarietà è ospitata esattamente in quella disposizione costituzionale.

sicché la decretazione d'urgenza resta pur sempre (legata a una contingenza) extra-ordinaria. Diversa dovrebbe essere la conclusione qualora l'emergenza si protraesse per molti mesi. In quel caso, infatti, ci troveremmo in una condizione trasformatasi in *sostanzialmente* ordinaria (per quanto a tempo definito possa essere), che reclamerebbe una parimenti ordinaria risposta delle istituzioni. In particolare, il Parlamento dovrebbe recuperare appieno la propria capacità nomopoietica, liberandosi dal ruolo di mero ufficio di conversione in legge dei decreti del Governo (e a questo scopo sarebbe essenziale la soluzione dei problemi pratici di funzionamento delle assemblee rappresentative, garantendo la pienezza del dibattito e, allo stesso tempo, la sicurezza dei parlamentari)[64]. Se così non fosse, allora, e solo allora, potrebbe e dovrebbe porsi il problema della violazione del principio costituzionale della straordinarietà[65].

[64] È noto che alcuni (AINIS, Ceccanti, Clementi, Fusaro, etc.) propongono che il Parlamento funzioni sin d'ora con modalità telematiche. Il fondamento di questa proposta (l'interpretazione "evolutiva" della nozione di "presenza" parlamentare, alla quale aderiscono anche Caravita e D'aloia, ma proiettandone l'applicazione nel futuro, sulla base di procedure ancora da definire) è da respingere con fermezza (ho cercato di argomentarlo *verbis* in occasione di un dibattito su Radio radicale organizzato dall'On. Brescia, cui hanno partecipato Curreri, Lupo e Trucco a favore della tesi qui criticata e – oltre chi scrive – Calvano e Lippolis contro, che può vedersi al link https://www.radioradicale.it/scheda/602453/parlamento-aperto-a-distanza-o-in-presenza). Se mai si arriverà a quel punto, non sarà perché la Costituzione o i regolamenti parlamentari lo consentano, ma solo perché si sarà avuta una rottura della Costituzione (un'autentica *Verfassungsdurchbrechung* nel senso già visto), magari necessaria e inevitabile, ma pur sempre rottura. Gravissimi sono, poi, i rischi della proiezione futura dell'acrobazia interpretativa che si propone, poiché essa legittimerebbe la riduzione del Parlamento a stanza virtuale anche nei momenti di ordinario funzionamento delle istituzioni (in questo senso, esattamente, anche Torre, F. "La Costituzione sotto stress ai tempi del coronavírus". *Forum* di *Biolaw Journal*, 27 marzo 2020, p. 8). Noto, infine, che inopinatamente qualcuno dei favorevoli ha arruolato nel proprio gruppo Gaetano Azzariti, laddove questi si è limitato a scrivere che "personalmente credo che anche in questa fase di necessità si possano trovare modalità organizzative per assicurare un voto in presenza garantendo sia il rispetto degli equilibri politici (la proporzione dei gruppi), sia tutte le misure di sicurezza necessarie (voto scaglionato e tempi dilazionati)": G. Azzariti, *Editoriale*, cit., IV (sono grato all'A. per avermi dato l'"interpretazione autentica" del suo pensiero).

[65] Speculare il rilievo di Mazzarolli, L. A. "Riserva di legge" e "principio di legalità", op. cit., p. 15, che, postulando la necessità che le misure emergenziali siano prese con decre-

1.5.1 decreti del Presidente del Consiglio dei ministri.

Il Presidente del Consiglio è, ai sensi dell'art. 3, comma 1, lett. *a)*, del Codice, "*autorità nazionale di protezione civile e titolare delle politiche in materia*". Il Codice confida al Presidente del Consiglio anche "*i poteri di ordinanza in materia di protezione civile*", stabilendo peraltro che, "*salvo che sia diversamente stabilito con la deliberazione di cui all'articolo 24*" (cioè con la deliberazione dello stato di emergenza), egli può esercitarli "*per il tramite del Capo del Dipartimento della protezione civile*" (art. 5, comma 1). È direttamente il Presidente del Consiglio, comunque, che "*determina le politiche di protezione civile per la promozione e il coordinamento delle attività delle amministrazioni dello Stato, centrali e periferiche, delle regioni, delle città metropolitane, delle province, dei comuni, degli enti pubblici nazionali e territoriali e di ogni altra istituzione e organizzazione pubblica o privata presente sul territorio nazionale*" (art. 5, comma 2). Il Codice, poi, dispone che spetta sempre al Presidente del Consiglio dei ministri adottare direttive con cui dare "*gli indirizzi per lo svolgimento, in forma coordinata, delle attività di protezione civile di cui all'articolo 2, al fine di assicurarne l'unitarietà nel rispetto delle peculiarità dei territori*" (art. 5, comma 2, da leggere in combinato disposto con l'art. 15, da esso richiamato).

Sempre il codice disciplina, all'art. 25, limiti e contenuto delle ordinanze di protezione civile, da considerare a tutti gli effetti atti normativi[66], tanto che la categoria in cui tali atti rientrano si ritenga caratterizzata

to-legge e non con ordinanza, ritiene che in condizione di emergenza la straordinarietà debba tramutarsi in ordinarietà.

[66] Sul punto, ampiamente E
Raffiotta, E. C. *Norme d'ordinanza,* op. cit., spec. pp. 249 ss. Peraltro si tratta di atti normativi di natura non regolamentare, come invece affermato da Carrozzino, P. "*Il sistema delle fonti alla prova dell'emergenza sanitaria da Covid-19*". *lacostituzione.info,* 19 marzo 2020 (che, peraltro, correttamente nega che la catena delle fonti succedutesi in questo periodo di emergenza sia affetta da vizi di costituzionalità). Speculare la posizione di Simonelli, M. A. "Il Covid-19 e la gestione governativa dello stato di emergenza. Una riflessione a caldo". *lacostituzione.info,* 28 marzo 2020, il quale correttamente nega la natura regolamentare dei decreti del Presidente del Consiglio ed erroneamente (almeno a mio avviso, per le ragioni indicate nel testo) sostiene ch'essi avrebbero violato la riserva di legge di cui all'art. 16 Cost.

dalla novità[67], quanto che si ritenga caratterizzata dalla generalità e dall'astrattezza[68].

La formulazione dell'*incipit* dell'art. 25, comma 1, non è delle più chiare. Ivi si stabilisce, infatti, che le ordinanze di protezione civile sono adottate "*per il coordinamento dell'attuazione degli interventi da effettuare durante lo stato di emergenza di rilievo nazionale*", sicché ci si potrebbe chiedere se le ordinanze siano chiamate esse stesse a identificare gli interventi necessari oppure debbano limitarsi all'attuazione (anzi, all'ancor meno penetrante "coordinamento" dell'attuazione) di interventi disposti da altra fonte (la quale, a questo punto, non potrebbe che essere il decreto-legge).

L'interpretazione più rigorosa, sebbene garantista, non è convincente. Per un verso, se le ordinanze dovessero limitarsi al "coordinamento dell'attuazione", ci sarebbe da chiedersi perché prevederle, visto che l'intermediazione della fonte primaria sarebbe sempre necessaria. Per l'altro, ci sarebbe da chiedersi che senso avrebbe riconoscere la possibilità ch'esse (ai sensi dell'art. 25, comma 1), dispongano "*in deroga ad ogni disposizione vigente*" (ancorché "*nei limiti e con le modalità indicati nella deliberazione dello stato di emergenza e nel rispetto dei principi generali dell'ordinamento giuridico e delle norme dell'Unione europea*"), visto che una simile previsione parrebbe costituire una copertura davvero eccessiva di provvedimenti che si limitassero al semplice "coordinamento dell'attuazione".

L'opposta ipotesi interpretativa, invece, trova anche conforto in giurisprudenza, laddove: a) si mostra di condividere una nozione assai largheggiante di "attuazione"[69]; b) si afferma espressamente che "*l'art. 5 l. n.*

[67] Come sembra opinare la sent. Corte cost. n. 346 del 2010.

[68] Così, ad es., Rescigno, G. U. "Sviluppi e problemi nuovi in materia di ordinanze di necessità e urgenza e altre questioni in materia di protezione civile alla luce della sentenza n. 127 del 1995 della Corte costituzionale". *Giur. cost.*, 1995, pp. 2196 ss.

[69] Corte cost., sent. n. 277 del 2008: "*per l'attuazione dei predetti interventi di emergenza, possono essere adottate ordinanze* [...] *in deroga ad ogni disposizione vigente, nel rispetto, tuttavia, dei principi generali dell'ordinamento giuridico* [...]" (ma v. già sent. n. 284 del 2006). Analogamente, nella giurisprudenza amministrativa, da ultimo, T.A.R. Lazio (Roma), Sez. I, 8 ottobre 2019, n. 11595.
Si noti che l'art. 48 del d. lgs. n. 1 del 2018 ha abrogato la l. 24 febbraio 1992, n. 225, ma siccome molte loro previsioni sono, per quanto qui interessa, sostanzialmente identiche, può qui essere richiamata anche la giurisprudenza che si riferisce alla fonte più risalente.

225 del 1992 [...] prevede che a seguito della dichiarazione di emergenza, e per fare fronte ad essa, lo stesso Presidente del Consiglio dei ministri o, su sua delega, il Ministro dell'interno possano adottare ordinanze in deroga ad ogni disposizione vigente, nel rispetto dei principi generali dell'ordinamento giuridico"[70] c) si rileva che, nel caso di calamità naturali, "gli interventi da realizzare possono essere effettuati anche in deroga alle disposizioni vigenti, secondo le prescrizioni di volta in volta stabilite dalle ordinanze di protezione civile, nei limiti e con le modalità indicate dallo stato di emergenza deliberato dal Consiglio dei ministri e nel rispetto dei principi generali dell'ordinamento giuridico e delle norme dell'Unione europea, in ragione di quanto previsto dall'abrogato art. 5 della legge n. 225 del 1992 e attualmente dall'art. 25 del d.lgs. n. 1 del 2018"[71], il che significa che secondo questa lettura le norme generali sulla protezione civile conferiscono direttamente alle ordinanze (cioè senza bisogno di altra fonte intermediaria) un potere derogatorio (sia pur con limiti) della normativa vigente.

Vero è, tuttavia, che il Codice subordina le ordinanze ai limiti fissati nella dichiarazione dello stato di emergenza e che, stavolta, questa non indica, in realtà, alcun vero limite ulteriore rispetto a quelli del Codice stesso, stabilendo solo che le ordinanze sono adottate "*in deroga a ogni disposizione vigente e nel rispetto dei principi generali dell'ordinamento giuridico, nei limiti delle risorse di cui al comma 3*". Non solo: la dichiarazione dello stato di emergenza, al punto 2, vorrebbe che le ordinanze fossero "*emanate dal Capo del Dipartimento della protezione civile*", mentre le prescrizioni più importanti sono state adottate con i decreti del Presidente del Consiglio di cui stiamo parlando (che, si badi, sono ovviamente ordinanze, pur se nella forma tipica – per quell'organo – del decreto del Presidente del Consiglio)[72]. La legittimazione di tali decreti, allora, non si desume

[70] Corte cost., sent. n. 82 del 2006.

[71] Corte cost., sent. n. 4 del 2019.

[72] Che i decreti emergenziali in questione siano vere e proprie ordinanze è giustamente considerato ovvio da Raffiotta, E. "La legittimità dei provvedimenti del Governo a contrasto dell'emergenza virale da coronavírus". *Forum* di *Biolaw Journal*, 18 marzo 2020, p. 4. *Ivi*, anche corrette riflessioni sul rispetto del principio di legalità e delle riserve di legge da parte della catena normativa dell'attuale emergenza.

solo dal Codice, bensì dal combinato disposto delle norme generali del Codice (che, come abbiamo visto, conferiscono il potere di ordinanza in via principale al Presidente del Consiglio, fermo restando che questi "può" avvalersi del Capo del Dipartimento) e da quelle speciali dei decreti-legge succedutisi in questo periodo, cui i decreti del Presidente del Consiglio danno attuazione[73]. Già il primo di essi, infatti (cioè il d.P.C.M. 23 febbraio 2020), dettava "Disposizioni attuative del decreto-legge 23 febbraio 2020, n. 6, recante misure urgenti in materia di contenimento e gestione dell'emergenza epidemiologica da COVID-19" e anche quelli successivi hanno proceduto nel medesimo modo[74]. Il d.l. n. 6 del 2020, a sua volta, prevede le misure necessarie sono prese "*con uno o più decreti del Presidente del Consiglio dei ministri*" (art. 3, comma 1), né la sua abrogazione ad opera dell'art. 5, comma 1, del d.l. n. 19 del 2020 ha cambiato alcunché, perché i decreti del Presidente del Consiglio restano la principale fonte emergenziale secondaria ai sensi dell'art. 2, comma 1, di quella stessa fonte.

Alla fondazione dei decreti *sia* sul Codice *sia* sui decreti-legge[75] che hanno seguito la dichiarazione dello stato di emergenza consegue un

[73] Sulla "duplice legittimazione" di tali decreti, v. anche Caravita, B. *L'Italia ai tempi del coronavirus,* loc. cit. L'avvento dei decreti-legge non ha dunque segnato la scelta di una "terza via", rispetto all'uso della normativa sulla protezione civile o di quella in materia di sanità pubblica (così, invece, Cavino, M. "Covid-19. Una prima lettura dei provvedimenti adottati dal Governo". *federalismi.it,* 18 marzo 2020, p. 4).

[74] Disposizioni attuative del d.l. n. 6 del 2020 sono state adottate con i dd.PP.CC.MM. del 25 febbraio, del 1° marzo, del 4 marzo, dell'8 marzo, del 9 marzo, dell'11 marzo, del 22 marzo, del 1° aprile (che peraltro dà attuazione anche al d.l. n. 19 del 25 marzo).

[75] Dunque non solo su questi (e sulle relative leggi di conversione), come sembrano ritenere coloro che – invero sorprendentemente – sminuiscono (v., ad es., Allegretti, U. "Il trattamento dell'epidemia di "coronavirus" come problema costituzionale e amministrativo". *Forum* di *Quaderni costituzionali,* 25 marzo 2020, pp. 2 ss.) o in tutto o in parte trascurano (Boggero, G. "*Le "more" dell'adozione dei dpcm sono "ghiotte" per le Regioni. Prime osservazioni sull'intreccio di poteri normativi tra Stato e Regioni in tema di Covid-19*". *Diritti regionali,* n.° 1, 2020, p. 2; M. De Nes, *Emergenza Covid-19,* cit., 2; Menegatto, G. "Diritto e diritti nell'emergenza: ripartire dalla Costituzione". *ivi,* 11 marzo 2020, p. 4; Falletti, E. "La forma è sostanza? Alcune sommarie riflessioni sulla gestione dell'emergenza Covid-19 in Italia". *ivi,* 19 marzo 2020, p. 3; Candido, A. "Poteri normativi del Governo e libertà di circolazione al tempo del COVID-*19*". *Forum* di *Quaderni costituzionali,* 10 marzo 2020, p.

effetto di rilevante importanza: i decreti possono derogare alle leggi vigenti, ma poiché non è consentito alla fonte legittimata derogare alla fonte legittimante, essi non possono disporre in difformità da quei decreti-legge[76].

V'è da chiedersi, semmai, se l'intervento di questa fonte sia sufficiente a integrare il rispetto del principio di legalità e delle numerose riserve di legge previste in Costituzione a presidio dei diritti fondamentali.

La giurisprudenza ha affermato che "*Il potere di ordinanza è un «potere atipico» che deroga, in parte, al principio di legalità sostanziale nel senso che il legislatore si limita a «nominare» il provvedimento da adottare, prevedendo generali presupposti legittimanti, quali la necessità e l'urgenza, e demandando, per la definizione del suo contenuto, al potere determinativo della stessa amministrazione. Tale deroga si giustifica, sul piano costituzionale, all'esito di un complessivo bilanciamento degli interessi e dei valori, in ragione dell'esigenza di assicurare la cura concreta ed immediata di taluni interessi ritenuti prevalenti che richiedono un intervento immediato ed urgente che, in quanto tale, non sarebbe compatibile con una rigida predeterminazione legale del contenuto dell'atto da adottare*"[77]. A me sembra che così si vada troppo in là: non si tratta di mettere fra parentesi il principio di legalità, ma semplicemente di ammetterne una lettura adeguata alla particolarità della fattispecie. È proprio dell'emergenza, infatti, che non ne siano *a priori* definibili i contorni e le connesse esigenze regolative, sicché la fonte primaria può normare solo fino a un certo punto le risposte ordinamentali. Una qualche forma di disciplina generale è tut-

6; Trabucco, D. "Sull'(ab)uso", op. cit., p. 8; Tropea, G. "Il Covid-19, lo Stato di diritto, la pietas di Enea". *federalismi.it,* 18 marzo 2020, pp. 10 ss.; Mazzarolli, L. A. "Riserva di legge" e "principio di legalità" in tempo di emergenza nazionale. Di un parlamentarismo che non regge e cede il passo a una sorta di presidenzialismo extra ordinem, con ovvio, conseguente strapotere delle pp.aa. La reiterata e prolungata violazione degli artt. 16, 70 ss., 77 Cost., per tacer d'altri". *federalismi.it,* 23 marzo 2020, pp. 12 ss.) l'importanza del Codice della protezione civile.

[76] È vero, dunque, che, già prima di questa vicenda, "in molti casi l'utilizzo da parte del Governo delle ordinanze o dei decreti-legge è avvenuto in modo indifferente quasi fossero «strumenti fungibili» per fronteggiare l'emergenza" (così Raffiotta, E. C. *Norme d'ordinanza,* op. cit., 125), ma tra i due strumenti intercorre, comunque, lo specifico rapporto cui ora ho accennato.

[77] Così, da ultimo, Cons. Stato, Sez. VI, 8 febbraio 2019, n. 953.

tavia necessaria, sebbene anche nelle materie coperte da riserva di legge (foss'anche assoluta) residui sempre un certo margine di discrezionalità amministrativa nell'identificazione dell'opportunità di certe misure.

Nella vicenda che qui interessa la necessaria disciplina generale non manca. Gli artt. 7 e 24 del Codice della protezione civile identificano i presupposti della dichiarazione dello stato di emergenza, mentre l'art. 25, al comma 2, fornisce almeno alcune indicazioni essenziali sui possibili contenuti delle ordinanze che la seguono. Più ancora: i decreti-legge succedutisi in questi due mesi precisano meglio tali possibili contenuti (art. 1, comma 2, del d.l. n. 6 e art. 1, comma 2, del d.l. n. 19), fornendo un lungo elenco degli interventi ammessi.

Il problema, allora, si sposta dal piano generale a quello particolare dei contenuti concreti delle fonti primarie, che devono adeguatamente delimitare la discrezionalità del normatore secondario. È un'indagine che esula dai limiti di questo scritto, per come definiti in apertura, ma non si può fare a meno di osservare che l'emergenza che oggi affrontiamo è molto diversa dalla generalità delle altre che sovente affliggono il Paese. Se un terremoto o un'alluvione sono *fatti*, ormai verificatisi, un'emergenza sanitaria di questa portata è un *processo*, in continua e imprevedibile evoluzione[78], come del resto era stato colto già dall'art. 1, comma 1, del d.l. n. 6 del 2020[79]. Se è così, deve necessariamente tollerarsi un grado di determinatezza delle norme primarie legittimanti minore dell'usuale. E si deve anche meglio intendere la scelta di servirsi dello strumento più flessibile delle ordinanze e non (solo) di quello dei decreti-legge.

In ogni caso, come già sulla dichiarazione di emergenza, il sindacato giurisdizionale è assicurato anche sui decreti del Presidente del Consiglio. Le ordinanze di protezione civile, "*ove rechino deroghe alle leggi vigenti, devono contenere l'indicazione delle principali norme a cui si intende derogare e*

[78] La diversità di *questa* emergenza rispetto alle altre a noi più familiari è sottolineata, fra gli altri, da LAURO, A. "Urgenza e legalità ai tempi del Covid-19: fra limiti imprescindibili e necessaria flessibilità". *Biolaw Journal*, 18 marzo 2020, pp. 1 ss. In generale, "più le risorse predittive della discrezionalità tecnica si riducono, più è inevitabile navigare a vista", osserva PINELLI, C. "Il precario assetto delle fonti impiegate nell'emergenza sanitaria e gli squilibrati rapporti fra Stato e Regioni". *Astrid Rassegna*, n.° 5, 2020, p. 3.

[79] Nel quale si faceva riferimento a una gestione dell'emergenza "*adeguata e proporzionata all'evolversi della situazione*".

devono essere specificamente motivate" (art. 25, comma 1, del Codice della protezione civile) e la giurisprudenza ha precisato che esse, "*pur nella puntuale disciplina di legge, rientrano nell'ampio* genus *delle ordinanze di necessità e urgenza e debbono pertanto rispettarne i parametri di legittimità: per cui, al fine di circoscrivere per quanto possibile la deroga, vanno anche puntualmente motivate quanto a proporzione tra la deroga e la situazione di fatto che la impone, e debbono dimostrare che la deroga è effettivamente limitata, nel tempo e nello spazio, allo stretto indispensabile a far fronte alla situazione di necessità e urgenza da cui scaturisce (tra le varie: Cons. Stato, IV, 29 luglio 2008, n. 3726)*"[80]. Non solo. Proprio sul piano del rapporto tra fonti, il giudice è tenuto alla massima cautela interpretativa: come ha affermato la Corte costituzionale, "*Nell'ipotesi di dubbi applicativi, la legge sulla protezione civile* [e con essa, aggiungo, ovviamente anche tutte le altre che prevedono interventi eccezionali] *deve essere comunque interpretata* secundum ordinem *in modo da scongiurare qualsiasi pericolo di alterazione del sistema delle fonti*"[81].

Nella prospettiva dell'osservanza del principio di legalità e delle riserve di legge, infine, non può essere trascurata la considerazione, già fatta in precedenza, che le fonti emergenziali secondarie, se possono derogare alle norme primarie (comunque sempre nel rispetto dei comuni princìpi di proporzionalità, temporaneità e tollerabilità delle limitazioni imposte), possono farlo solo nella misura e nella forma indicata dalla fonte primaria legittimante, la quale, proprio perché legittimante, non può essere a sua volta derogata. Problema diverso, invece, che qui può solo essere accennato, è quello dell'osservanza della riserva (non solo di legge, ma anche) di giurisdizione prevista dall'art. 13 Cost. per i provvedimenti restrittivi della libertà personale.

Trascuriamo le tesi più estreme, che pongono gli artt. 13 e 16 della Costituzione su un piano di sostanziale sovrapposizione (l'ha fatto una recente – e per altri aspetti correttissima – pronuncia del Consiglio di Stato in sede consultiva, resa sull'annullamento governativo straordinario dell'ordinanza del sindaco di Messina che pretendeva di sottoporre

[80] Cons. Stato, Sez. VI, 10 febbraio 2015, n. 701.

[81] Corte cost., sent. n. 127 del 1995, cit.

ad autorizzazione municipale l'ingresso in Sicilia dal porto messinese)[82], tesi palesemente errate, e vediamo quella secondo cui la quarantena prevista dall'art. 1, comma 2, lett. *d)* ed *e)*, inciderebbe "in modo netto"[83] nella libertà personale e anzi costituirebbe "una forma di detenzione"[84], con la conseguenza che il relativo provvedimento dovrebbe essere convalidato dall'autorità giudiziaria[85]. Si tratta di opinione che, sebbene animata da encomiabile spirito garantista, non appare affatto condivisibile.

Anzitutto, il nostro ordinamento – in armonia con quello internazionale – mostra di considerare la quarantena per quel che è, cioè per una misura da affidare necessariamente all'autorità sanitaria: "*«Quarantena (in)» indica la condizione o la situazione di una nave, aeromobile, treno, veicolo stradale, altro mezzo di trasporto o container nel periodo in cui un'autorità sanita-*

[82] "[...] *l'ordinanza in questione, nella parte in cui introduce, senza alcuna base di legge, un potere comunale di previa autorizzazione all'ingresso e al transito sul territorio comunale (obbligo di «Attendere il rilascio da parte del Comune di Messina, e per esso della Polizia Municipale . . . del Nulla Osta allo spostamento»), si pone in contrasto diretto ed evidente con la libertà personale e la libertà di circolazione previste dalla Parte I, Titolo I (Rapporti civili) della Costituzione, artt. 13 e 16* [...]" (Cons. Stato, Sez. I, Ad. 7 aprile 2020, aff. n. 260/2020).
L'applicabilità anche agli atti regionali dell'istituto dell'annullamento governativo straordinario è sostenuta, da ultimo, da Pagano, F. F. "Il principio di unità e indivisibilità della Repubblica ai tempi dell'emergenza Covid-19". *Biolaw Journal*, 18 marzo 2020, p. 3.

[83] Natale, A. "Il decreto legge n. 19 del 2020: le previsioni sanzionatorie". *Questione Giustizia*, 28 marzo 2020, p. 8.

[84] Gatta, G. L. "I diritti fondamentali alla prova del coronavirus. Perché è necessaria una legge sulla quarantena". *Sistema Penale*, 2 aprile 2020, p. 5. V. anche Lattanzi, G. "La pandemia aggredisce anche il diritto?" *Giustizia Insieme*, 2020; Cuocolo, L. "I diritti costituzionali di fronte all'emergenza Covid-19: la reazione italiana". *federalismi.it*, 31 marzo 2020, pp. 12 e 30 (facendo coincidere la libertà personale con la "libertà di autodeterminarsi"); Fabiano, L. "La catena della normatività emergenziale in risposta alle minacce di diffusione del Covid-19. Riflessioni sulla tenuta in termini di legittimità e di opportunità delle scelte normative del Governo italiano". *Forum* di *Biolaw Journal*, 16 marzo 2020, p. 3. Sia pure con minore nettezza sembrano orientati in questo senso Ruggeri, A. "Il coronavirus, la sofferta tenuta dell'assetto istituzionale e la crisi palese, ormai endemica, del sistema delle fonti". *ConsultaOnline*, n.º 1, 2020, p. 207, e Filice, F. e Locati, G.M. "Lo Stato democratico di diritto", op. cit., p. 6 (che si chiedono, ma con interrogativo che appare retorico, se le misure adottate in questo periodo emergenziale incidano solo nell'art. 16 o anche nell'art. 13 Cost.).

[85] Gatta, G. L. "I diritti fondamentali alla prova del coronavírus", op. cit., p. 16.

ria applica nei suoi confronti le misure atte a prevenire la diffusione di malattie, di focolai di malattie o di vettori di malattie"[86].

In secondo luogo, anche a voler ritenere che la quarantena sia un "trattamento sanitario" (pur non essendo preordinata alla prevenzione o al rimedio di pregiudizi allo stato di salute *dell'interessato*, ma essendo rivolta alla tutela della *collettività*)[87], sembra certo ch'essa non sia comunque un trattamento cui si applichino le garanzie dell'art. 13 Cost. Delle due, infatti, l'una. Se si ritiene che la libertà personale sia in giuoco (solo) quando si è di fronte a provvedimenti che implichino un apprezzamento moralmente negativo del soggetto attinto[88], un simile stigma non si rinviene nell'imposizione della quarantena. Se, invece, si ritiene che l'essenza della libertà personale stia nella sottrazione alla coazione fisica, sicché incidono nell'art. 13 Cost. solo i trattamenti sanitari che la prevedono[89], la mancanza della coazione fisica a sostegno delle misure impositive della quarantena esclude l'applicabilità delle norme sulla libertà personale[90].

Un problema, semmai, parrebbe esserci quanto all'identificazione dell'autorità competente all'adozione della misura (che, come abbiamo visto, la cit. sent. Corte cost., n. 617 del 1987 chiede ai provvedimenti *extra-ordinem* di determinare), ma ha ragione chi afferma ch'essa, in realtà, è imposta direttamente dalla norma primaria e che il soggetto che si

[86] Così l'art. 1 della l. 9 febbraio 1982, n. 106, recante "Approvazione ed esecuzione del regolamento sanitario internazionale, adottato a Boston il 25 luglio 1969, modificato dal regolamento addizionale, adottato a Ginevra il 23 maggio 1973)" (ora quel regolamento è stato modificato e le IHR vigenti sono accessibili al sito dell'Organizzazione Mondiale della Sanità).

[87] Per "trattamento sanitario", invero, la migliore dottrina ha inteso solo le "attività *diagnostiche* e *terapeutiche* volte a prevenire o curare le malattie" (così MODUGNO, F. "Trattamenti sanitari "non obbligatori e Costituzione". *Dir. soc.*, 1982, p. 302 – cors. miei).

[88] È la nota tesi di BARBERA, A. *I principi costituzionali della libertà personale*. Milano: Giuffrè, 1971, p. 121; AMATO, G. *Individuo e autorità nella disciplina della libertà personale*, rist. Milano: Giuffrè, 1976, pp. 25 ss.

[89] LONGHI, S. "Sull'ultimo decreto di stato d'assedio". *Riv. dir. pubbl. e della p. a. in Italia*, 1909, p. 10; nello stesso senso, da ultimo, anche per ulteriori indicazioni di dottrina, NEGRONI, A. A. "*Sul concetto di "trattamento sanitario obbligatorio"*. *Rivista AIC*, n.º 4, 2017, p. 7.

[90] Nel medesimo senso, BIGNAMI, V. M. "Chiacchiericcio", op. cit., p. 8.

trova nelle condizioni che la norma stabilisce è automaticamente tenuto a sottostarvi[91].

Infine, una considerazione pratica, quale che ne sia l'importanza ai fini dell'interpretazione delle norme di cui discutiamo. Se davvero si dovesse concludere nel senso della tesi qui criticata, la conseguenza, a fronte di un aumento dei contagi accertati, sarebbe la pratica ingestibilità delle misure, oltretutto in un momento in cui i tribunali operano, fatalmente, con mezzi ridotti e in condizioni precarie[92].

Anche la tesi qui preferita, comunque, assicura adeguate garanzie di controllo giurisdizionale, sebbene in forme diverse da quelle previste dall'art. 13 Cost.: gli interessati possono infatti dolersi, prima, della misura quarantenaria ricorrendo al giudice amministrativo (che infatti ha già avuto modo di pronunciarsi sulla legittimità dei provvedimenti assunti in questa fase emergenziale)[93], poi possono far valere le loro ragioni innanzi il giudice ordinario qualora ricorra l'ipotesi dell'applicabilità della sanzione penale prevista dall'art. 4, comma 6, del d.l. n. 19 del 2020.

1.6. Le ordinanze del Capo del Dipartimento della protezione civile.

Queste ordinanze appaiono saldamente legittimate, dal punto di vista del loro fondamento primario, dagli artt. 5, 8 e 25 del Codice. Si tratta di un *tipo* di fonte che, dunque, nella prospettiva dell'analisi della catena normativa, non pone problemi particolari.

1.7. Le ordinanze del Ministro della salute.

Il 21 febbraio il Ministro della salute ha emanato un'ordinanza con la quale ha disposto "*la misura della quarantena con sorveglianza attiva, per giorni quattordici, agli individui che abbiano avuto contatti stretti con casi confermati di*

[91] V. ancora Bignami, V. M. "Chiacchiericcio", op. cit., p. 7.

[92] Alcuni dei sostenitori della tesi qui criticata avvertono il problema, ma lo considerano solo pratico. E propongono soluzioni che a me paiono semplicemente di facciata, elusive del principio che la tesi vorrebbe affermare, come quella di una trasmissione "a blocchi" dei provvedimenti individuali (che peraltro si assumono necessari, laddove, come detto nel testo, non lo sono) di imposizione della quarantena (Natale, A. "Il decreto legge n. 19 del 2020", op. cit., p. 12).

[93] V., in particolare, T.A.R. Campania – Napoli, Sez. V, decr. 18 marzo 2020, n. 41; T.A.R. Marche, Sez. I, decr. 27 febbraio 2020, n. 56.

malattia infettiva diffusiva COVID-19" (art. 1, comma 1) e imposto a "*tutti gli individui che, negli ultimi quattordici giorni, abbiano fatto ingresso in Italia dopo aver soggiornato nelle aree della Cina interessate dall'epidemia* [...]" un obbligo di comunicazione "*al Dipartimento di prevenzione dell'azienda sanitaria territorialmente competente*" (art. 1, comma 2).

Questa blanda misura ha anch'essa un sicuro fondamento normativo, ma identico fondamento hanno anche le successive e più incisive ordinanze del medesimo dicastero. Fondamento che troviamo anzitutto nell'art. 32 della l. n. 833 del 1978, non a caso richiamato in premessa di questa e delle altre ordinanze ministeriali[94], a tenor del quale "*Il Ministro della sanità può emettere ordinanze di carattere contingibile e urgente, in materia di igiene e sanità pubblica e di polizia veterinaria, con efficacia estesa all'intero territorio nazionale o a parte di esso comprendente più regioni*".

Non può costituire una valida base normativa di tali ordinanze, invece, il d.lgs. n. 1 del 2018, sebbene – come abbiamo visto – la proclamazione dello stato di emergenza nazionale con la delibera del 31 gennaio sia stata disposta proprio in forza del Codice della protezione civile. Certo, l'art. 1 del Codice dispone che la protezione civile è la funzione "*costituita dall'insieme delle competenze e delle attività volte a tutelare la vita, l'integrità fisica, i beni, gli insediamenti, gli animali e l'ambiente dai danni o dal pericolo di danni derivanti da eventi calamitosi di origine naturale o derivanti dall'attività dell'uomo*". Certo, questo "insieme di competenze" si appunta evidentemente anche su materie confidate al Ministro della salute dall'art. 47-*bis* del d. lgs. n. 300 del 1999[95]. Tuttavia, questi *non* è una delle "autorità di protezione civile" menzionate dall'art. 3, comma 1, del Codice stesso, che si limita a elencare il Presidente del Consiglio, i Presidenti delle Regioni e delle Province autonome, i sindaci e i sindaci metropolitani.

[94] V., infatti, le ordinanze del Ministro della Salute del: 25 gennaio 2020; 30 gennaio 2020; 22 febbraio 2020; 23 febbraio 2020 (5 ordinanze di pari data); 24 febbraio 2020; 12 marzo 2020; 14 marzo 2020; 15 marzo 2020; 20 marzo 2020; 22 marzo 2020; 28 marzo 2020.

[95] A tenor del quale "*Nell'ambito e con finalità di salvaguardia e di gestione integrata dei servizi socio-sanitari e della tutela dei diritti alla dignità della persona umana e alla salute, sono attribuite al Ministero le funzioni spettanti allo Stato in materia di tutela della salute umana, di coordinamento del sistema sanitario nazionale, di concerto con il Ministero dell'economia e delle finanze per tutti i profili di carattere finanziario, di sanità veterinaria, di tutela della salute nei luoghi di lavoro, di igiene e sicurezza degli alimenti*".

In definitiva, sono le fonti "speciali", regolatrici delle competenze del Ministro della salute, che legittimano l'emanazione delle sue ordinanze, che pertanto – come tali fonti stabiliscono – devono essere strettamente circoscritte alla tutela della vita e dell'integrità fisica delle persone (nonché degli animali, ancorché limitatamente alla sanità veterinaria). Non solo. Il d.l. n. 19 del 2020, implicitamente derogando alla l. n. 833 del 1978, ha ulteriormente ridotto i margini d'intervento del Ministro, disponendo che "*Nelle more dell'adozione dei decreti del Presidente del Consiglio dei ministri di cui al comma 1 e con efficacia limitata fino a tale momento, in casi di estrema necessità e urgenza per situazioni sopravvenute le misure di cui all'articolo 1 possono essere adottate dal Ministro della salute ai sensi dell' articolo 32 della legge 23 dicembre 1978, n. 833*" (art. 2, comma 2). Le ordinanze del Ministro della salute cessano, dunque, in questa fase, d'essere provvedimenti – diciamo così – a competenza generale e rimangono circoscritte nei rigorosi confini adesso indicati[96].

1.8. I provvedimenti di altri ministri.

Che nei periodi emergenziali le competenze degli altri ministri, diversi da quello della salute, non vengano meno è ovvio. Al di là del fatto che il loro esercizio è indispensabile per l'attuazione dei provvedimenti emergenziali[97], lo stesso Codice di tali ministri ne menziona specificamente alcuni e talora ne fa esplicitamente salve le competenze (v., ad es., art. 3, comma 2, lett. *a*). Analogamente, anche le recenti fonti legislative emergenziali fanno riferimento agli "*altri ministri competenti per materia*" (v., ad es., l'art. 2, comma 1, del d.l. n. 19 del 2020). Si pongono dunque due problemi: il coordinamento fra le autorità di protezione civile e i ministri; il margine di intervento dei ministri diversi da quello della salute (cui l'art.

[96] Richiamare l'art. 32 della l. n. 833 del 1978 come fondamento del potere di ordinanza del Ministro della salute (come fanno, tra gli altri, DELL'ATTI, L. e NAGLIERI, G. "Le fonti della crisi. Fra esigenze unitarie e garanzie costituzionali nel governo dell'emergenza da Covid-19". *Forum* di *Biolaw Journal*, 11 marzo 2020, p. 5), dunque, è corretto, ma non si deve dimenticare la significativa alterazione di quel potere determinata dalle recenti fonti emergenziali e segnalata nel testo.

[97] E talvolta è là che la macchina perde velocità: cfr. l'allarme lanciato da TORCHIA, L. "La triste storia del decreto invisibile (al 3 aprile 2020)". *Astrid Rassegna*, n.° 5, 2020, pp. 1 ss.

32 della l. n. 833 del 1978, come detto, affida esplicitamente il potere di ordinanza, sebbene oggi più specificamente circoscritto).

Quanto al coordinamento, il Codice lo affida al Presidente del Consiglio, che si avvale del Dipartimento della protezione civile (artt. 3, comma 2, lett. *a*; 5, comma 1). Mi sembra che si tratti della piana applicazione dell'art. 95, comma 1, Cost.

Quanto ai provvedimenti dei singoli ministri, è possibile che alcuni provvedimenti di protezione civile li abilitino alla deroga: è quanto è accaduto in vari casi, ad es., con il d.P.C.M. 22 marzo 2020, che all'art. 1, comma 1, lett. *a)*, ha consentito al Ministro dello sviluppo economico l'aggiornamento dei codici ATECO delle attività economiche consentite[98].

Altre volte gli altri ministri intervengono con circolari interpretative. Anche in una condizione di emergenza l'emanazione di circolari interpretative rientra evidentemente nelle attribuzioni ordinarie di qualsivoglia ministro, ma è bene che in questa fase il relativo potere sia esercitato con assoluta parsimonia, visto il rischio ch'esse possano ingenerare nella popolazione ulteriore incertezza[99]. I giuristi sanno bene che "*le circolari amministrative non hanno valore normativo o provvedimentale e non assumono carattere vincolante per i soggetti destinatari dei relativi atti applicativi*"[100], ma si deve considerare che se indirizzatari formali di simili circolari sono gli uffici dell'Amministrazione interessata, indirizzatari sostanziali ne sono i cittadini, che hanno bisogno di chiarezza e di indicazioni precise e – soprattutto – univoche, centralizzate.

[98] V., infatti, il d.m. MISE 25 marzo 2020.

[99] Come è noto, è quanto è accaduto con la circ. 31 marzo 2020, N. 15350/117(2) Uff. III-Prot.Civ., del Ministro dell'interno, sulla vessata questione delle uscite dei genitori con figli (ivi si affermava che "*è da intendersi consentito, ad un solo genitore, camminare con i propri figli minori in quanto tale attività può essere ricondotta alle attività motorie all'aperto, purché in prossimità della propria abitazione*").. Considerazioni critiche anche in RUGGERI, A. "Il coronavirus, la sofferta tenuta dell'assetto istituzionale, op. cit., pp. 211 ss.

[100] 100 La citazione è tratta dalla recentissima sent. T.A.R. Lombardia, Milano, Sez. III, 17 febbraio 2020, n. 311, ma il principio è consolidato.

1.9. Le ordinanze regionali.

Questo è il terreno sul quale la confusione, purtroppo, è massima e insoddisfacente è la cooperazione interistituzionale[101]. Anche qui, tuttavia, dobbiamo porci alla ricerca del fondamento legittimante di tali ordinanze, al di là dell'intreccio fra principio gerarchico e principio della separazione delle competenze.

Sia la l. n. 833 del 1978 che il Codice della protezione civile riconoscono alle Regioni significativi poteri nelle situazioni emergenziali che coinvolgono la salute.

L'art. 32 della l. n. 833 del 1978 dispone che, nelle materie di cui al comma 2 (cioè "*in materia di igiene e sanità pubblica, di vigilanza sulle farmacie e di polizia veterinaria*"), "*sono emesse dal presidente della giunta regionale e dal sindaco ordinanze di carattere contingibile ed urgente, con efficacia estesa rispettivamente alla regione o a parte del suo territorio comprendente più comuni e al territorio comunale*" (comma 3).

Il Codice, a sua volta, per limitarsi all'essenziale (in particolare, a quanto concerne l'adozione di provvedimenti emergenziali), dispone che: a) sono autorità di protezione civile "*i Presidenti delle Regioni e delle Province autonome di Trento e di Bolzano, in qualità di autorità territoriali di protezione civile e in base alla potestà legislativa attribuita, limitatamente alle articolazioni appartenenti o dipendenti dalle rispettive amministrazioni*" (art. 3, comma 1, lett. *b*); b) sono articolazioni del Servizio nazionale della protezione civile "*Le Regioni titolari della potestà legislativa concorrente in materia di protezione civile e le Province autonome di Trento e di Bolzano titolari della potestà legislativa esclusiva nelle materie previste dallo statuto speciale e dalle relative norme di attuazione*" (art. 3, comma 2, lett. *b*), ma v. anche art. 4, comma 1); c) "*Nel rispetto delle direttive adottate ai sensi dell'articolo 15 e di quanto previsto dalla legislazione regionale* [...] *i Presidenti delle Regioni, in qualità di autorità territoriali di protezione civile, esercitano le funzioni di vigilanza sullo svolgimento integrato e coordinato delle medesime attività* [deve ritenersi: previste dall'art. 5] *da parte delle strutture afferenti alle rispettive amministrazioni* [...]" (art. 6, comma 1); d) "*Le Regioni e le Province autonome di Trento e di Bolzano,*

[101] Lo rileva, fra gli altri, Baldini, V. "Riflessioni sparse sul caso (o sul caos...) normativo al tempo dell'emergenza costituzionale". *Dirittifondamentali.it*, n.º 1, 2020, 2 aprile 2020, p. 985.

nell'esercizio delle rispettive potestà legislative ed amministrative, disciplinano l'organizzazione dei sistemi di protezione civile nell'ambito dei rispettivi territori, assicurando lo svolgimento delle attività di protezione civile di cui all'articolo 2" (art. 11, comma 1); e) "*Le Regioni e le Province autonome di Trento e di Bolzano, nell'esercizio della propria potestà legislativa, definiscono provvedimenti con finalità analoghe a quanto previsto dal presente articolo* [si tratta delle ordinanze di protezione civile] *in relazione alle emergenze di cui all'articolo 7, comma 1, lettera* b), *da adottarsi in deroga alle disposizioni legislative regionali vigenti, nei limiti e con le modalità indicati nei provvedimenti di cui all'articolo 24, comma 7"* (art. 25, comma 11).

Come si vede, e pur prescindendo – come accennato – dalle altre numerose attribuzioni in materia, le Regioni sono titolari di numerosi e significativi poteri in materia di protezione civile, specie nei casi di emergenza sanitaria.

La stessa Corte costituzionale l'ha riconosciuto in numerose occasioni. Pur esaltando le attribuzioni statali che concernono la protezione civile, infatti, e pur rilevando che "in caso di calamità di ampia portata, riconosciuta con la dichiarazione dello stato di emergenza di rilievo nazionale, è possibile la chiamata in sussidiarietà di funzioni amministrative mediante la loro allocazione a livello statale (in generale, sentenza n. 303 del 2003)"[102], la Corte ha affermato che "anche in situazioni di emergenza la Regione non è comunque estranea, «giacché, nell'ambito dell'organizzazione policentrica della protezione civile, occorre che essa stessa fornisca l'intesa per la deliberazione del Governo e, dunque, cooperi in collaborazione leale e solidaristica» (sentenza n. 8 del 2016)", entro un principio di "coinvolgimento delle Regioni [che] è previsto in generale dal codice della protezione civile del 2018 [...]"[103].

Ha poi osservato che gli interventi di protezione civile delle Regioni "possono essere effettuati anche in deroga alle disposizioni vigenti, secondo le prescrizioni di volta in volta stabilite dalle ordinanze di protezione civile, nei limiti e con le modalità indicate dallo stato di emergenzadeliberato dal Consiglio dei ministri e nel rispetto dei principi generali dell'ordinamento giuridico e delle norme dell'Unione europea,

[102] Corte cost., sent. n. 246 del 2019.
[103] Così ancora la cit. sent. n. 246 del 2019.

in ragione di quanto previsto dall'abrogato art. 5 della legge n. 225 del 1992 e attualmente dall'art. 25 del d.lgs. n. 1 del 2018", con la conseguenza che le Regioni sono abilitate alla "deroga alla disciplina statale", ancorché sulla scorta di "altre disposizioni statali semplicemente richiamate dalle norme impugnate, con conseguente infondatezza della questione in parte qua"[104].

Ancora, la Corte ha detto che la gestione statale dell'emergenza "è una funzione temporanea, che si origina e si elide (nasce e muore) in ragione, rispettivamente, dell'insorgere e del cessare della situazione di emergenza"; una funzione "solo e soltanto correlata allo stato di emergenza, rispetto al quale la Regione ordinariamente competente non è comunque estranea [...]"[105].

L'intervento unitario dello Stato resta comunque essenziale, perché le norme di legge statale sulle ordinanze di protezione civile "sono espressive di un principio fondamentale della materia della protezione civile, che assume una valenza particolarmente pregnante quando sussistano ragioni di urgenza che giustifichino un intervento unitario da parte dello Stato (sentenza n. 284 del 2006)"[106]. E ciò esclude che "il riconoscimento di poteri straordinari e derogatori della legislazione vigente possa avvenire da parte di una legge regionale"[107]. Insomma: è vero che abbiamo una struttura policentrica della protezione civile ed è vero che "*la gravità degli eventi calamitosi, nonché l'intrinseca difficoltà delle operazioni di soccorso e l'immediatezza con cui le stesse devono essere poste in atto può coinvolgere tutte le amministrazioni pubbliche*"[108], ma nella materia della protezione civile le funzioni statali hanno un rilievo peculiare, collegandosi a imprescindibili esigenze unitarie.

Ora, quali conseguenze comportano tali princìpi generali per la questione specifica dei limiti delle ordinanze regionali in questo periodo di emergenza? Possono le ordinanze regionali derogare a quelle di protezione civile statali? Se sì, in che misura? Da molte parti è stato sostenuto

[104] Corte cost., sent. n. 44 del 2019.

[105] Corte cost., sent. n. 8 del 2016.

[106] Corte cost., sent. n. 277 del 2008.

[107] Corte cost., sent. n. 82 del 2006, cui *adde* sent. n. 284 del 2006.

[108] Corte cost., sent. n. 44 del 2003.

che le ordinanze regionali potrebbero disporre in deroga le quante volte fossero preordinate ad assicurare un più elevato livello di protezione del diritto alla salute, ma è davvero così? La risposta ce la dà il diritto positivo, sia di rango costituzionale che legislativo.

Sul piano costituzionale, l'indicazione più importante ci viene da una nota pronuncia della Consulta di qualche anno addietro, ma tuttora attuale. Si trattava, allora, di un giudizio promosso dal Presidente del Consiglio nei confronti di numerose leggi regionali in materia di radiocomunicazioni. Alcune di quelle leggi avevano fissato soglie massime di emissioni elettromagnetiche inferiori a quelle determinate dalla legislazione statale, allo scopo di stabilire un superiore *standard* di protezione dall'inquinamento elettromagnetico. La Corte, premesso che l'ambito materiale di quelle leggi coinvolgeva non solo la "tutela dell'ambiente", di esclusiva competenza statale, ma (oltre ad altre) anche la "tutela della salute", e dunque una materia di sicura competenza concorrente, rilevò che "la logica della legge [statale] è quella di affidare allo Stato la fissazione delle «soglie» di esposizione [...], alle Regioni la disciplina dell'uso del territorio in funzione della localizzazione degli impianti [...]". Se la ratio di tale riserva alla legge statale della fissazione delle soglie "consistesse esclusivamente nella tutela della salute dai rischi dell'inquinamento elettromagnetico, potrebbe invero essere lecito considerare ammissibile un intervento delle Regioni che stabilisse limiti più rigorosi rispetto a quelli fissati dallo Stato", sennonché così non è. Vale la pena di riportare quasi per intero questo passaggio cruciale. "[...] La fissazione di valori-soglia risponde ad una ratio più complessa e articolata. Da un lato, infatti, si tratta effettivamente di proteggere la salute della popolazione dagli effetti negativi delle emissioni elettromagnetiche (e da questo punto di vista la determinazione delle soglie deve risultare fondata sulle conoscenze scientifiche ed essere tale da non pregiudicare il valore protetto); dall'altro, si tratta di consentire, anche attraverso la fissazione di soglie diverse in relazione ai tipi di esposizione, ma uniformi sul territorio nazionale, e la graduazione nel tempo degli obiettivi di qualità espressi come valori di campo, la realizzazione degli impianti e delle reti rispondenti a rilevanti interessi nazionali, sottesi alle competenze concorrenti di cui all'art. 117, terzo comma, della Costituzione, come quelli che fanno capo alla distribuzione dell'energia e allo sviluppo dei sistemi di telecomunicazione". Ciò, "in sostanza", significa che "[...] la fissazione a livello nazionale dei valori-soglia, non derogabili dalle Regioni nemmeno in senso più restrittivo, rappresenta il punto di equilibrio fra le esigenze contrapposte di evitare al massimo l'impatto delle emissioni elettromagnetiche, e di realizzare impianti necessari al paese [...]".

In definitiva: "i limiti di esposizione in materia di inquinamento elettromagnetico, fissati dallo Stato, debbono ritenersi inderogabili dalle Regioni anche in melius, esprimendo essi (ove se ne postuli l'adeguatezza in assoluto a proteggere la salute, ciò che, nella specie, non è oggetto di contestazione) il punto di equilibrio fra l'esigenza di tutela della salute e dell'ambiente e quella di consentire la realizzazione di impianti di interesse nazionale"[109].

Questa pronuncia, che correttamente ricostruisce il rapporto tra fonti statali e fonti regionali nella determinazione dei livelli di protezione della salute quando interferiscono con altri beni costituzionali (e che curiosamente è rimasta in ombra nella recente discussione sul problema), è ancor più significativa in una vicenda come quella presente, nella quale ai drammatici problemi sanitari se ne affiancano altri non meno drammatici d'ordine economico e sociale. Non si tratta solo, infatti, di proteggere la salute, ma anche di evitare il collasso del sistema economico e l'impoverimento di vastissimi strati sociali, ormai a rischio indigenza. Ogni aumento del tasso di protezione della salute che comporti una compressione delle attività produttive fatalmente si risolve in un pregiudizio per altri primari interessi collettivi, il cui apprezzamento complessivo non può non essere affidato allo Stato[110]. Non si tratta, dunque, soltanto di far valere quella "*esigenza di uniformità della tutela di diritti costituzionalmente garantiti, uniformità che risulterebbe compromessa da un frazionamento istituzionale di competenze*", di cui parla una risalente pronuncia sempre della Corte costituzionale[111], ma di tenere complessivamente conto di tutti gli interessi e diritti in giuoco, necessariamente su scala nazionale.

[109] Tutti questi ultimi passaggi sono tratti dalla sent. Corte cost., n. 307 del 2003.

[110] Brutalmente, ma realisticamente, l'Economist del 19 marzo 2020 ha posto il quesito su quanto siamo disposti a pagare in termini di pregiudizio economico per tutelare la nostra salute in tempo di pandemia nell'articolo *Paying to stop the pandemic.*

[111] Corte cost., sent. n. 32 del 1991.

Tutto questo si sapeva sin dall'inizio, sicché era da subito evidente l'infondatezza della pretesa di alcune Regioni di stabilire *standard* di protezione più elevati, ma determinativi di simili conseguenze di sistema. Non solo. Il d.l. n. 6 del 2020 aveva subito stabilito che "*Nelle more dell'adozione dei decreti del Presidente del Consiglio dei ministri di cui al comma 1, nei casi di estrema necessità ed urgenza le misure di cui agli articoli 1 e 2 possono essere adottate ai sensi dell'articolo 32 della legge 23 dicembre 1978, n. 833 , dell' articolo 117 del decreto legislativo 31 marzo 1998, n. 112, e dell' articolo 50 del testo unico delle leggi sull'ordinamento degli enti locali, approvato con decreto legislativo 18 agosto 2000, n. 267*" (art. 3, comma 2). Le ordinanze regionali (e locali) in materia sanitaria, dunque, potevano intervenire solo "nelle more" dei decreti del Presidente del Consiglio. Né poteva valere la previsione dell'art. 2 dello stesso decreto (ormai abrogato), a tenor del quale "*Le autorità competenti, con le modalità previste dall'articolo 3, commi 1 e 2, possono adottare ulteriori misure di contenimento e gestione dell'emergenza, al fine di prevenire la diffusione dell'epidemia da COVID-19 anche fuori dei casi di cui all'articolo 1, comma 1*", perché, al di là dell'interpretazione da dare all'aggettivo "ulteriori"[112], è dirimente sottolineare che tali misure "ulteriori" potevano essere adottate solo "*con le modalità previste dall'articolo 3, commi 1 e 2*" e quindi pur sempre e solo "*nelle more*"[113].

Il senso di questa previsione era chiaro: le ordinanze regionali potevano essere emanate solo "prima" delle ordinanze statali di protezione civile ed erano destinate a perdere efficacia al loro sopravvenire. Sostenere che la formula "nelle more" sarebbe inadeguata, in quanto consentirebbe a un Presidente di Regione di emanare ordinanze anche "subito dopo" l'intervento statale, perché si sarebbe "nelle more" di possibili ulteriori ordinanze statali[114], così come affermare che "il periodo di mora

[112] Di recente il T.A.R. Marche, Sez. I, decr. 27 febbraio 2020, n. 56, ha affermato che "*la possibilità di adottare misure «ulteriori» va, in via sistematica, riferita ad interventi che comportino un sacrificio minore delle libertà individuali, rispetto a quelli previsti dall'art. 1 del cit. D.L. n. 6*".

[113] La disposizione ha un senso solo se "modalità" è inteso in senso ampio, perché le disposizioni oggetto del rinvio non definiscono alcuna vera "modalità".

[114] Così Guzzetta, G. "E se il caos", op. cit., cui *adde*, ora, Cintioli, F. "Sul regime del lockdown in Italia", op. cit., p. 14. Nel senso, invece, che il d.l. n. 6 del 2020 "non ammette ordinanze sindacali contingibili e urgenti dopo l'adozione dei DPCM", Tropea, G. "Il Covid-19", op. cit., pp. 10 ss.).

terminerà soltanto nel momento in cui l'emergenza si sarà conclusa, ossia quando sarà stato adottato l'ultimo DPCM"[115], è un abile esercizio retorico, ma non corrisponde all'evidente *ratio* della norma e nemmeno alla sua lettera (visto che questa si riferisce alla prima ordinanza statale che intervenga a tutela della salute, bilanciandola con gli altri interessi costituzionalmente rilevanti).

Ciò significa, però, che una volta intervenuti i decreti governativi non potesse adottarsi alcuna ordinanza regionale? Chiaramente non era così, perché – è stato esattamente osservato – "il potere di ordinanza non è suscettibile, per sua natura, di essere ordinato in questo modo" e "se fosse possibile dire che quando è esercitato dallo Stato non spetta alla Regione né al Comune si negherebbe la sua stessa «ragion per cui»"[116]. Quel che accadeva, semmai, era che il potere di ordinanza regionale (e sindacale) non poteva sovrapporsi ai campi già regolati dalla normazione emergenziale dello Stato, restando libero di intervenire solo in quelli lasciati scoperti (ancorché con il limite, appena indicato, del necessario rispetto del bilanciamento tra princìpi e diritti costituzionali diversi operato in sede centrale) e in presenza di specifiche esigenze locali[117].

Nonostante il quadro fosse ricostruibile in termini ragionevoli, comunque, le polemiche sono proseguite e la confusione è aumentata, sicché il d.l. n. 19 del 2020, all'art. 3, comma 1, ha dovuto precisare che le ordinanze regionali: a) possono essere emanate solo "*Nelle more dell'adozione dei decreti del Presidente del Consiglio dei ministri di cui all'articolo 2, comma 1, e con efficacia limitata fino a tale momento*"; b) sono legittimate solo da "*specifiche situazioni sopravvenute di aggravamento del rischio sanitario verificatesi nel loro territorio o in una parte di esso*"; c) possono, sì, "*introdurre misure ulteriormente restrittive, tra quelle di cui all'articolo 1, comma 2*", ma "*esclusivamente nell'ambito delle attività di loro competenza e senza incisione delle attività*

[115] Boggero, G. "*Le "more" dell'adozione dei dpcm,* op. cit., p. 363. Lo stesso A., *ivi*, 366, peraltro, riconosce che il merito maggiore delle recenti ordinanze regionali e sindacali potrebbe essere stato quello di "anticipare" le successive scelte centrali (il che è perfettamente in linea con la logica del "nelle more").

[116] Cintioli, F. "Sul regime del lockdown in Italia, op. cit., p. 13.

[117] Si è parlato, a questo proposito, di "specialità nell'emergenza" (Borgato, M e Trabucco, D. "Brevi note sulle ordinanze contingibili ed urgenti: tra problemi di competenza e cortocircuiti istituzionali". *Dirittifondamentali.it*, 24 marzo 2020, p. 4).

produttive e di quelle di rilevanza strategica per l'economia nazionale". Ci troviamo, così, finalmente, nell'alveo scavato a suo tempo dalla Corte costituzionale. Tutto bene, dunque? No.

Per evidenti ragioni di compromesso politico-istituzionale, infatti, il d.l. n. 19 del 2020 ha stabilito, all'art. 2, comma 3, che: a) "*Sono fatti salvi gli effetti prodotti e gli atti adottati sulla base dei decreti e delle ordinanze emanati ai sensi del decreto-legge 23 febbraio 2020, n. 6, convertito, con modificazioni, dalla legge 5 marzo 2020, n. 13, ovvero ai sensi dell'articolo 32 della legge 23 dicembre 1978, n. 833*"; b) "*Continuano ad applicarsi nei termini originariamente previsti le misure già adottate con i decreti del Presidente del Consiglio dei ministri adottati in data 8 marzo 2020, 9 marzo 2020, 11 marzo 2020 e 22 marzo 2020 per come ancora vigenti alla data di entrata in vigore del presente decreto*"; c) "*Le altre misure, ancora vigenti alla stessa data continuano ad applicarsi nel limite di ulteriori dieci giorni*".

Ora, è evidente che in questo modo il nuovo decreto-legge non si è limitato a far salvi gli effetti delle pregresse ordinanze statali, ma ha fatto salvi anche quelli delle ordinanze regionali, pur laddove illegittime per violazione dei limiti sopra indicati (e ora confermati dallo stesso d.l. n. 19 del 2020!). Non solo: ne ha assicurato l'ultrattività per ulteriori dieci giorni. Poiché, come detto, l'apprezzamento dell'equilibrio tra i vari interessi coinvolti è riservato allo Stato, non si può dire che disposizioni del genere (che presuppongono la pur interinale condivisione del punto di bilanciamento identificato dalle Regioni) siano automaticamente illegittime. Pregiudicano, però, gravemente l'esigenza di una conduzione unitaria dell'emergenza, necessaria anche per profili non sempre immediatamente percepibili[118], e quella di chiarezza e comprensibilità delle norme, specie in un momento come questo, in cui i cittadini hanno bisogno di certezza.

La sola lettura dell'elenco di ordinanze regionali adottate sino ad oggi (centinaia!)[119] fa capire che si sarebbe dovuto avere ben altro "passo" istituzionale, sia al centro che in periferia.

[118] Correttamente osserva, ad es., PINELLI, C. "Il precario assetto", op. cit., p. 7, essere "evidente che se una Regione fa fare i tamponi e un'altra no, e nessuna adotta lo stesso criterio in proposito, il computo nazionale dei contagiati diventa del tutto arbitrario".
[119] Astrid ha meritoriamente fatto un inventario. Impressionante è dir poco.

1.10. Le ordinanze prefettizie.

Importanti attribuzioni di protezione civile sono confidate al prefetto dall'art. 9 del Codice (e dalle recenti fonti legislative emergenziali: artt. 3, commi 4 e 5, del d.l. n. 6 del 2020; 15 del d.l. n. 14 del 2020; 6, commi 7 e 8, e 122, comma 1, del d.l. n. 18 del 2020; 1, comma 3, e 4, commi 3 e 9, del d.l. n. 19 del 2020). La natura degli atti adottati nell'esercizio di tali attribuzioni è dubbia. Resta tuttavia fermo quanto la Corte costituzionale ebbe ad affermare in un ormai remoto precedente (allora si trattava delle ordinanze prefettizie previste dall'art. 2 del t.u.l.p.s.), cioè che essi, "*anche a volerli considerare in ogni caso come aventi carattere normativo* [...], *ove non contrastino con i principi dell'ordinamento, restano legittimamente nella sfera dell'attività spettante agli organi amministrativi: essi sono legittimi quando siano emanati in base ai presupposti, nei limiti, con le caratteristiche, le forme e le garanzie, secondo le indicazioni esposte fin dalla precedente sentenza* [la n. 8 del 1956]"[120].

1.11. Le ordinanze sindacali.

In via di principio, il potere di ordinanza dovrebbe restare in capo ai sindaci anche nella fase emergenziale. Dovrebbe dunque perdurare l'applicabilità (più ancora delle norme del t.u.e.l., come *lex generalis*) dell'art. 32, comma 3, della l. n. 32 del 1978 (come *lex specialis*), ove, come abbiamo visto, si stabilisce che nelle materie di competenza del Ministro della salute (e delle sue ordinanze) "*sono emesse dal presidente della giunta regionale e dal sindaco ordinanze di carattere contingibile ed urgente, con efficacia estesa rispettivamente alla regione o a parte del suo territorio comprendente più comuni e al territorio comunale*".

La disinvoltura che alcuni sindaci hanno dimostrato nell'esercizio concreto del potere sindacale di ordinanza, tuttavia, ha dato luogo a non pochi problemi, che il legislatore emergenziale ha cercato di risolvere prima disponendo che "*A seguito dell'adozione delle misure statali di contenimento e gestione dell'emergenza epidemiologica da COVID-19 non possono essere adottate e, ove adottate sono inefficaci, le ordinanze sindacali contingibili e urgenti dirette a fronteggiare l'emergenza predetta in contrasto con le misure statali*" (art.

[120] Corte cost., sent. n. 26 del 1961.

35 del d.l., comma 1, del d.l. n. 9 del 2020) e poi che "*I Sindaci non possono adottare, a pena di inefficacia, ordinanze contingibili e urgenti dirette a fronteggiare l'emergenza in contrasto con le misure statali, né eccedendo i limiti di oggetto cui al comma 1* [cioè degli stessi limiti che abbiamo già visto imporsi alle ordinanze regionali]" (art. 3, comma 2, del d.l. n. 19 del 2020, come *lex specialissima*). Si tratta di formule palesemente infelici sul piano della tecnica redazionale (disporre che un certo atto "non può essere adottato" non ha senso, perché l'unica cosa che ha senso è disporre sulla sua legittimità), ma il significato precettivo è chiaro: l'ordinanza sindacale deve rispettare tutte le disposizioni statali adottate nella fase emergenziale. Ciò significa ch'essa, in ragione della *lex specialissima*, deve essere sia *secundum legem* che – diciamo così – *secundum decretum* e, per le ragioni già indicate discutendo delle ordinanze regionali, non può essere nemmeno *praeter legem* (e *decretum*) almeno nella misura in cui pretenda di operare (sia pure in forma più garantista per la salute) un bilanciamento degli interessi in giuoco diverso da quello identificato dal legislatore statale e dalle autorità statali di protezione civile[121]. Come giustamente rilevato dal Consiglio di Stato[122], "*In presenza di emergenze di carattere nazionale* [...], *pur nel rispetto delle autonomie costituzionalmente tutelate, vi deve essere una gestione unitaria della crisi per evitare che interventi regionali o locali possano vanificare la strategia complessiva di gestione dell'emergenza, soprattutto in casi in cui non si tratta solo di erogare aiuti o effettuare interventi ma anche di limitare le libertà costituzionali*".

Si pone, peraltro, il problema delle ordinanze sindacali in contrasto con le misure statali, ma in armonia con quelle regionali che di queste sono derogatorie. Si è sostenuto che, in questo caso, l'armonia con le misure regionali sanerebbe il contrasto con quelle statali[123], ma è agevole replicare che: a) il tenore testuale dell'art. 3, comma 2, del d.l. n. 19 del 2020 non ammette equivoci; b) la derogabilità delle misure statali è stata consentita alle sole ordinanze regionali; c) evidentemente, il legislatore statale ha ritenuto di dover vietare un eccesso di differenziazione

[121] Misure sindacali più restrittive, invece, sono in generale ammesse da RUGGERI, A. "Il coronavirus contagia", op. cit., pp. 376 ss.

[122] Nella pronuncia consultiva cit. alla nt. 82.

[123] RUGGERI, A. "Il coronavirus, la sofferta tenuta dell'assetto istituzionale", op. cit., p. 211.

di discipline *ratione loci,* con una scelta che non può essere rovesciata dal legislatore regionale e aggirata, in forza di un eventuale rovesciamento, dall'autorità locale.

2. Emergenza e dintorni.

Parlando alla seduta della Camera dei deputati del 29 novembre 1850 della grave situazione dell'ordine pubblico nell'isola di Sardegna, Giovanni Siotto-Pintor chiedeva al Parlamento e al Governo di intervenire con mezzi *ordinari,* perché ogni provvedimento *eccezionale* "è ingiusto, ossia perché non si sono ancora posti in opera tutti i mezzi ordinari della legge, ossia perché punisce ad una stessa stregua i buoni ed i malvagi, ed è soprattutto inutile, perché non potrebbe essere universale. Supponete infatti che si usi un mezzo straordinario per una provincia, per un paese, i buoni ed i rei; leggermente potrebbero scansarlo i rei migrando d'una in altra provincia, d'uno in altro paese".

Chi ha a cuore i diritti costituzionali e il ruolo del Parlamento difficilmente potrebbe essere in disaccordo: dove si arriva con strumenti ordinari non può e non deve esserci spazio per provvedimenti *extra-ordinem.* La portata estrema del rischio sanitario determinato dal Covid-19, tuttavia, ha imposto l'adozione di questi provvedimenti eccezionali. Ma quale ne è la conseguenza sul piano delle categorie giuridiche? Cosa è accaduto e sta accadendo nell'attuale vicenda emergenziale?

Vediamo, anzitutto, cosa *non* è accaduto e *non* sta accadendo, usando la terminologia giuridica per quel che è (giuridica, appunto) e non come pura metafora (ciò che al giurista non è consentito).

Non siamo in stato di guerra, perché la fattispecie odierna non coincide con quella (per quanto evolutasi nel tempo) tipica del diritto internazionale[124], perché manca la relativa dichiarazione ai sensi dell'art. 78 Cost. e perché la guerra fu intesa dai Costituenti come un conflitto tra esseri umani, non come un conflitto tra questi e la natura[125]. Inoltre, la proposta

[124] Per questo argomento a favore della distinzione fra emergenza e guerra, Minico, G. De. *Costituzione,* op. cit., p. 9 ss. (ma v. anche *ivi,* pp. 28 ss.).

[125] Analoghe considerazioni in Ruggeri, A. "Il coronavirus, la sofferta tenuta dell'assetto istituzionale", op. cit., p. 208. Già la dottrina più antica e garantista, invero, aveva ben chiara la differenza fra "stato di guerra" e "stato d'assedio" o simili (v. la successiva nt. 128).

de iure condendo di estendere alle emergenze, con revisione costituzionale, il "modello" dell'art. 78 Cost.[126] è addirittura inquietante, considerato che la dichiarazione dello stato di "emergenza-guerra" comporterebbe il medesimo, completo, stravolgimento dell'ordinario funzionamento delle istituzioni che è determinato dalla dichiarazione di "guerra-guerra". E priva di fondamento è da ritenere l'ipotesi di interpretare "evolutivamente" la nozione di guerra fatta propria dall'art. 78 Cost.[127]: al di là dei limiti generali dell'interpretazione evolutiva delle norme costituzionali, sui quali non è il caso di soffermarsi qui, basta considerare l'impraticabilità dell'estensione di un regime giuridico che la Costituzione ha disegnato per una condizione ch'essa addirittura (sia pure nei termini dell'art. 11) "ripudia". L'azzardo ermeneutico che già non era consentito in regime statutario[128] è ancor meno permesso in regime costituzionale.

Non siamo in stato d'assedio, sia perché il nostro ordinamento non conosce (più) questo istituto (ormai assorbito nello stato di guerra), sia perché lo stato d'assedio si caratterizza almeno per l'assumere a presupposto un rischio per l'ordine pubblico, per il risolversi nell'estensione delle norme di guerra (e, in genere, dei poteri dell'autorità militare)[129] a una condizione di pace e per la sospensione delle garanzie costituzio-

[126] Prospettata da D'Aloia, A. "Costituzione ed emergenza: l'esperienza del coronavírus". *Forum* di *Biolaw Journal*, 14 marzo 2020, p. 5.

[127] Ipotesi avanzata da Torre, F. "La Costituzione sotto stress", op. cit., pp. 5 ss.

[128] Racioppi, F. "Lo stato d'assedio", op. cit., p. 139; Brunelli, I. "Sul così detto "stato d'assedio". Id., *Impressioni e note di politica e di diritto costituzionale.* Torino: UTET, 1906, pp. 134 ss.; Longhi, S. "Sull'ultimo decreto", op. cit., p. 140; A. Traversa, *Lo "stato di necessità"*, cit., 85; Rossi, L. "Lo stato d'assedio nel diritto pubblico italiano (Rivista della giurisprudenza parlamentare)". *Arch. dir. pubbl.*, 1894, pp. 85 ss. (il quale, peraltro, ma dopo l'entrata in vigore del t.u.l.p.s., distinguerà tra "stato di pericolo pubblico" e "stato di guerra" come tra due "gradazioni" dello stato d'assedio: Rossi, L. "L'ordinamento dello stato d'assedio nelle ultime leggi italiane". *Riv. dir. pubbl.*, 1936, p. 261). Le somiglianze fra stato d'assedio e guerra, invece, furono sottolineate da S(anti) Romano, "Sui decreti-legge e lo stato di assedio", op. cit., pp. 253 ss.

[129] Per questo non può essere considerato "stato d'assedio" lo "stato di pericolo pubblico" previsto dall'art. 216 t.u.l.p.s (così, invece, Pinelli, C. "Il precario assetto", op. cit., p. 3), mentre può esserlo lo "stato di guerra" di cui all'art. 217, comma 2, 2° periodo, durante il quale "*La facoltà di emanare ordinanze spetta all'autorità che ha il comando delle forze militari*". Norme, peraltro, non formalmente abrogate, ma ormai superate dalla Costituzione.

nali[130]. Al di là di qualche sfumatura, tutti gli autori che si sono occupati dell'istituto nel periodo in cui esso era vigente concordano su questi o su ancor più netti[131] tratti caratteristici: da FERRACCIU[132] a D'AMARIO[133]; da ROSSI[134] a RACIOPPI[135]. Non siamo certo in una simile temperie.

Non siamo in periodo di dittatura, certo non in una dittatura sovrana (*rei publicae constituendae causa*), ma nemmeno in una commissaria (*rei*

Il collegamento, storico ed etimologico, fra l'assedio come condizione di una città o piazzaforte militare in tempo di guerra e l'assedio "politico" è ben messo in luce da MOTZO, G. "Assedio (stato di)" in *Enc. dir.*, III. Milano: Giuffrè, 1958, pp. 250 ss.

[130] Quasi coincidenti, sul punto, le osservazioni di BENVENUTI, M. "Alle origini dei decreti-legge. Saggio sulla decretazione governativa di urgenza e sulla sua genealogia nell'ordinamento giuridico dell'Italia prefascista". *Nomos*, n.º 2, 2012, pp. 6 ss., e dottrina ivi cit. Per BASCHERINI, G. "Lo stato d'assedio nell'esperienza statutaria italiana". *Giur. cost.*, 1994, p. 4268: che i "tre caratteri tipici dello stato d'assedio" sono "1) Lo stato d'assedio è una condizione eccezionale in cui può trovarsi un paese a regime costituzionale; 2) la legge comune è, con diversa intensità a seconda dei casi, sospesa; 3) l'autorità militare si sostituisce, in vario grado, a quella civile".

[131] V., ad es., MURATORI, A e GIANNINI, T. *Lo stato d'assedio ed i tribunali militari*. Firenze: Civelli, 1894, p. 9: "consiste nella sospensione temporanea delle guarentigie costituzionali, per misura suprema di ordine pubblico, per la quale tutti i poteri si concentrano in una sola persona".

[132] "Lo stato d'assedio si fa consistere in quella condizione eccezionale, in cui trovasi un paese, che in tutto od in parte viene sottratto alla legge comune mediante la sospensione delle guarentigie costituzionali, e posto alla diretta dipendenza dell'autorità militare mercé la concentrazione del potere civile nel potere militare": FERRACCIU, A. "Le guarentigie parlamentari durante lo stato d'assedio". *Il Filangieri*, 1899, p. 165.

[133] Con la proclamazione dello stato d'assedio si sospendono le guarentigie costituzionali e si limitano i diritti subbiettivi dell'individuo; i cittadini vengono sottratti ai loro giudici ordinari e vengono giudicati da un apposito tribunale militare nei reati e contravvenzioni che abbiano attinenza col codice penale militare; il comandante in capo delle truppe [...] diviene nel medesimo tempo governatore del territorio, accentrando nelle sue mani anche i poteri civili; ed acquista il diritto di emettere bandi con forza di legge pel territorio dichiarato in istato d'assedio": D'AMARIO, G. *L'ordinanza d'urgenza per lo Stato di diritto nelle forme di governo a regime libero-costituzionale con speciale riferimento al diritto pubblico italiano*. Torino: Bocca, 1907, p. 88.

[134] Lo stato d'assedio, nel suo significato più tecnico, più pieno e più comune consiste nella sospensione delle libertà costituzionali e nella concentrazione dei poteri civili nel potere militare, creando anche una giurisdizione militare per tutti i cittadini": ROSSI, L. "Lo stato d'assedio", op. cit., p. 83.

[135] RACIOPPI, F. "Lo stato d'assedio e i tribunali di guerra", op. cit., pp. 137 ss.

gerendae causa)[136], non tanto perché una simile magistratura (ché di magistratura si trattava) non esiste nel nostro ordinamento, quanto perché non c'è stata alcuna sospensione dei poteri costituzionali.

Non siamo nella condizione del riconoscimento di pieni poteri al Governo o al Presidente del Consiglio. Al di là dell'imprecisione tecnica dell'espressione "pieni poteri", rilevata già dalla dottrina più risalente[137], l'*Ermächtigungsgesetz* che il 24 marzo del 1933 diede sostanzialmente i pieni poteri al Cancelliere del Reich, stabilendo, fra l'altro, il conferimento al Governo di un potere legislativo non previsto dalla Costituzione (art. 1) e la derogabilità delle norme costituzionali da parte delle (sole...) leggi governative (art. 2), è davvero altra cosa.

Non siamo nello schmittiano stato d'eccezione[138], perché (ammesso che si tratti di una categoria giuridica e non meramente politica) esso presuppone che "un" soggetto politico o istituzionale se ne faccia carico e lo gestisca, laddove qui, per un verso, alla catena delle fonti corrisponde, come sempre, una catena delle plurime istituzioni competenti e, per l'altro, nessuno degli atti della catena normativa sfugge al sindacato giurisdizionale, nemmeno – come s'è visto – la deliberazione dello stato di emergenza di rilievo nazionale.

"Se la necessità, vera o presunta, è una ragione sufficiente e giuridica per non applicare le leggi, se di questa necessità non può farsi giudice l'autorità giudiziaria, e se quindi al governo basta invocarla per rendere incensurabile ogni suo alto, è evidente che tutto il diritto pubblico e con esso il diritto privato *qui sub tutela juris publici latet*, è in piena balla del governo", scriveva Cammeo[139]. Oggi non siamo in una simile condizione. Non solo. Per quanto specificamente riguarda l'alternativa fra decreti legge e decreti del Presidente del Consiglio (è noto che molti hanno lamentato che si sia scelto di avvalersi soprattutto dei secondi e

[136] La distinzione si rinviene, come è noto, in un saggio (Schmitt, C. *Die Diktatur. Von den Anfängen des modernen Souveränitätsgedankens bis zum proletarischen Klassenkampf*, 1921, trad. B. Liverani, *La dittatura*, Roma-Bari, Laterza Berlin: Duncker & Humblot, 1974, pp. 141 ss. e *passim*) mai tanto citato (più o meno a proposito) come in questo periodo.

[137] Rossi, L. "*I "pieni poteri". Riv. di dir. pubbl. e della p. a. in Italia*, 1937, p. v345.

[138] Così anche, ma senza indicare le ragioni qui enunciate nel testo, Ruggeri, A. "Il coronavirus, la sofferta tenuta dell'assetto istituzionale", op., cit., p. 203.

[139] Cammeo, F. "Lo stato d'assedio e la giurisdizione", op. cit., p. 373.

non prevalentemente – o solo – dei primi) è tutto da dimostrare che per la garanzia dei diritti sia più efficace la catena fonte primaria / provvedimento applicativo e non quella fonte primaria / fonte secondaria / provvedimento applicativo.

La condizione in cui siamo è, dunque, puramente e semplicemente quella che è stata dichiarata sulla base della legge, cioè quella dello *stato di emergenza*, esattamente come stabilito dalla deliberazione del Consiglio dei ministri del 31 gennaio. Ed è *questa* condizione che si dovrebbe analizzare in dettaglio, per verificare se la Costituzione (che l'emergenza non autorizza a derogare)[140] e le leggi siano state rispettate, senza indulgere alla tentazione di vedere tutto bianco o tutto nero, valendoci di categorie forti che invece sono del tutto inutilizzabili. Come ho già detto, però, la questione dei possibili vizi sostanziali degli atti normativi freneticamente succedutisi in questi giorni esula dai confini di questo contributo (fermi gli sparsi cenni fatti nelle pagine precedenti).

Conclusioni. Opportunità e rischi.

L'analisi dei rapporti tra le fonti in questo delicato periodo emergenziale dimostra – a me pare – principalmente due cose. Anzitutto, che la risposta delle nostre istituzioni non è stata quella tipica di una democrazia autoritaria[141] e che non c'è stata alcuna rottura della legalità costituzionale. Le procedure seguite, al di là di qualche slabbratura (e di una comunicazione pubblica eccessivamente anticipata rispetto alla formalizzazione delle misure decise)[142], sono corrette. In secondo luogo, che la

[140] Di ardua decifrazione l'assunto di PINTO, R. RAVÌ. "Brevi considerazioni su stato d'emergenza e Stato costituzionale". *Forum* di *Biolaw Journal*, 20 marzo 2020, p. 4, laddove afferma che "Nello stato d'emergenza il caso critico viene sussunto nei paradigmi normativi dell'ordinamento vigente: la sua risoluzione giustifica la sospensione della costituzione al fine di ripristinare la normalità violata": se il caso critico va "sussunto" nei *paradigmi* dell'ordinamento *vigente* non s'intende come possa restarne derogata proprio la Costituzione, che non solo è "vigente", ma è "paradigma"... paradigmatico.

[141] Così anche RUGGERI, A. "Il coronavirus, la sofferta tenuta dell'assetto istituzionale, op. cit., p. 214.

[142] 142 Si tratta di una problematica complessa (sulla quale v. FRANCA, S. "Alcuni spunti in tema di esercizio precauzionale della funzione comunicativa". *Forum* di *Biolaw Journal*, 20 marzo 2020, p. 4; più in generale, COSTANZO, P. "La lingua delle aule parlamentari, la

Costituzione, una volta di più, ha dimostrato di saper offrire un quadro normativo saldo ed efficace, smentendo tutti coloro che lamentano l'assenza di una norma esplicita sugli stati di emergenza[143]: assenza di previsioni puntuali non significa mutismo costituzionale.

La guardia, però, non può essere abbassata. Se la tutela della salute legittima provvedimenti contingibili e urgenti non precisamente definiti, nei loro contorni, dalla legge[144], il "*nesso di congruità e proporzione fra le misure adottate e la «qualità e natura degli eventi»*"[145] deve essere rigorosamente rispettato: Corte costituzionale e giudici comuni (amministrativi e ordinari secondo il consueto riparto delle loro giurisdizioni) devono garantire la tutela dei diritti dei cittadini, in osservanza degli artt. 24 e 113 della Costituzione.

La guardia non può essere abbassata, però, soprattutto perché l'esperienza insegna che "le regole emergenziali sopravvivono all'emergenza, normalizzando quella *deminutio* di libertà che costituisce il costo di ogni legislazione emergenziale"[146]. Il rischio che all'uscita dall'emergenza ci si ritrovi con un saldo negativo in termini di libertà è alto, perché le lusinghe di chi chiede di barattare libertà e sicurezza sono molto insidiose.

Anche straordinarie opportunità di progresso, tuttavia, potrebbero schiudersi una volta usciti dall'emergenza: pure i ciechi e i sordi dovrebbero aver inteso, ormai, che l'Unione europea deve operare un cambio di passo, altrimenti non ha più senso (e utilità) che continui a esistere. I margini per una potente iniziativa politica ci sarebbero tutti. E la stessa

lingua della Cosituzione e la lingua della legge". *Osservatorio sulle fonti*, n.º 3, 2015, p. 4), ma le critiche da più parti formulate (v., ad es., Lattanzi, G. "La pandemia aggredisce anche il diritto?", op. cit.; D'Aloia, A. "*L'emergenza e... i suoi 'infortuni'*". *dirittifondamentali.it*, 26 marzo 2020, pp. 3 ss.; Filice, F. e Locati, G.M. "Lo Stato democratico di diritto", op. cit., p. 8) appaiono condivisibili.

143 Norme del genere, del resto, come è noto, difficilmente riescono a regolare fattispecie sovente inafferrabili come quelle connesse all'emergenza (l'osservazione è classica: v. ad es. L. Rossi, *L'ordinamento dello stato d'assedio*, cit., 262.

144 Corte cost., sent. n. 4 del 1977.

145 Corte cost., sent. n. 127 del 1995, cit. In dottrina, fra i molti, Groppi, T. "Le sfide del coronavirus alla democrazia costituziona*le*". *Virtual Studium, ConsultaOnline*, 27 marzo 2020.

146 Furfaro, S. "Autorità e libertà dopo il coronavírus". *Arch. pen.*, n.º 1, 2020, p. 1. V. anche Preterossi, G. *Da emergenza sanitaria a stato di eccezione politico*, loc. cit.

prospettiva di un nuovo spirito solidaristico fra le persone che soppianti l'individualismo spinto dell'ideologia neoliberista è aperta: difficile, sì, ma aperta[147].

È tuttavia possibile che la lungimiranza manchi e che ci sia chi intende limitarsi a immaginare di lucrare miopi vantaggi politici da questa situazione, così come è possibile che potenti forze economiche e sociali stiano elaborando progetti di normalizzazione futura volte a trasformare l'eccezionale in ordinario, attentando ai nostri diritti costituzionali. Se ciò accadrà, non potremo delegare a nessuno la protezione dei nostri diritti: i diritti dei cittadini hanno nei cittadini i loro finali e più efficaci garanti e non ci sarà richiamo alle tradizioni costituzionali, al diritto naturale ("positivo" o meno che sia), alla non negoziabilità dei valori, al primato di pretesi metavalori, al dialogo fra le Corti o alla tutela multilivello dei diritti che potrà supplire quella che un tempo si definiva *vigilanza democratica* e che ora, pur in un contesto diverso da quello in cui quest'espressione si usava, potremmo tornare a chiamare con questo nome[148].

Riferimenti

AGAMBEN, G. *Chiarimenti,* 17 marzo 2020.

— ID., *Contagio,* 11 marzo 2020.

— *L'invenzione di un'epidemia,* 26 febbraio 2020.

AINIS, M. "Il bisticcio del potere". *La Repubblica*, 3 marzo 2020.

ALLEGRETTI, U. "Il trattamento dell'epidemia di "coronavirus" come problema costituzionale e amministrativo". *Forum* di *Quaderni costituzionali,* 25 marzo 2020.

AMATO, G. *Individuo e autorità nella disciplina della libertà personale,* rist. Milano: Giuffrè, 1976.

AZZARITI, G. "Editoriale. Il diritto costituzionale di eccezione". *Costituzionalismo.it,* n.º 1, 2020.

BALDINI, V. "Riflessioni sparse sul caso (o sul caos...) normativo al tempo dell'emergenza costituzionale". *Dirittifondamentali.it,* n.º 1, 2020, 2 aprile 2020.

BARBERA, A. *I principi costituzionali della libertà personale.* Milano: Giuffrè, 1971.

[147] Molti, giustamente, la mettono in luce. Tra i giuristi, ad es., BIN, R. "Guardando a domani". *lacostituzione.info,* 12 marzo 2020.

[148] Un cenno a questa prospettiva, da ultimo, in FILICE, F. e LOCATI, G.M. "Lo Stato democratico di diritto", op. cit., p. 21.

BASCHERINI, G. "Lo stato d'assedio nell'esperienza statutaria italiana". *Giur. cost.*, 1994.

BENVENUTI, M. "Alle origini dei decreti-legge. Saggio sulla decretazione governativa di urgenza e sulla sua genealogia nell'ordinamento giuridico dell'Italia prefascista". *Nomos*, n.° 2, 2012.

BIGNAMI, V. M. "Chiacchiericcio sulle libertà costituzionali al tempo del coronavírus". *Questione Giustizia*, 7 aprile 2020.

BIN, R. "Guardando a domani". *lacostituzione.info*, 12 marzo 2020.

BIX, B.H. *Jurisprudence: Theory and Context*. 7. ed. Durham, North Carolina: Carolina Academic Press, 2015, trad. A. Porciello, P. Chiarella, I. Vadia, C. Atzeni, *Teoria del diritto. Idee e contesti*. Torino: Giappichelli, 2016, 80.

BOGGERO, G. "*Le "more" dell'adozione dei dpcm sono "ghiotte" per le Regioni. Prime osservazioni sull'intreccio di poteri normativi tra Stato e Regioni in tema di Covid-19*". *Diritti regionali*, n.° 1, 2020.

BORGATO, M e TRABUCCO, D. "Brevi note sulle ordinanze contingibili ed urgenti: tra problemi di competenza e cortocircuiti istituzionali". *Dirittifondamentali.it*, 24 marzo 2020.

BRUNELLI, I. "Sul così detto "stato d'assedio". Id., *Impressioni e note di politica e di diritto costituzionale*. Torino: UTET, 1906.

CAMMEO, F. "Lo stato d'assedio e la giurisdizione". *Giur. it.*, 1898.

CANDIDO, A. "Poteri normativi del Governo e libertà di circolazione al tempo del COVID-*19*". *Forum* di *Quaderni costituzionali*, 10 marzo 2020.

CARAVITA, B. "L'Italia ai tempi del coronavirus: rileggendo la Costituzione italiana". *Federalismi.it*, VII, n.° 6. 2020.

CARDONE, A. *La "normalizzazione" dell'emergenza. Contributo* allo *studio del potere* extra ordinem *del Governo*. Torino: Giappichelli, 2011.

CARROZZINO, P. "*Il si- stema delle fonti alla prova dell'emergenza sanitaria da Covid-19*". *lacostituzione.info*, 19 marzo 2020.

CAVINO, M. "Covid-19. Una prima lettura dei provvedimenti adottati dal Governo". *federalismi.it*, 18 marzo 2020.

CICCONETTI, S. M. "Obbligo di omogeneità del decreto-legge e della legge di conversione?". http://www.giurcost.org/studi/Cicconetti2.pdf

CICCONETTI, S. M. *Le fonti del diritto italiano*. 4. ed. Torino: Giappichelli, 2019.

CINTIOLI, F. "Sul regime del lockdown in Italia (note sul decreto legge n. 19 del 25 marzo 2020)". *Federalismi.it*.

COSTANZO, P. "La lingua delle aule parlamentari, la lingua della Cosituzione e la lingua della legge". *Osservatorio sulle fonti*, n.º 3, 2015.

CRISAFULLI, V. *Lezioni di diritto costituzionale*, II. 5. ed. Padova: Cedam, 1984.

CUOCOLO, L. "I diritti costituzionali di fronte all'emergenza Covid-19: la reazione italiana". *federalismi.it*, 31 marzo 2020.

CURRERI, S. "*L'atto politico è sempre insindacabile?*" *ivi*, 9 febbraio 2019.

D'ALOIA, A. "Costituzione ed emergenza: l'esperienza del coronavírus". *Forum* di *Biolaw Journal*, 14 marzo 2020.

D'ALOIA, A. "*L'emergenza e... i suoi 'infortuni'*". *dirittifondamentali.it*, 26 marzo 2020.

D'AMARIO, G. *L'ordinanza d'urgenza per lo Stato di diritto nelle forme di governo a regime libero-costituzionale con speciale riferimento al diritto pubblico italiano*. Torino: Bocca, 1907.

D'ARCAIS, P. FLORES. "Filosofia e virus: le farneticazioni di Giorgio Agamben" (16 marzo 2020). *www.Micromega.net*.

DELL'ATTI, L. e NAGLIERI, G. "Le fonti della crisi. Fra esigenze unitarie e garanzie costituzionali nel governo dell'emergenza da Covid-19". *Forum* di *Biolaw Journal*, 11 marzo 2020.

FABIANO, L. "La catena della normatività emergenziale in risposta alle minacce di diffusione del Covid-19. Riflessioni sulla tenuta in termini di legittimità e di opportunità delle scelte normative del Governo italiano". *Forum* di *Biolaw Journal*, 16 marzo 2020.

FALLETTI, E. "La forma è sostanza? Alcune sommarie riflessioni sulla gestione dell'emergenza Covid-19 in Italia". *ivi*, 19 marzo 2020.

FERONI, G. CERRINA. "La sindacabilità giudiziaria dell'atto politico. Un'aberrazione costituzionale". *lacostituzione.info*, 7 febbraio 2019.

FERRACCIU, A. "Le guarentigie parlamentari durante lo stato d'assedio". *Il Filangieri*, 1899.

FILICE, F. e LOCATI, G.M. "Lo Stato democratico di diritto alla prova del contagio". *Questione Giustizia*, 27 marzo 2020.

FRANCA, S. "Alcuni spunti in tema di esercizio precauzionale della funzione comunicativa". *Forum* di *Biolaw Journal*, 20 marzo 2020.

FURFARO, S. "Autorità e libertà dopo il coronavírus". *Arch. pen.*, n.º 1, 2020.

GATTA, G. L. "I diritti fondamentali alla prova del coronavirus. Perché è necessaria una legge sulla quarantena". *Sistema Penale*, 2 aprile 2020.

GRASSO, D. "*Agamben, il Coronavirus e lo stato di eccezione*". *minima&moralia*, 27 febbraio 2020.

GROPPI, T. "Le sfide del coronavirus alla democrazia costituzionale". *Virtual Studium, ConsultaOnline,* 27 marzo 2020.

GUZZETTA, G. "E se il caos delle norme anti-contagio fosse un trucco per toglierci la voglia di libertà?". *Il Dubbio,* 4 aprile 2020.

IRELLI, V. CERULLI. "Principio di legalità e poteri straordinari dell'Amministrazione". *Diritto pubblico,* 2007.

JACOBI, E. "Die Diktatur des Reichspräsidenten nach art. 48 der Reichsverfassung". *VVdDStRL,* 1, 1924.

LATTANZI, G. "La pandemia aggredisce anche il diritto?" *Giustizia Insieme,* 2020.

LAURO, A. "Urgenza e legalità ai tempi del Covid-19: fra limiti imprescindibili e necessaria flessibilità". *Biolaw Journal,* 18 marzo 2020.

LONGHI, S. "Sull'ultimo decreto di stato d'assedio". *Riv. dir. pubbl. e della p. a. in Italia,* 1909.

LUCIANI, MASSIMO. "Atti normativi e rapporti fra Parlamento e Governo davanti alla Corte costituzionale". AA. VV., *Alle frontiere del diritto costituzionale. Scritti in onore di Valerio Onida.* Milano: Giuffrè, 2011.

LUCIANI, MASSIMO. "Salute, I, Diritto alla salute – dir. cost." in *Enc. giur.,* XXVII. Roma: Istituto dell'Enciclopedia Italiana, 1991.

MARAZZITA, G. *L'emergenza costituzionale.* Milano: Giuffrè, 2003.

MAZZAROLLI, L. A. "Riserva di legge" e "principio di legalità" in tempo di emergenza nazionale. Di un parlamentarismo che non regge e cede il passo a una sorta di presidenzialismo extra ordinem, con ovvio, conseguente strapotere delle pp.aa. La reiterata e prolungata violazione degli artt. 16, 70 ss., 77 Cost., per tacer d'altri". *federalismi.it,* 23 marzo 2020.

MENEGATTO, G. "Diritto e diritti nell'emergenza: ripartire dalla Costituzione". *ivi,* 11 marzo 2020.

MINICO, G. DE. *Costituzione emergenza e terrorismo.* Napoli: Jovene, 2016.

MODUGNO, F. "Le fonti del diritto". ID. (a cura di), *Diritto pubblico.* 3. ed. Torino: Giappichelli, 2017.

MODUGNO, F. "Trattamenti sanitari "non obbligatori e Costituzione". *Dir. soc.,* 1982.

MORBIDELLI, G. "Delle ordinanze libere a natura normative". *Dir. amm.,* 2016.

MOTZO, G. "Assedio (stato di)" in *Enc. dir.,* III. Milano: Giuffrè, 1958.

MURATORI, A e GIANNINI, T. *Lo stato d'assedio ed i tribunali militari.* Firenze: Civelli, 1894.

NATALE, A. "Il decreto legge n. 19 del 2020: le previsioni sanzionatorie". *Questione Giustizia*, 28 marzo 2020.

NEGRONI, A. A. "*Sul concetto di "trattamento sanitario obbligatorio"*. *Rivista AIC*, n.º 4, 2017.

NES, M. DE. "Emergenza Covid-19 e bilanciamento di diritti costituzionali: quale spazio per la legalità sostanziale?" *Biolaw Journal*, 16 marzo 2020.

OLIVETTI, M. "Così le norme contro il virus possono rievocare il «dictator»". *Avvenire*, 11 marzo 2020.

PAGANO, F. F. "Il principio di unità e indivisibilità della Repubblica ai tempi dell'emergenza Covid-19". *Biolaw Journal*, 18 marzo 2020.

PANATTONI, G. "*La controversa figura dell'atto politico, alla luce dei casi "Diciotti" e "Gregoretti"*. *federalismi.it.*, n.º 8, 2020.

PINELLI, C. "Il precario assetto delle fonti impiegate nell'emergenza sanitaria e gli squilibrati rapporti fra Stato e Regioni". *Astrid Rassegna*, n.º 5, 2020.

PINELLI, C. "Un sistema parallelo. Decreti-legge e ordinanze d'urgenza nell'esperienza italiana". *Diritto pubblico*, 2009.

PINTO, I. MASSA. "La tremendissima lezione del Covid-19 (anche) ai giuristi". *Questione Giustizia*, 18 marzo 2020.

PINTO, R. RAVÌ. "Brevi considerazioni su stato d'emergenza e Stato costituzionale". *Forum* di *Biolaw Journal*, 20 marzo 2020.

PRETEROSSI, G. *Da emergenza sanitaria a stato di eccezione politico* (25 marzo 2020). www.micromega.net.

RACIOPPI, F. "Lo stato d'assedio e i tribunali di guerra". *Giornale degli economisti*, 1898.

RAFFIOTTA, E. "La legittimità dei provvedimenti del Governo a contrasto dell'emergenza virale da coronavírus". *Forum* di *Biolaw Journal*, 18 marzo 2020.

RAFFIOTTA, E. C. *Norme d'ordinanza. Contributo a una teoria delle ordinanze emergenziali come fonti normative*. Bologna: BUP, 2019.

RAZZANO, G. "Le ordinanze di necessità e di urgenza nell'attuale ordinamento costituzionale". *Rivista AIC*, 9 ottobre 2008.

RESCIGNO, G. U. "Sviluppi e problemi nuovi in materia di ordinanze di necessità e urgenza e altre questioni in materia di protezione civile alla luce della sentenza n. 127 del 1995 della Corte costituzionale". *Giur. cost.*, 1995.

RESCIGNO, G. U. *La manutenzione delle fonti*, 2007.

RESCIGNO, G.U. "La catena normativa. Contributo al tema della fattibilità delle leggi". *Pol. dir.*, 1987.

RESCIGNO, G.U. *L'atto normativo*. Bologna: Zanichelli, 1998.

ROSSI, L. *"I "pieni poteri". Riv. di dir. pubbl. e della p. a. in Italia*, 1937.

ROSSI, L. "L'ordinamento dello stato d'assedio nelle ultime leggi italiane". *Riv. dir. pubbl.*, 1936.

ROSSI, L. "Lo stato d'assedio nel diritto pubblico italiano (Rivista della giurisprudenza parlamentare)". *Arch. dir. pubbl.*, 1894.

RUGGERI, A. "Il coronavirus contagia anche le categorie costituzionali e ne mette a dura prova la capacità di tenuta". *Diritti regionali*, n.º 1, 2020.

RUGGERI, A. "Il coronavirus, la sofferta tenuta dell'assetto istituzionale e la crisi palese, ormai endemica, del sistema delle fonti". *ConsultaOnline*, n.º 1, 2020.

RUGGERI, A. "Neoregionalismo, dinamiche della normazione, diritti fondamentali". *Consulta Online*, 2002.

RUGGERI, A. "Pluralismo assiologico, pluralismo istituzionale, integrazione di sistemi". *"Itinerari" di una ricerca sul sistema delle fonti*, 19, *Studi dell'anno 2015*. Torino: Giappichelli, 2016.

RUGGERI, A. "Scelte tragiche e Covid-19". *Giustizia Insieme*, 24 marzo 2020.

RUIZ, G. ARANGIO. "Sulla legittimità dei Tribunali di guerra istituiti nei luoghi devastati dal terremoto del 28 dicembre 1908". *Riv. di dir. pubbl. e della p. a. in Italia*, 1909.

S(ANTI) ROMANO, "Sui decreti-legge e lo stato di assedio in occasione del terremoto di Messina e di Reggio-Calabria". *Riv. dir. pubbl. e della p. a. in Italia*, 1909.

SANDULLI, A.C M. "Legge. Forza di legge. Valore di legge". *Riv. trim. dir. pubbl.*, 1957.

SCHMITT, C. *Die Diktatur. Von den Anfängen des modernen Souveränitätsgedankens bis zum proletarischen Klassenkampf*, 1921, trad. B. Liverani, *La dittatura*, Roma-Bari, Laterza Berlin: Duncker & Humblot, 1974.

SCHMITT, C. *Verfassungslehre*. 5. ed. (rist. dell'ed. 1928). Berlin: Duncker & Humblot, 1970.

SIMONELLI, M. A. "Il Covid-19 e la gestione governativa dello stato di emergenza. Una riflessione a caldo". *lacostituzione.info*, 28 marzo 2020

TORCHIA, L. "La triste storia del decreto invisibile (al 3 aprile 2020)". *Astrid Rassegna*, n.º 5, 2020.

TORRE, F. "La Costituzione sotto stress ai tempi del coronavírus". *Forum* di *Biolaw Journal*, 27 marzo 2020.

TRABUCCO, D. "Sull'(ab)uso dei decreti del Presidente del Consiglio dei Ministri al tempo del Coronavirus: tra legalità formale e legalità sostanziale". *Astrid Rassegna*, n.º 5, 2020.

TRAVERSA, A. *Lo "stato di necessità" nel diritto pubblico interno.* Napoli: Pierro, 1916.

TROPEA, G. "Il Covid-19, lo Stato di diritto, la pietas di Enea". *federalismi.it*, 18 marzo 2020.

VENANZONI, A. "L'innominabile attuale. L'emergenza Covid-19 tra diritti fondamentali e stato di eccezione". *Forum* di *Quaderni costituzionali*, 26 marzo 2020.

VERNATA, A. "Decretazione d'urgenza e perimetro costituzionale nello stato di "emergenza epidemiologica". *Forum* di *Biolaw Journal*, 13 marzo 2020.

ZUCCHELLI, C. *"Lo «stato di eccezione» e i pericoli per la Costituzione che finisce violata".* *Il Dubbio*, 4 aprile 2020.

3.
O ESTADO FEDERAL E A GUERRA CONTRA O NOVO CORONAVÍRUS: CONSIDERAÇÕES EM FACE DA JURISPRUDÊNCIA DO STF

ROGER STIEFELMANN LEAL

Introdução: federalismo de guerra

"É de uma verdadeira guerra que se trata". Com essas palavras, o Presidente da República de Portugal caracterizou a situação de anormalidade causada mundo afora em função da pandemia gerada pela disseminação do novo coronavírus (SARS-CoV-2). Proferiu-as em discurso dirigido à nação, ao justificar a decretação – ocorrida em março de 2020 – de estado de emergência em todo o país. Legitimou-se, com isso, o emprego de diversas medidas restritivas de liberdades constitucionais. Foram estatuídas diretrizes voltadas a limitar atividades econômicas, determinar confinamentos compulsórios e inibir a realização de cultos e cerimônias religiosas. O uso de regimes constitucionais de emergência em face da crise sanitária ocorreu também em vários outros países, a exemplo de Colômbia, Espanha, Hungria, Etiópia, México e África do Sul[1].

[1] Chattopadhyay, Rupak e Knüpling, Felix. "Comparative summary". *Federalism and the Response to COVID-19; A Comparative Analysis*. New York: Routledge, 2021, pp. 279 e 293; também Palermo, Francesco. "Is there a space for federalism in times of emergency?". VerfBlog, 2020/5/13, https://verfassungsblog.de/is-there-a-space-for-federalism-in-times-of-emergency/. Acesso em: 23/12/2021.

Como regra geral, a via dos regimes de emergência implica solução institucional de caráter extraordinário que enseja concentração de funções e encargos. Atenuam-se limites imanentes aos arranjos institucionais que estruturam fórmulas de divisão de poderes de modo a viabilizar as medidas necessárias para enfrentar cenários anômalos de elevada gravidade política e social. São fortalecidas não apenas as instâncias governamentais em desfavor dos órgãos de deliberação legislativa, mas também a esfera central em detrimento das unidades parciais ou subnacionais[2]. No plano federativo, portanto, o direito de crise que sobressai da decretação de regime de emergência investe o governo federal em funções e prerrogativas especiais que o legitimam a interferir em assuntos de âmbito estadual e local[3]. Tal peculiaridade reflete percepção sobre as dificuldades da organização federativa – como estruturada no texto constitucional – em responder de forma adequada, eficiente e tempestiva a situações de grave anormalidade social e política.

O ordenamento constitucional brasileiro, por seu turno, autoriza a decretação de **estado de defesa** ante ameaças à ordem pública ou à paz social que decorram "de calamidades de grandes proporções na natureza". Seu regime normativo-constitucional propicia dinâmica centralizadora, suscitando significativo abrandamento de aspectos associativos e cooperativos que informam a estrutura federativa. A esse propósito, autoriza-se o governo federal a promover, além de atípicas restrições a direitos, "a ocupação e uso temporário de bens e serviços públicos, na hipótese de calamidade pública, respondendo a União pelos danos e custos decorrentes" (artigo 136, § 1.º, II, da CRFB/88). Viabiliza-se, assim, a interferência da União em espaços de autonomia de Estados e Municípios.

Em âmbito federal, contudo, enveredaram os governantes brasileiros por caminhos institucionais heterodoxos. De um lado, decidiram não acionar os instrumentos de emergência estatuídos no texto constitucional, como o **estado de defesa,** muito embora tenham formalmente declarado calamidade pública para alcançar os efeitos descritos no artigo 65 da

[2] Palermo, Francesco, *op. cit.*

[3] Steytler, Nico. Federalism under pressure. Comparative Federalism and Covid-19: Combating the Pandemic, New York: Routledge, 2021, p. 401.

Lei Complementar n.º 101/2000[4]. Apressaram-se em aprovar, de outro lado, regimes *ad hoc* com a finalidade de afastar, durante a crise do coronavírus, limites financeiros, orçamentários e administrativos, a exemplo do disposto na Emenda Constitucional n.º 106/2020. Em relação à federação, assumiram o desafio de enfrentar a situação de anormalidade ocasionada pela pandemia sem as soluções centralizadoras que caracterizam os regimes constitucionais de emergência. Mantiveram íntegras e operativas as autonomias e competências dos entes federativos subnacionais.

A estrutura policêntrica que marca a forma federativa é percebida como modelo de governança que suscita pluralidade de soluções políticas e demanda negociações e diálogo para obter alinhamento entre as diferentes esferas de governo. Tais aspectos são considerados entraves inoportunos em face de emergências como a gerada pela pandemia. Comporiam ambiente político-institucional propício à adoção descoordenada de ações e programas, estimulada, sobretudo, por conjunturas partidariamente polarizadas e pelo despreparo técnico-administrativo para lidar com o atípico quadro sanitário[5]. Conformariam, assim, emaranhado (*patchwork*) de medidas desencontradas, permitindo especular sobre o federalismo "como um dos derrotados" na guerra contra o vírus[6].

1. Medidas sanitárias e competências federativas

A singularidade das medidas sanitárias consideradas necessárias para combater a crise do coronavírus requeria, entre outras providências, a aprovação de legislação que lhes conferisse amparo normativo suficiente. Em razão disso, editou-se, ainda em fevereiro de 2020, a Lei n.º 13.979.

[4] A calamidade pública foi declarada pelo Congresso Nacional mediante o Decreto Legislativo n.º 6, de 20 de março de 2020.

[5] Palermo, Francesco. "Is there a space for federalism", *op. cit.*; também Hegele, Yvonne e Schnabel, Johanna. "Federalism and the management of the COVID-19 crisis: centralisation, decentralisation and (non-)coordination". *West European Politics,* v. 44, n.º 5–6, 2021, pp. 1052 e 1060.

[6] Hegele, Yvonne e Schnabel, Johanna. "Federalism and the management of the COVID-19 crisis: centralisation, decentralisation and (non-)coordination". *West European Politics,* v. 44, n.º 5–6, 2021, p. 1052; ver também Fenna, Alan. "Australian federalism and the COVID-19 crisis". *Federalism and the Response to COVID-19; A Comparative Analysis.* New York: Routledge, 2021, p. 17.

Seu artigo 3.º, a esse propósito, estipulou relação de providências passíveis de serem adotadas por governantes e autoridades sanitárias, no âmbito de suas competências. Tal relação não esgotava, contudo, o conjunto de medidas cabíveis. Admitia o emprego de outras que encontrassem base legal idônea.

Desse modo, autorizou-se a imposição, dentre outras ações, de quarentena, isolamento, realização compulsória de testes e vacinação, exumação e manejo de cadáveres, investigação epidemiológica e licença para a importação de produtos sujeitos à vigilância sanitária sem registro. Ademais, foram eliminadas barreiras e restrições administrativas de modo a agilizar a atuação dos órgãos de saúde pública, como a autorização para dispensa de licitação de bens e serviços (artigo 4.º) e o dever de compartilhamento de dados essenciais à identificação de pessoas infectadas ou suspeitas de infecção (artigo 6.º). Foi, ainda, a Lei n.º 13.979/2020 objeto de diversas modificações legislativas posteriores[7].

O mesmo instrumento legal estabeleceu, de outra parte, fórmulas específicas voltadas a pautar o relacionamento entre as unidades federativas, principalmente, em face de determinadas medidas sanitárias. Assim, ao autorizar a imposição de restrições à locomoção interestadual e intermunicipal por rodovias, portos e aeroportos, condicionou tal medida à observância de recomendação técnica e fundamentada da Anvisa (artigo 3.º, VI, b). As restrições de locomoção sujeitavam-se, ainda, a ato conjunto emitido pelos Ministérios da Saúde, da Infraestrutura e da Justiça e Segurança Pública (artigo 3.º, § 6.º). Além disso, submeteu algumas das medidas elencadas no artigo 3.º, quando determinadas por governos e autoridades locais, à autorização prévia do Ministério da Saúde (artigo 3.º, § 7.º, II). A adoção das medidas sanitárias em âmbito local deveria, ademais, resguardar serviços públicos e atividades essenciais (artigo 3.º, § 8.º), nos termos de regulamentação a ser emitida pelo Presidente da República (artigo 3.º, § 9.º). Tais fórmulas de interação federativa conferiam à União, fica claro, posição de centralidade em questões relevantes

[7] Destacam-se, a esse propósito, os seguintes diplomas: Lei n.º 14.006, de 28 de maio de 2020, Lei n.º 14.019, de 2 de julho de 2020, Lei n.º 14.022, de 7 de julho de 2020, Lei n.º 14.023, de 8 de julho de 2020, Lei n.º 14.028, de 27 de julho de 2020, Lei n.º 14.035, de 11 de agosto de 2020, e Lei n.º 14.065, de 30 de setembro de 2020.

ao combate da pandemia. Reclamavam sua participação, no caso de certas providências legalmente previstas, à medida em que sua concordância era requerida para que governos locais as colocassem em prática.

Não tardou para que o esquema de relacionamento interfederativo definido pela Lei n.º 13.979/2020 fosse confrontado com o regime constitucional de repartição de competências federativas. Por um lado, as fórmulas de interação federativa constantes do referido diploma foram contestadas em face da autonomia política assegurada a Estados e Municípios (artigo 18 da CRFB/88) conjugada com a competência concorrente para legislar sobre *proteção e defesa da saúde* (artigo 24, XII, da CRFB/88) e a competência comum para *cuidar da saúde e assistência pública* (artigo 23, II, da CRFB/88). Sua legitimidade constitucional, por outro lado, estaria vinculada à sua adequação ao âmbito das normas gerais (artigo 24, § 1.º, da CRFB/88) e ao papel de coordenação assegurado à esfera federal nessa matéria, assim como à competência privativa da União *para planejar e promover a defesa permanente contra as calamidades públicas* (artigo 21, XVIII, da CRFB/88). A controvérsia constitucional envolveu, ainda, o modelo de entrelaçamento federativo (*interlocking federalism*) que caracteriza o Sistema Único de Saúde – SUS, cuja estruturação reclama *rede regionalizada e hierarquizada, bem como organização consoante diretriz da descentralização, com direção única em cada esfera de governo* (artigo 198, *caput* e I, da CRFB/88). Não bastasse isso, o próprio texto constitucional atribui expressamente ao SUS a competência para *executar as ações de vigilância sanitária e epidemiológica* (artigo 200, II, da CRFB/88).

Muito embora se tenha reconhecido que, "em momentos de acentuada crise, o fortalecimento da união" constitui um dos "instrumentos essenciais e imprescindíveis a serem utilizados"[8], entendeu o Supremo Tribunal Federal que as fórmulas de relacionamento intergovernamental acima referidas estariam a violar o desenho constitucional da federação brasileira. Avaliou, nesse particular, que a Lei n.º 13.979/2020 conferia ao Poder Executivo da União, em descompasso com a Constituição, poderes

[8] Voto proferido pelo Ministro Alexandre de Moraes na ADI MC-Ref n.º 6.343/DF, Red. p/acórdão Min. Alexandre de Moraes, DJ de 17.11.2020. Raciocínio similar encontra-se no voto que proferiu o Ministro Alexandre de Moraes na ADI MC-Ref n.º 6.341/DF, Red. p/acórdão Min. Edson Fachin, DJ de 13.11.2020.

para "afastar, unilateralmente, as decisões dos governos estaduais, distrital e municipais que, no exercício de suas competências constitucionais, adotaram ou venham a adotar, no âmbito de seus respectivos territórios, importantes medidas" sanitárias[9]. Cuidar-se-ia de "condicionamento (...) que, na prática, mitiga o exercício das competências constitucionais desses entes em prol da União"[10]. Da competência comum dos entes federativos decorreria que "tanto a União, quanto os Estados e os Municípios podem (e devem) adotar imposição de distanciamento social, suspensão de atividades de ensino, restrições de comércio, atividades culturais, circulação de pessoas"[11]. As condicionantes à atuação de Estados e Municípios estatuídas pela Lei n.º 13.979/2020 cerceariam, nesses termos, o exercício da competência dessas unidades federativas – assegurada no artigo 23, II, da Constituição – para *cuidar da saúde e assistência pública.*

Ao examinar a controvérsia à luz do disposto no artigo 21, XVIII, da Constituição, que reserva à União a função de *planejar e promover a defesa permanente contra as calamidades públicas,* cumpria à Corte Suprema analisar os limites que permitem distinguir entre o âmbito material alcançado por essa atribuição e aquele que atrairia a competência comum para *cuidar da saúde e assistência pública.* Considerou-se, nessa perspectiva, tal competência privativa da União como entrave ilegítimo à adequada dinâmica operativa das unidades federativas, afirmando-se, a propósito, "que essa disposição centralizadora do artigo 21 da Constituição não blinda a nossa Federação contra as legislações concorrentes dos estados e dos municípios, notadamente naquilo que diz respeito aos seus interesses preponderantes e às suas peculiaridades locais"[12]. Assinalou-se, ademais, que sediar essa função na esfera de competência da União não significa-

[9] Voto proferido pelo Ministro Alexandre de Moraes na ADI MC-Ref n.º 6.343/DF, Red. p/acórdão Min. Alexandre de Moraes, DJ de 17.11.2020.

[10] Voto proferido pelo Ministro Alexandre de Moraes na ADI MC-Ref n.º 6.343/DF, Red. p/acórdão Min. Alexandre de Moraes, DJ de 17.11.2020.

[11] Voto proferido pelo Ministro Gilmar Mendes na ADI MC-Ref n.º 6.343/DF, Red. p/acórdão Min. Alexandre de Moraes, DJ de 17.11.2020.

[12] Voto proferido pelo Ministro Luiz Fux na ADI MC-Ref n.º 6.343/DF, Red. p/acórdão Min. Alexandre de Moraes, DJ de 17.11.2020. Raciocínio similar encontra-se no voto que proferiu o Ministro Luiz Fux na ADI MC-Ref n.º 6.341/DF, Red. p/acórdão Min. Edson Fachin, DJ de 13.11.2020.

ria "que a competência dos demais entes federativos para o combate de problemas regionais e locais tenha sido anulada"[13]. Em certa medida, a adoção dessa via interpretativa tem o condão de abrandar o caráter **privativo**[14] da competência assegurada pelo artigo 21, XVIII, do texto constitucional. É a **privatividade**, nesse caso, qualidade que reserva atividade ou área de atuação à esfera federal, vedando a participação ou interferência das demais unidades federativas[15]. Trata-se de disposição constitucional advinda de decisão constituinte que reconhece o *predomínio do interesse* da União no exercício *exclusivo* dessa específica função estatal.

Certos pronunciamentos avançaram no tema e explicitaram compreensão acerca do conteúdo normativo do artigo 21, XVIII, da Constituição. Nessa linha, expôs o Ministro Ricardo Lewandowski sua visão a propósito, sentenciando que o poder constitucional para *planejar e promover a defesa permanente contra as calamidades públicas* importaria em "estabelecer regras gerais e oferecer apoio material aos demais entes federados"[16].

[13] Voto proferido pelo Ministro Gilmar Mendes na ADI MC-Ref n.º 6.343/DF, Red. p/acórdão Min. Alexandre de Moraes, DJ de 17.11.2020.

[14] Adota-se aqui, quanto à noção de *competência privativa*, posição que emprega indistintamente as expressões "privativa" e "exclusiva". O texto constitucional, é sabido, não observa diferença substancial entre essas expressões, como se depreende, por exemplo, das referências à iniciativa *privativa* (artigo 61, § 1.º) e à iniciativa *exclusiva* (artigo 63, I). Consoante assinalado por ALMEIDA, Fernanda Dias Menezes de, não "parece apropriado (...) extremar mediante" tais expressões "as competências próprias que podem e as que não podem ser delegadas, como se 'privativo' não exprimisse, tanto quanto 'exclusivo', a ideia do que é deferido a um titular com exclusão de outros" (ALMEIDA, Fernanda Dias Menezes de. *Competências na Constituição de 1988*. 4. ed. São Paulo: Saraiva, 2007, p. 63).

[15] Consoante assinalado por RUSSOMANO, Rosah, a competência *exclusiva* ou *privativa* é "aquela deferida, tão só, a determinada entidade, cuja capacidade jurídica, exercendo-se em toda plenitude, não permite, no desdobramento de suas atividades e no exercício de suas atribuições, interferências de outras entidades quaisquer" (RUSSOMANO, Rosah. *O Princípio do Federalismo na Constituição Brasileira*. Rio de Janeiro: Freitas Bastos, 1965, p. 59). Em sentido semelhante, lecionou ALMEIDA, Fernanda Dias Menezes de, que "basta dizer que determinada competência assiste a uma entidade para que, automaticamente, não seja das outras, salvo previsão de atuação concorrente que, esta sim, há de ser expressa" (ALMEIDA, Fernanda Dias Menezes de. *Competências na Constituição de 1988*. 4. ed. São Paulo: Saraiva, 2007, p. 68).

[16] Voto proferido pelo Ministro Ricardo Lewandowski na ADI MC-Ref n.º 6.341/DF, Red. p/acórdão Min. Edson Fachin, DJ de 13.11.2020.

A menção, *in casu*, a "estabelecer regras gerais" sugere interpretação que reconhece competência concorrente positivada de forma deslocada ou imprópria em preceito constitucional destinado a definir competência material privativa da União[17], a exemplo do que ocorre com o artigo 21, XX, da Constituição[18]. Tal raciocínio acabaria, assim, por emprestar fundamento constitucional à atuação de Estados e Municípios em relação à mesma questão[19]. Transforma, na prática, competência exclusiva em concorrente, viabilizando o envolvimento de outros entes federativos.

O exame da controvérsia, sob a perspectiva das competências federativas, também incluiu apreciação sobre os parâmetros constitucionais que norteiam a organização do SUS. Sua qualificação constitucional como *rede hierarquizada de ações e serviços públicos de saúde* não foi percebida como base normativa idônea aos condicionamentos impostos pela Lei n.º 13.979/2020 à adoção de certas medidas por Estados e Municípios. Afirmou-se que tal "diretriz constitucional", nos termos em que assegurada no artigo 198 da Lei Maior, "não significou hierarquização entre os entes federados, mas comando único, dentro de cada um deles[20]. Da ideia de

[17] Segundo Horta, Raul Machado, "retificação que se impõe é a de retirar da competência legislativa exclusiva ou privativa da União as matérias dependentes da legislação de normas gerais (...) para integrá-las na competência de legislação concorrente, que é o campo próprio da atividade legislativa daquela natureza" (Horta, Raul Machado. *Direito Constitucional*. 2. ed. Belo Horizonte: Del Rey, 1999, p. 470; no mesmo sentido, Almeida, Fernanda Dias Menezes de. *Competências na Constituição de 1988*. 4. ed. São Paulo: Saraiva, 2007, p. 87).

[18] A associação do inciso XX do artigo 21 ao exercício de competência legislativa concorrente é encontrada em julgados do STF, a exemplo da ADI n.º 5.857/PA, Rel. Min. Cármen Lúcia, DJ de 20.10.2019; da ADI n.º 5.696/PA, Rel. Min. Alexandre de Moraes, DJ de 11.11.2019; ADI n.º 2.095/RS, Rel. Min. Cármen Lúcia, DJ de 26.11.2019.

[19] Vale observar, contudo, que os enunciados dos incisos XVIII e XX do artigo 21 contemplam expressões e poderes distintos. Enquanto o inciso XX expressamente estabelece poderes para "instituir diretrizes", o inciso XVIII se limita a dispor sobre "planejar e promover a defesa". Ademais, a interpretação da competência para *instituir diretrizes para o desenvolvimento urbano* (artigo 21, XVIII) reclama necessário ajustamento com a atribuição da União, no âmbito das competências concorrentes, para legislar sobre normas gerais em matéria de direito urbanístico (artigo 24, I e § 1.º).

[20] Voto proferido pelo Ministro Edson Fachin na ADI MC-Ref n.º 6.343/DF, Red. p/acórdão Min. Alexandre de Moraes, DJ de 17.11.2020.

rede regionalizada e hierarquizada extraiu-se que o sistema "pressupõe, assim, uma organização por colaboração, e não por superposição de ações dos entes políticos, a fim de concretizar os princípios da universalidade e da integralidade que informam" suas ações[21]. A estruturação constitucional do Sistema como *rede hierarquizada* – cumpre notar – impediria, nos termos assentados pela jurisprudência, que a lei contemple instrumentos de ascendência *hierárquica* entre os entes federativos, inclusive como modo de atuação emergencial em face da crise ensejada pela disseminação do coronavírus. Excluiria, por conseguinte, soluções interpretativas que admitam sujeitar medidas estaduais e municipais à concordância da administração federal, mesmo em face dos poderes da União para coordenar e definir sistemas e diretrizes normativas no âmbito do SUS (artigo 16 da Lei n.º 8.080/1990).

Também foi objeto de análise pelo Supremo Tribunal Federal, ao apreciar a constitucionalidade das condicionantes interfederativas estatuídas pela Lei n.º 13.979/2020, a competência constitucionalmente atribuída ao SUS para *executar as ações de vigilância sanitária e epidemiológica*. Sua inclusão no artigo 200, II, da Constituição, serviu, primeiramente, de fundamento para enquadrá-la entre as "normas constitucionais de descentralização do Sistema Único de Saúde"[22]. Com base nessa específica atribuição, passou-se a considerar, "no que diz respeito à crise do Covid-19, que a autoridade dos entes federativos descentralizados, para promover controle sanitário-epidemiológico (...) não decorre de delegação da União nem a ela se subordina", pois "trata-se de competência autônoma, estabelecida pelo artigo 18 da Constituição"[23]. A associação entre a competência a que se refere o artigo 200, II, da Constituição e a autonomia das unidades subnacionais induziu compreensão que assegura a cada um dos entes federativos que integram o SUS poderes para

[21] SS MC n.º 5.382/PI, Rel. Min. Dias Toffoli, DJ de 25.05.2020; STP MC n.º 280/MG, Rel. Min. Dias Toffoli, DJ de 17.06.2020.

[22] Rcl n.º 48.448/SC, Rel. Min. Roberto Barroso, DJ de 24.08.2021; Rcl n.º 47.626/PR, Rel. Min. Roberto Barroso, DJ de 30.06.2021; Rcl n.º 46.230/SP, Rel. Min. Roberto Barroso, DJ de 02.06.2021; Rcl n.º 39.811/SP, Rel. Min. Gilmar Mendes, DJ de 15.04.2020.

[23] Voto proferido pelo Ministro Gilmar Mendes na ADI MC-Ref n.º 6.343/DF, Red. p/acórdão Min. Alexandre de Moraes, DJ de 17.11.2020.

executar as ações de vigilância sanitária e epidemiológica. Interpretou-se que a função atribuída ao Sistema[24] – o *todo* – caberia igualmente a quaisquer dos entes públicos que o integram como *partes.* Ou seja, foram reconhecidos indistintamente às esferas de autonomia de União, Estados e Municípios tais poderes, inclusive para determinar as medidas restritivas disciplinadas pela Lei n.º 13.979/2020. Abriu-se brecha para cogitações sobre óbice jurídico-constitucional a esquemas legislativos de regionalização e descentralização voltados a inibir redundâncias e sobreposições indesejáveis[25].

2. Coordenação e cooperação federativa

Aspecto muitas vezes reiterado nos julgados do Supremo Tribunal Federal em face da crise sanitária foi o papel de coordenação do sistema de saúde e das ações de combate à pandemia a ser exercido pela União e, mais especificamente, pelo governo federal. Admitiu-se como evidente "que a União tem papel primordial de coordenação em uma pandemia internacional", cabendo-lhe "a grande coordenação da saúde", posição "central, primordial e imprescindível de realizar" essa tarefa "nos moldes que a própria Constituição estabeleceu no SUS"[26]. Ademais, foi expres-

[24] Ao examinar a questão, assinalou FERREIRA FILHO, Manoel Gonçalves que "tal sistema não é personalizado, não é um ente estatal dotado de *imperium*, mas um complexo de serviços vinculados a diferentes esferas estatais". Percebendo que as atividades relacionadas no artigo 200 do texto constitucional foram confiadas ao Sistema em sua totalidade, concluiu o autor que "pode a lei regulamentar distribuir as competências administrativas desigualmente entre os entes públicos, por exemplo, reservando à União determinadas atribuições, etc" (FILHO, Manoel Gonçalves Ferreira. *Comentários à Constituição Brasileira de 1988*, v. 2. 2. ed. São Paulo: Saraiva, 1999, pp. 228-229).

[25] Consoante observado pelo Ministro Roberto Barroso, "não pode ser tudo centralizado, nem tampouco pode ser de forma que cada um corra para um lado, que o estado faça de um jeito e a União de outro" (voto proferido na ADI MC-Ref n.º 6.341/DF, Red. p/acórdão Min. Edson Fachin, DJ de 13.11.2020).

[26] Voto proferido pelo Ministro Alexandre de Moraes na ADI MC-Ref n.º 6.343/DF, Red. p/acórdão Min. Alexandre de Moraes, DJ de 17.11.2020. Raciocínio similar encontra-se no voto que proferiu o Ministro Alexandre de Moraes na ADI MC-Ref n.º 6.341/DF, Red. p/acórdão Min. Edson Fachin, DJ de 13.11.2020; também no voto proferido pelo Ministro Ricardo Lewandowski na ADI n.º 6.362/DF, Rel. Min. Ricardo Lewandowski, DJ de 09.12.2020.

samente asseverado que a própria disciplina legislativa sobre o SUS – em especial, a Lei n.º 8.080/1990 – "manteve a cargo de autoridades federais a normatização e a coordenação do sistema nacional de saúde e vigilância sanitária"[27]. Afirmou-se, assim, como missão precípua da União a *coordenação* das ações de controle e combate à crise sanitária.

A caracterização da *coordenação* como função primordial do governo federal em matéria de saúde pública confere a essa específica esfera federativa competência que – como regra geral – não caberia às demais unidades subnacionais. Mesmo considerando, como observado pelo Ministro Edson Fachin[28], caber aos Estados "a coordenação, em caráter complementar, da execução de ações e de serviços de vigilância epidemiológica", cumpre observar sua diferença essencial ante o caráter subordinado e, portanto, *complementar* da *coordenação* estadual. No âmbito da política sanitária, aponta-se que a *coordenação* exercida pelo governo federal de modo a "produzir convergência em torno de prioridades a serem adotadas pelos governos locais" se expressa, sobretudo, mediante medidas de financiamento e normatização[29]

A performance de diferentes federações frente à crise do coronavírus permite identificar, conforme observado por Sounders[30], amplo espectro de ações adotadas em âmbito nacional especificamente a título de *coordenação*. Envolve, assim, a definição da "estratégia geral de gestão" da crise, seus prazos e fases de execução, bem como seus aspectos específicos. Engloba também medidas que visem estabelecer o equilíbrio "entre limitar o contágio e preservar a economia", como "a duração

[27] Voto proferido pelo Ministro Luiz Fux na ADI MC-Ref n.º 6.343/DF, Red. p/acórdão Min. Alexandre de Moraes, DJ de 17.11.2020. Referência similar encontra-se no voto que proferiu a Ministra Cármen Lúcia na ADI MC-Ref n.º 6.341/DF, Red. p/acórdão Min. Edson Fachin, DJ de 13.11.2020.

[28] Voto proferido na ADI MC-Ref n.º 6.341/DF, Red. p/acórdão Min. Edson Fachin, DJ de 13.11.2020.

[29] Arretche, Marta. *Democracia, federalismo e centralização no Brasil.* Rio de Janeiro: FGV/Fiocruz, 2012, p. 163.

[30] Sounders, Cheryl. "Grappling with the Pandemic: Rich insights into intergovernmental relations". *Comparative Federalism and Covid-19: Combating the Pandemic.* New York: Routledge, 2021, p. 382.

e a extensão de uma particular medida de confinamento" (*lockdown*)[31]. Abarca, ademais, provimentos voltados a "harmonizar distintas capacidades e poderes" das diferentes esferas de governo de modo a "assegurar uma resposta adequadamente holística" e "atingir padrões esperados de equivalência"[32].

A imposição de tais parâmetros, critérios e medidas – no exercício da *coordenação* – sugere certa centralização política e funcional. Leva a efeito arranjo jurídico-institucional que confere prerrogativas ao coordenador que vinculam e condicionam o comportamento das demais unidades federativas. Promove, assim, dinâmica própria do federalismo cooperativo que rejeita manter a formulação de políticas públicas (*policymaking*) como atividade sujeita à mera colaboração espontânea entre governos de estatura e autonomia equivalentes. O modelo cooperativo, segundo ELAZAR[33], é caracterizado por "sistema hierarquizado" que, em geral, concede à União poderes para instituir determinadas políticas e submete as esferas subnacionais a "sanções federais" caso se comportem de modo não-cooperativo (*uncooperative*). A *coordenação* enquanto função político-administrativa confere, na prática, ao seu titular grau considerável de ascendência institucional, limitando a autonomia dos demais[34]. Confiada à União, legitimaria a definição de parâmetros e condicionamentos destinados a direcionar os esforços de Estados e Municípios de forma a confluírem para objetivos, prioridades e metas comuns.

[31] *Ibidem.*

[32] *Ibidem.*

[33] ELAZAR, Daniel. "Cooperative Federalism". Competition among States and Local Governments. Washington, D.C.: The Urban Institute Press, 1991, pp. 68 e 82. A propósito da experiência federativa alemã, assinalou BENZ que políticas importantes, no modelo cooperativo daquele país, acabam por sofrer "de um excesso de coordenação" (BENZ, Arthur. "Las relaciones intergubernamentales en el federalismo alemán: adopción compartida de decisiones e dinámica de la cooperación horizontal". España y modelos de federalismo. Madrid: Centro de Estudios Políticos y Constitucionales, 2010, p. 287.)

[34] WATTS, Ronald. *Sistemas federales comparados.* Madrid: Marcial Pons, 2006, p. 168; também CHAMBÔ, Pedro Luís. *Federalismo cooperativo: uma análise bidimensional.* Rio de Janeiro: Lumen Juris, 2021, pp. 120 e ss.; BERCOVICI, Gilberto. "Formação e evolução do federalismo no Brasil", Lições de direito constitucional: em homenagem ao jurista Celso Bastos. São Paulo: Saraiva, 2005, pp. 90-91.

A função de *coordenação*, a partir da interpretação levada a efeito pelo Supremo Tribunal Federal, assumiu, porém, contornos mais estreitos e limitados. Não compreendia as fórmulas de interação federativa instituídas em face de determinadas medidas sanitárias pela Lei n.º 13.979/2020. Optou-se, em sede jurisprudencial, por concepção de federalismo cooperativo que impede exigir autorização, regulação ou iniciativa prévia da administração federal como requisito para o exercício de competência comum por entes estaduais e municipais[35]. Nesse sentido, resumiu-se a *coordenação* à mera atividade de diálogo e negociação sujeita à insubordinável vontade das unidades federativas. Divisou-se *cooperação e coordenação* no acordo e no alinhamento político espontâneo e voluntário das diferentes esferas de governo que, despidas de suas diferenças políticas em prol do bem comum, venham a se aliar em torno de um plano de ação comum, sobretudo em face do momento crítico gerado pela pandemia.

Afirmou-se, nesse sentido, que "coordenação é respeito à autonomia", que "coordenação é liderança", que "é trazer todos os Estados, as diversas regiões, até para que uma região possa auxiliar outra"[36]. Indicou-se como "ideal" a ocorrência de "uma integração que, de alguma forma, o poder se vocalizasse a uma única voz"[37]. Tal concepção, "ao assegurar o pronunciamento de cada um dos entes federativos em seus respectivos âmbitos territoriais e de competência, consagrou a importância da atuação coordenada (e não conflitante) entre eles" [38], cabendo haver "uma ordenação pela reunião dos entes que representam as diferenças para formar a unidade nacional, com respeito a todos os objetivos e interesses

[35] Tal concepção vem sendo considerada como "nova diretriz para a compreensão do federalismo cooperativo brasileiro" (Barcellos, Ana Paula de. "Pandemia e federação: a nova diretriz do Supremo Tribunal Federal para a interpretação das competências comuns e alguns desafios para sua universalização". *Revista Eletrônica de Direito do Centro Universitário Newton Paiva*, v. 42, 2020, p. 180.

[36] Voto proferido pelo Min. Alexandre de Moraes na ADI MC-Ref n.º 6.341/DF, Red. p/ acórdão Min. Edson Fachin, DJ de 13.11.2020.

[37] Voto proferido pelo Ministro Gilmar Mendes na ADI MC-Ref n.º 6.343/DF, Red. p/ acórdão Min. Alexandre de Moraes, DJ de 17.11.2020.

[38] Voto proferido pelo Ministro Dias Toffoli na ADI MC-Ref n.º 6.343/DF, Red. p/acórdão Min. Alexandre de Moraes, DJ de 17.11.2020.

que precisam ser devidamente cumpridos"[39]. Considerou-se, assim, que o "exercício dessa competência" de *coordenação* "deverá sempre resguardar a atuação própria dos demais entes, sem jamais submetê-los a uma hierarquia"[40]. Em suma, o federalismo cooperativo vislumbrado pelo Supremo Tribunal Federal torna "necessária a atuação harmônica e conjunta dos entes federativos" sem macular "a autonomia dos entes subnacionais para atuarem dentro dos limites legais, observados parâmetros de razoabilidade fundados em justificativas técnicas"[41].

Essa visão de cooperação federativa está no cerne da declaração de inconstitucionalidade das disposições que, em face da pandemia de COVID-19, condicionavam medidas sanitárias estaduais e municipais a atos administrativos expedidos pela administração federal. Ao liberar a atuação independente de Estados e Municípios em matéria sanitária, apostou-se em fórmula romântica de federalismo cooperativo, fundada na livre articulação de vontades políticas autônomas. Elegeu-se como ideal e base da dinâmica institucional comportamento harmônico e entrosado que permitisse, "a uma única voz", ações federativas coordenadas.

O perfil constitucional da federação brasileira, contudo, admite ser encarado sob perspectiva mais ampla de maneira a compreender distintas potencialidades e alternativas. O federalismo cooperativo seguramente comporta esquemas e soluções jurídico-institucionais que escapam ao mero entendimento idealizado decorrente de relações harmoniosas e cordatas entre as diferentes esferas de governo. Ao examinar tais soluções a partir da experiência constitucional alemã, asseverou BENZ[42] que diálogos e negociações voluntárias "não figuram como os únicos meios de

[39] Voto proferido pela Min. Cármen Lúcia na ADI MC-Ref n.º 6.341/DF, Red. p/acórdão Min. Edson Fachin, DJ de 13.11.2020.

[40] Voto proferido pelo Ministro Edson Fachin na ADI MC-Ref n.º 6.343/DF, Red. p/ acórdão Min. Alexandre de Moraes, DJ de 17.11.2020.

[41] Voto proferido pelo Ministro Dias Toffoli na SS AgR n.º 5.370/RS, Rel. Min. Dias Toffoli, DJ de15.09.2020. Nessa mesma linha, sentenciou o Ministro Gilmar Mendes "que o planejamento de assistência de saúde, além da articulação interfederativa, deve ser realizado de forma harmônica, sem qualquer primazia e/ou hierarquia entre os entes federativos" (voto proferido na ADI n.º 6.362/DF, Rel. Min. Ricardo Lewandowski, DJ de 09.12.2020).

[42] BENZ, Arthur, Making Democracy Work in a Federal System, German Politics, v. 24, n. 1, 2015, p. 14.

coordenação política entre os entes de um sistema federativo". Segundo ele, em relação às políticas mais relevantes, "negociações voluntárias sequer desempenham papel significativo"[43]. O desenvolvimento do modelo cooperativo encontra espaço, sobretudo, em arranjos e fórmulas institucionais que, para além da ambicionada conciliação espontânea derivada de vontades autônomas, impõem a colaboração entre os entes federativos. Nesses termos, erigem-se, mediante instrumentos normativos diversos, esquemas institucionais que sujeitam importantes medidas a decisões partilhadas ou conjuntas (*joint decision-making*), ensejando, de forma compulsória, a produção de acordos (*compulsory negotiations*) entre governos de modo a impedir prejuízos e estagnação[44]. Cuida-se de dinâmica de "entrelaçamento federativo" (*interlocking federalism*), que proporciona significativo entrosamento das unidades da federação em esquemas de *interpenetração*, reunindo as diferentes esferas de governo em complexas fórmulas "coletivas de exercício do poder político"[45]. Atuam em conjunto, de forma centralizada, como se fossem somente uma unidade ou estrutura de poder, gerando, em boa medida, regime de *interdependência*, que inibe ações unilaterais, descoordenadas ou autônomas[46]. É arranjo que, assim, prestigia decisões e práticas conjuntas e compartilhadas.

A definição, no caso brasileiro, de fórmula institucional que, setorialmente, aglutina as diferentes unidades federativas mediante *sistema único* reflete esquema cooperativo que induz tal dinâmica de "entrelaçamento federativo" (*interlocking federalism*)[47]. Nessa linha, apresenta o

[43] Benz, Arthur, Making Democracy Work in a Federal System, p. 17.

[44] Benz, Arthur, Making Democracy Work in a Federal System, pp. 15-16.

[45] Hrbek, Rudolf. "(More) federal features for the EU?" *Intereconomics*, v. 38, n.º 4, 2003, p. 181.

[46] Hrbek, Rudolf. "The Reform of German Federalism: Part I". *European Constitutional Law Review*, v. 3, n. 2, 2007, p. 229–230; Bolleyer, Nicole e Thorlakson, Lori. "Beyond Decentralization — The Comparative Study of Interdependence in Federal Systems". *Publius: The Journal of Federalism*, v. 42, n. .º 4, 2012, pp. 567 e 571; Watts, Ronald. *Sistemas federales comparados*. Madrid: Marcial Pons, 2006, p. 168.

[47] Anotou, a propósito, o Ministro Ricardo Lewandowski que o federalismo cooperativo que deflui a partir do texto constitucional brasileiro "registra um entrelaçamento de competências e atribuições dos diferentes níveis governamentais (...), aliado à partilha dos recursos financeiros" (voto proferido na ADI n.º 6.362/DF, Rel. Min. Ricardo Lewandowski, DJ de 09.12.2020).

SUS complexo esquema de cooperação intergovernamental que centraliza as funções de *coordenação* e normatização dos serviços de saúde, em alguns temas, na própria administração federal e, em outros, em foros de articulação federativa como as Comissões Intergestores (Bipartites e Tripartite) formalizadas, sobretudo, a partir da Lei n.º 12.466/2011. Tais Comissões constituem, assim, "instâncias de pactuação consensual entre os entes federativos para definição das regras da gestão compartilhada do SUS" (artigo 2°, IV, do Decreto n.º 7.508/2011). Formam, portanto, arranjo federativo que partilha a gestão da saúde pública entre as diferentes esferas de governo, sendo, em âmbito nacional, os Estados representados pelo Conselho Nacional de Secretários de Saúde – CONASS e os Municípios pelo Conselho Nacional de Secretarias Municipais de Saúde – CONASEMS[48]. As exigências de *pactuação e consensualidade* compõem modelo político-administrativo que centraliza e partilha o processo decisório (*joint decision-making*). Busca, ainda, tolher ações autônomas e descoordenadas, reduzindo "a chance de novas decisões federais unilaterais no desenho do sistema"[49].

Os arranjos político-institucionais que propiciam tais dinâmicas de "entrelaçamento federativo" não têm sido, porém, encarados como fórmulas de cooperação intergovernamental que reúnem e entrosam as diferentes esferas de governo. Ao examinar a aplicabilidade e a juridicidade de decisões da Comissão Intergestores Tripartite sobre a distribuição territorial dos lotes de vacinas, o Supremo Tribunal Federal não denunciou sua natureza interfederativa, cujo processo decisório requer *pactuação* entre representantes de União (Ministério da Saúde), Estados

[48] CONASS e CONASEMS, nos termos da Lei n.º 12.466/2011, atuam como órgãos de coordenação federativa horizontal, sendo formalmente "reconhecidos como entidades representativas dos entes estaduais e municipais para tratar de matérias referentes à saúde e declarados de utilidade pública e de relevante função social, na forma do regulamento".

[49] Abrúcio, Fernando Luís e Franzese, Cibele. "A combinação entre federalismo e políticas públicas no Brasil pós-1988: os resultados nas áreas de saúde, assistência social e educação". *Reflexões para Ibero-América: avaliação de programas sociais.* Brasília: ENAP, 2009, pp. 35-36. Cuida-se, segundo Ribeiro e Moreira, de modelo que atua mediante "sistema de vetos cruzados entre os atores federativos" (Ribeiro, José Mendes e Moreira, Marcelo Rasga, "A crise do federalismo cooperativo nas políticas de saúde no Brasil". *Saúde em Debate*, v. 40, 2016, p. 21).

(CONASS) e Municípios (CONASEMS). Tomou, no caso, a Comissão como simples órgão integrante da administração federal, referindo-se aos atos (notas técnicas) por ela emitidos como "súbita modificação da sistemática de distribuição dos imunizantes, levada a efeito pela União"[50]. Ou seja, tais atos foram entendidos como decisões unilaterais da União em vez de refletirem significado cooperativo ante sua consensual aprovação pelos legítimos representantes de todas as esferas de governo, inclusive do Estado-membro – via CONASS[51] – que os impugnava judicialmente.

Essa compreensão sobre as Comissões Intergestores do SUS guarda, ademais, coerência com o juízo que considera haver subordinação indevida de esferas constitucionalmente autônomas ao se submeter à autorização ou regulação determinadas medidas sanitárias disciplinadas pela Lei n.º 13.979/2020. Não reputa, dessa maneira, tais exigências legais como forma concertada ou cooperada de atuação interfederativa a reclamar, mormente em casos de excepcional restrição de liberdades constitucionais, ação ou resolução compartilhada entre mais de uma unidade da federação. A adoção de medidas como quarentena ou isolamento ficariam – sob essa perspectiva preterida pela jurisprudência – a depender da iniciativa de governo local e da concordância da União (artigo 3.º, § 7.º, II), gerando modelo decisório comparável ao aplicado nas Comissões Intergestores. Configuraria, nessa linha, forma de partilha da gestão sanitária, que, como visto, prestigiaria a cooperação em desfavor de ações unilaterais autônomas. Significa dizer, de outro modo, que o raciocínio

[50] Voto proferido pelo Ministro Ricardo Lewandowski na ACO MC-Ref. n.º 3.518/DF, Rel. Min. Ricardo Lewandowski, DJ de 17.12.2021. Pronunciamento minoritário emitido pelo Ministro Nunes Marques expressamente destacou a respeito da Comissão Intergestores "que toda reunião conta com a participação de representantes dos Estados e Municípios, que em conjunto com o Ministério da Saúde, (...) avaliam e compatibilizam as necessidades dos entes federados com a disponibilidade de doses" (voto proferido pelo Ministro Nunes Marques na ACO MC-Ref. n.º 3.518/DF, Rel. Min. Ricardo Lewandowski, DJ de 17.12.2021).

[51] A propósito, dispõe o artigo 14-B da Lei n° 8.080/1990: O Conselho Nacional de Secretários de Saúde (CONASS) e o Conselho Nacional de Secretarias Municipais de Saúde (CONASEMS) são reconhecidos como entidades representativas dos entes estaduais e municipais para tratar de matérias referentes à saúde e declarados de utilidade pública e de relevante função social, na forma do regulamento.

adotado pelo Supremo Tribunal Federal abre a porta ao questionamento de outras providências sujeitas ao modelo das Comissões Intergestores do SUS, sob a mesma alegação de se submeter o exercício autônomo da competência comum para *cuidar da saúde e assistência pública* ao crivo da União.

3. Estrutura cooperativa e dinâmica competitiva

A delimitação de âmbitos materiais comuns sobre os quais atuam e concorrem as diferentes unidades federativas constitui um dos elementos nucleares da estrutura constitucional do modelo cooperativo de federação. Justamente em razão disso, a Constituição de 1988 foi saudada por ter, "ultrapassando o dualismo dos poderes enumerados e dos poderes reservados, poderosa criação do federalismo clássico", adicionado e ampliado "na repartição de competências a competência comum, de caráter cooperativo, (...) e a competência concorrente, de natureza legislativa"[52]. Cuida-se de desenho político-constitucional que, erigindo condomínio material entre as esferas federativas, enseja a formalização de arranjos e mecanismos que promovam relações de complementariedade e mútua colaboração entre elas para o eficiente exercício de suas competências comuns. A ideia de cooperação reflete, em linha de princípio, modelo institucional de *interdependência* que inibe ações isoladas, descoordenadas e autônomas de qualquer das unidades federativas[53].

O dever de atuação conjunta que se infere do modelo cooperativo é ainda mais enfático e pronunciado em relação à área da saúde. Segundo o texto constitucional, as ações e serviços de saúde pública dos entes federativos devem compor *sistema único*, integrando *rede regionalizada e hierarquizada* (artigo 198) com competências próprias atribuídas ao sistema como um todo (artigo 200). Nesses termos, a cooperação não caberia ser considerada como mera faculdade, mas como exigência jurídico-consti-

[52] Horta, Raul Machado, *op. cit.*, p. 493.

[53] Bercovici, Gilberto. *Formação e evolução do federalismo no Brasil, Lições de direito constitucional: em homenagem ao jurista Celso Bastos.* São Paulo: Saraiva, 2005, p. 732. Trata-se de modelo federativo em que se tem percebido "evidente decréscimo de autonomia suportado pelos entes subnacionais" (Chambô, Pedro Luís. *Federalismo cooperativo: uma análise bidimensional.* Rio de Janeiro: Lumen Juris, 2021, p. 132).

tucional a ser cumprida nos termos das soluções contempladas na legislação[54]. Requer, ademais, arranjos de articulação federativa em que "todos atuam coordenada e paralelamente", considerando-se "indispensável a atuação conjunta de todas as pessoas políticas, desenvolvendo tarefas diversas"[55]. A legislação, em decorrência disso, dotou o SUS de complexa organização administrativa, definindo, como se viu, órgãos e estruturas que partilham a gestão da saúde entre os entes federativos, a exemplo das Comissões Intergestores (Lei n.º 12.466/2011).

No entanto, a jurisprudência formada em face das medidas de enfrentamento à pandemia constantes, principalmente, da Lei n.º 13.979/2020, trilhou caminho diverso. Coibiu soluções coletivas e compartilhadas, bem como atenuou o caráter interfederativo das providências e decisões emitidas pelas referidas Comissões Intergestores. Interpretou-se a competência comum para *cuidar da saúde e assistência pública* de modo "que Estados e Municípios não poderiam ficar vinculados a órgão da União para obter autorizações na adoção necessária das (medidas) previstas na Lei 13.979/2020"[56]. Caberia, assim, a todas as unidades federativas, inclusive a União, de forma livre e autônoma atuar no combate à crise sanitária "seja por meio da edição de normas legais (...) seja mediante a realização de ações administrativas, sem que, como regra, dependam da autorização de outros níveis governamentais para levá-las a efeito, cumprindo-lhes, apenas, consultar o interesse público que têm a obrigação de preservar"[57]. A competência a que se refere o artigo 23, II, da Constituição, asseguraria a cada ente federativo poderes para aplicar "quaisquer

[54] A esse propósito, assentou a Ministra Rosa Weber, em sede jurisdicional, que "nas matérias de que trata o artigo 23 o cooperativismo é obrigatório, e não facultativo" (ACO n.º 3.121/RR, Rel. Min. Rosa Weber, DJ de 27.10.2020).
[55] Voto proferido pelo Min. Edson Fachin no RE ED n.º 855.178/SE, Rel. p/acórdão Min. Edson Fachin, DJ de 16.04.2020.
[56] Voto proferido pelo Min. Gilmar Mendes na ADI n.º 6.362/DF, Rel. Min. Ricardo Lewandowski, DJ de 09.12.2020.
[57] Voto proferido pelo Min. Ricardo Lewandowski na ADPF MC-Ref. n.º 770/DF, Rel. Min. Ricardo Lewandowski, DJ de 10.03.2021.

medidas que se mostrem necessárias para salvar vidas e garantir a higidez física das pessoas ameaçadas ou acometidas pela nova moléstia"[58].

A garantia de poderes decisórios unilaterais e autônomos às diferentes esferas de governo fez recair a noção de cooperação federativa sobre aspiração idealizada de sua mútua e espontânea colaboração, "deixando de lado eventuais divergências ideológicas ou partidárias dos respectivos governantes, sobretudo diante da grave crise sanitária e econômica decorrente da calamidade pública causada pelo novo coronavírus"[59]. A conjuntura política do momento, no entanto, não favorecia relacionamentos harmônicos e magnânimos. Propiciou, ao contrário, ambiente de acesa controvérsia sobre a aplicação das medidas sanitárias. A exacerbada polarização política instigou impasses e desalinhamentos entre unidades federativas[60] que, sob certo ângulo, justificam as preocupações manifestadas sobre as dificuldades e limitações que federações enfrentam ante situações emergenciais de grave anormalidade social e econômica[61].

A autonomia assegurada a Estados e Municípios, além da União, para aplicar medidas sanitárias restritivas de liberdades constitucionais

[58] Voto proferido pelo Min. Ricardo Lewandowski na ADPF MC-Ref. n.º 770/DF, Rel. Min. Ricardo Lewandowski, DJ de 10.03.2021.

[59] Voto proferido pelo Min. Ricardo Lewandowski na ADPF MC-Ref. n.º 770/DF, Rel. Min. Ricardo Lewandowski, DJ de 10.03.2021. Visão semelhante foi exposta pelo Ministro Alexandre de Moraes ao observar que a federação brasileira "funda-se sob o pilar da cooperação (federalismo cooperativo), urgindo atuação irmanada dos entes em favor da coletividade" (voto proferido no RE ED n.º 855.178/SE, Rel. p/acórdão Min. Edson Fachin, DJ de 16.04.2020). Novamente se alude à concepção de *cooperação* a partir da esperança na "irmandade" das unidades federativas.

[60] Sobre a polarização política como fator contributivo à descoordenação entre entes federativos, ver Cruz, Edgar E. Ramírez De La e Granados, D. Pavel Gómez. "Mexican Federalism in the Pandemic". *American Federal Systems and COVID-19*. Emerald Publishing Limited, 2021, p. 109; Chattopadhyay, Rupak e Knüpling, Felix. "Comparative summary". *Federalism and the Response to COVID-19; A Comparative Analysis*. New York: Routledge, 2021, p. 292; Hegele, Yvonne e Schnabel, Johanna. "Federalism and the management of the COVID-19 crisis: centralisation, decentralisation and (non-)coordination". *West European Politics*, v. 44, n.º 5–6, 2021, p. 1060.

[61] Palermo, Francesco. "Is there a space for federalism", *op. cit.*; Hegele, Yvonne e Schnabel, Johanna, *op. cit.*, p. 1053; Cigler, Beverly A. "Fighting COVID-19 in the United States with Federalism and Other Constitutional and Statutory Authority". *Publius: The Journal of Federalism*, v. 51, n.º 4, 2021, p. 675.

de modo unilateral e não-cooperativo (*uncooperative*), sem depender da concordância de outra esfera federativa, produziu reflexos jurídicos e políticos importantes. Contribuiu para o desenvolvimento de cenário político-institucional de descoordenação intergovernamental e assimetria da gestão sanitária entre as unidades federativas[62]. A eliminação dos processos de partilha decisória estatuídos pela Lei n.º 13.979/2020 transformou a relação de medidas sanitárias legalmente autorizadas num *menu* de opções à disposição das diversas esferas de governo e suas avaliações quanto ao estágio de evolução da doença em âmbito local. Proporcionou dinâmica *competitiva* entre os entes da federação, ensejando disputas por recursos financeiros, insumos e equipamentos de saúde, além de franca concorrência política entre governantes acerca do melhor e mais adequado (mais restritivo?) conjunto de medidas para o combate à crise do coronavírus[63].

O agravamento da dinâmica *competitiva* propiciou, por seu turno, a formação de indesejável cenário de conflagração intergovernamental[64], gerando, entre outras consequências, aumento da judicialização de conflitos federativos. Trata-se de efeito decorrente da orientação advinda da jurisprudência que, em certa medida, vem a conferir significativo protagonismo – além da sobrecarga – ao Supremo Tribunal Federal na definição e no encaminhamento das políticas de contenção e enfrentamento da pandemia.

[62] ABRUCIO, Fernando Luiz *et al.* "Combate à COVID-19 sob o federalismo bolsonarista: um caso de descoordenação intergovernamental". *Revista de Administração Pública*, v. 54, n.º 4, 2020, p. 672. Em sentido semelhante, assinalou BARCELLOS que "foi sobretudo com fundamento" na competência comum para *cuidar da saúde* "que todos os entes praticaram os atos mais variados no esforço de enfrentamento da pandemia" (BARCELLOS, Ana Paula de. "Pandemia e federação: a nova diretriz do Supremo Tribunal Federal para a interpretação das competências comuns e alguns desafios para sua universalização". *Revista Eletrônica de Direito do Centro Universitário Newton Paiva*, v. 42, 2020, p. 169).

[63] ABRUCIO, Fernando Luiz *et al.* "Combate à COVID-19 sob o federalismo bolsonarista: um caso de descoordenação intergovernamental". *Revista de Administração Pública*, v. 54, n.º 4, 2020, p. 672.

[64] Sobre os riscos de o federalismo de competição resultar em conflitos interfederativos, ver WATTS, Ronald. *Sistemas federales comparados*. Madrid: Marcial Pons, 2006, p. 169.

A conflituosidade derivada da dinâmica federativa fomentada pela jurisprudência cabe ser percebida, assim, não apenas nas impugnações promovidas por autoridades federais às medidas sanitárias impostas por governos subnacionais[65]. Também é evidenciada nos diversos casos em que se discute a legitimidade jurídica de providências adotadas pelo poder municipal em face de sua discrepância com a política de combate à pandemia estabelecida em âmbito estadual[66].

Complexidade adicional recai, ainda, sobre a definição de critérios e parâmetros para – em razão do exercício autônomo da competência comum – resolver incompatibilidades entre determinações de diferentes esferas de governo. Impasses sobre esse aspecto avultam em face dos precedentes do Supremo Tribunal Federal sobre as ações de combate ao coronavírus. A propósito de medidas sanitárias impostas em âmbito municipal em contrariedade à disciplina estadual, (a) asseverou-se que "decisões isoladas (...) que atendem apenas a uma parcela da população, e de uma única localidade, parecem mais dotadas do potencial de ocasionar desorganização na administração pública como um todo, atuando até mesmo de forma contrária à pretendida"[67]. Nesses termos, decidiu-se que

[65] Ver a propósito ADI MC n.º 6.855/RN, Rel. Min. Roberto Barroso, DJ de 28.06.2021; e ADI MC n.º 6.764/DF, Rel. Min. Marco Aurélio, DJ de 23.03.2021.

[66] Ver, entre diversos outros, SS AgR n.º 5.370/RS, Rel. Min. Dias Toffoli, DJ de15.09.2020; STP MC n.º 761/MG, Rel. Min. Luiz Fux, DJ de 30.03.2021; SL n.º 1.435/SP, Rel. Min. Luiz Fux, DJ de 25.03.2021; SL n.º 1.440/MT, Rel. Min. Luiz Fux, DJ de 08.04.2021; SL n.º 1.481/RJ, Rel. Min. Luiz Fux, DJ de 05.11.2021; STP n.º 516/SP, Rel. Min. Dias Toffoli, DJ de 31.08.2020; SL n.º 1.340/MG, Rel. Min. Dias Toffoli, DJ de 26.06.2020; SS MC n.º 5.484/SP, Rel. Min. Luiz Fux, DJ de 20.04.2021; STP n.º 401/BA, Rel. Min. Dias Toffoli, DJ de 03.07.2020; Rcl AgR n.º 42.573/MG, Rel. Min. Alexandre de Moraes, DJ de 16.12.2020.

[67] SS AgR n.º 5.362/PI, Rel. Min. Dias Toffoli, DJ de 29.09.2020; também SL n.º 1.309/SP, Rel. Min. Dias Toffoli, DJ de 06.04.2020. Solução aproximada foi, ainda, adotada em face de "situação em que o Município pretende avançar sobre medidas editadas sob legítimo interesse regional (pertencentes, portanto, à disciplina estadual) para contrariar tais regulações (...), mormente quando considerada (...) a ausência de prova das alegadas particularidades fáticas mais brandas que estariam sendo vivenciadas no Município, quanto à situação pandêmica" (STP n.º 808/PR, Rel. Min. Rosa Weber, DJ de 27.07.2021). Ou seja, admitiu-se, em linha de princípio, que o Município possa impor disciplina menos restritiva que a estadual, desde que comprove particularidades locais que a justifiquem tecnicamente.

a expedição de tal ato normativo local "extrapola a competência municipal para legislar sobre assuntos de interesse local" e que sua manutenção "resultaria em insegurança jurídica quanto à atuação do poder público na eleição de medidas de combate à crise sanitária decorrente da pandemia de Covid-19"[68]. Em outro julgado, porém, solução aparentemente oposta foi empregada, (b) assinalando-se que, "ao impor aos municípios, de forma absoluta", o conjunto de medidas sanitárias adotado em âmbito estadual, caminha-se, "inevitavelmente, na contramão do federalismo cooperativo, em efetivo prejuízo ao princípio da predominância do interesse local". Ou seja, a imposição das "normas estabelecidas no âmbito estadual aos municípios" acabaria por "esvaziar a competência própria dos municípios do Estado (...) para dispor, mediante decreto, sobre o funcionamento dos serviços públicos e atividades essenciais durante o período de enfrentamento da pandemia"[69]. Sublinhe-se, ainda, que orientação distinta presidiu a resolução de outros casos com perfil semelhante, (c) afirmando-se que, em face das determinações municipais, "as medidas adotadas em nível estadual seriam aparentemente mais restritivas e, portanto, mais adequadas ao enfrentamento da pandemia"[70]. Aplicou-se, nesses casos, parâmetro centrado no grau de restritividade

[68] SS AgR n.º 5.362/PI, Rel. Min. Dias Toffoli, DJ de 29.09.2020.

[69] Rcl AgR n.º 42.573/MG, Rel. Min. Alexandre de Moraes, DJ de 16.12.2020; também Rcl AgR n.º 45.459/MG, Rel. Min. Alexandre de Moraes, DJ de 20.04.2021; Rcl AgR n.º 42.591/MG, Rel. Min. Alexandre de Moraes, DJ de 24.09.2020. Observou o Ministro Alexandre de Moraes que, no respectivo julgamento, "se está, em respeito ao federalismo, a garantir que se respeite a competência constitucional dos Municípios para resolver as questões, inclusive para impor restrições mais rígidas que aquelas eventualmente fixadas pelo Estado" (Rcl AgR n.º 45.459, Rel. Min. Alexandre de Moraes, DJ de 20.04.2021). Ao dizer que se deve assegurar espaço normativo aos Municípios "inclusive para impor restrições mais rígidas", sinalizou o eminente julgador que o poder local poderá dispor sobre medidas sanitárias mesmo que não as torne mais restritivas.

[70] SL n.º 1.435/SP, Rel. Min. Luiz Fux, DJ de 25.03.2021; também SL n.º 1.440/MT, Rel. Min. Luiz Fux, DJ de 08.04.2021. Ao examinar o poder do Presidente da República para definir as atividades consideradas essenciais, ponderou, a propósito, o Ministro Alexandre de Moraes que "o decreto presidencial é válido, porém os decretos estaduais e municipais que forem mais restritivos, no âmbito das respectivas competências, serão também válidos" (voto proferido na ADI MC-Ref n.º 6.341/DF, Red. p/acórdão Min. Edson Fachin, DJ de 13.11.2020).

das medidas adotadas, independentemente da esfera federativa que as tenha adotado.

A identificação de critérios distintos para a resolução de conflitos federativos em face da imposição de medidas sanitárias – como se infere a partir dos casos acima mencionados – gera dúvidas e questionamentos. Conviria, a bem da coerência e da racionalidade, que houvesse apenas um parâmetro aplicável ou, no mínimo, que certos aspectos específicos de cada caso fossem apontados como determinantes para selecionar qual deles caberia ser efetivamente observado. A aparente ausência de clareza em tais definições sugere, contudo, indesejável incerteza ou subjetividade no seu manejo. Enseja, além de excessiva elasticidade interpretativa, criativa formulação *ad hoc* de padrões normativos– como a legitimidade da competência federativa em face do grau de restritividade da medida –, admitindo formatação seletiva de seus significados, bem ao estilo do chamado ativismo judicial. A dinâmica *competitiva* impulsionada a partir da jurisprudência, ao carecer de parâmetros mais consistentes para solucionar conflitos de competência, contribui à formação de ambiente político-institucional ainda mais descoordenado e instável.

4. Projeções e especulações em face da jurisprudência

Da jurisprudência constitucional formada em face das ações de combate à crise do coronavírus extrai-se diretriz interpretativa que assegura a todas as esferas da federação o exercício autônomo e unilateral da competência comum para *cuidar da saúde e assistência pública* (artigo 23, II, da CRFB/88). Infere-se daí vedação constitucional em se submeter ou condicionar a adoção de medidas sanitárias – inclusive as que imponham excepcionais restrições a liberdades constitucionais – à concordância de outras unidades federativas, especialmente a União[71]. Ademais, considerou-se legítimo que Estados e Municípios dispusessem sobre tais medidas diretamente via decretos executivos[72]. Tal orientação jurisprudencial

[71] ADPF MC-Ref. n.º 770/DF, Rel. Min. Ricardo Lewandowski, DJ de 10.03.2021; também ADI n.º 6.362/DF, Rel. Min. Ricardo Lewandowski, DJ de 09.12.2020.

[72] ADI MC n.º 6.855/RN, Rel. Min. Roberto Barroso, DJ de 28.06.2021; ADI MC-Ref n.º 6.341/DF, Red. p/acórdão Min. Edson Fachin, DJ de 13.11.2020; SS AgR n.º 5.362/PI, Rel. Min. Dias Toffoli, DJ de 29.09.2020.

suscita, naturalmente, preocupações quanto ao seu alcance e, sobretudo, suas consequências.

A exigência de concordância da administração federal em relação a atos e decisões de Estados e Municípios não é fórmula limitada aos mecanismos estatuídos pela Lei n.º 13.979/2020. No âmbito da saúde, como visto acima, há outros atos de gestão sujeitos à pactuação com os demais entes federativos, a exemplo daqueles que se enquadram nas competências relacionadas no artigo 14-A, parágrafo único, da Lei n.º 8.080/1990. Significa dizer que, nos termos da legislação, nenhum ente federativo poderia, de forma autônoma e unilateral, expedir tais atos sem a anuência dos demais. Trata-se de arranjo institucional voltado a erigir dever de *cooperação* entre os entes, gerando vínculos de *interpenetração e interdependência* típicos da dinâmica de "entrelaçamento federativo". Essencialmente, regimes de *cooperação* como esse não são promovidos sem restrições à autonomia das unidades federativas.

Dinâmicas *cooperativas* semelhantes ocorrem, outrossim, em outros segmentos, como a assistência social e a proteção do meio ambiente, matérias igualmente sujeitas à competência comum (artigo 23, II, VI e X, da CRFB/88). No âmbito do Sistema Único da Assistência Social (SUAS), atuam, a exemplo do SUS, Comissões Intergestores "como instâncias de pactuação interfederativa dos aspectos operacionais da gestão do referido Sistema" (artigo 1.º do Decreto n.º 10.009/2019). Comissões de perfil semelhante operam, ainda, no âmbito da proteção ao meio ambiente, conforme dispõe a Lei Complementar n.º 140/2011. Cuidam-se de órgãos formados paritariamente por representantes dos três níveis federativos "com o objetivo de fomentar a gestão ambiental compartilhada e descentralizada entre os entes federativos" (artigo 4.º, §§ 2º a 5º, da Lei Complementar n.º 140/2011). Também nesses domínios, atos de governança e medidas administrativas são submetidos ao assentimento de outras esferas federativas em regime de pactuação ou compartilhamento decisório. Logicamente, inibe-se, segundo esse modelo, atuação unilateral e autônoma das unidades federativas, a exemplo do regime que estatuía o artigo 3º, § 7º, II, da Lei n.º 13.979/2020, obstando indesejável estado de descoordenação federativa.

De outra parte, cumpre considerar a edição da Lei n.º 13.979/2020 como legítimo exercício de competência legislativa concorrente. Tratando-se de lei federal, foi devidamente reconhecida como diploma legislativo que estabeleceu *normas gerais sobre proteção e defesa da saúde*, nos termos do artigo 24, XII e § 1°, da Constituição[73], incidindo, assim, sobre todas as unidades federativas. Em consonância com o regime de repartição de competências delineado no artigo 24 do texto constitucional, impende notar que "a Lei n.º 13.979/2020 não exclui a competência suplementar dos Estados em matéria de proteção e defesa da saúde (artigo 24, § 2.º, CF)"[74]. Sublinhe-se, a propósito, que a chamada competência suplementar – inclusive em virtude de sua inclusão no aludido § 2.º do artigo 24 – configura genuína competência legislativa, exercida via devido processo legislativo[75]. Não se confunde com a competência comum. Atribui poderes a Estados e Distrito Federal para, mediante lei, especificar, desdobrar e complementar as leis federais sobre *normas gerais*. Estende-se, ademais, aos Municípios com fundamento no artigo 30, II, da Constituição, que lhes confere poderes para "suplementar a legislação federal e a estadual no que couber". Nesses termos, caso se reconheça que decretos executivos cabem substituir as leis no exercício da competência suplementar[76], estar-se-ia não apenas desnaturando o caráter legislativo

[73] Consoante asseverado pelo Ministro Luiz Fux, a Lei n.º 13.979/2020 não trata "de matéria reservada à lei complementar, mas de norma geral em matéria de defesa e proteção à saúde (artigo 24, XII, CF)", pois "traça limites mínimos para a atuação dos demais entes" (voto proferido na ADI MC-Ref n.º 6.341/DF, Red. p/acórdão Min. Edson Fachin, DJ de 13.11.2020). Na mesma linha, observou a Ministra Cármen Lúcia que tal diploma legal foi editado "pela União no exercício da competência legislativa concorrente para tratar de direito à saúde (inc. XII do artigo 24 da Constituição)". Considerou, ainda, que nenhuma de suas "disposições, por si só, extrapolou a competência da União para editar normas gerais sobre defesa da saúde" (voto proferido na ADI MC-Ref n.º 6.341/DF, Red. p/acórdão Min. Edson Fachin, DJ de 13.11.2020).

[74] Voto proferido pelo Ministro Luiz Fux na ADI MC-Ref n.º 6.343/DF, Red. p/acórdão Min. Alexandre de Moraes, DJ de 17.11.2020.

[75] Consoante lição ministrada por Moraes, "a competência da União está adstrita ao estabelecimento de normas gerais, devendo Estados e o Distrito Federal especificá-las, através de suas respectivas leis" (Moraes, Alexandre de. *Direito Constitucional*. 34. ed. São Paulo: Atlas, 2018, p. 341).

[76] Ao reconhecer a constitucionalidade de decreto estadual que estipulou como medida sanitária limitação à realização de cultos e cerimônias religiosas, assinalou o Ministro Gilmar Mendes que "o fato de sua veiculação ter se dado pela forma jurídica do Decreto

que lhe é imanente, mas também redefinindo o princípio de separação dos poderes a ser observado pelas unidades subnacionais, pois dispensaria, nessa seara, a participação de Assembleias Legislativas e Câmaras de Vereadores.

Outro aspecto que infunde dúvidas e preocupações guarda relação com a responsabilidade do Poder Público em face de medidas restritivas ilícitas. Trata-se de questão que pode dar ensejo a controvérsias sobre reparações financeiras e indenizações à luz do disposto no artigo 37, § 6.º, da Constituição. Em matéria de saúde, contudo, a jurisprudência do Supremo Tribunal Federal tem associado a competência comum para *cuidar da saúde e assistência pública* (artigo 23, II, da CRFB/88) a regime de responsabilidade solidária entre as esferas de governo. Assentou-se, assim, que "a obrigação que se relaciona à reconhecida responsabilidade solidária é a decorrente da competência material comum prevista no artigo 23, II, CF, de prestar saúde, em sentido lato"[77]. A propósito dessa questão, aprovou-se formalmente a seguinte tese:

> "Os entes da federação, em decorrência da competência comum, são solidariamente responsáveis nas demandas prestacionais na área da saúde, e diante dos critérios constitucionais de descentralização e hierarquização, compete à autoridade judicial direcionar o cumprimento conforme as regras de repartição de competências e determinar o ressarcimento a quem suportou o ônus financeiro"[78].

Tal orientação foi, todavia, formada a partir de controvérsia sobre fornecimento de medicamentos. Nesse caso, como expressamente observado pelo Supremo Tribunal Federal, tem aplicação o artigo 19-U da Lei n.º 8.080/1990, que sujeita a definição da "responsabilidade financeira

não muda tal conclusão" (voto proferido na ADPF n.º 811/SP, Rel. Min. Gilmar Mendes, DJ de 25.06.2021). Em sentido semelhante, afirmou a Ministra Cármen Lúcia que "a competência suplementar municipal deve estar em consonância com as normas estaduais sobre a matéria, na espécie o Decreto estadual n. 64.881/2020" (voto proferido na ARE n.º 1.350.462/SP, Rel. Min. Cármen Lúcia, DJ de 12.11.2021).

[77] Voto proferido pelo Ministro Edson Fachin no RE ED n.º 855.178/SE, Red. p/acórdão Min. Edson Fachin, DJ de 16.04.2020.

[78] RE ED n.º 855.178/SE, Red. p/acórdão Min. Edson Fachin, DJ de 16.04.2020.

pelo fornecimento de medicamentos, produtos de interesse para a saúde ou procedimentos" à decisão "pactuada na Comissão Intergestores Tripartite". No caso das medidas restritivas de liberdades constitucionais impostas em face da crise gerada pela pandemia de COVID-19, as ações não dependeram – como regra geral – da concordância da administração federal ou de outra esfera federativa. Foram adotadas de forma autônoma e unilateral com base na mesma competência comum. Cumpre saber, assim, se tais casos também ensejam responsabilidade solidária em face de eventuais ilicitudes praticadas.

Conclusões

É compreensível almejar que, principalmente em situações de grave crise, governantes de União, Estados e Municípios se aliem em prol do bem de todos, deixando de lado suas diferenças políticas e ideológicas. Que, em ambiente de diálogo e harmonia, sejam tolerantes, generosos e altruístas de modo a convergir, a partir de concessões mútuas, sobre engenhoso programa de ação comum a ser executado em legítima e genuína comunhão de esforços. Protagonizariam, assim, exemplo reluzente de magnanimidade e espírito público para o país e o mundo. Seria, certamente, inspirador, fascinante, empolgante. Mas, muito provavelmente, fantasioso, irreal ou enganoso.

Ao expor sua concepção de democracia, Jean-Jacques Rousseau apresentou modelo político idealizado em que o povo, formado por pessoas de semelhante nível econômico, social e cultural, deliberaria sem divergências ou conflitos "à sombra do carvalho e sempre com sabedoria". Percebia, contudo, o pensador genebrino como sua visão era improvável ou imaginosa. Segundo ele, "caso existisse um povo de deuses, governar-se-ia democraticamente". Contudo, asseverou, "um governo tão perfeito não convém aos homens"[79].

Avaliação semelhante à de Rousseau cabe ser promovida em face da ideia de federalismo cooperativo que sobressai da jurisprudência do Supremo Tribunal Federal sobre as medidas de combate ao coronavírus. Assegurando atuação autônoma, unilateral e não cooperativa de todas as

[79] Rousseau, Jean-Jacques, Du contrat social, Livre III, Chapitre IV, Paris: Société Nouvelle, 1903, p. 221.

unidades federativas, rogou por acordos, negociações e diálogos, espontâneos e horizontais. Apelou, em vão, ao insistir, *de lege ferenda*, sobre "a necessidade de uniformidade nacional nas políticas a serem adotadas, destacando-se salutar a criação de um comitê gestor para tanto"[80]. O cenário político polarizado já indicava que somente "um povo de deuses" viabilizaria tal voluntarismo cooperativo. Afinal, uma federação tão harmônica "não convém aos homens".

Como visto, essa noção romântica de federalismo cooperativo acabou por insuflar preocupante descoordenação entre as esferas de governo. Não atentou para a clássica lição advinda do tratamento constitucional dos regimes de emergência sobre as dificuldades e limitações que enfrentam as federações em face de situações de grave crise. Refreou instrumentos e prerrogativas de coordenação federativa e mitigou o conteúdo normativo da competência para planejar e promover a defesa permanente contra as calamidades públicas (artigo 21, XVIII, CRFB/88).

A interpretação levada a efeito sobre a competência material comum para **cuidar da saúde e assistência pública** (artigo 23, II, da CRFB/88) contribuiu não apenas ao desenvolvimento de insólita dinâmica **competitiva,** mas também ao aumento da litigiosidade judicial envolvendo entes federativos. Fomentou o surgimento de inventivos e enigmáticos parâmetros para resolução de controvérsias em face dos discrepantes regimes sanitários adotados pelas distintas esferas de governo. Gerou, ademais, dúvidas e incompreensões quanto ao efetivo alcance das competências federativas e, em especial, da referida competência comum. A esse propósito, recorreu-se, como fundamento de decisões judiciais, ao insondável "desenho do pacto federativo na repartição de competências

[80] Voto proferido pelo Ministro Luiz Fux na ADI MC-Ref n.º 6.343/DF, Red. p/acórdão Min. Alexandre de Moraes, DJ de 17.11.2020. Sobre essa compreensão idealista de federalismo cooperativo, reconheceu Barcellos que "não parece lógico depositar apenas na esperança de uma eventual cooperação voluntária entre os entes federados a solução para conflitos no exercício das competências comuns e concorrentes previstas pelo texto constitucional" (Barcellos, Ana Paula de. "Pandemia e federação: a nova diretriz do Supremo Tribunal Federal para a interpretação das competências comuns e alguns desafios para sua universalização". *Revista Eletrônica de Direito do Centro Universitário Newton Paiva*, v. 42, 2020, p. 169).

legislativas comum administrativa e concorrente"[81]. Admitiu-se a expedição de atos normativos estaduais voltados a especificar, complementar e desdobrar lei federal sobre normas gerais (Lei n.º 13.979/2020) diretamente pelo Poder Executivo com fulcro no artigo 23, II, da Constituição, em prejuízo da competência legislativa suplementar (artigo 24, § 2.º, da CRFB/88). Ou seja, foi reconhecida "a competência comum administrativa entre a União, os Estados e os Municípios para a tomada de medidas normativas e administrativas"[82].

Faz-se imperativo concordar, a esse propósito, com a advertência apresentada pelo Ministro Alexandre de Moraes[83] de que, a exemplo de todo o regime de repartição de competências, "a competência comum administrativa não significa que todos podem fazer tudo". Alertou, com razão, que "isso gera bagunça, isso gera anarquia". Lamentavelmente, gerou mesmo.

Referências

ABRÚCIO, Fernando Luís e FRANZESE, Cibele. "A combinação entre federalismo e políticas públicas no Brasil pós-1988: os resultados nas áreas de saúde, assistência social e educação". *Reflexões para Ibero-América: avaliação de programas sociais.* Brasília: ENAP, 2009.

[81] Rcl n.º 40.130/PI, Rel. Min. Rosa Weber, DJ de 13.05.2020; Rcl n.º 46.439/AC, Rel. Min. Cármen Lúcia, DJ de 08.04.2021; Rcl n.º 40.609/SP, Rel. Min. Rosa Weber, DJ de 03.06.2020; Rcl n.º 46.122/MT, Rel. Min. Cármen Lúcia, DJ de 16.03.2021; Rcl n.º 40.366/SP, Rel. Min. Rosa Weber, DJ de 13.05.2020.

[82] Rcl n.º 40.130/PI, Rel. Min. Rosa Weber, DJ de 13.05.2020; Rcl n.º 46.439/AC, Rel. Min. Cármen Lúcia, DJ de 08.04.2021; Rcl n.º 40.609/SP, Rel. Min. Rosa Weber, DJ de 03.06.2020; Rcl n.º 46.122/MT, Rel. Min. Cármen Lúcia, DJ de 16.03.2021; Rcl n.º 40.366/SP, Rel. Min. Rosa Weber, DJ de 13.05.2020. Em sentido semelhante, apresentou o Ministro Alexandre de Moraes a seguinte ponderação: "o que significa a competência comum administrativa? Significa que, a partir do princípio da predominância do interesse, a União deve editar normas, políticas públicas para a saúde pública de interesse nacional; os Estados, interesse regional; e os Municípios, visando, como o próprio artigo 30, I, estabelece, o seu interesse local (ADI MC-Ref n.º 6.343/DF, Red. p/acórdão Min. Alexandre de Moraes, DJ de 17.11.2020).

[83] Rcl n.º 42.637/MG, Rel. Min. Alexandre de Moraes, DJ de 24.09.2020; Rcl n.º 42.591/MG, Rel. Min. Alexandre de Moraes, DJ de 24.09.2020; Rcl n.º 45.459/MG, Rel. Min. Alexandre de Moraes, DJ de 21.01.2021.

ABRUCIO, Fernando Luiz *et al.* “Combate à COVID-19 sob o federalismo bolsonarista: um caso de descoordenação intergovernamental”. *Revista de Administração Pública*, v. 54, n.º 4, 2020.

ALMEIDA, Fernanda Dias Menezes de. *Competências na Constituição de 1988.* 4. ed. São Paulo: Saraiva, 2007.

ARRETCHE, Marta. *Democracia, federalismo e centralização no Brasil.* Rio de Janeiro: FGV/Fiocruz, 2012.

BARCELLOS, Ana Paula de. “Pandemia e federação: a nova diretriz do Supremo Tribunal Federal para a interpretação das competências comuns e alguns desafios para sua universalização”. R*evista Eletrônica de Direito do Centro Universitário Newton Paiva*, v. 42, 2020.

BENZ, Arthur. “Making Democracy Work in a Federal System”. *German Politics,* v. 24, n.º 1, 2015, p. 14.

— “Las relaciones intergubernamentales en el federalismo alemán: adopción compartida de decisiones e dinámica de la cooperación horizontal”. España y modelos de federalismo. Madrid: Centro de Estudios Políticos y Constitucionales, 2010, p. 287.

BERCOVICI, Gilberto. “Formação e evolução do federalismo no Brasil”, Lições de direito constitucional: em homenagem ao jurista Celso Bastos. São Paulo: Saraiva, 2005

BOLLEYER, Nicole e THORLAKSON, Lori. “Beyond Decentralization — The Comparative Study of Interdependence in Federal Systems”. *Publius: The Journal of Federalism*, v. 42, n. .º 4, 2012.

CRUZ, Edgar E. Ramírez De La e GRANADOS, D. Pavel Gómez. “Mexican Federalism in the Pandemic”. *American Federal Systems and COVID-19.* Emerald Publishing Limited, 2021.

CHAMBÔ, Pedro Luís. *Federalismo cooperativo: uma análise bidimensional.* Rio de Janeiro: Lumen Juris, 2021.

CHATTOPADHYAY, Rupak e KNÜPLING, Felix. “Comparative summary”. F*ederalism and the Response to COVID-19; A Comparative Analysis.* New York: Routledge, 2021.

CIGLER, Beverly A. “Fighting COVID-19 in the United States with Federalism and Other Constitutional and Statutory Authority”. *Publius: The Journal of Federalism,* v. 51, n.º 4, 2021.

ELAZAR, Daniel. “Cooperative Federalism”. Competition among States and Local Governments. Washington, D.C.: The Urban Institute Press, 1991

FENNA, Alan. "Australian federalism and the COVID-19 crisis". *Federalism and the Response to COVID-19; A Comparative Analysis.* New York: Routledge, 2021.

FERREIRA FILHO, Manoel Gonçalves. *Comentários à Constituição Brasileira de 1988,* v. 2. 2. ed. São Paulo: Saraiva, 1999.

HEGELE, Yvonne e SCHNABEL, Johanna. "Federalism and the management of the COVID-19 crisis: centralisation, decentralisation and (non-)coordination". *West European Politics,* v. 44, n.º 5–6, 2021.

HORTA, Raul Machado. *Direito Constitucional.* 2. ed. Belo Horizonte: Del Rey, 1999.

HRBEK, Rudolf. "(More) federal features for the EU?" *Intereconomics,* v. 38, n.º 4, 2003.

HRBEK, Rudolf. "The Reform of German Federalism: Part I". *European Constitutional Law Review,* v. 3, n. 2, 2007;

MORAES, Alexandre de. *Direito Constitucional.* 34. ed. São Paulo: Atlas, 2018.

PALERMO, Francesco. "Is there a space for federalism in times of emergency?". VerfBlog, 2020/5/13, https://verfassungsblog.de/is-there-a-space-for-federalism-in-times-of-emergency/. Acesso em: 23/12/2021.

RIBEIRO, José Mendes e MOREIRA, Marcelo Rasga, "A crise do federalismo cooperativo nas políticas de saúde no Brasil". *Saúde em Debate,* v. 40, 2016.

RUSSOMANO, Rosah. *O Princípio do Federalismo na Constituição Brasileira.* Rio de Janeiro: Freitas Bastos, 1965.

STEYTLER, Nico. "Federalism under pressure". *Comparative Federalism and Covid-19: Combating the Pandemic.* New York: Routledge, 2021.

SOUNDERS, Cheryl. "Grappling with the Pandemic: Rich insights into intergovernmental relations". *Comparative Federalism and Covid-19: Combating the Pandemic.* New York: Routledge, 2021.

WATTS, Ronald. *Sistemas federales comparados.* Madrid: Marcial Pons, 2006.

4.
A CRESCENTE UNIFORMIZAÇÃO DOS MODELOS DE EMERGÊNCIA CONSTITUCIONAL

MIGUEL NOGUEIRA DE BRITO

Introdução: três perplexidades

Vivemos, em Portugal, em estado de emergência constitucional entre 19 de março e 2 de maio de 2020 e, depois, entre 6 de novembro de 2020 e 30 de abril de 2021. Entretanto, o estado de emergência constitucional não esgotou os regimes jurídicos através dos quais se procurou combater a pandemia da doença COVID-19, combate esse iniciado a 13 de março de 2020. Com efeito, antes do estado de emergência constitucional, entre os períodos em que o mesmo vigorou e depois dele, o País esteve em estado de calamidade, estado de contingência e, finalmente, estado de alerta, situações que cessaram definitivamente em 31 de outubro de 2021[1].

A diferença fundamental entre o estado de emergência constitucional, previsto e regulado primariamente na Constituição[2], e as figuras do estado de calamidade, de contingência e de alerta, previstas e reguladas

[1] Cf., em geral, LANCEIRO, Rui; VIOLANTE, Teresa; EGÍDIO, Mariana Melo. Portugal: Legal Response to Covid-19. In Jeff King and Octavio L. M. Ferraz et al. (orgs.). *The Oxford Compendium of National Legal Responses to Covid-19*. Oxford: Oxford University Press, 2021, doi: 10.1093/law-occ19/e23.013.23.

[2] Cf. artigo 19.º da Constituição e Lei n.º 44/86, de 30 de setembro, alterada pela Lei Orgânica n.º 1/2011, de 30 de novembro, e pela Lei Orgânica n.º 1/2012, de 11 de maio.

na Lei de Bases da Proteção Civil e na Lei relativa ao Sistema de Vigilância em Saúde Pública[3], é a diferença que se estabelece entre a suspensão de direitos fundamentais em estado de exceção e a mera restrição desses direitos, exatamente nos mesmos termos em que esta é efetuada em quaisquer circunstâncias normais.

Este modo de lidar com a pandemia através da alternância entre estados de exceção de direito constitucional e estados de exceção de direito administrativo não é isolado no panorama europeu. Assim, algo de muito semelhante ocorreu em Espanha[4]. Pelo contrário, em vários outros países europeus, como a Alemanha[5], a Itália[6] e a Bélgica[7], as respetivas constituições não preveem estados de emergência, pelo que as medidas de combate à pandemia foram tomadas num quadro em que estavam em vigor todos os limites constitucionais à restrição de direitos fundamentais.

No Brasil, por seu turno, e ainda que a Constituição Federal de 1988 preveja expressamente o estado de emergência, nas modalidades de estado de defesa e estado de sítio[8], não foi emitida qualquer declaração nesse sentido por parte dos órgãos constitucionalmente competentes, tendo a maioria das medidas no Brasil sido adotada por meio de legislação ordinária, decretos executivos (federais, estaduais e municipais) e

[3] Aprovadas, a primeira, pela Lei n.º 27/2006, de 3 de Julho (retificada pela Declaração de Retificação n.º 46/2006, de 7 de agosto e alterada pela Lei Orgânica n.º 1/2011, de 30 de novembro e pela Lei n.º 80/2015, de 3 de agosto), e a segunda, pela Lei n.º 81/2009, de 21 de agosto.

[4] Cf. Utrilla, D. *et al.* Spain: Legal Response to Covid-19. In Jeff King and Octavio L. M. Ferraz *et al.* (orgs.). *The Oxford Compendium of National Legal Responses to Covid-19.* Oxford: Oxford University Press, 2021, doi: 10.1093/law-occ19/e10.013.10, §§ 8 ss.

[5] Cf. Kaiser, Anna-Betina.; Hensel, R. Federal Republic of Germany: Legal Response to Covid-19. In Jeff King and Octavio L. M. Ferraz *et al.* (orgs.). *The Oxford Compendium of National Legal Responses to Covid-19.* Oxford: Oxford University Press, 2021, doi: 10.1093/law-occ19/e2.013.2, §§ 7-9.

[6] Cf. Matteucci, S. Civitarese *et al.* Italy: Legal Response to Covid-19", in Jeff King and Octavio L. M. Ferraz *et al.* (orgs.), *The Oxford Compendium of National Legal Responses to Covid-19.* Oxford: Oxford University Press, 2021, doi: 10.1093/law-occ19/e11.013.11, § 10.

[7] Cf. Slautsky, E. *et al.* Belgium: Legal Response to Covid-19", in Jeff King and Octavio L. M. Ferraz *et al.* (orgs.), *The Oxford Compendium of National Legal Responses to Covid-19.* Oxford: Oxford University Press, 2021, doi: 10.1093/law-occ19/e1.013.1, § 12.

[8] Cf. os respetivos artigos 136.º a 139.º

portarias, ainda que com cobertura nas Emendas Constitucionais n.º 106, de 2020, e n.º 109, de 2021[9].

Ora, apesar desta diversidade do quadro jurídico aplicável, a verdade é que por toda a parte as medidas adotadas foram idênticas: *lockdown*, encerramento das escolas, teletrabalho, proibição de deslocação, confinamento social, obrigatoriedade do uso de máscaras, imposição de quarentenas, fecho de fronteiras, etc.

[9] Cf. Ferraz, Octavio L. M. *et al.* Brazil: Legal Response to Covid-19", in Jeff King and Octavio L. M. Ferraz *et al.* (orgs.), *The Oxford Compendium of National Legal Responses to Covid-19*. Oxford: Oxford University Press, 2021, doi: 10.1093/ law-occ19/e16.013.16, §§ 5 e 13. Relativamente ao caso brasileiro, é importante estabelecer uma contraposição entre as figuras do estado de defesa e do estado de sítio, reguladas nos artigos 136.º e seguintes da Constituição federal como casos de estados de exceção constitucional, e a figura do estado de calamidade, prevista nos artigos 21.º, XVIII (competências da União para planejar a defesa permanente contra calamidades públicas), 148.º, I (competência da União para instituir empréstimos compulsórios, para atender a despesas extraordinárias decorrentes de calamidades públicas), 167.º, § 3.º (abertura de crédito extraordinário, para atender a despesas imprevisíveis e urgentes, como as decorrentes de calamidade pública). A situação de calamidade pública poderá ser entendida como pressuposto da declaração de estado de defesa, conforme previsto no corpo do artigo 136.º (embora aí a expressão utilizada seja "calamidades de grandes proporções na natureza") e no § 1.º, II, que prevê, entre as medidas coercivas a vigorarem, a "ocupação e uso temporário de bens e serviços públicos, na hipótese de calamidade pública, respondendo a União pelos danos e custos decorrentes". A mesma situação de calamidade pública poderá ainda ser entendida como pressuposto do exercício de normas de competência financeira e fiscal, como previsto nos artigos 148.º e 167.º. Foi com este último enquadramento que, nos termos do artigo 65.º da Lei Complementar n.º 101, de 4 de maio de 2000, foi reconhecido, através do Decreto Legislativo n.º 6, de 20 de março de 2020, o estado de calamidade pública. Entretanto, o estado de calamidade pública foi desenvolvido, também com incidência sobretudo no domínio financeiro e fiscal, pelas Emendas Constitucionais n.º 160, de 7 de maio de 2020, e n.º 109, aprovada em 15 de março de 2021 e publicada no dia subsequente. A Emenda n.º 106 previa no seu artigo 1.º que "durante a vigência de estado de calamidade pública nacional reconhecido pelo Congresso Nacional em razão de emergência de saúde pública de importância internacional decorrente de pandemia, a União adotará regime extraordinário fiscal, financeiro e de contratações para atender às necessidades dele decorrentes, somente naquilo em que a urgência for incompatível com o regime regular, nos termos definidos nesta Emenda Constitucional". Por seu turno, a Emenda n.º 109 aditou à Constituição os artigos 167.º-B, 167.º-C, 167.º-D, 167.º-E, 167.º-F e 167.º- G.

Surge assim a primeira perplexidade: qual a relevância atual da distinção entre emergência constitucional e emergência administrativa, entre suspensão de direitos e mera restrição? Não estará em causa uma distinção que encontra a sua única explicação no passado e na história, no caso da Alemanha dramaticamente demonstrada pelo funesto uso do artigo 48.º da Constituição de Weimar?

O segundo motivo de perplexidade prende-se com o seguinte: independentemente de terem, ou não, lidado com a pandemia através da declaração de um estado de emergência nos termos constitucionalmente previstos, a verdade é que foram muito poucos os Estados europeus que exerceram o direito de derrogação das obrigações previstas na Convenção Europeia dos Direitos do Homem (CEDH), nos termos previstos no respetivo artigo 15.º[10].

O não exercício deste direito poderá compreender-se facilmente num Estado cuja constituição não preveja qualquer estado de exceção ou de emergência. Assim, Anna-Bettina KAISER afirma que na Alemanha "não houve uma decisão formal de derrogar à CEDH ou a qualquer outra convenção internacional. Além disso, uma derrogação da CEDH não faria sentido, uma vez que os direitos fundamentais da Lei Fundamental não podem ser suspensos"[11].

Todavia, esta resposta já não seria válida para Países como Portugal, ou como a Espanha. Será que as medidas adotadas nestes países, ainda que conformes às respetivas constituições, se devem considerar violadoras da CEDH, uma vez que os países em causa não exerceram qualquer direito de derrogação das respetivas disposições? Como apreciar esta recusa quase generalizada de exercer o direito de derrogação das obrigações decorrentes da CEDH?

Uma última perplexidade resulta de as vacinas contra a doença COVID-19, em todo o mundo, serem gratuitas para todas as pessoas, independentemente do estatuto de cidadão, residente, refugiado ou emigrante. Ao mesmo tempo, este facto pode aparecer como um fraco

[10] Cf. GREENE, Alan. *Emergency Powers in a Time of Pandemic*. Bristol: Bristol University Press, 2020, pp. 24-25.

[11] Cf. KAISER, Anna-Betina, R Hensel, "Federal Republic of Germany: Legal Response to Covid-19", *cit.*, § 12.

lenitivo para o agravamento verificado na pandemia de algumas condições socioeconómicas já patentes nos tempos de pós-modernidade em que vivemos. O que está em causa é a polarização entre a *professional class* da economia do conhecimento, ou a nova classe média, e a *service class* dos prestadores de serviços ordinários[12].

Surge assim a questão: por um lado, o fosso entre estes dois segmentos sociais mencionados (que são também os ganhadores e os perdedores da globalização) foi enormemente agravado; por outro lado, não há dúvida que a atividade do Estado se tornou durante a pandemia não só aceite enquanto necessária, mas valorizada. Coloca-se, assim, a questão de saber o que acontecerá no tempo pós-pandemia: o regresso (para não dizer agravamento) à polarização social e económica, ou a criação de condições para a sua superação?

São estas três perplexidades, com particular destaque parta a primeira, que a seguir se procura explorar. À primeira vista poderia parecer que só o primeiro grupo de questões releva de uma análise propriamente jurídica. Mas não é assim. O que estão em causa são três questões essenciais do direito constitucional que a pandemia veio, de alguma forma, destacar: o alcance da diferença entre os modelos jurídicos mais comummente usados para lidar com os estados de emergência; a nova relação entre o direito internacional e o direito constitucional; a necessidade de repensar o Estado social.

1. Suspensão ou restrição de direitos: (ir)relevância atual da distinção

A pandemia da doença COVID-19 foi a ocasião que esteve na base, pela primeira vez desde o restabelecimento da democracia constitucional em Portugal em 1976, de uma declaração de estado de emergência ao abrigo do artigo 19.º da Constituição. De acordo com esta norma a declaração de estado de emergência envolve a suspensão de direitos. A verdade, porém, porventura em resultado da sua não aplicação ao longo de cerca de quarenta anos, é que, com raras exceções[13], nunca houve na doutrina portuguesa uma reflexão profunda sobre o alcance e significado preciso da

[12] Cf. Reckwitz, Andreas. *Pandemie und Staat. Eine Gesprach über die Neuerfindung der Gesellschaft.* Bonn: Dietz, 2021, p. 52.

[13] Cf. Morais, Carlos Blanco de. *O Estado de Exceção.* Lisboa: Cognitio, 1984, esp. pp. 11

suspensão de direitos, como figura distinta da restrição de direitos, sendo esta última, como se sabe, o modo de afetar os direitos fundamentais próprio dos tempos normais.

Como já referido, são várias as constituições que lidaram com a pandemia não através da suspensão de direitos fundamentais, mas apenas através da respetiva restrição, com base em leis gerais. A este propósito, a Lei Fundamental alemã prevê, como qualquer outra, as situações de emergência clássicas: as emergências internas (artigo 91), o estado de guerra (artigo 115a) e as catástrofes naturais [artigo 35, (2) e (3)]. Simplesmente, as disposições constitucionais correspondentes limitam-se, de um modo geral, a regular os pressupostos destes diferentes estados de exceção e a autorizar a mobilização de forças policiais entre os diferentes *Länder* e o Estado Federal, sem atribuir aos órgãos constitucionais o poder de suspender os direitos fundamentais. Uma vez declarados estes estados de exceção, as autoridades, em especial o executivo, têm de lidar com as situações de crise através da lei e apenas a lei pode restringir os direitos fundamentais em tais situações, como sucede nos tempos normais.

Importa, pois, compreender qual é o alcance da diferença entre dois modelos com base nos quais os direitos constitucionais europeus lidaram com o fenómeno da pandemia.

1.1 A ambivalência do precedente romano

O horizonte em face do qual o estado de emergência é normalmente pensado é, sem dúvida, a ditadura romana, encarada como uma magistratura existente quando as estruturas constitucionais normais eram incapazes de lidar com uma crise de modo satisfatório, como tendia a suceder em caso de guerra.

Há dois traços fundamentais que definem a ditadura romana. Por um lado, o ditador, liberto da colegialidade que restringia os cônsules, tinha um poder absoluto, mas não podia fazer leis ou alterar as instituições existentes. Tinha um poder ilimitado sobre a vida e a morte dos cidadãos e podia até criar impostos para financiar o exército necessário para fazer a guerra, que era aliás a causa mais comum da sua nomeação. Por outro

e ss.; Gouveia, Jorge Bacelar. *O Estado de Exceção no Direito Constitucional, I.* Coimbra: Almedina, 1998, esp. pp. 557 e ss., e II, pp. 781 e ss.

lado, o seu ofício tinha uma duração limitada a um período de seis meses, ou ao termo do mandato dos cônsules que o nomeassem, consoante o que ocorresse primeiro[14].

Estes dois traços permitiam definir a ditadura romana como a magistratura que envolvia os poderes necessários para retomar a normalidade constitucional. E encontramos ainda hoje ecos desta ideia no artigo 19.º, n.º 8, da nossa Constituição, quando aí se diz que "a declaração do estado de sítio ou do estado de emergência confere às autoridades competência para tomarem as providências necessárias e adequadas ao pronto restabelecimento da normalidade constitucional".

Ora, não há dúvida de que, se a suspensão de direitos que caracteriza os atuais estados de emergência constitucionais fosse algo próximo da realidade romana, a sua diferença em relação à restrição de direitos seria abissal. Mas o modelo atual da emergência enquanto suspensão de direitos é, como se vai ver, muito diferente do modelo romano da ditadura como poder absoluto limitado no tempo.

O precedente romano exige ainda, no entanto, uma referência ao instituto do *senatus consultum ultimum*. Este último e a ditadura romana são muitas vezes considerados como manifestações da mesma realidade de atribuição de poderes excecionais, mas a verdade é que se trata de institutos muito diversos.

Como alerta AGAMBEN, "o ditador era uma figura específica de magistrado escolhido pelos cônsules, cujo *imperium*, extremamente amplo, era conferido através de uma *lex curiata*, que definia os seus objetivos". Pelo contrário, no *senatus consultum ultimum* e na proclamação do *iustitium* a que normalmente conduzia, "não há criação de qualquer nova magistra-

[14] Cf. SCHMITT, Carl. *Die Diktatur*. 7. ed. Berlim: Duncker & Humblot, 2006 (1921), pp. 1-3; ROSSITER, Clinton. *Constitutional Dictatorship: Crisis Government in the Modern Democracies*. Princeton: Princeton University Press, 1948, pp. 15-28; FRIEDRICH, C. J. *Constitutional Reason of State: The Survival of the Constitutional Order*. Providence, Rhode Island: Brown University Press, 1957, pp. 27-29 (em rigor, o autor apresenta-nos aqui um elogio da ditadura romana segundo Maquiavel); LINTOTT, Andrew. *The Constitution of the Roman Republic*. Oxford: Oxford University Press, 1999, pp. 107-107 (que apresenta um quadro mais incerto do que os restantes autores citados na presente nota); WATTS, Edward J. *Mortal Republic: How Rome Fell into Tyranny*. New York: Basic Books, 2018, pp. 22, 34, 36, 225; GREENE, Alan. *Permanent States of Emergency and the Rule of Law*. Oxford: Hart, 2020, p. 7.

tura; o poder ilimitado de que gozam de facto *iustitio indicto* os magistrados existentes não resulta da atribuição de um *imperium* ditatorial, mas da suspensão das leis que regulavam a sua ação"[15].

Assim, temos no início da República romana o recurso à ditadura, em que a limitação do poder decorria essencialmente da definição do mandato do ditador e da limitação do período de tempo em que podia atuar. No final da República, temos pelo contrário a figura do *senatus consultum ultimum*, em que o poder continua nas mãos dos magistrados existentes, mas deixa de ter qualquer limitação jurídica, desde logo quanto à respetiva duração. É uma evolução deste tipo que, com as devidas adaptações, devemos procurar evitar a todo o custo[16], mas, ao mesmo tempo, o seu espectro parece assolar alguns desenvolvimentos, não tão pouco recentes

[15] Cf. Agamben, Giorgio. *Homo Sacer*. Edizione integrale 1995-2015. Macerata: Quodlibet, 2018, p. 213 (3.4); cf. a crítica de Garofalo, Luigi. *Biopolítica y Derecho Romano*, Traducción de Edorta Córcoles Olaitz. Marcial Pons: Madrid /Barcelona /Buenos Aires, 2011, p. 122. A crítica de Garofalo, destinada a sublinhar que o *iustitium*, podendo também ser invocado pelo ditador, não envolvia qualquer anomia, antes constituindo uma manifestação do *imperium* deste último. No texto não releva tanto a dimensão da anomia, mas a circunstância de o *senatus consultum ultimum* não envolver a criação de uma magistratura específica, ao contrário do que sucedia com a ditadura.

[16] Cf. Shump, Scott. "The Senatus Consultum Ultimum and its Relation to Late Republican History Summer Research". Paper 99, 2011, disponível em http://soundideas.pugetsound.edu/summer_research/99; Holden, Gregory K. *Crisis Management during the Roman Republic: The Role of Political Institutions in Emergencies*. Cambridge: Cambridge University Press, 2013, pp. 42 ss.; sobre as dificuldades de interpretação do *senatus consultum ultimum*, cf., em especial, Scevola, Roberto. "*Senatus Consultum Ultimum*. Orientamenti Interpreattivi e Questione Aperte". Pierangelo Buongiorno (ed.). *Senatus Consultum ultimum* e Stato di Eccezione. Fenomeni in Prospettiva. Franz Steiner Verlag, 2020, pp. 11 ss. Schmitt, Carl. *Die Diktatur*, cit., p. 3, nota 2, dá conta da diferença aludida no texto entre a ditadura dos primeiros tempos da República e o instituto do *senatus consultum ultimum* nos seguintes termos: "A "quase-ditadura" introduzida à pressa pelo *Senatus consultum ultimum* foi um substituto para a ditadura mais antiga, que se mostrava ultrapassada e inútil. Era um instrumento na luta contra o inimigo político interno; isto ocorreu pela primeira vez em 133 a.C. (além de indicações anteriores), durante o alvoroço de Tibério Graco; durou até 40 a.C. Foi baseado na decisão do Senado de autorizar os cônsules a garantir a segurança do Estado (*rem publicam commendare, rem publicam defendere*) através do formula *videant consules ne quid res publica detrimenti capiat*. Consequentemente, os cônsules sentiram-se autorizados a tomar medidas contra quaisquer cidadãos romanos que fossem inimigos da ordem existente, independentemente de quaisquer restrições legais" (notas omitidas).

quanto seria de esperar, do estado de exceção. A história triunfante de Lucius Quinctius Cincinnatus (519 a.C. – 439 a.C.) nomeado ditador em 458 a.C. e abandonando o ofício 15 dias depois da sua nomeação, uma vez resolvida a situação de ameaça de guerra que a justificou, e apesar de a mesma nomeação se destinar a perdurar por seis meses[17], é uma miragem dificilmente correspondente à verdade e que, em qualquer caso, a evolução posterior se encarregou de desmentir.

1.2 O regime da suspensão de direitos fundamentais na constituição portuguesa

A fim de se compreender a diferença entre suspensão e restrição de direitos é conveniente começar por definir o que deve entender-se por aquela e apurar se a mesma consiste no único conteúdo do estado de emergência. Por outras palavras, as questões para as quais procuramos resposta são as de saber: *(i)* por um lado, se a suspensão de direitos significa a pura e simples abolição, ainda que temporária, dos direitos fundamentais, ou deve ter um outro significado mais restrito, por assim dizer; *(ii)* por outro lado, se o estado de emergência envolve a atribuição às autoridades de todos os poderes necessários para o restabelecimento da situação de normalidade, incluindo uma atribuição de competências contrária à que se encontra definida na Constituição para os tempos normais, ou se a atribuição de poderes às autoridades que envolve se esgota na suspensão de direitos. Uma vez apurado o alcance da suspensão de direitos ao abrigo do estado de emergência constitucional, importa compará-lo com a restrição de direitos que está, por exemplo, subjacente aos estados de exceção do direito administrativo acima mencionados.

a) A suspensão como caso especial da restrição de direitos

A primeira discussão, relativa à questão de saber qual o significado e conteúdo da restrição de direitos prevista no artigo 19.º da Constituição, foi já amplamente discutida na doutrina portuguesa. Ribeiro enunciou a

Não é crível que Schmitt não tenha notado a ironia que esta evolução implicava para a própria experiência constitucional de Weimar.

17 Cf. Machiavelli, Niccolò. *Discorsi sopra la Prima Deca di Tito Livio*, introduzione di Gennaro Sasso, note di Giorgio Inglese. 2. ed. Milano: Rizzoli, 1996, pp. 530-531.

esse propósito as três posições possíveis[18]: *(i)* de acordo com a primeira, suspender os direitos fundamentais significa restringi-los quando essa restrição não seria admissível em termos normais, por não encontrar previsão no texto constitucional; *(ii)* de acordo com o segundo entendimento, a suspensão de direitos envolveria, numa espécie de retorno aos tempos da ditadura romana, a pura e simples supressão ou abolição temporária dos direitos fundamentais; *(iii)* finalmente, de acordo com a terceira tese, a suspensão de direitos significa um regime especial de restrição de direitos, que substitui o regime geral, constante do artigo 18.º da Constituição, ou, por outras palavras, significa a supressão temporária, não do direito, mas dos "limites aos limites" do direito.

A primeira tese apenas seria de aceitar se houvesse direitos insuscetíveis de restrição em tempos normais. Mas não há. A norma do artigo 18.º, n.º 2, da Constituição, segundo a qual "a lei só pode restringir os direitos, liberdades e garantias nos casos expressamente previstos na Constituição", tem sido objeto de uma interpretação ab-rogante[19], orientada pela ideia de que todos os direitos e interesses constitucionais podem fundamentar a restrição de outros direitos e interesses constitucionais. A possibilidade de restrição é uma consequência inevitável da coexistência de diferentes direitos e interesses constitucionais.

A tese em apreço manteria, todavia, algum interesse para os casos em que se entenda estar constitucionalmente proibida a restrição do direito, como sucederia com a garantia absoluta constante do n.º 4 do artigo 34.º, da Constituição, relativa à proibição do acesso a metadados por parte das autoridades públicas. Sem querer aqui discutir o alcance dessa proibição, parece claro que a circunstância de estar vedada a restrição não impediria a suspensão ao abrigo do artigo 19.º da Constituição[20]. Simplesmente, com este alcance limitado, o entendimento de que a suspensão é uma autorização constitucional de restrição naqueles casos em que a Consti-

[18] Cf. Ribeiro, Gonçalo de Almeida. "Compreender o Estado de Exceção Constitucional". *Julgar*, n. .º 44, 2021, pp. 144 ss.

[19] Cf. Novais, Jorge Reis. *As Restrições aos Direitos Fundamentais Não Expressamente Autorizadas pela Constituição*. 2. ed. Coimbra: Coimbra Editora, 2010, pp. 581 ss.

[20] Cf. Ribeiro, Gonçalo de Almeida. "Compreender o Estado de Exceção Constitucional", op. cit., p. 145.

tuição não a permita, em circunstâncias normais, teria de se reconduzir, em todos os demais casos, a uma das outras duas teses indicadas.

A segunda tese também não pode ser aceite, pela simples razão de que o próprio artigo 19.º não a admite, quando, no respetivo n.º 4, submete o estado de sítio e o estado de emergência ao respeito do princípio da proporcionalidade. Os direitos não são temporariamente abolidos, antes continuam a contar na necessária justificação da atuação das autoridades, ainda que de modo mais enfraquecido, nos termos que adiante são discutidos. De resto, abolir os direitos, mesmo temporariamente, seria equivalente a abolir a constituição e não é esse, decididamente, o modelo de estado de exceção vertido na nossa Constituição, nem, em rigor, em qualquer constituição.

Ficamos, assim, com a terceira tese: suspender um direito significa a possibilidade de o restringir para além dos limites previstos no artigo 18.º, n.º 3, da Constituição, de acordo com o qual "as leis restritivas de direitos, liberdades e garantias têm de revestir carácter geral e abstrato e não podem ter efeito retroativo nem diminuir a extensão e o alcance do conteúdo essencial dos preceitos constitucionais". Isto significa, por outras palavras, que o verdadeiro objeto da suspensão não é o direito, mas o regime da respetiva restrição, como sustenta Ribeiro. De resto, nem sequer é todo o regime da restrição que é posto em causa. O n.º 2 do artigo 18.º estabelece também que as restrições devem "limitar-se ao necessário para salvaguardar outros direitos ou interesses constitucionalmente protegidos". Ora, este limite às restrições corresponde ao princípio da proporcionalidade e este também vale para os casos de suspensão de direitos, nos termos do artigo 19.º, n.º 4.

Somos, assim, conduzidos ao aspeto distintivo essencial da suspensão de direitos: esta envolve a suspensão dos "limites dos limites", com exceção do princípio da proporcionalidade, o que significa que a mesma permite, ao contrário da mera restrição de direitos, uma afetação do conteúdo essencial dos direitos fundamentais envolvidos e uma afetação que não tem que revestir carácter geral e abstrato. Todavia, a permissão de afetar o conteúdo essencial dos direitos não é, por sua vez, ilimitada. Com efeito, o artigo 19.º, n.º 6, estabelece que o estado de emergência "em nenhum caso pode afetar os direitos à vida, à integridade pessoal, à identidade pessoal, à capacidade civil e à cidadania, a não retroatividade da lei criminal, o direito de defesa dos arguidos e a liberdade de consciência e de religião". Tal não pode deixar de significar que as medidas tomadas em estado de emergência devem, em relação a estes direitos, para além de respeitar as exigências da proporcionalidade, respeitar também o respetivo conteúdo essencial. Em relação aos direitos enunciados no artigo 19.º, n.º 6, não há, pois, distinção entre suspensão e restrição, salvo eventualmente quanto ao carácter geral e abstrato desta última[21].

Parece, pois, desfazer-se aqui a relevância que se esperaria retirar da distinção entre a suspensão dos direitos fundamentais e a sua mera restrição: a suspensão, embora sujeita às exigências da proporcionalidade, permitiria atingir o conteúdo essencial dos preceitos constitucionais respeitantes aos direitos, liberdade e garantias, enquanto a restrição proíbe que o conteúdo essencial desses mesmos direitos, liberdade e garantias seja posto em causa (deixando agora de lado a questão de saber o que significa exatamente o conteúdo essencial dos direitos). Não é por acaso, com efeito, que uma acérrima defensora da conceção do estado de exceção segundo o modelo da restrição, KAISER, defenda a ideia de que o princípio da proteção do conteúdo essencial, a que se refere o artigo 19 (2) da Lei Fundamental alemã, mas que se encontra também subjacente à ideia de inviolabilidade da dignidade humana consagrada no artigo 1 (1), consiste no instrumento principal na proteção dos direitos fundamentais em situações de crise[22]. Ora também a Constituição portuguesa, que consagra um modelo de suspensão de direitos em situações de emergência constitucional, prevê, pelo menos para alguns direitos, a necessidade de respeitar o respetivo conteúdo essencial. Adiante regressar-se-á ao tema (cf. *infra*, 2.3.)

[21] Apesar de o artigo 19.º, n.º 6, estabelecer que o estado de emergência "em nenhum caso" pode afetar os direitos aí enunciados não está obviamente em causa a possibilidade da respetiva restrição, que é, de resto, expressamente admitida em circunstâncias normais para alguns desses direitos, como sucede com o direito à capacidade civil, cuja restrição é expressamente admitida no artigo 26.º, n.º 4, da Constituição.

[22] Cf. Kaiser, Anna-Bettina. *Ausnahmeverfassungsrecht*. Tübingen: Mohr Siebeck, 2020, esp. p. 238 ss.

b) O artigo 19.º da Constituição e a competência dos órgãos de soberania em situações de emergência constitucional

As considerações anteriores apenas abordam o primeiro problema, atrás identificado, relativo à interpretação do artigo 19.º da nossa Constituição. Dele pode certamente dizer-se, como diz um autor em relação ao artigo 15.º da CEDH, que o mesmo "cria um diferente regime de legalidade, mais do que um regime de não legalidade"[23]. Fica ainda por tratar o segundo problema, que não tem já que ver com saber o que significa a suspensão de direitos própria do estado de emergência, mas com apurar se este último se esgota em tal suspensão de direitos, ou admite outro tipo de medidas.

A este último propósito é muito relevante o recente Acórdão n.º 352/2021 do Tribunal Constitucional. Através desta decisão o Tribunal Constitucional averiguou da conformidade de uma norma do decreto que regulamentou a prorrogação do estado de emergência decretado pelo Presidente da República, nos termos da qual se previa o agravamento das penas dos crimes de desobediência e resistência às ordens legítimas das autoridades competentes quando praticados em violação do disposto no referido decreto[24].

Na situação sobre que se debruçou o Tribunal Constitucional, estava em causa a desobediência à ordem de "recolhimento domiciliário", de acordo com o dever estabelecido no mencionado decreto do Governo de regulamentação do estado de emergência. De acordo com a alínea b) do n.º 1 do artigo 348.º do Código Penal, "[q]uem faltar à obediência devida a ordem ou a mandado legítimos, regularmente comunicados e emanados de autoridade ou funcionário competente, é punido com pena de prisão até 1 ano ou com pena de multa até 120 dias se a autoridade ou o funcionário fizerem a correspondente cominação". Ora, o decreto de

[23] Cf. Greene, Alan. *Emergency Powers*, cit., p. 58.

[24] O acórdão em causa, com data de 27 de maio de 2021, foi proferido em recurso de constitucionalidade tendo por objeto a norma do n.º 6 do artigo 43.º do Decreto n.º 2-B/2020, de 2 de abril, segundo a qual "[a] desobediência e a resistência às ordens legítimas das entidades competentes, quando praticada em violação do disposto no presente decreto, são sancionadas nos termos da lei penal e as respetivas penas são sempre agravadas em um terço, nos seus limites mínimo e máximo, nos termos do n.º 4 do artigo 6.º da Lei n.º 27/2006, de 3 de julho."

regulamentação do estado de emergência agravou em um terço os limites mínimo e máximo desta moldura penal do crime de desobediência[25]. Coloca-se, pois, a questão de saber se o Governo dispunha de poderes para o efeito no âmbito do estado de emergência constitucional.

A resposta negativa, adotada pelo tribunal de primeira instância, baseou-se numa consideração muito simples, como o Tribunal Constitu-

[25] Como o Tribunal Constitucional não deixa de observar, a "norma sindicada remete para o n.º 4 do artigo 6.º da Lei n.º 27/2006, de 3 de julho – a Lei de Bases de Proteção Civil –, segundo o qual a "desobediência e a resistência às ordens legítimas das entidades competentes, quando praticadas em situação de alerta, contingência ou calamidade, são sancionadas nos termos da lei penal e as respetivas penas são sempre agravadas em um terço, nos seus limites mínimo e máximo." Este preceito prevê um agravamento especial da moldura penal do crime de desobediência no âmbito de situação de alerta, contingência ou calamidade – os estados de exceção administrativa regulados no diploma em que se insere. Sucede que nos presentes autos está em causa uma norma constante de decreto aprovado no âmbito de um estado de emergência – uma das modalidades de estado de exceção constitucional previstas no artigo 19.º da Constituição e regulamentadas pela Lei n.º 44/86, de 30 de setembro (Lei Orgânica que estabelece o Regime do Estado de Sítio e do Estado de Emergência – LOESEE). Este diploma não prevê nenhum agravamento especial da moldura penal do crime de desobediência; o seu artigo 7.º determina que a "violação do disposto na declaração do estado de sítio ou do estado de emergência ou na presente lei, nomeadamente quanto à execução daquela, faz incorrer os respetivos autores em crime de desobediência". Ora, esta diferença conduziria a que uma decisão de inconstitucionalidade da norma sindicada perante o Tribunal teria a "implicação perturbadora" de que "no direito português vigente a sanção penal da desobediência a ordens legítimas emitidas pelas autoridades competentes no âmbito de um estado de exceção administrativa é mais severa do que a definida para a desobediência a ordens legítimas emitidas no âmbito de um estado de exceção constitucional, por natureza de gravidade superior, o que se traduz não apenas na sua declaração integrar a competência própria do Presidente da República (alínea d) artigo 134.º) e se encontrar sujeita a autorização parlamentar (n.º 1 do artigo 138.º), como sobretudo no seu efeito singular de suspensão do exercício de direitos, liberdades e garantias (n.ºs 1 e 5 do artigo 19.º)". Simplesmente, como se afirma na declaração de voto da Conselheira Joana Fernandes Costa, "isso apenas pode significar que o ordenamento jurídico encerra, neste caso como em outros, uma contradição que só ao legislador cumpre solucionar. Dela não se retira qualquer argumento válido que possa ajudar a construir uma resposta afirmativa à questão de saber se, ao incluir no decreto de execução do estado de emergência a agravação das penas previstas para o crime desobediência, o Governo exerceu uma competência que a Constituição lhe atribui quando confere "às autoridades competência para tomarem as providências necessárias e adequadas ao pronto restabelecimento da normalidade constitucional"".

cional não deixou de observar, e aparentemente irresistível. O decreto do Governo que prevê o agravamento da pena do crime de desobediência é um diploma regulamentar emitido pelo Governo no quadro da sua competência de execução do decreto do Presidente da República que renovou a declaração de estado de emergência. Ora, a Constituição comete à Assembleia da República, salvo autorização legislativa, a definição das penas [alínea c) do n.º 1 do artigo 165.º]. Assim, ao agravar, por intermédio de regulamento, a moldura penal do crime de desobediência no que respeita às ordens legítimas emanadas das entidades competentes para fiscalizar o cumprimento do dever geral de recolhimento domiciliário, o Governo invadiu a reserva de lei parlamentar.

O Tribunal Constitucional rejeitou, todavia, esta consideração simples e aparentemente irresistível, como se disse, do problema. Em vez disso, considerou o seguinte:

(i) Por um lado, entendeu que "É ponto assente que a declaração de estado de emergência não autoriza o Governo a legislar em matéria de reserva de lei parlamentar, se por essa expressão se pretender denotar uma competência legislativa normal, visto que os atos de execução da declaração revestem a forma de decretos executivos que caducam uma vez esgotado o prazo de vigência do decreto presidencial – no máximo, quinze dias (artigo 19.º, n.º 5). Antes se trata de uma competência normativa excecional, que não põe evidentemente em causa a "aplicação das regras constitucionais relativas à competência e ao funcionamento dos órgãos de soberania" em condições de "normalidade constitucional".

(ii) Mas por outro lado, entendeu também não ser correto retirar do artigo 19.º da Constituição "a inibição de competência do Governo, no uso do poder de execução da declaração do estado de emergência (artigo 17.º da LOESEE), de emitir quaisquer normas em matéria de competência legislativa reservada da Assembleia da República. A ser assim, é inevitável concluir que o regime do artigo 19.º da Constituição é inexequível, uma vez que a execução de uma declaração que suspende o exercício de direitos e confere "às autoridades competência para tomarem as providências necessárias e adequadas ao pronto restabelecimento da normalidade

constitucional" (n.º 8 do artigo 19.º) implica necessariamente amplos poderes em matéria de direitos, liberdades e garantias, domínio por excelência da reserva de lei parlamentar (alínea b) do n.º 1 do artigo 165.º da Constituição). De resto, toda a experiência histórica de estados de exceção documenta o largo alcance do poder de emergência atribuído ao executivo, de todo incompatível com uma interpretação tão adstringente do n.º 7 do artigo 19.º da Constituição."

O aspeto essencial da argumentação do Tribunal revela-se porventura na seguinte passagem:

"No direito constitucional português, a execução da declaração do estado de emergência, compreendendo todas as 'providências necessárias e adequadas ao pronto restabelecimento da normalidade constitucional', é uma competência diretamente fundada no n.º 8 do artigo 19.º da Constituição. O Governo não carece de autorização da Assembleia da República ou do Presidente da República para decretar as normas que entender necessárias em matérias que integram a reserva de lei parlamentar: uma vez declarado um estado de emergência ou um estado de sítio, o executivo passa a atuar no quadro de uma organização excecional do poder público, podendo não só estabelecer normas de conduta incompatíveis com exercício regular das liberdades fundamentais abrangidas pelo decreto presidencial – como ocorre com a imposição de um dever geral de recolhimento domiciliário –, como tomar providências em matéria de crimes e penas estreitamente relacionadas com a sua função de defesa da ordem constitucional. Com efeito, verifica-se uma simbiose funcional entre a competência para decretar normas primárias de conduta e normas secundárias que sancionam, se necessário sob a forma penal, a violação daquelas; trata-se de duas faces da mesma moeda, o exercício de um poder de emergência constitucional. Por outras palavras, as razões que justificam a autorização extraordinária para invadir a reserva parlamentar em matéria de direitos, liberdades e garantias – inerente ao poder de executar uma declaração que suspende parcialmente o exercício destes – estendem-se necessariamente ao domínio da definição dos crimes e das penas que participe da mesma finalidade e nela encontre justificação material suficiente."

Por outras palavras, ao adotar as providências necessárias e adequadas ao restabelecimento da normalidade constitucional, como prevê o artigo 19.º, n.º 8, da Constituição, o Governo pode não apenas tomar medidas que afetam os direitos fundamentais sem respeitar os limites decorrentes do artigo 18.º, como ainda tomar providências em matéria penal destinadas a assegurar o cumprimento de tais medidas por parte dos respetivos destinatários. O raciocínio do Tribunal parece ser o seguinte: se a suspensão de direitos a que essencialmente se reconduz o estado de emergência envolve por natureza uma interferência nos poderes do Parlamento, ao qual está reservada em tempos normais a competência legislativa em matéria de direitos, liberdades e garantias, essa interferência na competência do órgão legislativo por excelência também há-de ser admitida quando decorra de quaisquer providências que se mostrem necessárias e adequadas ao restabelecimento da normalidade constitucional, a que se refere o artigo 19.º, n.º 8, nada excluindo que aí se incluam competências em matéria de definição de crimes e penas, desde que restritas ao período de duração do estado de emergência.

É, no entanto, possível pensar em vários argumentos que apontam no sentido contrário.

Em primeiro lugar, a competência atribuída pelo artigo 19.º, n.º 8, da Constituição é, em primeira linha, uma competência para atuar, isto é, para emitir normas primárias (segundo a terminologia do próprio Acórdão n.º 352/2021) suscetíveis de conduzir ao restabelecimento da normalidade constitucional e não uma competência para sancionar. É certamente por essa razão que o artigo 19.º da Constituição tem por epígrafe "Suspensão do exercício de direitos". Do que se trata é de permitir uma atuação sem os constrangimentos decorrentes dos direitos fundamentais e do respetivo regime jurídico, aí se incluindo certamente providências respeitantes à execução forçada das medidas adotadas, mas já não o estabelecimento de normas sancionatórios, que não serão, de resto, com grande probabilidade, tornadas efetivas durante o período do próprio estado de emergência[26].

[26] Este facto poderia, aliás, suscitar um problema complexo de aplicação da lei penal no tempo, à luz do disposto no artigo 29.º, n.º 4, da Constituição. Repare-se que não está em causa o regime especial da lei temporária, previsto no artigo 2.º, n.º 3, do Código

Em segundo lugar, o estado de emergência envolve uma suspensão dos direitos fundamentais, mas não uma suspensão das "regras constitucionais relativas à competência e ao funcionamento dos órgãos de soberania e de governo próprio das regiões autónomas ou os direitos e imunidades dos respetivos titulares", as quais devem continuar a valer, como se retira do artigo 19.º, n.º 7, da Constituição[27].

Em disposição alguma a Constituição atribui ao Governo competência específica para a execução da declaração do estado de sítio ou de emergência. No artigo 19.º, n.º 8, da Constituição estabelece-se apenas que "a declaração do estado de sítio ou do estado de emergência confere às autoridades competência para tomarem as providências necessárias e adequadas ao pronto restabelecimento da normalidade constitucional". É certo que a competência do Governo para a execução do decreto presidencial de declaração do estado de emergência resulta expressamente da lei. Com efeito, o artigo 17.º, sob a epígrafe "Competência do Governo", da Lei n.º 44/86 estabelece que, "a execução da declaração do estado de sítio ou do estado de emergência compete ao Governo, que dos respetivos atos manterá informados o Presidente da República e a Assembleia da República". É também claro que a competência do Governo para a execução dos decretos de emergência se mostra claramente conforme com o figurino constitucional de divisão de competências entre os órgãos de soberania.

Em qualquer caso, o facto de a competência do Governo para a execução do estado de emergência ter origem na lei e não diretamente na

Penal, que não constitui verdadeiramente uma exceção ao princípio da retroatividade da lei penal mais favorável, uma vez que a cessação da vigência da mesma determina "uma alteração da situação fáctica e não uma alteração da valoração político-criminal" (cf. CARVALHO, Américo Taipa de. *Sucessão de Leis Penais*. Coimbra: Coimbra Editora, 1990, p. 165, e doutrina aí citada). O problema é se faz sentido estender este regime especial da lei penal temporária parlamentar à medida penal temporária adotada pelo Governo, no exercício de poderes de emergência, na medida em que no contexto destes últimos possa não ocorrer o requisito da não alteração da valoração da política criminal (pelo menos do ponto de vista subjetivo). Trata-se de problema que aqui não poderá ser desenvolvido.

[27] Neste sentido se veio também a orientar o Acórdão n.º 477/2022 do Tribunal Constitucional, proferido pela 1.ª Secção (enquanto o Acórdão n.º 352/2021 foi proferido pela 3.ª Secção).

Constituição aponta no sentido de uma interpretação restritiva daquela competência, isto é, envolvendo apenas a execução da declaração de estado de sítio, no sentido das normas e medidas diretamente destinadas a tornar exequível o conteúdo daquela declaração. Por outras palavras, embora a competência do Governo para executar a declaração do estado de sítio ou de emergência se afigure conforme com o figurino constitucional do Governo, certamente já não o será a definição, anda que temporária, de crimes ou penas.

Em terceiro lugar, a necessidade de interpretar restritivamente o âmbito dos poderes atribuídos às autoridades em estado de emergência resulta ainda de a situação vigente em Portugal não se caracterizar apenas por uma alternância entre estados de exceção constitucional (o estado de emergência) e estados de exceção administrativos (os estados de calamidade, de contingência e de alerta da Lei de Bases da Proteção Civil).

Para além disso, a situação caracteriza-se ainda, no nosso País, por uma verdadeira sobreposição entre o estado de emergência como envolvendo a suspensão de direitos fundamentais e diversas leis parlamentares e decretos-leis do Governo dos quais resulta a restrição de direitos nos termos gerais do artigo 18.º da Constituição. Sob esta perspetiva pode certamente afirmar-se que a pandemia deu origem a Portugal a um verdadeiro pandemónio normativo. O que agora, todavia, importa realçar é que esta continuação do exercício do poder legislativo pela Assembleia da República se mostra dificilmente compatível com a transferência, mesmo temporária, do exercício das suas competências para o Governo, como sucederia se a este se reconhecesse a competência para definir crimes e penas.

A única afetação da competência do Parlamento que decorre da declaração do estado de sítio ou de emergência é a que expressamente decorre do n.º 5 do artigo 19.º da Constituição, quando ali se estabelece que "a declaração do estado de sítio ou do estado de emergência é adequadamente fundamentada e contém a especificação dos direitos, liberdades e garantias cujo exercício fica suspenso". Repare-se que esta suspensão, com o conteúdo que anteriormente se referiu, é levada a cabo com a intervenção da própria Assembleia da República, que deve autorizar a declaração do estado de exceção em causa [artigo 161.º, alínea l), da Constituição].

Em quarto lugar, a tese de que a declaração do estado de emergência envolve uma "simbiose funcional entre a competência para decretar normas primárias de conduta e normas secundárias que sancionam, se necessário sob a forma penal, a violação daquelas", defendida no Acórdão n.º 352/2021 do Tribunal Constitucional, envolve o recurso a um conceito, o de "simbiose funcional", cujos contornos são algo imprecisos, impondo-se clarificar o seu alcance. É claro que, no limite, a ideia de uma "simbiose funcional" pode fazer sentido, mas é necessário, para isso, que se verifique um estado de coisas em que o Parlamento não tem sequer condições para reunir, o que não foi, manifestamente, o caso na situação de pandemia verificada. Por outras palavras, é necessário que ocorra uma exceção em sentido próprio, conceito que a seguir será aprofundado.

Por último, em quinto lugar, a ideia de uma extensão das competências do Governo em estado de emergência no sentido propugnado no Acórdão n.º 352/2021 deve ser avaliada à luz da distinção entre estados de exceção em sentido próprio (exceções "extremas", ou "absolutas") e impróprio, pela primeira vez introduzida por Carl Schmitt, na obra *Teologia Política*, de 1922. Nessa obra, Schmitt afirma que "nem toda a medida extraordinária, nem toda a medida de emergência policial ou decreto de emergência é necessariamente uma exceção. O que caracteriza uma exceção é a autoridade essencialmente ilimitada, o que significa a suspensão de toda a ordem existente. Em tal situação, é claro que o Estado permanece, enquanto a lei retrocede. Como a exceção é diferente da anarquia e do caos, permanece ainda uma ordem no sentido jurídico, mesmo que não seja uma ordem jurídica"[28]. Ora, como afirma Anna-Bettina KAISER, a catástrofe absoluta subjacente à exceção em sentido próprio "pode e deve ser excluída porque a jurisprudência constitucional não pode contribuir em nada para superá-la". Por essa razão, uma análise de quaisquer disposições constitucionais sobre emergências deve concentrar-se na exceção em sentido impróprio, isto é, naqueles fenómenos, correntes na modernidade, que os sociólogos por vezes designam como

[28] Cf. Schmitt, Carl. *Politische Theologie. Vier Kapitel zur Lehre von der Souveränität.* 9.ª ed., Berlim: Duncker & Humblot, 2009, p. 18.

"acidentes normais"[29]. Ora, numa circunstância em que nos confrontamos com uma exceção em sentido impróprio, não faz sentido reconhecer ao Governo competências para a definição de penas, devendo esta última permanecer exclusivamente na esfera do Parlamento.

Poderia responder-se a estas objeções afirmando que continua certamente a valer a divisão de competências estabelecida na Constituição, uma vez que continua a pertencer ao Parlamento a competência legislativa exclusiva para "definir crimes, penas, medidas de segurança e respetivos pressupostos, bem como processo criminal", como prevê o artigo 165.º, n.º 1, alínea c), da Constituição. Ao Governo cabe apenas uma competência temporária para o efeito, visando promover a obediência dos cidadãos às medidas adotadas na vigência do estado de emergência e caducando ao mesmo tempo que estas. Simplesmente, como se procurou demonstrar, nada, em princípio, pelo menos na ausência de uma exceção "extrema" ou "absoluta", no sentido apontado, justifica esta solução tão contrária ao modelo de divisão de poderes inerente à Constituição e o carácter necessariamente aberto da ideia de "simbiose funcional" certamente a desaconselha.

3. A tendência para a uniformidade entre os modelos da suspensão e da restrição

A exposição anterior permite-nos, pois, concluir que a declaração do estado de emergência, por um lado, *(i)* não envolve a abolição, mesmo temporária, dos direitos fundamentais, mas apenas a suspensão do regime das restrições desses mesmos direitos, salvo quanto à aplicação do princípio da proporcionalidade; por outro lado, *(ii)* não pode afetar a aplicação das regras constitucionais relativas à competência e ao funcio-

[29] Cf. KAISER, Anna-Bettina. *Ausnahmeverfassungsrecht*, cit., p. 64. Sobre os "acidentes normais", cf. PERROW, Charles. *Normal Accidents: Living with High-Risk Technologies*. New York: Basic Books, 1984, pp. 4-5; idem. *The Next Catastrophe: Reducing Our Vulnerabilities to Natural, Industrial, and Terrorist Disasters*. Princeton and Oxford: Princeton University Press, 2011, pp. 3, 212 ss.; BECK, Ulrich. *Gegengifte: Die organisierte Unverantwortlichkeit*. Frankfurt am Main: Suhrkamp, 1988, p. 123.

namento dos órgãos de soberania, mantendo-se em princípio inalterada a competência destes órgãos[30].

Coloca-se assim a questão de saber como devemos, à luz destes dois aspetos, avaliar a diferença entre os modelos de estado de exceção baseados na suspensão e na restrição de direitos. Será essa diferença irrelevante, na medida em que se aceite que quer a suspensão, quer a restrição dos direitos fundamentais envolve sempre o respeito do princípio da proporcionalidade e até – no caso do modelo de suspensão consagrado na Constituição – do conteúdo essencial de alguns direitos?

O artigo 19.º, n.º 4, da Constituição sujeita, como se viu, a suspensão de direitos em estado de sítio e de emergência ao respeito do princípio da proporcionalidade. O princípio da proporcionalidade é também, por sua vez, um dos instrumentos com base nos quais se avalia em geral a justificação constitucional da restrição de direitos. Assim, cabe perguntar em que medida este recurso ao princípio da proporcionalidade nos dois casos não acaba por tornar irrelevantes as diferenças entre eles.

[30] Estas duas características do modelo constitucional do estado de exceção assente na suspensão de direitos acrescem àquelas que foram enunciadas por Böckenförde, nos seguintes termos: *(i)* distinção clara entre as condições que definem uma situação normal e aquelas que devem estar subjacentes a um estado de exceção; *(ii)* diferenciação qualitativa clara entre leis e medidas, acentuando-se o carácter temporário destas últimas; *(iii)* diferenciação entre a autoridade que declara o estado de emergência e a autoridade que detém os poderes de emergência decorrentes dessa declaração; *(iv)* atribuição dos poderes de emergência a um órgão político com funções executivas, isto é, ao governo; *(v)* a limitação jurídica da atuação do executivo através da autorização da adoção das medidas necessárias para alcançar o restabelecimento da situação normal, acompanhada da submissão a um princípio de proporcionalidade estrita, da sujeição a limites temporais insuscetíveis de renovação tácita e da sujeição a limites quanto aos direitos fundamentais objeto de suspensão; *(vi)* a responsabilidade acrescida dos titulares dos órgãos que atuem em estado de emergência; *(vii)* diferenciação entre graus de intensidade do estado de emergência em função da gravidade das crises em presença [sobre estas, cf., mais aprofundadamente, Brito, Miguel Nogueira de. "Modelos de Emergência no Direito Constitucional". *e-Pública*, v. 7, n.º 1, abril 2020, pp. 20-21; Böckenförde, Ernst-Wolfgang. "The Repressed State of Emergency: The Exercise of State Authority in Extraordinary Circumstances". M. Künkler and T. Stein (eds.), *Constitutional and Political Theory: Selected Writings*, v. I. Oxford: Oxford University Press, 2017, pp. 119-121, 125-131.

Uma melhor compreensão deste problema requer que tenhamos em mente uma versão completa da frase clássica: não apenas "*necessitas non habet legem...*", mas também, decididamente, "*... sed ipsa sibi facit legem*"[31]. Isto é, não apenas "a necessidade não reconhece nenhuma lei", mas também "a necessidade cria sua própria lei"[32]. E essa lei, pode argumentar-se, é sempre a mesma, ou seja, a lei que resulta do princípio da proporcionalidade, quaisquer que sejam os modelos teóricos que possamos escolher para entender os diferentes sistemas constitucionais, porque é, afinal, essa lei que melhor permite avaliar a legitimidade das medidas adotadas em cada caso.

De resto, o problema em considerar a figura do conteúdo essencial dos direitos como o traço distintivo do modelo da restrição de direitos consiste em esta figura ser muitas vezes entendida simplesmente como mais uma instanciação do princípio da proporcionalidade[33], sinalizando quando muito "a necessidade de preservar no direito fundamental, tanto quanto possível, um conteúdo essencial, ou seja, um mínimo de conteúdo, objetivo ou subjetivo, demarcado materialmente pelo princípio da dignidade da pessoa humana"[34].

Não surpreende, na verdade, a necessidade de fazer acrescer ao controlo propiciado pelo princípio da proporcionalidade a garantia adicional do conteúdo essencial do direito. A diferença entre as duas figuras manifesta-se de forma particularmente clara em situações de emergência, pois aí, quando bens de elevado valor como a vida e a saúde estão em jogo, "a

[31] Cf. Pennigton, Kenneth. "Innocent III and the *Ius commune*". Richard Helmholz, Paul Mikat, Jörg Müller, Michael Stolleis (eds.). *Grundlagen des Rechts: Festschrift für Peter Landau zum 65. Geburtstag.* Paderborn: Verlag Ferdinand Schöningh, 2000, pp. 349-366; Roumy, Franck. "L'origine et la diffusion de l'adage canonique Necessitas non habet legem (viii-xiii)". Wolfgang Müller e Mary Sommar Medieval (eds.), *Church Law and the Origins of the Western Legal Tradition: A Tribute to Kenneth Pennington.* Washington: Catholic University of America Press, 2006, p. 302, nota 11. Para uma versão complete da frase, tal como contida no *Decretum* de Graciano, cf. https://geschichte.digitale-sammlungen.de/decretum-gratiani/kapitel/dc_chapter_1_1118, último acesso em 10 de novembro de 2021.

[32] Ao contrário do que parece entender Agamben, essas não são duas formas opostas de interpretar a mesma frase, mas duas partes da mesma frase (cf., *Homo Sacer*, cit., p. 193).

[33] Cf. Kaiser, Anna-Bettina. *Ausnahmeverfassungsrecht*, cit., pp. 238-241, 279-282.

[34] Cf. Novais, Jorge Reis. *As Restrições aos Direitos Fundamentais,* cit., p. 798.

racionalidade do princípio da proporcionalidade com a sua relação inerente entre fins e meios perde a sua força orientadora e limitadora"[35].

Compreende-se, assim, o apelo da distinção entre duas abordagens à tutela dos direitos constitucionais: a "abordagem do balanceamento" e a "abordagem categórica"[36], coincidindo, respetivamente, com um controlo apenas baseado no princípio da proporcionalidade e um controlo preferencialmente assente na preservação do conteúdo essencial. É de esperar que uma abordagem do balanceamento sujeite, em tempos de crise, os tribunais ao mesmo tipo de pressão que inclina a opinião pública no sentido de ver com bons olhos as medidas restritivas adotadas pelos poderes executivos. Pelo contrário, como nota TUSHNET, "as abordagens categóricas são projetadas para contrabalançar essa tendência, excluindo as características das circunstâncias que provavelmente induzirão em erros de julgamento. E, sob algumas condições, essas abordagens podem conseguir fazê-lo, quando as regras categóricas se dirigem aos decisores políticos, que podem não apreciar a importância de considerações encaradas como periféricas em relação às suas tarefas mais centrais"[37].

Ora, independentemente das dificuldades na estruturação destas duas abordagens, a verdade é que não podemos com base nelas distinguir entre o modelo da emergência constitucional assentes na restrição, ou na suspensão de direitos. É que, como já vimos, o modelo da suspensão envolve, no caso português, pelo menos, não só a necessidade de respeitar as exigências do princípio da proporcionalidade, mas também o conteúdo essencial de alguns direitos, previstos no artigo 19.º, n.º 6, da Constituição, quando aí se prevê que "a declaração do estado de sítio ou do estado de emergência em nenhum caso pode afetar os direitos à vida, integridade pessoal, à identidade pessoal, à capacidade civil e à cidada-

[35] Cf. KAISER, Anna-Bettina. *Ausnahmeverfassungsrecht*, op. cit., p. 234; idem, "The State of Exception under German Law and the Current Pandemic: Comparative Models and Constitutional Rights". *e-Pública*, v. 7, n.º 3, dezembro 2020, pp. 9-10; BARCZAK, Tristan. *Der nervöse Staat. Ausnahmezustand und Resilienz des Rechts in der Sicherheitsgesellschaft*, 2., unveränderte Auflage mit einem Supplementum. Tübingen: Mohr Siebeck, 2021, pp. 385 ss., 685.

[36] Cf. TUSHNET, Mark. "Defending Korematsu? Reflections on Civil Liberties in Wartime". *Wisconsin Law Review*, 2003, p. 281.

[37] Cf. TUSHNET, Mark. "Defending Korematsu?", op. cit., p. 282.

nia, a não retroatividade da lei criminal, o direito de defesa dos arguidos e a liberdade de consciência e de religião"[38]. Desta norma resulta que a proibição de afetação dos direitos em causa não pode, bem entendido, ser efetivada através de medidas que não respeitem os "limites dos limites". Mas nada impede limitações que respeitem integralmente o regime das restrições constante do artigo 18.º da Constituição.

As considerações anteriores visam apenas sublinhar que *(i)* se rejeitarmos, como devemos, a ideia de que a suspensão de direitos em estado de sítio ou de emergência envolve a supressão dos direitos fundamentais, no sentido da sua abolição temporária; e *(ii)* se aceitarmos que essa mesma suspensão significa, afinal, a supressão temporária do regime das restrições aos direitos, com exceção do princípio da proporcionalidade e da garantia do conteúdo essencial, pelo menos em relação a alguns direitos; então *(iii)* seremos levados a concluir que as diferenças entre suspensão e restrição são porventura menores do que à partida se poderia pensar.

O que se acaba de dizer significa que as diferenças entre os modelos jurídicos de cada constituição para combater situações extremas como as pandemias parecem ser essencialmente, cada vez mais, diferenças de grau e não diferenças qualitativas. Mas as referências anteriormente feitas à tendência verificada na evolução do direito romano, desde a ditadura em direção ao *senatus consultum ultimum* como modos de lidar com a exceção, devem alertar-nos para a possibilidade de uma outra realidade, que consiste afinal na tendência expansiva das exceções, ou na normalização da exceção.

Assim, torna-se também crescentemente irrelevante a distinção entre os dois modelos, na medida em que a tendência expansiva apontada se manifesta igualmente em ambos.

A este propósito, BARCZAK chama a atenção para "a transformação do estado de emergência, que está a ser transferido passo a passo do plano constitucional de um instituto de exceção para o plano de um instituto legislativo permanente", o que se evidenciaria, desde logo na proliferação de regimes legais sobre matérias como o direito de polícia

[38] Os artigos 136.º e 139.º da Constituição brasileira vão ainda mais longe, ao especificarem as medidas restritivas que podem ser adotadas em estado de defesa ou de sítio.

administrativa e a luta contra o terrorismo[39]. O resultado é aquilo que o autor designa como um "Estado nervoso", isto é, um Estado que "substitui a lógica da realidade pela lógica da possibilidade, que, por medo constante de perder o ponto crítico da ação, age mesmo na situação normal como se estivesse em estado de emergência, procurando constantemente fontes de perigo e inimigos potenciais, que elimina os perigos antes que eles surjam, que age por precaução em vez de esperar, que luta em vez de repelir, que joga a guerra na paz. Nervoso é um estado em constante vigilância, abandonando seu castelo porque não confia nas suas muralhas. Um estado que nunca descansa é um estado nervoso"[40].

Seria de esperar que esta tendência fosse contrariada pela consagração de um estado de emergência constitucional, prevendo a suspensão de direitos fundamentais em situações de crise particularmente graves. Mas não é esse o caso, pelo menos se atentarmos na imensa produção legislativa ocorrida em Portugal no período da pandemia. A emergência constitucional não estancou o processo de "legalização de competências de exceção"[41] crescentemente assumidas pelos poderes constituídos.

A existência de um direito constitucional de exceção não dispensa a reação a situações de exceção fora do quadro do artigo 19.º da Constituição, no contexto de um sistema dualista do regime da emergência[42]. Mas se assim é, torna-se necessária uma especial vigilância para que a principal virtude do modelo da emergência constitucional assente na suspensão de direitos, isto é, o carácter temporário, não seja perdida.

4. A pandemia e a relação entre direito internacional e direito interno

A segunda perplexidade sublinhada no início prende-se com o facto de poucos países europeus que são partes na CUDH, e que declararam esta-

[39] Cf. Barczak, Tristan. *Der nervöse Staat,* cit., p. 676 e ainda pp. 291 ss.

[40] Cf. Barczak, Tristan. *Der nervöse Staat,* cit., p. 673. Um diagnóstico em larga medida coincidente, embora a partir de uma perspetiva diferente, é o desenvolvido por DAVIES, William. *Nervous States: How Feeling Took Over the World.* London: Vintage, 2019.

[41] Cf. Barczak, Tristan. *Der nervöse Staat,* cit., p. 677.

[42] Como acentua Canas, Vitalino. "O Império da Exceção: A Inevitabilidade do Autoritarismo em Democracia?" *Revista da Faculdade de Direito da Universidade de Lisboa,* Ano LXI, n.º 1, 2020, pp. 816 ss.

dos de exceção para fazer face à pandemia, terem também exercido o direito de derrogação das obrigações previstas na Convenção, nos termos previstos no respetivo artigo 15.º. De acordo com o n.º 1 deste artigo "em caso de guerra ou de outro perigo público que ameace a vida da nação, qualquer Alta Parte Contratante pode tomar providências que derroguem as obrigações previstas na presente Convenção, na estrita medida em que o exigir a situação, e em que tais providências não estejam em contradição com as outras obrigações decorrentes do direito internacional".

Ora, durante a pandemia apenas 10 entre os 47 Estados contratantes exerceram o direito previsto no artigo 15.º da Convenção: Albânia, Arménia, Estónia, Geórgia, Letónia, Macedónia do Norte, Moldávia, Roménia, São Marino e Sérvia[43]. Isto significa, desde logo, que os países, como Portugal e a Espanha, que não ativaram o artigo 15.º, mantendo informado o Secretário-geral do Conselho da Europa das providências tomadas e dos motivos que as provocaram, nos termos do respetivo n.º 3, deveriam ter mantido as medidas de combate ao coronavírus em conformidade com as disposições da Convenção aplicáveis fora dos casos previstos no referido artigo 15º. Por outras palavras, medidas que envolveram a suspensão de direitos no plano interno tiveram que continuar a conformar-se com os mesmos direitos no plano internacional.

Esta é, sem dúvida, uma situação bizarra. Existem, todavia, três razões que permitem explicar, ou pelo menos desvalorizar, essa bizarria.

A primeira consiste no efeito nivelador do princípio da proporcionalidade. Se este princípio é verdadeiramente o que permite controlar as medidas de combate à epidemia e se o respeito do mesmo se impõe igualmente no direito interno, independentemente do modelo de emergência que aí se encontre consagrado, como vimos, e no direito internacional, parecem existir poucas possibilidades de divergência entre as diferentes jurisdições.

Na realidade, como salienta Alan Greene ao analisar a jurisprudência do TEDH, uma vez satisfeito o requisito formal de ter sido declarada uma situação de emergência por um Estado, "o único mecanismo para moderar as ações de um Estado nos termos do artigo 15.º é o teste de

[43] Cf. Greene, Alan. *Emergency Powers*, cit., p. 24.

proporcionalidade da segunda parte – que as medidas aprovadas sejam proporcionais às exigências da situação. Isso é indistinguível da metodologia do TEDH nos casos fora do artigo 15.º. Com efeito, o TEDH atua de maneira 'normal'. No entanto, este teste de proporcionalidade está sujeito a uma ampla margem de apreciação, resultando em um nível substancial de deferência para com as autoridades nacionais, da mesma forma que o Supremo Tribunal dos EUA diferiu para o executivo em períodos de emergência, apesar da insistência de que a mesma a lei se aplica tanto na guerra quanto na paz[44].

Em segundo lugar, existe uma assinalável identidade entre os direitos insuscetíveis de derrogação no âmbito da CEDH e no âmbito do artigo 19.º da Constituição portuguesa. Assim, o artigo 15.º, n.º 2, da CEDH, não autoriza nenhuma derrogação ao artigo 2. °, sobre o direito à vida, salvo quanto ao caso de morte resultante de atos lícitos de guerra, nem aos artigos 3.° (proibição de tortura), 4.° (parágrafo 1 – proibição de escravatura) e 7.° (princípio da legalidade em direito penal). Por seu turno, o n.º 6 do artigo 19.º da Constituição consigna, como se viu já, que "a declaração do estado de sítio ou do estado de emergência em nenhum caso pode afetar os direitos à vida, à integridade pessoal, à identidade pessoal, à capacidade civil e à cidadania, a não retroatividade da lei criminal, o direito de defesa dos arguidos e a liberdade de consciência e de religião".

A terceira razão consiste no facto, revelado pela análise das diferentes disposições constitucionais e da jurisprudência, de que, "embora as constituições nacionais tenham sido, especialmente nas últimas décadas, intensamente moldadas pelo direito internacional, muitos atores constitucionais, especialmente os tribunais constitucionais, estão a rejeitar a reivindicação do direito internacional de supremacia sobre o direito constitucional nacional". Assim, segundo Peters, "a atitude dos atores constitucionais domésticos em relação ao direito internacional é ambivalente e frequentemente inconsistente. Por um lado, é visível uma convergência "vertical" e "horizontal" das normas fundamentais (e, nesse sentido, constitucionais) relacionadas com os direitos humanos, o Estado

[44] Cf. Greene, Alan. "Separating Normalcy from Emergency: The Jurisprudence of Article 15 of the European Convention on Human Rights". *German Law Journal*, v. 12, n. .º 10, 2011, p. 1783.

de direito e a democracia. Por outro lado, uma hierarquia simples entre o direito internacional e o direito constitucional nacional, visualizada como uma pirâmide de normas com o direito internacional no seu ápice, não é geralmente aceite por todos os atores"[45].

Dir-se-ia que quanto mais os mesmos princípios constitucionais substantivos se vão tornando comuns a todas as jurisdições, mais o antigo dogma da supremacia do direito internacional vai sendo sujeito, em certa medida de forma paradoxal, a um processo de erosão contínuo.

5. A pandemia e o estado social

Impõe-se ainda uma breve nota sobre o problema da crescente distância entre os vencedores e os perdedores da pandemia, que são também os vencedores e os perdedores da globalização. Trata-se da diferença entre os que podem continuar a trabalhar à distância, porque dispõem dos meios necessários para o efeito, e os que continuam a depender do contacto direto com os outros para garantir o seu sustento. A única forma de lidar satisfatoriamente com este problema consiste em incluir definitivamente no pensamento do constitucionalismo os direitos sociais e o Estado social. Mas que forma de Estado social devemos hoje privilegiar?

Na realidade, durante os "trinta anos gloriosos", decorridos desde o final da Segunda Guerra Mundial, o Estado social era considerado património comum a todas as forças políticas, pelo menos as mais relevantes e com assento parlamentar. Hoje em dia este consenso já não pode, de forma alguma, ser dado como adquirido e é, cada vez mais, posto em causa.

Assim, o modelo de regulação keynesiano e o modelo neo-corporativo foi defendido na Europa tanto pelos sociais-democratas e pelos democratas cristãos, quanto pelos democratas e pelos republicanos nos EUA. Por seu turno, o "liberalismo da dinamização" não foi apenas a política de Thatcher e Reagan, mas também de Tony Blair e de Gerhard Schröder. Um novo paradigma deve, pois, ser também capaz de abranger o conjunto do espectro político, do centro-esquerda ao centro-direita, até como forma de reagir ao populismo, como salienta Reckwitz. É neste contexto que o autor desenvolve a sua proposta de um "liberalismo regu-

[45] Cf. Peters, Anne. "Supremacy Lost: International Law Meets Domestic Constitutional Law". www.icl-journal.com, v. 3, 3/2009, pp. 170-171.

latório", que procura não reagir à excessiva abertura dos anos setenta com um fechamento igualmente excessivo. Nesta procura de um novo meio termo entre os excessos neoliberais da desregulação e da privatização e a impossibilidade de regresso, num contexto global, ao Estado intervencionista do segundo pós-guerra, surge o conceito de liberalismo regulatório[46]. O que estaria em causa seria uma política que procura interagir com as dinâmicas autónomas da economia global e com os processos culturais, como as migrações, e não pôr um termo unilateral a estes processos. Por outras palavras, o que estaria em causa seria um novo equilíbrio entre dinâmica e regulação[47].

Os efeitos económicos e sociais devastadores da pandemia impõem certamente este equilíbrio. Mas como alcançá-lo? Segundo Reckwitz, o que está em causa é uma reconstrução de uma política do universal por oposição às fraturas criadas pelas políticas do reconhecimento e do multiculturalismo. O que está em causa, por outras palavras, já não é o

[46] A expressão exata usada por Reckwitz, Andreas "einbettenden Liberalismus" (cf. *Pandemie und Staat*, p. 59; idem, *Das Ende der Illusionen. Politik, Ökonomie und Kultur in der Spätmoderne*. Berlin: Suhrkamp, 2019, pp. 239 ss.) seria porventura mais bem traduzida por "liberalismo incrustado", ou "incorporado". Sucede que esta expressão acaba por se assemelhar em demasia ao "liberalismo incorporado" ("embedded liberalismo"), segundo a expressão cunhada pelo economista Ruggie, com base na distinção efetuada por Karl Polanyi entre ordens económicas incorporadas e desincorporadas (cf. Polanyi, Karl. *A Grande Transformação*, tradução de Miguel Serras Pereira. Lisboa. Edições 70, 2012, pp. 194 e 214; a tradução portuguesa optou pela expressão "economia incrustada"), para caracterizar a conceção económica reinante no período subsequente ao fim da Segunda Guerra baseada numa combinação entre a liberdade de mercado e políticas intervencionistas e de bem-estar no plano nacional (cf. Ruggie, John Gerard. "International Regimes, Transactions, and Change: Embedded Liberalism in the Postwar Economic Order". *International Organization*, v. 36, n.º 2. International Regimes, Spring 1982, pp. 379-415, esp. pp. 393 ss.). Ora, precisamente a conceção de liberalismo que Reckwitz pretende defender como mais adequada aos tempos correntes diferencia-se claramente do liberalismo incorporado segundo o conceito desenvolvido por Ruggie, na medida em que não atribui a mesma importância aos grupos de interesses, em particular os sindicatos (uma vez que estes perderam a sua relevância anterior). Assim, de modo talvez mais ajustado, na tradução em língua inglesa da obra de Reckwitz surge a expressão "liberalismo regulatório" (cf. *The End of Illusions: Politics, Economy, and Culture in Late Modernity*, Translated by Valentine A. Pakis. Cambridge: Polity, 2021, pp. 131 ss.).

[47] Cf. Reckwitz, Andreas. *Pandemie und Staat*, cit., p. 59.

desenvolvimento de um Estado social ambicioso que visa a plena realização do bem-estar individual, mas antes desenvolver infraestruturas de bens públicos, como energia, habitação e saúde, capazes de evitar as consequências desastrosas de eventos como uma pandemia. Em vez da realização de uma condição positiva, o que se pretende é evitar a concretização de uma condição negativa, como o colapso das infraestruturas e a exclusão do acesso às mesmas[48].

Em que medida não está aqui em causa, todavia, uma simples reiteração, com novo revestimento teórico, da "terceira via" teorizada por Anthony Giddens nos anos noventa, e reconhecidamente incapaz de contrariar o impulso desregulador daquilo que Reckwitz designa como o liberalismo da dinamização, é algo que os tempos mais próximos se encarregarão de demonstrar.

Conclusões

As considerações anteriores visam dar resposta a algumas perplexidades suscitadas pela pandemia da doença COVID-19. Embora a pandemia não haja ainda terminado, as perspetivas de evolução nos tempos mais próximos permitem desde já antecipar que os conflitos de direitos fundamen-

[48] Cf. Reckwitz, Andreas. *Pandemie und Staat*, cit., pp. 62-64; idem, *The End of Illusions*, cit., pp. 159 ss. Num sentido semelhante, Goldamnn propõe o conceito de "liberalismo integrativo", um novo paradigma político que se caracterizaria "por uma mudança geral para uma maior confiança no Estado e nas instituições supranacionais para a governação económica. No entanto, isso não equivale a um retorno ao liberalismo incorporado de meados do século vinte. Não há um renascimento dos mecanismos clássicos de planeamento e intervenção. Estes não podem ser reproduzidos numa economia global caracterizada por serviços, conhecimento e competição global em vez de produção industrial. Em vez disso, o planeamento económico esgota-se no fornecer financiamento para instituições públicas e atores económicos competitivos. Este financiamento é, em grande medida, fornecido sob a forma de redes de segurança. O liberalismo integrativo tem um caráter predominantemente reativo, prometendo proteção contra grandes riscos. É um pouco como um Estado de bem-estar para os Estados, uma rede de segurança europeia para grandes eventos europeus. Assim como este último, o paradigma integrativo também inclui elementos mais prospetivos para enfrentar crises com potencial para se agravarem, como a transformação digital e a degradação climática" (cf. Goldamnn, Matthias. "The European Economic Constitution after the PSPP Judgment: Towards Integrative Liberalism?". *German Law Journal*, v. 21, 2020, p. 1073).

tais que se avizinham irão sobretudo girar em torno de uma crescente divisão das pessoas em diferentes grupos: os vacinados e os não vacinados, os que têm acesso à economia do conhecimento e os prestadores de serviços dela largamente excluídos.

Quando – e se – se tornar evidente que a superação da pandemia, ou pelo menos a sua transformação em simples epidemia sazonal, depende de elevados níveis de vacinação da população, esse será o momento em que os conflitos entre direitos fundamentais – direito à saúde v. liberdade de autodeterminação individual e direito à integridade pessoal[49] – se tor-

[49] Por outras palavras, estão em causa as liberdades tuteladas pelos artigos 25.º e 26.º da Constituição. Parece difícil que, à semelhança do que sucedeu a propósito da declaração de estado de emergência contida no Decreto do Presidente da República n.º 14-A/2020, de 18 de março, se venha a renovar a discussão sobre os direitos, liberdades e garantias concretamente atingidos. Neste último caso discutia-se, designadamente, se o confinamento compulsivo no domicílio ou em estabelecimento de saúde relevava do âmbito de proteção do direito à liberdade previsto no artigo 27.º, ou antes da liberdade de deslocação, prevista no artigo 44.º e com um âmbito mais vasto. Procurei sustentar este último enquadramento, com base na ideia de que a liberdade prevista no artigo 27.º protege as pessoas contra a "redução da sua liberdade de movimento de âmbito penal", sendo a violação da liberdade em causa aquela "que pode ser decretada por um tribunal, ou tendo em vista a sua confirmação por uma decisão judicial" (Brito, Miguel Nogueira de. "Pensar o Estado da Exceção na sua Vigência", disponível em https://observatorio.almedina.net/index.php/2020/04/02/pensar-no-estado-da-excecao-na-sua-exigencia/). Sem atender a esta última precisão, alguns autores entenderam que estava em causa um lapso manifesto de interpretação do artigo 27.º da Constituição (cf. Novais, Jorge Reis. "Direitos Fundamentais e Inconstitucionalidade em Situação de Crise – A Propósito da Epidemia COVID-19". *e-Pública*, v. 7, n.º 1, abril 2020, p. 88, nota 8; no mesmo sentido, cf. Sánchez, Pedro Fernández. "Sobre os Poderes Normativos do Presidente da República e do Governo em Estado de Exceção". *Revista da Ordem dos Advogados*, Ano 81, v. 3/4, jul./dez. 2021, p. 783, nota 89). Sem prejuízo da formulação porventura menos feliz adotada no referido escrito, a verdade é que a mesma não enfermava de qualquer lapso de interpretação (de resto, em sentido idêntico, cf. LOPES, Pedro Moniz. "Significado e Alcance da "Suspensão" do Exercício de Direitos Fundamentais na Declaração de Estado de Emergência". e-*Pública*, v. 7, n.º 1, abril 2020, pp. 149-152). A relevância desta qualificação consistia em pretender retirar-se do artigo 27.º que o legislador constituinte quis fazer aí todas as ponderações sobre a privação total ou parcial da liberdade, dispondo por isso os correspondentes enunciados de uma validade jurídica inequívoca, absoluta e definitiva. Assim, seria necessário suspender o artigo 27.º, já que o mesmo não seria passível de restrições legislativa, ao contrário do que sucederia com o artigo 44.º. Este ponto de vista é certamente indefensável (cf., neste sentido, cf. Alexandrino, José de Melo.

narão verdadeiramente inultrapassáveis. Neste contexto, parece inevitável a discussão sobre o carácter obrigatório da vacinação de certos grupos de pessoas, como funcionários públicos, trabalhadores de empresas de transportes, trabalhadores em hospitais, em universidades e escolas, etc.

A jurisprudência do TEDH ainda não é conclusiva a este propósito, mas importa realçar que, entre agosto e setembro de 2021, o Tribunal Europeu dos Direitos do Homem rejeitou três pedidos de medidas provisórias contra os estatutos de vacinação obrigatória da França e da Grécia contra o COVID-19. Devido à natureza processual das medidas provisórias, no entanto, a situação dos mandatos da vacina contra a SARS-CoV-2 sob a Convenção Europeia dos Direitos Humanos não foi ainda abordada. Poderá, todavia, sustentar-se que a vacinação obrigatória contra a COVID-19 é consistente tanto com o texto quanto com o entendimento original do artigo 8.º da Convenção (Direito ao respeito pela vida privada e familiar). Além disso, considerando a jurisprudência pertinente sobre os tratamentos médicos obrigatórios, a imposição da vacina COVID-19 pode também ser enquadrada na designada doutrina do "instrumento vivo" do Tribunal Europeu dos Direitos Humanos[50]. Surge, no entanto, a questão de saber em que medida o apoio do Tribunal Europeu dos Direitos do Homem aos programas de vacinação COVID-19 não envolverá um acionamento, por parte dos Estados membros do Conselho da Europa, do mecanismo de derrogação do artigo 15.º[51].

"Devia o direito à liberdade ser suspenso? – Resposta a Jorge Reis Novais", disponível em https://observatorio.almedina.net/index.php/2020/04/07/devia-o-direito-a-liberdade-ser--suspenso-resposta-a-jorge-reis-novais/), tal como será indefensável sustentar que o artigo 25.º da Constituição impede, sem possibilidade de restrições nos termos do artigo 18.º, n.º 2, da Constituição, e sem prejuízo do disposto no artigo 19.º, n.º 6, a vacinação obrigatória, pelo menos em certos casos (sobre o tema, cf. GOMES, Carla Amado. *Contributo para o Estudo das Operações Materiais da Administração Pública e do seu Controlo Jurisdicional*. Coimbra: Coimbra Editora, 1999, p. 151; sobre a admissibilidade da restrição do direito fundamental à integridade pessoal, cf. o Acórdão do Tribunal Constitucional n.º 155/2007).

[50] Sobre esta doutrina interpretativa do TEDH, cf. LOPES, Dulce. "A Jurisprudência do Tribunal Europeu dos Direitos do Homem Vista à Luz do Princípio da Não Discriminação". *Julgar*, n.º 14, 2011, p. 69.

[51] Cf. VINCETI, Silvio Roberto. "COVID-19 Compulsory Vaccination and the European Court of Human Rights". *Acta Biomed*, v. 92, Supplement 6: e2021472, 2021. doi: 10.23750/abm.v92iS6.12333.

Do mesmo modo, a execução do Mecanismo de Recuperação e Resiliência e de outros instrumentos, como o Programa de Compras de Emergência Pandémica, será também decisiva na perspetiva de avaliar em que medida se pode falar de um novo paradigma político e económico – reclamado pelas propostas de um "liberalismo regulatório", ou de um "liberalismo integrativo", acima discutidas –, capaz de contrariar eficazmente os desafios do populismo e do capitalismo financeiro e de colmatar o abismo que se abre entre os que se mostram integrados na "economia do conhecimento" e os que dela estão excluídos.

Referências

AGAMBEN, Giorgio. *Homo Sacer*. Edizione integrale 1995-2015. Macerata: Quodlibet, 2018.

ALEXANDRINO, José de Melo. "Devia o direito à liberdade ser suspenso? – Resposta a Jorge Reis Novais", disponível em https://observatorio.almedina.net/index.php/2020/04/07/devia-o-direito-a-liberdade-ser-suspenso-resposta-a--jorge-reis-novais/).

BARCZAK, Tristan. *Der nervöse Staat. Ausnahmezustand und Resilienz des Rechts in der Sicherheitsgesellschaft*, 2., unveränderte Auflage mit einem Supplementum. Tübingen: Mohr Siebeck, 2021.

BECK, Ulrich. *Gegengifte: Die organisierte Unverantwortlichkeit*. Frankfurt am Main: Suhrkamp, 1988.

BÖCKENFÖRDE, Ernst-Wolfgang. "The Repressed State of Emergency: The Exercise of State Authority in Extraordinary Circumstances". *M. Künkler and T. Stein (eds.), Constitutional and Political Theory: Selected Writings*, v. I. Oxford: Oxford University Press, 2017.

BRITO, Miguel Nogueira de. "Modelos de Emergência no Direito Constitucional". *e-Pública*, v. 7, n.º 1, abril 2020.

— "Pensar o Estado da Exceção na sua Vigência". Disponível em https://observatorio.almedina.net/index.php/2020/04/02/pensar-no-estado-da-excecao-na-sua-exigencia/).

CANAS, Vitalino. "O Império da Exceção: A Inevitabilidade do Autoritarismo em Democracia?" *Revista da Faculdade de Direito da Universidade de Lisboa*, Ano LXI, n.º 1, 2020.

CARVALHO, Américo Taipa de. *Sucessão de Leis Penais*. Coimbra: Coimbra Editora, 1990.

DAVIES, William. *Nervous States: How Feeling Took Over the World*. London: Vintage, 2019.

FERRAZ, Octavio L. M. et al. Brazil: Legal Response to Covid-19", in Jeff King and Octavio L. M. Ferraz *et al.* (orgs.), *The Oxford Compendium of National Legal Responses to Covid-19*. Oxford: Oxford University Press, 2021, doi: 10.1093/ law-occ19/ e16.013.16.

FRIEDRICH, C. J. *Constitutional Reason of State: The Survival of the Constitutional Order*. Providence, Rhode Island: Brown University Press, 1957.

GAROFALO, Luigi. *Biopolítica y Derecho Romano*, Traducción de Edorta Córcoles Olaitz. Marcial Pons: Madrid /Barcelona /Buenos Aires, 2011.

GOLDAMNN, Matthias. "The European Economic Constitution after the PSPP Judgment: Towards Integrative Liberalism?". *German Law Journal*, v. 21, 2020.

GOMES, Carla Amado. *Contributo para o Estudo das Operações Materiais da Administração Pública e do seu Controlo Jurisdicional*. Coimbra: Coimbra Editora, 1999.

GOUVEIA, Jorge Bacelar. *O Estado de Exceção no Direito Constitucional*. Coimbra: Almedina, 1998.

GREENE, Alan. *Emergency Powers in a Time of Pandemic*. Bristol: Bristol University Press, 2020.

— *Permanent States of Emergency and the Rule of Law*. Oxford: Hart, 2020.

— "Separating Normalcy from Emergency: The Jurisprudence of Article 15 of the European Convention on Human Rights". *German Law Journal*, v. 12, n. .º 10, 2011.

HOLDEN, Gregory K. *Crisis Management during the Roman Republic: The Role of Political Institutions in Emergencies*. Cambridge: Cambridge University Press, 2013.

KAISER, Anna-Bettina. *Ausnahmeverfassungsrecht*. Tübingen: Mohr Siebeck, 2020.

— "The State of Exception under German Law and the Current Pandemic: Comparative Models and Constitutional Rights". *e-Pública*, v. 7, n.º 3, dezembro 2020.

KAISER, Anna-Bettina.; HENSEL, R. Federal Republic of Germany: Legal Response to Covid-19. In Jeff King and Octavio L. M. Ferraz *et al.* (orgs.), *The Oxford Compendium of National Legal Responses to Covid-19*. Oxford: Oxford University Press, 2021. doi: 10.1093/law-occ19/e2.013.2.

LANCEIRO, Rui; VIOLANTE, Teresa; EGÍDIO, Mariana Melo. Portugal: Legal Response to Covid-19. In Jeff King and Octavio L. M. Ferraz et al. (orgs.). *The Oxford Compendium of National Legal Responses to Covid-19*. Oxford: Oxford University Press, 2021, doi: 10.1093/law-occ19/e23.013.23.

LINTOTT, Andrew. *The Constitution of the Roman Republic*. Oxford: Oxford University Press, 1999.

LOPES, Dulce. "A Jurisprudência do Tribunal Europeu dos Direitos do Homem Vista à Luz do Princípio da Não Discriminação". *Julgar*, n.º 14, 2011.

LOPES, Pedro Moniz. "Significado e Alcance da "Suspensão" do Exercício de Direitos Fundamentais na Declaração de Estado de Emergência". e-*Pública*, v. 7, n.º 1, abril 2020.

MACHIAVELLI, Niccolò. *Discorsi sopra la Prima Deca di Tito Livio*, introduzione di Gennaro Sasso, note di Giorgio Inglese. 2. ed. Milano: Rizzoli, 1996.

MATTEUCCI, S. et al. Italy: Legal Response to Covid-19", in Jeff King and Octavio L. M. Ferraz *et al.* (orgs.), *The Oxford Compendium of National Legal Responses to Covid-19.* Oxford: Oxford University Press, 2021. doi: 10.1093/law-occ19/e11.013.11.

MORAIS, Carlos Blanco de. *O Estado de Exceção*. Lisboa: Cognitio, 1984.

NOVAIS, Jorge Reis. "Direitos Fundamentais e Inconstitucionalidade em Situação de Crise – A Propósito da Epidemia COVID-19". *e-Pública*, v. 7, n.º 1, abril 2020.

NOVAIS, Jorge Reis. *As Restrições aos Direitos Fundamentais Não Expressamente Autorizadas pela Constituição*. 2. ed. Coimbra: Coimbra Editora, 2010.

PENNIGTON, Kenneth. "Innocent III and the *Ius commune*". Richard Helmholz, Paul Mikat, Jörg Müller, Michael Stolleis (eds.). *Grundlagen des Rechts: Festschrift für Peter Landau zum 65. Geburtstag*. Paderborn: Verlag Ferdinand Schöningh, 2000, pp. 349-366.

PERROW, Charles. *Normal Accidents: Living with High-Risk Technologies*. New York: Basic Books, 1984.

— *The Next Catastrophe: Reducing Our Vulnerabilities to Natural, Industrial, and Terrorist Disasters*. Princeton and Oxford: Princeton University Press, 2011.

PETERS, Anne. "Supremacy Lost: International Law Meets Domestic Constitutional Law". www.icl-journal.com, v. 3, 3/2009.

POLANYI, Karl. *A Grande Transformação*, tradução de Miguel Serras Pereira. Lisboa. Edições 70, 2012.

RECKWITZ, Andreas. *Pandemie und Staat. Eine Gesprach über die Neuerfindung der Gesellschaft*. Bonn: Dietz, 2021.

— *Das Ende der Illusionen. Politik, Ökonomie und Kultur in der Spätmoderne*. Berlin: Suhrkamp, 2019.

— *The End of Illusions: Politics, Economy, and Culture in Late Modernity*, Translated by Valentine A. Pakis. Cambridge: Polity, 2021.

RIBEIRO, Gonçalo de Almeida. "Compreender o Estado de Exceção Constitucional". *Julgar*, n. .º 44, 2021.

ROSSITER, Clinton. *Constitutional Dictatorship: Crisis Government in the Modern Democracies*. Princeton: Princeton University Press, 1948.

ROUMY, Franck. "L'origine et la diffusion de l'adage canonique Necessitas non habet legem (viii-xiii)". Wolfgang Müller e Mary Sommar Medieval (eds.), *Church Law and the Origins of the Western Legal Tradition: A Tribute to Kenneth Pennington*. Washington: Catholic University of America Press, 2006.

RUGGIE, John Gerard. "International Regimes, Transactions, and Change: Embedded Liberalism in the Postwar Economic Order". *International Organization*, v. 36, n.º 2. International Regimes, Spring 1982.

SÁNCHEZ, Pedro Fernández. "Sobre os Poderes Normativos do Presidente da República e do Governo em Estado de Exceção". *Revista da Ordem dos Advogados*, Ano 81, v. 3/4, jul./dez. 2021.

SCEVOLA, Roberto. "*Senatus Consultum Ultimum*. Orientamenti Interpreattivi e Questione Aperte". Pierangelo Buongiorno (ed.). *Senatus Consultum ultimum* e Stato di Eccezione. Fenomeni in Prospettiva. Franz Steiner Verlag, 2020.

SCHMITT, Carl. *Die Diktatur*. 7. ed. Berlim: Duncker & Humblot, 2006 (1921).

— *Politische Theologie. Vier Kapitel zur Lehre von der Souveränität*. 9.ª ed. Berlin: Duncker & Humblot, 2009 (1922).

SHUMP, Scott. "The Senatus Consultum Ultimum and its Relation to Late Republican History Summer Research". Paper 99, 2011. http://soundideas.pugetsound.edu/summer_research/99;

SLAUTSKY, E. et al. Belgium: Legal Response to Covid-19", in Jeff King and Octavio L. M. Ferraz *et al.* (orgs.), *The Oxford Compendium of National Legal Responses to Covid-19*. Oxford: Oxford University Press, 2021, doi: 10.1093/law-occ19/e1.013.1.

TUSHNET, Mark. "Defending Korematsu? Reflections on Civil Liberties in Wartime". *Wisconsin Law Review*, 2003.

UTRILLA, D. *et al.* Spain: Legal Response to Covid-19. In Jeff King and Octavio L. M. Ferraz *et al.* (orgs.), *The Oxford Compendium of National Legal Responses to Covid-19*. Oxford: Oxford University Press, 2021. doi: 10.1093/law-occ19/e10.013.10.

VINCETI, Silvio Roberto. "COVID-19 Compulsory Vaccination and the European Court of Human Rights". *Acta Biomed*, v. 92, Supplement 6: e2021472, 2021. doi: 10.23750/abm.v92iS6.12333.

WATTS, Edward J. *Mortal Republic: How Rome Fell into Tyranny*. New York: Basic Books, 2018.

PARTE II

A PANDEMIA E OS DIREITOS FUNDAMENTAIS

5.
A RESTRIÇÃO A DIREITOS FUNDAMENTAIS NO CONTEXTO DA PANDEMIA COVID-19

ELIVAL DA SILVA RAMOS

Introdução. Os direitos fundamentais e sua relatividade

A doutrina dos direitos fundamentais, de reconhecida inspiração jusnaturalista, ao ser acolhida pelo constitucionalismo[1] passou por profunda transformação, da qual resultou a concepção de que esses direitos não devem ser considerados em termos absolutos e abstratos e sim sob o signo da relatividade histórica decorrente de sua positivação em texto legislado.

É nesse sentido que deve ser entendida a afirmação de CAPPELLETTI de que "a Constituição pretende ser, no Direito moderno, uma forma legalista de superar o legalismo, um retorno ao jusnaturalismo com os instrumentos do positivismo jurídico"[2]. Daí a submissão dos direitos fundamentais ao regime jurídico traçado pela Constituição que os veicula

[1] Conforme ensina FILHO, o constitucionalismo deve ser entendido como o movimento jurídico e político que "pretendeu estabelecer em toda parte *regimes constitucionais*, quer dizer, governos moderados e limitados em seus poderes, submetidos a Constituições escritas": FILHO, Manoel Gonçalves Ferreira. *Curso de Direito Constitucional*. 41. ed. Rio de Janeiro: Forense, 2020, p. 6.

[2] *O controle judicial de constitucionalidade das leis no Direito Comparado*, trad. Aroldo Plínio Gonçalves. Porto Alegre: Fabris, 1984, p. 129.

(ou seja, que os reconhece e empresta roupagem jurídico-normativa e não que simplesmente os "declara"), regime esse passível de alteração, como ocorre com qualquer norma positivada, ainda que tenham que ser observados os condicionamentos e limitações impostos pela rigidez constitucional[3].

Por conseguinte, os direitos fundamentais constitucionalizados ostentam a marca da relatividade, associada ao caráter contingente da própria Constituição positivada, que pode ser modificada, total ou parcialmente, para se adaptar a novas exigências com a exceção dos princípios estruturantes contidos em seu núcleo irreformável.

No entanto, a relatividade dos direitos fundamentais também está presente em outra faceta desses direitos.

Por se tratar de direitos conformados por ato legislativo de nível constitucional, sistemicamente concebido[4], essas franquias não podem prevalecer, aprioristicamente, sobre outras exigências normativo-constitucionais que com elas devem conviver.

É essa a relatividade justificadora da restrição a direitos fundamentais, quer por meio de interpretação que os harmonizem com outros direitos ou objetivos constitucionais conflitantes, quer por meio de legislação infraconstitucional expressa ou implicitamente autorizada pela Lei Maior[5].

[3] A Constituição brasileira de 1988 não permite propostas de emenda tendentes a abolir "os direitos e garantias individuais", o que, como de há muito venho sustentando, não impede a modificação do regime jurídico-constitucional desses direitos e nem mesmo a eliminação de alguns deles, desde que o sistema de proteção aos direitos fundamentais (e não meramente "individuais") seja preservado em sua essência, isto é, desde que sejam mantidas as prerrogativas indispensáveis à preservação da democracia.

[4] Com efeito, o constitucionalismo preconizou a adoção de Constituições não apenas *rígidas*, para lhes assegurar maior estabilidade, mas, também, *orgânicas*, em que as normas que delas fazem parte compõem uma unidade de sentido, o que significa que só podem ser interpretadas e aplicadas com redobrada atenção ao elemento sistemático-teleológico.

[5] Dimoulis, Dimitri e Martins, Leonardo em sua *Teoria Geral dos Direitos Fundamentais*. 5. ed. São Paulo: Atlas, 2014, chegam a resultado semelhante no tocante aos direitos fundamentais sem reservas legais explícitas, fazendo uso da categoria teórica do "direito constitucional de colisão": "Em não havendo reservas legais que autorizem a limitação pelo legislador de um direito fundamental, este poderá ainda ser limitado (...) pelo cha-

No esforço de ajustar ordenamentos jurídicos tão discrepantes entre si, como eram aqueles dos Estados representados na Assembleia Geral das Nações Unidas em 10 de dezembro de 1948, a Declaração Universal dos Direitos Humanos veiculada pela ONU adotou essa mesma visão, plasmada no positivismo jurídico, ao admitir que o exercício dos referidos direitos está sujeito às limitações determinadas pela lei, conquanto devam essas restrições ter o exclusivo propósito "de assegurar o devido reconhecimento e respeito dos direitos e liberdades de outrem e de satisfazer as justas exigências da moral, da ordem pública e do bem-estar de uma sociedade democrática"[6].

A relatividade dos direitos fundamentais, *a contrario sensu* (negativa de seu caráter absoluto) foi expressamente proclamada pelo Supremo Tribunal Federal, ao ensejo do julgamento do Mandado de Segurança n.º 23.452-1/RJ, da relatoria do Ministro Celso de Mello.

Afirmou-se no acórdão unânime então prolatado a possibilidade de Comissão Parlamentar de Inquérito ordenar, por autoridade própria, a quebra dos sigilos bancário, fiscal e telefônico de investigado, desde que seja fundamentada a deliberação nesse sentido, o que, segundo se constatou, não havia ocorrido na espécie (daí o deferimento do *writ*). Ao enfrentar o tema da restrição às garantias de sigilo bancário, fiscal e telefônico, consignou-se na ementa do acórdão:

> "Não há, no sistema constitucional brasileiro, direitos ou garantias que se revistam de caráter absoluto, mesmo porque razões de relevante interesse público ou exigências derivadas do princípio de convivência das liberdades legitimam, ainda que excepcionalmente, a adoção, por parte dos órgãos estatais, de medidas restritivas das prerrogativas individuais ou coletivas, desde que respeitados os termos estabelecidos pela própria Constituição.
>
> O estatuto constitucional das liberdades públicas, ao delinear o regime jurídico a que estas estão sujeitas – e considerado o substrato ético que as informa – permite que sobre elas incidam limitações de ordem jurídica, destinadas, de um lado, a proteger a integridade do interesse social e, de outro,

mado direito constitucional de colisão ou colidente (...), não se podendo falar em direito fundamental ilimitado."

[6] Cf. artigo 29, item 2, da Declaração Universal de 1948.

a assegurar a coexistência harmoniosa das liberdades, pois nenhum direito ou garantia pode ser exercido em detrimento da ordem pública ou com desrespeito aos direitos e garantias de terceiros."[7]

1. A pandemia Covid-19 e os marcos legais para seu enfrentamento

Em 31 de dezembro de 2019, a Organização Mundial da Saúde – OMS foi alertada pela República Popular da China de que na Cidade de Wuhan, Província de Hubei, estava se alastrando alguma forma de contaminação viral responsável por inúmeros casos de insuficiência respiratória.

Não tardou para que as autoridades sanitárias chinesas identificassem o agente viral: tratava-se de um novo coronavírus, que logo foi denominado de Sars-Cov-2, sendo que o coronavírus Sars-Cov é conhecido por causar síndrome respiratória aguda grave, sendo, frequentemente, letal.

Na sequência (30 de janeiro de 2020), a OMS declarou que o surto do novo coronavírus constituía "Emergência de Saúde Pública de Importância Internacional", conceituada pelo Regulamento Sanitário Internacional como "um evento extraordinário que pode constituir um risco de saúde pública para outros países devido a disseminação internacional de doenças" e que "potencialmente requer uma resposta internacional coordenada e imediata".

Finalmente, no dia 11 de março de 2020, a OMSaúde atribuiu *status* de pandemia à doença provocada pelo novo coronavírus (Sars-Cov-2), que passou a ser conhecida pelo epíteto de Covid-19.

Em razão da elevada capacidade de contaminação do novo coronavírus e da expressiva letalidade associada à Covid-19, especialmente em idosos e portadores de outras moléstias que agravam a doença (comorbidades), logo se percebeu que os instrumentos legais à disposição das autoridades sanitárias não seriam suficientes para o enfrentamento da pandemia, que rapidamente atingia todas as partes do mundo.

Com efeito, as medidas de polícia sanitária presentes na legislação da maior parte dos Países não se mostravam à altura dos desafios de uma pandemia devastadora, responsável pela morte de mais de 5,79 milhões de pessoas em todo o mundo até meados de fevereiro de 2022.

[7] J. 16-9-1999; *DJ* 12-5-2000; Tribunal Pleno.

De outra parte, a necessidade da adoção de medidas de saúde pública mais específicas e mais restritivas de direitos e liberdades, em face das exigências advindas do princípio da legalidade, impunham o reforço dos marcos legais de atuação da polícia sanitária.

O Brasil foi um dos primeiros Países a dar resposta legislativa ao problema, por meio da edição da Lei Federal n.º 13.979, de 6 de fevereiro de 2020, que, nos termos de seu artigo 1.º, *caput,* dispôs "sobre as medidas que poderão ser adotadas para enfrentamento da emergência de saúde pública de importância internacional decorrente do coronavírus responsável pelo surto de 2019".

O arsenal de medidas previstas na Lei n.º 13.979/20 inclui: isolamento de pessoas doentes ou contaminadas; restrição de atividades propícias à disseminação da doença; realização compulsória de exames médicos ou testes laboratoriais; vacinação compulsória; uso obrigatório de máscaras de proteção individual[8]; estudo ou investigação epidemiológica; restrição excepcional e temporária de entrada e saída do País e de locomoção interestadual e intermunicipal; etc.

Como era de se esperar, a implantação dessas providências suscitou intensa polêmica nos planos político, econômico, social e jurídico, dado o impacto por elas provocado, dentre os quais destaca-se a redução abrupta da atividade econômica, com impacto avassalador nos níveis de emprego e renda.

No plano jurídico, logo emergiu a contraposição entre as medidas restritivas de ordem sanitária, voltadas ao bem-estar coletivo, e o exercício da liberdade individual, compreendendo a liberdade física de locomoção, a liberdade de reunião, a liberdade de culto e a cláusula geral de liberdade (liberdade de escolha), fortemente comprimida por medidas profiláticas compulsórias, como a vacinação e o uso de máscaras de proteção facial.

[8] O uso obrigatório de máscaras foi imposto administrativamente desde o início da reação sanitária à disseminação da Covid-19, porém, diante da existência de focos de resistência na população e da falta de previsão específica no texto original da Lei Federal (LF) n.º 13.979/20, houve o legislador por bem aditar o rol de medidas restritivas preordenadas ao combate da pandemia, o que se fez com a edição da Lei Federal (LF) n.º 14.019, de 2-7-2020.

O que cabe aos estudiosos do Direito avaliar é se as restrições legalmente estabelecidas são compatíveis com a Constituição da República, que é o refúgio sagrado dos direitos fundamentais e das liberdades públicas, o que empresta à análise um sentido mais específico e objetivo, um tanto distante do debate assistemático e, frequentemente, irracional travado por meio das mídias sociais, bem como do debate filosófico-ideológico entre liberais e intervencionistas ou coletivistas.

Em outros termos, cuida-se de aplicar o teste de constitucionalidade em relação à legislação sanitária de enfretamento à Covid-19, com a atenção voltada não tanto ao exame de possíveis vícios formais ou orgânicos (competenciais), mas, principalmente, à constatação da existência de eventuais vícios materiais e finalísticos (compatibilidade entre os meios legais e os fins constitucionais).

2. Restrições sanitárias e proporcionalidade

O controle da constitucionalidade finalística ou teleológica da legislação restritiva de liberdades públicas envolve a aplicação do denominado "teste de proporcionalidade", que nada mais é do que uma técnica especial de controle, dotada, pois, de tipicidade, ao combinar de forma articulada os elementos da adequação, necessidade e proporcionalidade em sentido estrito (compatibilização entre princípios ou exigências potencialmente antagônicas).

É reconhecido por todos o papel fundamental que o Tribunal Constitucional alemão desempenhou na modelagem do teste de proporcionalidade, mercê da qualidade de sua criativa jurisprudência.

Em suma, "por meio do controle de proporcionalidade o *Bundesverfassungsgericht* verifica a aptidão da legislação restritiva para alcançar os objetivos a que se predispõe (adequação), a existência ou não de medidas alternativas menos gravosas ao direito restringido (necessidade) e se a legislação fiscalizada consegue harmonizar, satisfatoriamente, a norma-sede do direito fundamental comprimido com as normas constitucionais contrapostas, preservando o núcleo irredutível de cada preceito (proporcionalidade em sentido estrito)"[9].

[9] Excerto de meu artigo "A exigência de proporcionalidade no controle abstrato de normas brasileiro". *Revista Mestrado em Direito*. Osasco: UNIFIEO, v. 10, n.º 1, jan./jun., 2010, p. 125.

A legislação editada para dar às autoridades sanitárias instrumentos eficazes de combate à pandemia Covid-19, desde o primeiro momento, suscitou debates no plano da constitucionalidade.

Afinal, formou-se um consenso científico, relativo, porém bastante disseminado, no sentido de que o novo coronavírus representava risco à saúde pública sem precedentes nas últimas décadas, em face de sua capacidade incomum de infectar os seres humanos e, com isso, provocar graves danos aos seus órgãos e sistemas, notadamente ao sistema respiratório, podendo levar a óbito milhões de pessoas, como de fato veio a ocorrer.

A magnitude do risco e a circunstância de que o contágio se dava, essencialmente, por meio das vias respiratórias, tornou impositivas medidas de isolamento social e uso obrigatório de máscaras em um primeiro momento, seguidas de vacinação obrigatória para maiores de idade e, finalmente, também para crianças.

Essas medidas representaram considerável compressão na esfera de autonomia individual assegurada pelas Constituições democráticas, o que gerou e continua gerando discordâncias quanto a seu emprego generalizado, discordâncias essas potencializadas, em alguns Países, por inaceitáveis doses de irracionalidade e desinformação lançadas sem parcimônia na arena pública por grupos ativistas, e que no Brasil, particularmente, contaram com o respaldo ativo ou passivo das autoridades responsáveis pelo Governo federal.

Como é curial, em tempos de juridicização da política, rapidamente se passa de discussões acerca da conveniência e oportunidade de políticas públicas para discussões sobre a aceitabilidade dessas políticas sob o viés jurídico-constitucional, máxime em um País, como o Brasil, cuja Constituição exacerba a não mais poder o modelo de Constituição analítica, trazendo ao plano constitucional matérias de caráter eminentemente transitório ou conjuntural.

Pois bem, não obstante a Lei Federal n.º 13.979/20 não tenha sido submetida a amplo escrutínio em termos de proporcionalidade, quer no âmbito da fiscalização abstrata, quer no âmbito da fiscalização concreta (a partir da aplicação dessa legislação federal por meio de atos administrativos, normativos ou não, editados por Governadores e Prefeitos Municipais), o certo é que isso ocorreu no tocante a algumas de suas providências de polícia sanitária ou de providências dessa natureza adotadas por autoridades regionais ou locais[10].

A princípio, em um juízo preliminar, ainda por ser confirmado em definitivo, o Poder Judiciário brasileiro reconheceu amplamente a constitucionalidade da legislação de combate à Covid-19 e, se não se pode afirmar que atestou, cabalmente, a proporcionalidade dessa legislação, o certo é que não se registraram decisões relevantes censurando-a por falta de adequação, pela desnecessidade das medidas restritivas ou pelo desbalanceado amesquinhamento de exigências constitucionais contrapostas.

No exame do requisito da adequação, revela-se fundamental o cotejo das medidas restritivas com elementos de ordem fática, devidamente compreendidos com base nas chamadas "evidências científicas".

A propósito, o § 1.º, do artigo 3.º, da Lei n.º 13.979/20, estabeleceu, expressamente, que as referidas medidas restritivas somente poderiam "ser determinadas com base em evidências científicas e em análises sobre as informações estratégicas em saúde", devendo ainda "ser limitadas no tempo e no espaço ao mínimo indispensável à promoção e à preservação da saúde pública".

Nota-se, na redação desse dispositivo fulcral, a preocupação do legislador em não extrapolar os "limites do razoável ou do proporcional"[11], não apenas se mostrando atento à exigência de motivação das medidas restritivas, como também ao caráter transitório dessas mesmas medidas, a serem encerradas ou atenuadas na medida da paulatina superação da pandemia ou de sua evolução para níveis endêmicos. Esse último aspecto evidencia a natureza dinâmica da verificação de constitucionalidade, sobretudo no ambiente institucional do Estado intervencionista, o que explica o surgimento de categorias teoréticas como a da inconstitucionalização progressiva.

[10] Sem embargo da falta de melhor técnica na aplicação setorial do teste de proporcionalidade, invariavelmente, sequer explicitado ou aplicado sem a observância dos parâmetros doutrinários consagrados.

[11] Para um cotejo comparativo entre os testes de proporcionalidade e de razoabilidade, veja-se o artigo de minha autoria, "A exigência de proporcionalidade no controle abstrato de normas brasileiro". *Revista Mestrado em Direito*, op. cit., p. 123-9.

3. A Lei Federal n.º 13.979/20 sob o crivo do STF

No mundo todo as restrições às liberdades públicas impostas aos indivíduos, organizações da sociedade civil e empresas privadas por normas sanitárias, transitórias ou permanentes, direcionadas ao enfrentamento da pandemia deram ensejo a polêmicas envolvendo aspectos científicos, econômicos, sociais, jurídicos e ideológicos.

Em relação ao Brasil, pode-se dizer que esses conflitos se situaram muito mais no plano opinativo do que de confrontos físicos, porém reverberaram fortemente no Supremo Tribunal Federal pela circunstância de o Presidente da República haver assumido, publicamente, postura de negação contumaz à necessidade das sobreditas restrições, sempre dando muita ênfase às suas consequências perversas no plano econômico-social.

De início, logo após a edição da Lei n.º 13.979/20, foi o STF chamado a arbitrar o conflito federativo que se instaurara, opondo, de um lado, a omissão deliberada do Poder Executivo federal no tocante às medidas de combate à pandemia autorizadas pela legislação e, de outro lado, a postura ativa de Governadores e Prefeitos que, premidos pelo crescimento exponencial das infecções e mortes e tendo a responsabilidade direta da prestação dos serviços de saúde[12], não titubearam em lançar mão da competência administrativa comum de que dispõem para "cuidar da saúde e assistência pública" (artigo 23, inciso II, da CF).

[12] De acordo com o artigo 198, *caput*, da CF, "as ações e serviços públicos de saúde integram uma rede regionalizada e hierarquizada e constituem um sistema único", sendo que uma das diretrizes do Sistema Único de Saúde – SUS é a "descentralização" (inciso I, do artigo 198). Essa organização do SUS, a partir das denominadas "Regiões de Saúde", que são instituídas pelos Estados-membros, deve observar o critério dos níveis crescentes de complexidade (artigo 8.º da LF n.º 8.080/90, que estruturou o SUS), de sorte que, via de regra, cabem aos Municípios os "serviços de atendimento inicial à saúde dos usuários" (as "portas de entrada" do sistema – artigo 2.º, III, do Decreto Federal n.º 7.508/11, que regulamenta a LF n.º 8.080/90) e aos Estados/DF o atendimento de alta complexidade, por meio de estabelecimentos hospitalares de referência regional (artigo 17, IX, da LF n.º 8.080/90). À direção nacional do SUS (União – Ministério da Saúde) foram atribuídas competências, sobretudo, de: planejamento e formulação de políticas públicas; coordenação da prestação estadual e municipal dos serviços de assistência à saúde e do exercício da vigilância sanitária e epidemiológica por esses mesmos entes subnacionais; controle de procedimentos, produtos e substâncias de interesse para a saúde; cooperação técnica e financeira com Estados/DF e Municípios (artigo 16 da LF n.º 8.080/90).

Assim é que, já em abril de 2020, ao referendar a medida cautelar deferida pelo Relator da Ação Direta de Inconstitucionalidade n.º 6.341/DF, o Plenário do STF identificou na Lei n.º 13.979/20 o exercício da competência legislativa da União para estabelecer normas gerais sobre proteção e defesa da saúde (artigo 24, inciso XII e § 1.º, da CF), mas lhe emprestando interpretação conforme nos pontos que poderiam implicar no enfraquecimento substancial da competência de Estados e Municípios para executar as medidas projetadas em abstrato pela própria lei[13].

No mesmo sentido decidiu o Plenário do STF, na apreciação do pedido de medida cautelar na ADI n.º 6.343/DF, em maio de 2020, tendo, na ocasião, deferido a cautelar para suspender, sem redução de texto, a execução de dispositivos da Lei n.º 13.979 de conformidade com exegese que importe em submeter a adoção pelos Estados, o Distrito Federal e os Municípios de medidas de restrição à circulação de pessoas a autorizações ou determinações emanadas de órgãos ou autoridades federais[14].

O entendimento do STF sobre a forma adequada de se compor os interesses em disputa, no plano do exame da validade em abstrato da legislação de regência, restou consolidado no mês de outubro também do ano de 2020, ao apreciar o mérito da Arguição de Descumprimento de Preceito Fundamental n.º 672/DF, proposta pelo Conselho Federal da Ordem dos Advogados do Brasil, cabendo, aqui, a transcrição do item 4 da ementa do acórdão unânime então prolatado:

> "O Poder Executivo federal exerce o papel de ente central no planejamento e coordenação das ações governamentais em prol da saúde pública, mas nem por isso pode afastar, unilateralmente, as decisões dos governos estaduais, distrital e municipais que, no exercício de suas competências constitucionais, adotem medidas sanitárias previstas na Lei 13.979/2020 no

[13] No caso, cuidou-se de interpretar, de forma harmônica com a CF, o § 9.º, do artigo 3.º, da LF n.º 13.979, na redação da MP n.º 926/20, "a fim de explicitar que, preservada a atribuição de cada esfera de governo, nos termos do inciso I do artigo 198 da Constituição, o Presidente da República poderá dispor, mediante decreto, sobre os serviços públicos e atividades essenciais": item 8 da ementa do acórdão da lavra do Min. Edson Fachin; j. 15-4-2020.

[14] J. 6-5-2020; redator do acórdão Min. Alexandre de Moraes.

âmbito de seus respectivos territórios, como a imposição de distanciamento ou isolamento social, quarentena, suspensão de atividades de ensino, restrições de comércio, atividades culturais e à circulação de pessoas, entre outros mecanismos reconhecidamente eficazes para a redução do número de infectados e de óbitos, sem prejuízo do exame da validade formal e material de cada ato normativo específico estadual, distrital ou municipal editado nesse contexto pela autoridade jurisdicional competente."[15]

Quanto ao controle de constitucionalidade das medidas restritivas previstas na Lei n.º 13.979/20 ou de seu desdobramento por atos administrativos normativos editados em âmbito estadual, distrital ou municipal, principiou o STF por confrontar o direito fundamental de acesso à informação documentada em órgãos públicos[16], com cláusula dilatória introduzida pela Medida Provisória n.º 928, de 23 de março de 2020, que, na prática, remetia os pedidos administrativos de acesso ao período subsequente ao encerramento da pandemia.

Em sua composição plena e em votação unânime, o STF suspendeu a execução do artigo 6.º-B da Lei n.º 13.979/20, introduzido pela MP n.º 928/20, tendo declarado, ao referendar a medida cautelar deferida pelo relator da ADI n.º 6.347/DF, que o dispositivo suspenso não estabelecia "situações excepcionais e concretas impeditivas de acesso à informação", mas, ao contrário, transformava "a regra constitucional de publicidade e transparência em exceção, invertendo a finalidade da proteção constitucional ao livre acesso de informações a toda Sociedade"[17].

Note-se que, na espécie, tratava-se de medida restritiva de cunho não sanitário, que dificultava, sobremodo, o acesso a informações atinentes às medidas de enfrentamento da emergência de saúde pública preconizadas pela Lei n.º 13.979/20.

[15] J. 13-10-2020; Rel. Min. Alexandre de Moraes.

[16] Estabelece o inciso XXXIII, do artigo 5.º, da CF, que "todos têm direito a receber dos órgãos públicos informações de seu interesse particular, ou de interesse coletivo ou geral, que serão prestadas no prazo da lei, sob pena de responsabilidade, ressalvadas aquelas cujo sigilo seja imprescindível à segurança da sociedade e do Estado", tendo a Lei Federal n.º 12.527/11 disciplinado a matéria em nível infraconstitucional.

[17] MC-ADI n.º 6.347/DF; j. 30-4-2020; Rel. Min. Alexandre de Moraes.

No tocante às restrições de ordem sanitária, o entendimento do STF no sentido da proporcionalidade e razoabilidade em nível abstrato das medidas previstas na legislação de base, sem embargo do exame pelo juízo competente dos atos administrativos, normativos e não normativos, de aplicação, restou evidenciado quando, ao ensejo do julgamento (de mérito) da ADI n.º 6.586/DF, teve a Suprema Corte a oportunidade de se manifestar no sentido da legitimidade da vacinação compulsória, prevista no artigo 3.º, inciso III, letra *d*, da Lei n.º 13.979.

Eis a tese de julgamento, então proclamada pelo Plenário do STF:

> "(I) A vacinação compulsória não significa vacinação forçada, porquanto facultada sempre a recusa do usuário, podendo, contudo, ser implementada por meio de medidas indiretas, as quais compreendem, dentre outras, a restrição ao exercício de certas atividades ou à frequência de determinados lugares, desde que previstas em lei, ou dela decorrentes, e (i) tenham como base evidências científicas e análises estratégicas pertinentes, (ii) venham acompanhadas de ampla informação sobre a eficácia, segurança e contraindicações dos imunizantes, (iii) respeitem a dignidade humana e os direitos fundamentais das pessoas, (iv) atendam aos critérios de razoabilidade e proporcionalidade e (v) sejam as vacinas distribuídas universal e gratuitamente; e (II) tais medidas, com as limitações acima expostas, podem ser implementadas tanto pela União como pelos Estados, Distrito Federal e Municípios, respeitadas as respectivas esferas de competência."[18]

Outra importante decisão sobre o tema adveio do julgamento da ADPF n.º 811/SP, que, intentada por partido político (Partido Social Democrático – PSD), questionava a constitucionalidade de dispositivo de decreto que proibia, temporariamente, a realização presencial de cultos, missas e outras atividades religiosas de caráter coletivo no âmbito do território do Estado de São Paulo, trazendo, pois, à tona o conflito, potencialmente existente, entre o exercício da liberdade de culto e as restrições ao agrupamento de pessoas para evitar o contágio viral, autorizadas em lei e implementadas por autoridade administrativa competente.

[18] J. 17-12-2020; Rel. Min. Ricardo Lewandowski; voto vencido, em parte, do Min. Nunes Marques.

Na ementa do acórdão, proferido por maioria de votos e em julgamento definitivo de mérito, nota-se, antes de mais nada, a preocupação do STF em respaldar suas decisões no consenso científico e na jurisprudência de outras Cortes Constitucionais:

> "4. Após a declaração da pandemia mundial do novo Coronavírus pela Organização Mundial da Saúde (OMS), em 11 de março de 2020, diversos países passaram a adotar proibições ou restrições ao exercício de atividades religiosas coletivas. Com variações de intensidade e de horizonte temporal, essas medidas ora consistiam na proibição total da realização de cultos, ora na fixação de diretrizes intermediárias ao funcionamento das casas religiosas. As restrições ao funcionamento das casas de cultos foram impulsionadas por eventos de supercontaminação identificados em diversas regiões do mundo. Colhe-se do Direito Comparado decisões de Cortes Constitucionais que reconhecem a constitucionalidade das restrições às atividades religiosas coletivas presenciais durante a pandemia do novo Coronavírus."

Nesse julgado, após reafirmar seu entendimento quanto ao exercício da competência administrativa concorrente entre as unidades federadas, no contexto da implementação de medidas sanitárias de enfrentamento à pandemia (ADI 6.341/DF), o que fundamentou o veredicto de validade orgânico-competencial do decreto impugnado, examinou o STF a constitucionalidade material da restrição, valendo-se, sobretudo, do teste de proporcionalidade, conforme explicitado no item 6 da ementa do acórdão, *in verbis*:

> "6. Sob o prisma da constitucionalidade material, as medidas impostas pelo Decreto estadual resultaram de análises técnicas relativas ao risco ambiental de contágio pela Covid-19 conforme o setor econômico e social, bem como de acordo com a necessidade de preservar a capacidade de atendimento da rede de serviço de saúde pública. A norma revelou-se adequada, necessária e proporcional em sentido estrito para o combate do grave quadro de contaminação que antecedeu a sua edição."[19]

[19] J. 8-4-2021; Rel. Min. Gilmar Mendes; dispositivo impugnado: artigo 2.º, II, letra *a*, do Decreto n.º 65.563, de 12-3-2021, editado pelo Governador do Estado de SP.

Esse é o panorama que se pode traçar, nos limites desta breve elucubração, acerca da jurisprudência do STF em relação às medidas restritivas preconizadas pela Lei Federal n.º 13.979/20, do que se constata: (I) a defesa do modelo de federalismo cooperativo, consagrada no sistema constitucional brasileiro desde a Carta de 34; (II) clara avaliação no sentido da legitimidade jurídico-constitucional das providências legais de natureza sanitária de enfrentamento à pandemia Covid-19, mediante aplicação do teste de proporcionalidade, implícita ou explicitamente[20], e considerados os elementos de informação disponíveis, cientificamente consistentes.

4. Individualismo exacerbado e pedagogia jurídica

A título de conclusão, permito-me externar alguma perplexidade diante da demonstração de individualismo radical, irracional e exacerbado por parte do ativismo de oposição às medidas sanitárias necessárias ao enfrentamento da pandemia causada pelo novo coronavírus.

Não me parece correto evocar um suposto retorno ao individualismo ideológico que marcou as revoluções liberais do final do século XVIII e que se associou ao iluminismo, haja vista a nota da racionalidade que era uma das principais características desse movimento de ideias[21].

Esse individualismo fora de época, irracional e egoísta, parece muito mais um efeito colateral do elevado nível de bem-estar alcançado pelas

[20] Muito se tem dito sobre o deficiente rigor técnico com que o STF maneja o teste de proporcionalidade, o mais das vezes compondo uma simples forma de raciocínio lógico, com superficial aderência às fases e condicionamentos conceituais dessa técnica de controle de legislação restritiva de direitos fundamentais.

[21] Binetti, Saffo Testoni, em verbete da obra Bobbio, Norberto; Matteucci, Nicola; Pasquino, Gianfranco. *Dicionário de política*, v. 1. 5. ed., trad. Carmen C. Varrialle. Coord. João Ferreira. Brasília: UNB – São Paulo: IMESP, 2000, p. 605, ensina que "o termo Iluminismo indica um movimento de ideias que tem suas origens no século XVII", movimento esse que visava "estimular a luta da razão contra a autoridade, isto é, a luta da luz contra as trevas". Tratava-se, acima de tudo, de uma mentalidade ou atitude cultural e espiritual disseminada na sociedade da época, pois longe de se mostrar um movimento homogêneo, o iluminismo apresentava traços característicos colhidos em diferentes fontes, sendo um dos mais marcantes o racionalismo cientificista.

sociedades contemporâneas da Europa ocidental e América do Norte[22] e do enclausuramento produzido, paradoxalmente, pelas chamadas "mídias sociais", instrumentos de comunicação virtual na forma de rede de usuários, em que a troca de ideias e o debate racional é substituído por manifestações pessoais herméticas e de cunho fortemente emocional.

São questões que preocupam filósofos, antropólogos, sociólogos, cientistas políticos e também psicólogos e neurocientistas e que ainda não foram respondidas de maneira completamente satisfatória, mas que exercem, inquestionavelmente, enorme influência na vida pública das sociedades deste início de século XXI.

Talvez, o direito, enquanto técnica de regulação social de perfil racional, equilibrado e consequencialista possa contribuir para a construção de um antídoto.

Em definição clássica, atribuída ao jurisconsulto Celso e registrada no Digesto a partir de citação de Ulpiano, "o direito é a arte do bom e do justo" (*ius est ars boni et aequi*)[23].

Com efeito, o direito tem por missão maior permitir a vida em sociedade, o que exige regulação equilibrada e cautelosa das forças antagônicas que emergem da convivência humana, compondo uma pauta axiológica mínima consensualmente estabelecida.

REALE em uma de suas incontáveis páginas de sabedoria, evidenciou que o sucesso da regulação jurídica só se obtém mediante concessões do indivíduo à coletividade da qual participa, concessões essas que não podem transpor a barreira inegociável da dignidade de pessoa humana.

O jusfilósofo do Largo de São Francisco recusou, ao cabo de uma vida dedicada ao magistério e ao estudo do Direito, as concepções individualistas e coletivistas do fenômeno jurídico, optando pela vertente equilibrada por ele alcunhada de "personalismo jurídico":

[22] Não parece mera coincidência o fato de que, por exemplo, os movimentos contrários à vacinação compulsória tenham eclodido, sobretudo, na Europa ocidental, Estados Unidos e Canadá.

[23] Cf. CORREIA, Alexandre e SCIASCIA, Gaetano. *Manual de Direito Romano*, v. 1. São Paulo: Saraiva, 1949, p. 10.

> "Em suma, a terceira corrente não estabelece *a priori* uma tese no sentido do predomínio do indivíduo ou de predomínio do todo, mas se coloca numa atitude aderente à realidade histórica, para saber, em cada circunstância, na concreção e fisionomia de cada caso, o que deve ser posto e resolvido em harmonia com a ordem social e o bem de cada indivíduo.
>
> Esta última tendência (a do *personalismo*) é, quase sempre, acorde em reconhecer que no trabalho de composição entre os valores do todo e os dos indivíduos brilha um valor dominante, uma constante axiológica do justo, que é o valor da pessoa humana. O indivíduo deve ceder ao todo, até e enquanto não seja ferido o valor da pessoa, ou seja, a plenitude do homem enquanto homem. Toda vez que se quiser ultrapassar a esfera da *personalidade* haverá arbítrio."[24]

Não pode existir a liberdade de escolha entre ser ou não ser vacinado, quando alguém é elegível a receber o imunizante, porém opta por não o fazer, seguindo apenas a sua vontade ou interesse individual, descurando, por completo, das implicações dessa conduta em relação à saúde das demais pessoas.

A evidência científica, amplamente respaldada por publicações acadêmicas, calcadas em resultados concretos, é a de que as vacinas tornam mais difícil a propagação viral, o surgimento de novas cepas e a instalação de quadros clínicos de maior gravidade nos infectados.

Ceder ao individualismo exacerbado em detrimento de restrições à liberdade individual amplamente justificadas e que não ultrapassam o limite irredutível da dignidade da pessoa humana[25], em última análise, é

[24] *Filosofia do Direito*, 7. ed. São Paulo: Saraiva, 1975, v. 1, p. 253.

[25] No julgamento da ADI 6.586/DF, já anteriormente referido, o STF distinguiu, acertadamente, a vacinação obrigatória da vacinação forçada, considerando esta última atentatória à dignidade da pessoa humana: "A obrigatoriedade da vacinação a que se refere a legislação sanitária brasileira não pode contemplar quaisquer medidas invasivas, aflitivas ou coativas, em decorrência direta do direito à intangibilidade, inviolabilidade e integridade do corpo humano, afigurando-se flagrantemente inconstitucional toda determinação legal, regulamentar ou administrativa no sentido de implementar a vacinação sem o expresso consentimento informado das pessoas." Cf. item II da ementa do acórdão, da lavra do Min. Ricardo Lewandowski, Prof. Titular de Teoria Geral do Estado, na Faculdade de Direito da Universidade de São Paulo.

desistir da vida em sociedade, fundada na convivência harmônica e respeitosa entre as pessoas que a integram.

Não pode a liberdade individual ser exercida em detrimento da saúde e da vida de terceiros, algo que se afigura um autêntico truísmo, mas que precisa ser afirmado e reafirmado em momentos graves como o que vivemos, em que, como dizia o jornalista Nelson Rodrigues, "os idiotas perderam a modéstia"[26].

Referências

BINETTI, Saffo Testoni, em verbete da obra BOBBIO, Norberto; MATTEUCCI, Nicola; PASQUINO, Gianfranco. *Dicionário de política*, v. 1. 5. ed., trad. Carmen C. Varrialle. Coord. João Ferreira. Brasília: UNB – São Paulo: IMESP, 2000.

CORREIA, Alexandre e SCIASCIA, Gaetano. *Manual de Direito Romano*, v. 1. São Paulo: Saraiva, 1949.

CAPPELLETTI, Mauro. *O controle judicial de constitucionalidade das leis no Direito Comparado*, trad. Aroldo Plínio Gonçalves. Porto Alegre: Fabris, 1984.

DIMOULIS, Dimitri e MARTINS, Leonardo. *Teoria geral dos direitos fundamentais*, 5. ed. São Paulo: Atlas, 2014.

FILHO, Manoel Gonçalves Ferreira. *Curso de Direito Constitucional*. 41. ed. Rio de Janeiro: Forense, 2020.

RAMOS, Elival da Silva. *A inconstitucionalidade das leis: vício e sanção*. São Paulo: Saraiva, 1994.

— "A exigência de proporcionalidade no controle abstrato de normas brasileiro". *Revista Mestrado em Direito*, v. 10, n.º 1. Osasco: UNIFIEO. jan./jun. 2010.

REALE, Miguel. *Filosofia do Direito*, v. 1. 7. ed. São Paulo: Saraiva, 1975.

[26] Essa afirmação jocosa consta de um trecho da crônica "Os idiotas sem modéstia", de 1968, que merece transcrição, dada a sua evidente atualidade: "Os idiotas perderam a modéstia, a humildade de vários milênios. Eles estão por toda parte. São os que mais berram. O sujeito que passa numa esquina, numa retreta ou num velório é logo cercado de idiotas. As casacas são usadas pelos idiotas; as condecorações pingam dos idiotas. E, de mais a mais, são numericamente esmagadores. Antigamente, o silêncio era dos imbecis; hoje, são os melhores que emudecem. O grito, a ênfase, o gesto, o punho cerrado, estão com os idiotas de ambos os sexos."

6.
RELAÇÕES LABORAIS EM TEMPOS DE EXCEÇÃO

JOSÉ JOÃO ABRANTES

Introdução. O Direito do Trabalho e a pandemia

Um dos impactos mais evidentes destes tempos de pandemia em que vivemos nas relações laborais é, sem dúvida, a generalização do trabalho à distância, isto é, fora das instalações da empresa e por tecnologias de comunicação à distância.

Antes da pandemia, o teletrabalho tinha em Portugal natureza residual, o que é explicável, não só por não ser possível em determinado tipo de atividades (como quase todas as do sector agrícola e muitas da indústria), mas também por uma certa lógica muito em voga no mundo empresarial, em que o contacto direto das chefias com os trabalhadores, a vigilância e, mais do que isso, a pressão direta sobre os mesmos, são consideradas "ferramentas de gestão" entendidas como indispensáveis. Exatamente por isso, no início da pandemia, perto de 1/3 das empresas em Portugal ainda não tinha sequer qualquer situação ou mesmo uma política ou uma mera previsão de trabalho à distância. O número de teletrabalhadores era assim irrisório, sendo Portugal um dos países europeus com menor percentagem de trabalhadores em teletrabalho. Com o COVID, e segundo dados do Banco de Portugal e do INE, na primeira quinzena de Maio, 54% das empresas tinham trabalhadores em teletrabalho; para tal muito terá contribuído o facto de os empregadores terem descoberto que, se pudessem estabelecê-lo como regra, o teletrabalho teria para eles grandes vantagens, permitindo reduzir significativamente custos, como os relativos a instalações, que deixam de ser necessárias, pelo menos com a dimensão que têm atualmente, depois, não raras vezes, também os custos relativos aos próprios equipamentos e materiais usados, atribuindo ao trabalhador o ónus de, para trabalhar, dispor já dos instrumentos indispensáveis para exercer as funções e cumprir as tarefas que lhe são atribuídas (e que vão dos próprios equipamentos às respetivas aplicações, aos utensílios e acessórios, etc.).

Se o teletrabalho tem, para quem pode praticá-lo, vantagens evidentes, podendo, por exemplo, melhorar o equilíbrio entre o trabalho e a família, tem também muitas desvantagens, traduzidas, por exemplo, na privação de dimensões laborais essenciais, como o contacto físico e troca de informações com os colegas, etc. O trabalhador, isolado, sozinho diante de possíveis problemas, experimenta a falta do coletivo. Além disso, há a interferência entre a vida pessoal e profissional causada pelo teletrabalho, havendo muitas vezes, mais do que *conciliação*, a *confusão* entre uma e outra, com o trabalho a entrar em casa, sem ter que se ir até ele.

A recente Lei n.º 83/21, de 6 de dezembro[1], pretende responder a um conjunto de questões colocadas por esta modalidade de trabalho. A pandemia evidenciou, de facto, alguns défices da regulação atual do teletrabalho, elaborada num tempo em que este era quase inexistente.

Aquela lei prevê, entre outras disposições, a obrigação de o empregador pagar os gastos adicionais relacionados com o teletrabalho, incluindo o acréscimo de custos de energia e Internet[2], não sendo, porém, clara sobre o direito, ou não, ao subsídio de refeição. Além das situações já atualmente previstas (trabalhador vítima de violência doméstica e trabalhador com filhos com idade até 3 anos), a lei alarga o direito ao tele-

[1] Atualizámos aqui o texto original da nossa intervenção no Fórum, a qual ocorreu em 16 de novembro, portanto, numa altura em que esta nova lei sobre teletrabalho, que entrou em vigor a 1 de janeiro de 2022, ainda não tinha sido publicada, embora já então tivesse sido aprovada no Parlamento.

[2] Cabendo ao trabalhador demonstrar que as despesas são adicionais em relação aos valores que gastava no mês homólogo do ano anterior ao início do teletrabalho, uma prova que pode não ser fácil, sobretudo quando na mesma casa há mais pessoas em teletrabalho.

trabalho a pais com crianças até aos 8 anos, desde que haja partilha ou quando se trata de famílias monoparentais, e a trabalhadores a quem tenha sido reconhecido o estatuto de cuidador informal não principal, ficando também claro que, nas restantes situações, se for o trabalhador a propor acordo para teletrabalho, cabe à empresa justificar, por escrito, a sua recusa.

Só a prática dirá se as medidas terão eficácia e resolverão os problemas que foram emergindo nos últimos dois anos.

1. A digitalização tem, de facto, muitas implicações laborais

Uma das mais significativas é a acentuação do peso decisivo do algoritmo no trabalho, gradualmente transformado numa série de operações estritamente prescritas pela tecnologia digital[3].

A relação entre inteligência artificial e direito do trabalho deve levar-nos a questionar se, perante novas realidades, não estaremos, afinal, perante velhas questões deste ramo jurídico.

Perguntar-se-á se, quando o empregador é um algoritmo, as decisões de gestão, *v.g.*, no que toca à seleção e recrutamento ou à escolha dos trabalhadores a abranger por um despedimento coletivo, serão necessariamente mais neutras, rigorosas, imparciais, i.é, mais justas. Significará a governação do processo de trabalho pelo algoritmo mais objetividade dessas decisões? Cremos que não será necessariamente assim. A pretensa objetividade (ou frieza?) do algoritmo não significa, só por si, maior justiça, até por este valor ser dificilmente compaginável com a "desumanização" inerente à cibernética, em que não existe o outro. Se o contato com esse outro era o normal do trabalho, com a cibernética não é assim e a regulação normativa aparece muitas vezes como mero instrumento de

[3] Sobre o ponto, por todos, Supiot, Alain. *La Gouvernance par les nombres,* 2015; Aloisi, Antonio e Gramano, Elena. "Artificial Intelligence Is Watching You at Work. Digital Surveillance, Employee Monitoring and Regulatory Issues in the EU Context". *Comparative Labor Law & Policy Journal,* v. 41; Prassl, Jeremias. "What if your boss was an algorithm? Economic Incentives, Legal Challenges, and the Rise of Artificial Intelligence at Work". *Comparative Labor Law & Policy Journal,* v. 41; e Uguina, Jesús R. Mercader. *El futuro del trabajo en la era de la digitalización y la robótica.* Valencia: Tirant lo Blanch, 2017.

gestão[4], não sendo essas decisões automatizadas necessariamente mais objetivas, logo mais justas.

No fundo, o que há, sempre, é o empregador "escondido" atrás do algoritmo, quer para a seleção de candidatos a emprego, quer para a *job evaluation*, quer ainda para a eleição dos trabalhadores cujos postos de trabalho vão ser extintos, etc.

Perante novas realidades, estamos, afinal, perante velhas questões. O Estado, como o garante da continuidade das várias gerações, deve reger-se pelos princípios da solidariedade, responsabilidade social e democracia económica, traduzidos, no fundo, nos princípios constitucionais, que são hoje, cada vez mais, os contrapesos a essas ideias da natureza instrumental do direito para a gestão.

Destas implicações laborais da digitalização, debrucemo-nos agora sobre duas delas: o controlo patronal por meios informáticos (com a consequente exposição do trabalhador a riscos de quebra de privacidade) e as relações entre tempos de trabalho e de não trabalho[5]-[6].

[4] Num paralelo com fenómenos da mesma natureza, como os relativos à AED (Law and Economics), em que, *v.g.*, o despedimento já não é o despedimento socialmente justificado, mas, sim, o despedimento economicamente útil, relativamente ao qual a (única?) questão que verdadeiramente se coloca é saber quanto custa.

[5] A digitalização tem também contribuído para questionar os quadros tradicionais do direito laboral, desde logo no que toca aos próprios conceitos de trabalhador e empregador. Se pensarmos nas plataformas digitais, como a *Uber* ou a *Cabify*, por exemplo, a lei portuguesa n.º 45/2018 (conhecida por "Lei Uber") define o regime da atividade de transporte individual e remunerado de passageiros em veículos descaracterizados, de acordo com o qual os motoristas dessas plataformas não assinam contratos com o "operador de plataforma eletrónica", mas, sim, com uma entidade externa, o "operador de TVDE": é assim a própria lei a partir do princípio de que não há qualquer vínculo contratual (laboral ou de prestação de serviços) entre o operador de plataforma eletrónica e o motorista, referindo-se apenas ao vínculo contratual existente entre este e o operador de TVDE [sobre o ponto, cfr. Amado, João Leal e Moerira, Teresa Coelho. "A lei sobre o TVDE e o contrato de trabalho: sujeitos, relações e presunções". *PDT*, 2019 – I, pp. 81 ss. (108 s.)]. Considerando a Uber, não uma plataforma de intermediação de serviços, mas, sim, uma entidade empregadora, v., por exemplo, o Acórdão do Tribunal de Justiça da UE de 20-12-2017 [processo C-434/15 (Elite Taxi)].

[6] Neste texto, cumpre dizê-lo, abordamos apenas os impactos da digitalização nas relações individuais, e já não nas relações coletivas de trabalho, *v.g.*, na contratação coletiva e nos direitos à informação e consulta dos trabalhadores; relativamente a essa questão, v. o nosso

1.1 Controlo patronal por meios informáticos

Com efeito, as transformações operadas pela digitalização no trabalho e na economia agravam riscos como os relativos à captura da privacidade dos cidadãos, ao seu controlo e ao condicionamento do seu comportamento.

A digitalização possibilita, de facto, uma nova organização do trabalho, caracterizada pela difusão maciça de mecanismos de monitorização e controle, colocando-se assim a necessidade de saber quais os limites dos poderes patronais de controlo e vigilância em confronto com a privacidade do teletrabalhador, no fundo, qual o tipo de controlo do trabalhador que poderá ser realizado pela entidade empregadora.

Quanto ao controlo da atividade prestada em teletrabalho a partir do domicílio do trabalhador, a Comissão Nacional de Proteção de Dados (CNPD), emitiu, em 17 de abril de 2020, ou seja, logo no início da pandemia, o documento "Orientações sobre o controlo à distância em regime de teletrabalho", com o propósito de garantir a conformidade dos tratamentos de dados pessoais dos trabalhadores com o regime de proteção de dados e minimizar o impacto sobre a privacidade em regime de teletrabalho. Trata-se de um documento com o qual estamos basicamente de acordo nas suas linhas gerais.

Em circunstâncias normais, os instrumentos de trabalho utilizados pelo trabalhador pertencem ao empregador. Os trabalhadores devem observar as regras de utilização e funcionamento dos instrumentos que lhe forem disponibilizados, só podendo, salvo acordo em contrário, utilizá-los para a prestação de trabalho.

Contudo, dada a excecionalidade da atual situação e a impossibilidade de as entidades empregadoras se terem dotado em tempo de recursos tecnológicos para disponibilizar à generalidade dos seus trabalhadores, frequentemente os meios utilizados são privados, o que impõe maior cautela na imposição de algumas medidas.

artigo "Os desafios do trabalho face à digitalização. Efeitos no âmbito laboral individual e coletivo" (no seu ponto 6), a ser publicado in *Efectos de la digitalización en el ámbito laboral individual, colectivo y de Seguridad Social*, obra editada pela Universidad de Cantabria e coordenada por Lourdes López Cumbre e Marina Revuelta García.

Naturalmente, independentemente da propriedade dos instrumentos, no teletrabalho o empregador mantém os poderes de direção e de controlo da execução da prestação laboral. Porém, neste regime, não existindo qualquer disposição legal que regule o controlo à distância, a regra geral de proibição de utilização de meios de vigilância à distância para controlar o desempenho profissional do trabalhador aplica-se ao teletrabalho, havendo, assim, que levar em conta os artigos 20.º e 21.º do Código do Trabalho (CT), bem como, aliás, o RGPDP (Regulamento UE 2016/679, de 27-04-2016) e a Lei n.º 58/2019, de 8-08 (que assegura a execução daquele na ordem jurídica nacional)[7].

Está igualmente em causa o princípio da proporcionalidade: a utilização de tais meios implica uma restrição desnecessária e seguramente excessiva da vida privada do trabalhador.

É claro que o empregador poderá sempre controlar a atividade do trabalhador, designadamente, fixando objetivos, criando obrigações de reporte com periodicidade ou marcando reuniões em teleconferência. Até porque (ainda que muitas atividades possam ser desempenhadas com recurso a tecnologias de I&C, v.g., internet, Skype, Zoom) existem preocupações que não podem ser desvalorizadas, designadamente, obrigações de sigilo e confidencialidade, deveres de proteção de dados pessoais e prevenção de ciberataques. O empregador deve prover os instrumentos; mas será que as empresas têm, neste momento, disponibilidade financeira para investir? E será que existem meios disponíveis no mercado para essa utilização massiva? E ainda que existam e sejam disponibilizados, como poderá o empresário garantir que o teletrabalhador observa esses desideratos, se, em muitos casos, partilha a habitação com o cônjuge e tem de estar sempre de olho nos filhos que tem à sua volta ou, por exemplo, utiliza a rede wireless de sua casa, sem o mesmo nível de proteção das redes empresariais?

Mais: a "obrigação" legal de teletrabalho criada pela crise permitirá reduzir ou eliminar a responsabilidade civil do empregador perante clientes, trabalhadores, fornecedores ou parceiros pela violação das obri-

[7] Sobre o ponto, cfr., por todos, Moreira, Teresa Coelho. "Algumas Implicações Laborais do Regulamento Geral de Proteção de Dados Pessoais no Trabalho 4.0". *Questões Laborais*, n.º 51.

gações de sigilo ou confidencialidade, dos deveres de proteção de dados pessoais e da prevenção de ciberataques?

Mas o que já não é admissível é que se utilizem ferramentas que recolhem dados pessoais dos trabalhadores de forma excessiva, promovendo um controlo muito mais detalhado do que o realizado no contexto da sua prestação nas instalações do empregador; o facto de o trabalho ser prestado no domicílio do trabalhador não justifica uma maior restrição da sua esfera jurídica. Estão em causa quer o princípio da igualdade quer a proibição do excesso.

Por isso, não são admissíveis soluções tecnológicas para controlar à distância o desempenho dos trabalhadores, como, *i.a.*, softwares que, para além de rastrearem tempos de trabalho e inatividade, registam as páginas de Internet visitadas ou a localização em tempo real, capturam imagens do ambiente de trabalho, registam quando se inicia o acesso a uma aplicação, controlam o documento em que se está a trabalhar e registam o tempo gasto em cada tarefa.

Do mesmo modo, não é admissível impor ao trabalhador que mantenha a câmara de vídeo permanentemente ligada, nem, em princípio, será de admitir a gravação de teleconferências entre o empregador (ou seus representantes ou dirigentes) e os trabalhadores.

1.2 Tempos de trabalho e tempos de não trabalho; o "direito à desconexão"

Abordemos agora a necessidade de registo de tempos de trabalho, que pode ser efetuado por recurso a soluções tecnológicas específicas neste regime de teletrabalho.

Quanto a esse controlo do tempo de trabalho, a regra será a de que aquelas soluções devem limitar-se a reproduzir o registo igual ao que é efetuado quando o trabalho é prestado nas instalações da empresa (i.e., registar o início e fim da atividade laboral e pausa para almoço). Ou seja, as ferramentas devem estar desenhadas de acordo com o princípio da privacidade, não recolhendo mais informação do que a necessária para a prossecução daquela finalidade.

Não dispondo de tais ferramentas, excecionalmente, pode o empregador fixar uma obrigação de envio de mail, SMS ou qualquer outro modo similar que lhe permita, para além de controlar a disponibilidade do trabalhador e os tempos de trabalho, demonstrar que não foram ultrapassados os tempos máximos de trabalho permitidos por lei.

Do mesmo modo, nada impede que o controlo da disponibilidade e do cumprimento dos tempos de trabalho se faça por via de contacto telefónico ou eletrónico pelo empregador.

Foquemo-nos de seguida, em especial, na questão das relações entre tempo de trabalho e tempo de não trabalho.

Na verdade, será que o teletrabalho promove a conciliação entre a vida profissional e a vida pessoal e familiar do trabalhador ou, ao invés, como deixámos subentendido atrás, leva a uma confusão entre elas?

Implicam-se aqui os valores do direito à privacidade e do direito à separação entre a vida privada e a vida profissional, a garantia da segurança e saúde no trabalho e, com particular acuidade, o "direito à desconexão" ou "direito a desligar"[8].

Este '*right to disconnect*', no dizer de Jean-Emmanuel Ray, o direito à vida privada do século XXI, não tem tido, pelo menos na jurisprudência, uma dimensão tão relevante como, por exemplo, os casos em que é pedido ao trabalhador que fique de prevenção e em que há dúvidas sobre se esse tempo deve ser pago ou se só deve ser remunerado se a pessoa for efetivamente chamada para trabalhar.

Na Alemanha, a Volkswagen foi pioneira na adoção de medidas de combate à exaustão por motivos laborais ao aceitar, no final de 2011, bloquear o acesso dos seus empregados ao email entre as 18h15 e as 7h. No mesmo país, em 2013, também a BMW acordou com os seus trabalhadores limites ao uso de dispositivos móveis para troca de mensagens de trabalho fora de horas.

Em França, em 01/01/2017, entrou em vigor uma lei que reconhece aos trabalhadores o "direito a desligar", sem ter de atender telefonemas ou responder a mails profissionais fora do horário de trabalho. As empre-

[8] Sobre este direito, v., por todos, Amado, João Leal. "Tempo de Trabalho e Tempo de Vida: sobre o direito à desconexão profissional". *Revista do Tribunal Regional do Trabalho da 15.ª Região*, n.º 52; e Moreira, Teresa Coelho. "O Direito à desconexão dos trabalhadores". *Questões Laborais*, n.º 49.

sas com mais de 50 trabalhadores passaram a ser obrigadas a definir um horário durante o qual os funcionários podem ignorar o correio eletrónico profissional (medida que já fora aplicada em certas empresas, como a Michelin). A forma de efetivar esse direito à desconexão é remetida para a negociação coletiva. Na ausência de acordo, o empregador deve elaborar um código de boas práticas para efetivar tal direito e prever ações de formação para o uso racional de aparelhos eletrónicos.

Em Portugal, o Código do Trabalho prevê o direito ao descanso do trabalhador, estabelecendo limites aos tempos de trabalho, os tempos de descanso, e, embora não tenha regras expressas sobre os limites para o uso dos dispositivos eletrónicos, deixa espaço para que o problema seja enquadrado no âmbito da negociação coletiva. É efetivamente aí que deve ter a sua sede mais eficiente. Tratando-se de uma questão de saúde, mais do que um mero direito do trabalhador, deverá reconhecer-se, sobretudo, um dever do empregador[9], que não deverá, assim, enviar mails durante os períodos de interrupção ou suspensão do trabalho (licenças, doença, etc.).

A Lei n.º 83/21, já atrás referida[10], prevê uma regra segundo a qual o empregador tem o dever expresso de se "abster de contactar o trabalhador no período de descanso, ressalvadas as situações de força maior"[11]. Coloca-se assim sobre aquele a responsabilidade de não contactar o trabalhador durante o tempo de descanso[12]. Este dever patronal de abstenção de contacto implica que o trabalhador não é obrigado a atender chamadas ou responder a emails fora do horário de trabalho.

[9] E do próprio trabalhador.

[10] Cfr., *supra*, Introdução.

[11] Este conceito indeterminado de situações de força maior deve, a nosso ver, ser interpretado com alguma flexibilidade, de forma a abranger, não apenas situações tradicionais de força maior ou de caso fortuito (incêndio, terramoto, inundação, etc.), mas todas aquelas, inadiáveis, em que o contacto imediato se mostre «indispensável para prevenir ou reparar prejuízo grave para a empresa ou para a sua viabilidade» (cfr. o n.º 2 do artigo.º 227.º do CT, sobre trabalho suplementar).

[12] Sendo o incumprimento deste dever uma contra-ordenação grave.

2. Poder-se-á dizer, em síntese, que a questão com que nos deparamos é a dos direitos fundamentais como limites dos poderes patronais[13] O que é tanto mais importante quanto, como se viu, estas situações abrangem, i.a., o controlo por meios informáticos, o algoritmo a dirigir o trabalho, dificuldades de desconexão, riscos acrescidos para a saúde, a privacidade e os dados pessoais os trabalhadores, tudo situações potencialmente lesivas da liberdade e dos direitos fundamentais de quem trabalha.

Em Portugal, a eficácia horizontal dos direitos fundamentais e a sua projeção laboral chegaram com a Constituição de 1976, que, no seu artigo.º 18.º/1, consagra expressamente aquela como uma eficácia "direta". É à luz dessa eficácia que os direitos fundamentais atuam, podem atuar, como limites dos poderes empresariais. Está-se face a uma questão de conflito de direitos e concordância prática, que reclama a aplicação da ideia de proporcionalidade, nas suas vertentes de adequação, necessidade e menor restrição possível (ou proibição do excesso). O que se exige é uma ponderação de interesses, entre, por um lado, os direitos fundamentais da pessoa humana no trabalho e, por outro, a correta execução dos seus compromissos contratuais.

Há uma plena eficácia dos direitos fundamentais no âmbito da relação de trabalho, só lhes podendo ser assinalados como limites interesses legítimos relevantes e devendo esses limites "limitar-se ao necessário para salvaguardar outros direitos ou interesses constitucionalmente protegidos"[14] (v.g., a liberdade de empresa, o direito do empregador de gerir eficazmente a sua empresa e sobretudo o seu direito de se proteger da responsabilidade ou prejuízo que as ações dos trabalhadores possam suscitar).

Em nosso entender, vale nesta matéria a ideia que a doutrina constitucional alemã tem designado por *presunção de liberdade* («*Freiheitsver-*

[13] Sobre o ponto, por todos, Abrantes, José João. *Contrato de trabalho e direitos fundamentais*. Coimbra: Coimbra Editora, 2005; *Direitos fundamentais da pessoa humana no trabalho – em especial, a reserva da intimidade da vida privada*. Coimbra: Almedina, 2014.

[14] Artigo 18.º, n.º 2 da CRP. De acordo com o n.º 3 deste mesmo artigo, esses limites deverão igualmente respeitar o conteúdo essencial mínimo dos direitos atingidos.

mutung» ou "*In dubio pro libertate*")[15], a qual significa que, em princípio, o trabalhador é livre para tudo aquilo que não diga respeito à execução do seu contrato e que qualquer limitação imposta à sua liberdade civil deverá revestir natureza absolutamente excecional, não podendo justificar-se senão em obediência aos critérios de proporcionalidade, na sua tripla dimensão de adequação, necessidade e proibição do excesso, não podendo, pois, sob pena de se estar a contrariar o artigo 18.º, n.º 2, do texto constitucional, tais restrições revelar-se *inadequadas, desnecessárias* ou *excessivas.*

3. Vacinação e contrato de trabalho

Precisamente porque falamos de direitos fundamentais, não podemos deixar sem uma referência especial uma questão que, sendo de grande atualidade, tem gerado um pouco por toda a parte muita controvérsia, que é a da vacinação contra a Covid-19 e dos seus impactos no contrato de trabalho[16], matéria onde também, em nosso entender, vale a referida *presunção de liberdade.*

A questão é a de saber se pode, ou não, uma empresa exigir que os seus trabalhadores estejam vacinados contra a Covid-19 e se pode, ou não, sancionar – e mesmo despedir – trabalhadores que a recusem. Pode isso acontecer, apesar de a vacinação contra a Covid-19 não ser legalmente obrigatória?[17]

[15] Abrantes. José João. *Contrato de trabalho e direitos fundamentais, op. cit.*, p. 190 e ss.

[16] Refira-se que, em Portugal, o Tribunal Constitucional já teve oportunidade de se debruçar sobre a legislação emitida em resposta à Covid-19, a propósito de diversas questões. Assim, entre outros [há, por exemplo, acórdãos sobre a regulamentação do estado de emergência (Ac. 352/21), suspensão dos prazos de prescrição de procedimentos contraordenacionais (Ac. 500/21, 660/21 e 798/21)]: os acórdãos 424/20, 687/20, 729/20, 769/20, 173/21, 87/22, 88/22, 89/22 e 90/22, que julgaram inconstitucionais determinadas medidas de confinamento obrigatório ou isolamento profilático por imposição de autoridades administrativas.

[17] Note-se que a falta ao trabalho para receber a vacina contra a Covid-19 é justificada e não determina perda de retribuição (artigos 249.º, n.º 2, alínea d) e 255.º, n.º 1 do Código do Trabalho). O empregador está, aliás, obrigado a promover a vacinação gratuita dos trabalhadores e a obedecer às recomendações da DGS (artigo 13.º do Decreto-Lei n.º 84/97, de 16-04, relativo à proteção da segurança e saúde dos trabalhadores contra os riscos de

O próprio Comité Económico Europeu, um órgão consultivo da União Europeia, admitiu uma resposta afirmativa a esta questão.

Vamos, de seguida, ver o que dizem sobre a matéria alguns ordenamentos estrangeiros, fazendo depois uma referência especial ao ordenamento brasileiro e focando, por fim, a nossa atenção no direito português.

3.1. A lei francesa inclui a suspensão do contrato (e do salário) caso o trabalhador não tenha conseguido vacinar-se, podendo a sanção para aqueles que recusem vacinar-se chegar mesmo ao despedimento

Nesse país, os trabalhadores da hotelaria e dos transportes de longa distância foram os primeiros a ter, a partir de 30 de agosto de 2021, de apresentar o passe sanitário, comprovativo de vacinação completa, de teste negativo nas últimas 48 horas ou do facto de ter tido a doença nos últimos seis meses. A utilização desse passe passou a ser aplicada, por decreto de 21 de julho, em museus, cinemas e outros recintos de espetáculos e desporto, e foi depois estendida a bares, cafés, restaurantes, comboios, aviões, alguns centros comerciais e hospitais (exceto para emergências). Previu-se ainda a vacinação obrigatória dos profissionais de saúde, igualmente afetados pela suspensão do emprego e do salário se a recusarem.

Em Itália, onde a vacinação já era obrigatória para determinados grupos de trabalhadores (profissionais de saúde, do ensino, de forças de segurança, etc.), implicando a sua recusa por parte dos mesmos, além de uma multa, a suspensão do respetivo contrato de trabalho, com perda de retribuição (mas sem consequências disciplinares), uma lei de 6 de janeiro deste ano[18] tornou a vacinação obrigatória para todos os trabalhadores com mais de 50 anos de idade, independentemente das funções que desempenhem, podendo a sanção para a recusa de vacina ir até ao despedimento.

exposição a agentes biológicos no trabalho), não podendo impor qualquer encargo aos trabalhadores (artigo 15.º, n.º 12, da Lei n.º 102/2009, de 10-09).

[18] A referência a esta lei italiana corresponde também, à semelhança do que fizemos para a Lei portuguesa n.º 83/21, de 6 de dezembro (*cfr.*, *supra*, nota 1) a uma atualização do texto original da nossa intervenção no Fórum. O mesmo se diga da referência, *infra*, ao caso do Citigroup, nos Estados Unidos.

Na Alemanha, alguns clubes da Bundesliga impuseram multas a atletas que, tendo recusado a vacina, ficaram infetados e contagiaram os colegas de equipa; alguns desses clubes, como o Bayern de Munique, foram mesmo mais longe e, com base no artigo.º 56.º da *Infektionsschutzgesetz*, segundo o qual um trabalhador que, com a vacinação, podia ter evitado a infeção e a consequente quarentena perde o direito ao salário, recusaram-se a pagar os salários dos dias em que aqueles não puderam treinar ou jogar[19].

No Reino Unido, por seu turno, algumas empresas passaram a incluir nos seus contratos de trabalho uma cláusula de obrigatoriedade de vacinação contra a Covid-19 e outras tencionam igualmente obrigar os seus trabalhadores a tomar a vacina, assim que a mesma esteja disponível para toda a população.

Também nos Estados Unidos o Citigroup, uma das maiores instituições bancárias do país, com cerca de 65.000 trabalhadores, anunciou ir em breve proceder ao despedimento daqueles que, injustificadamente, se recusem a tomar a vacina[20].

3.2. No Brasil, tem sido grande o debate sobre esta matéria

Julgo poder dizer-se que há uma corrente de pensamento claramente maioritária segundo a qual o que está aqui em causa é, no fundo, a ideia de prevalência do interesse coletivo sobre os direitos individuais, ou seja, a ideia de que uma coletividade não pode ser exposta ao risco de contágio exclusivamente para se atender ao direito de um indivíduo que, por questões pessoais ou de convicções espirituais ou políticas, opte por não se vacinar.

De facto, sendo certo que a base do Estado democrático de direito assenta na liberdade – de expressão, de associação, de pensamento, de convicções e crenças, etc. – e no princípio da legalidade, não podendo ninguém ser obrigado a fazer ou deixar de fazer algo senão em virtude

[19] Pois, ao contrário de outras profissões, não existe aqui a possibilidade de teletrabalho.
[20] V., *supra*, nota 17.

da lei[21], a verdade é que não há direitos absolutos[22], podendo os direitos fundamentais, em circunstâncias excecionais, ser restringidos, desde que a restrição se mostre justificada de acordo com critérios de proporcionalidade e tendo em conta interesses sociais relevantes com amparo na própria Constituição.

É a partir daqui que se sustenta poder o empregador impor a obrigatoriedade da vacina aos seus trabalhadores em detrimento da respetiva liberdade individual de se vacinarem ou não. Mais se invoca, aliás, que o empregador tem o dever de zelar pela saúde e segurança dos seus trabalhadores e, assim, poderá exigir a vacinação dos trabalhadores que já tenham a seu dispor a vacina[23], apenas se excluindo dessa obrigação aqueles que, de acordo com parecer médico, corram um risco grave em razão de outras doenças que possuam[24].

Esta ideia de responsabilidade do empregador por um meio ambiente de trabalho saudável e sem riscos está presente, por exemplo, num acórdão do Tribunal Regional do Trabalho da 2.ª Região (São Paulo), de 19/07/2021, que considerou justa causa de demissão o facto de uma auxiliar de limpeza hospitalar se recusar a ser vacinada, com fundamento no dever que o empregador tem de "garantir condições dignas que protejam a saúde e a integridade física de todos seus trabalhadores", não podendo a liberdade individual (v.g., a liberdade de consciência) sobrepor-se ao direito à vida[25].

[21] Tal como estatui o artigo 5.º da Constituição.

[22] Era a própria Declaração dos Direitos do Homem e do Cidadão, de 1789, que, no seu artigo 4.º, dispunha terminar a liberdade de cada um onde começa a liberdade alheia.

[23] Esta está ao dispor de toda a população brasileira maior de 18 anos.

[24] Se o trabalhador não se vacinar, poderá ser sancionado, no extremo, até com a demissão por justa causa. Mas, como é evidente, esta terá de ser sempre uma *ultima ratio*, exigindo-se que as empresas tenham programas de consciencialização e informação sobre as possibilidades de vacinação.

[25] O aresto recorreu ainda à legislação emergencial, concretamente ao artigo.º 3.º da Lei 13.979/20, segundo o qual, "para enfrentamento da emergência de saúde pública de importância internacional de que trata esta Lei, as autoridades poderão adotar, no âmbito de suas competências, entre outras", a "vacinação e outras medidas profiláticas". Note-se, porém, que o preceito refere apenas "as autoridades", o que não é, como é óbvio, o caso do empregador. A verdade é que, sem recorrer a esta legislação, há quem entenda poder a obrigatoriedade da vacina ser imposta nas empresas com base nos artigos 7.º

O Supremo Tribunal Federal, no caso ARE 1267879, julgou conforme à Constituição a "obrigatoriedade de imunização por meio de vacina que, registrada em órgão de vigilância sanitária, tenha sido incluída no Programa Nacional de Imunizações, tenha sua aplicação obrigatória determinada em lei ou seja objeto de determinação da União, Estado, Distrito Federal ou Município, com base em consenso médico-científico", sem que isso represente "violação à liberdade de consciência e de convicção filosófica dos pais ou responsáveis, nem tampouco ao poder familiar". No acórdão, relatado pelo Ministro Luís Roberto Barroso, diz-se ainda que, embora a Constituição proteja o direito de cada um ter suas convicções filosóficas, religiosas, morais e existenciais, "os direitos da sociedade devem prevalecer sobre os direitos individuais" e as escolhas atentatórias dos direitos de terceiros são ilegítimas.

3.3. Em Portugal, parece resultar do artigo.º 19.º do CT que, se estiver em risco a saúde pública, o empregador poderá exigir testes e exames médicos para admissão ou permanência no emprego

Por outro lado, o artigo 17.º do mesmo diploma, relativo à proteção de dados pessoais, estatui não poder o empregador "exigir a candidato a emprego ou a trabalhador que preste informações relativas à sua saúde ou estado de gravidez, salvo quando particulares exigências inerentes à natureza da atividade profissional o justifiquem e seja fornecida por escrito a respetiva fundamentação"[26]. O problema tem, assim, a ver tam-

da Constituição e 8.º da CLT, respeitantes à responsabilidade de manter o ambiente de trabalho saudável e seguro e à primazia dos interesses coletivos sobre os individuais, podendo a vacina ser vista como um Equipamento de Proteção Coletivo (EPC), destinado a neutralizar os riscos no ambiente de trabalho. Também o Ministério Público do Trabalho defendeu que "nenhuma posição particular, convicção religiosa, filosófica ou política ou temor subjetivo do empregado pode prevalecer sobre o direito da coletividade de obter a imunização conferida pela vacina" e que "a vontade individual ... não pode se sobrepor ao interesse coletivo, sob pena de se colocar em risco não apenas o grupo de trabalhadores em contato direto com pessoas infetadas no meio ambiente do trabalho, mas toda a sociedade".

[26] Cite-se ainda o artigo.º 9.º do RGPD, que proíbe o tratamento de "dados relativos à saúde", salvo se "for necessário para o cumprimento de obrigações ou o exercício de direitos específicos do responsável pelo tratamento ou do titular dos dados em matéria de

bém com o direito à reserva da intimidade da vida privada do trabalhador, que implica não ter o empregador o direito de saber tudo sobre o que se passa com o trabalhador, designadamente se está ou não vacinado[27].

Mas, como já se disse antes, não há direitos absolutos e, utilizando palavras de Vital Moreira, "a liberdade de não se vacinar ou o direito a morrer na pandemia não podem prevalecer sobre o direito à vida e à saúde dos outros".

Cremos que, em rigor, a exigência, ou não, da prova da vacina só se colocará, de facto, numa situação de trabalho que apenas possa ser prestado de forma presencial, e não à distância. Só então, tendo em conta o dever que o empregador tem de garantir a segurança no trabalho dos seus trabalhadores, a questão poderá colocar-se – e aí valerá a ideia de que as limitações à liberdade do trabalhador não poderão nunca ser *inadequadas, desnecessárias* ou *excessivas.*

Assim, em nosso entender, o empregador não pode, entre nós, subordinar a seleção para um emprego a candidatos que façam prova de ter sido vacinados nem obrigar os seus trabalhadores a tomar a vacina, sob a ameaça de lhes marcar faltas injustificadas, considerando-os impedidos de comparecer ao trabalho, ou mesmo de lhes aplicar outras sanções, em última instância, o próprio despedimento. Atendendo a que, face à lei, a vacinação tem caráter facultativo, aquela primeira prática seria discriminatória e este despedimento ilícito.

Diferente será a situação no caso de a vacina ser tornada obrigatória, por exemplo, se o legislador – que, obviamente, só poderá ser o Parlamento[28] (e, naturalmente, respeitando os critérios de proporcionalidade do artigo.° 18.°, n.° 2, da Constituição)[29] – aprovar medidas como as que foram adotadas pela já referida lei italiana de 6 de janeiro deste ano.

legislação laboral, de segurança social e proteção social, na medida em que esse tratamento seja permitido pelo direito da União ou dos Estados-Membros".

[27] Esse é um dado pessoal, informação reservada, que não tem de ser conhecido, nem pelo empregador, nem pelos colegas de trabalho, pelos clientes ou por quaisquer outras pessoas.

[28] Face à reserva de competência legislativa prevista na alínea b) do n.° 1 do artigo 165.° da Constituição.

[29] O legislador pode, de facto, tal como aconteceu em Itália, tornar a vacina obrigatória para certos trabalhadores, por terem funções de contacto frequente com outras pessoas (profissionais de saúde, professores, empregados de lojas e restaurantes, caixas de

Mas é o legislador – e só o legislador – que pode adotar uma medida desse tipo, tornando a vacinação obrigatória. Se nem sequer uma entidade administrativa o pode fazer[30], evidente é que, se e enquanto a vacina for, à luz da lei, facultativa, o empregador não poderá torná-la obrigatória para os "seus" trabalhadores. Se os poderes públicos entendem não decretar a obrigatoriedade da vacina, em contexto pandémico, não cabe ao poder privado daquele substituir-se ao legislador democrático e tomar essa decisão, baseando-se nos seus poderes patronais ou até na alegada execução do seu dever de segurança e saúde dos trabalhadores.

Referências

ABRANTES, José João. *Contrato de trabalho e direitos fundamentais*. Coimbra: Coimbra Editora, 2005.

— *Direitos fundamentais da pessoa humana no trabalho – em especial, a reserva da intimidade da vida privada*. Coimbra: Almedina, 2014.

ALOISI, Antonio e GRAMANO, Elena. "Artificial Intelligence Is Watching You at Work. Digital Surveillance, Employee Monitoring and Regulatory Issues in the EU Context". *Comparative Labor Law & Policy Journal*, v. 41.

AMADO, João Leal e MOREIRA, Teresa Coelho. "A lei sobre o TVDE e o contrato de trabalho: sujeitos, relações e presunções". *PDT*, 2019 – I.

AMADO, João Leal. "Tempo de Trabalho e Tempo de Vida: sobre o direito à desconexão profissional". *Revista do Tribunal Regional do Trabalho da 15.ª Região*, n.º 52;

MOREIRA, Teresa Coelho. "O Direito à desconexão dos trabalhadores". *Questões Laborais*, n.º 49.

— "Algumas Implicações Laborais do Regulamento Geral de Proteção de Dados Pessoais no Trabalho 4.0". *Questões Laborais*, n. .º 51.

supermercados, etc.) ou por pertencerem a uma faixa etária mais alta, ou, no limite, para todos os trabalhadores, numa situação de emergência sanitária. Porém, tratando-se de medidas que, embora legítimas, restringem a liberdade individual, impõe-se o respeito do n.º 2 do artigo.º 18.º da Constituição, com a necessária ponderação entre, por um lado, essa liberdade individual e, por outro, valores com ela em conflito, como a saúde e a vida, a operacionalidade e sustentabilidade do SNS, etc.

[30] Com interesse para o ponto, *cfr.* os acórdãos, referidos na nota 16, *supra*, sobre a inconstitucionalidade de medidas de resposta à crise pandémica tomadas por autoridades administrativas.

PRASSL, Jeremias. "What if your boss was an algorithm? Economic Incentives, Legal Challenges, and the Rise of Artificial Intelligence at Work". *Comparative Labor Law & Policy Journal*, v. 41.

SUPIOT, Alain. *La Gouvernance par les nombres*, 2015.

UGUINA, Jesús R. Mercader. *El futuro del trabajo en la era de la digitalización y la robótica*. Valencia: Tirant lo Blanch, 2017.

7.
RELAÇÕES SOCIAIS E LABORAIS EM TEMPO DE EXCEÇÃO

PEDRO ROMANO MARTINEZ

Introdução

Ainda que o Direito do Trabalho tenha uma origem remota, podendo muitas das suas soluções resultar da evolução havida desde o Direito Romano, é usual associar-se a sua génese à Questão Social e aos problemas sociais despoletados no final do século XIX, decorrentes da Revolução Industrial.

Sem desenvolver esta questão, profusamente debatida em várias obras, tanto com pendor jurídico, económico ou social, cabe atender a grandes marcos da evolução juslaboral.

Depois de intervenções legislativas em temas pontuais, como seja a limitação da jornada de trabalho ou o estabelecimento da responsabilidade objetiva do empregador em caso de acidente de trabalho – que despontaram nalguns países no final do século XIX e noutros no início do século XX –, cabe aludir à Organização Internacional do Trabalho (OIT) e ao seu papel no desenvolvimento do Direito do Trabalho. A OIT, criada no seio da Sociedades das Nações, no termo da 1.ª Grande Guerra, concretamente no Tratado de Versalhes (1919), acabou de completar 100 anos de existência. Há dois aspetos curiosos que importa destacar: primeiro, a OIT ainda que integrada na Sociedades das Nações, não seguiu o fim desta, no termo da 2.ª Grande Guerra, porquanto transitou, como entidade especializada (agência), para a Organização das Nações Unidas; segundo, a OIT apresenta uma estrutura organizativa pouco comum no âmbito das organizações internacionais, por nela se encontrarem representados, não só os Estados como também as Associações representativas de trabalhadores e as Associações representativas de empregadores. Esta representação tripartida é autónoma, podendo, nomeadamente nas votações na Assembleia Geral, qualquer associação representativa votar de forma discordante à do respetivo Estado. Nos seus 100 anos de existência, a OIT teve um papel primordial no desenvolvimento do Direito do Trabalho, em especial através das recomendações e convenções aprovadas. Pese embora estas diretrizes emanadas da OIT nem sempre terem tipo um total acolhimento nos 186 Estados membros, muitas vezes em razão de divergências culturais, assim como tradições jurídicas, políticas e sociais, têm constituído base para a implementação de três pilares: 1) proibição do trabalho infantil e forçado; 2) dinamização do associativismo sindical; 3) fixação de bases de não discriminação, preconizando, com as necessárias exceções, a igualdade de tratamento dos trabalhadores.

1. Em concretização das diretrizes estabelecidas pela OIT, em vários países – entre os quais Portugal – foi sendo construído um modelo de proteção do trabalhador, sem descurar que a tutela deste assenta na viabilidade económica da empresa

Em suma, a tutela da pessoa, trabalhador, tem de ser estabelecida atendendo também ao parâmetro da liberdade de iniciativa económica do empresário, no contexto económico de cada Estado.

Nestes parâmetros pode sintetizar-se a proteção jurídico-laboral do trabalhador em quatro áreas: i) delimitação da jornada de trabalho; ii) reparação de perda da capacidade de trabalho decorrente de acidente de trabalho ou doença profissional; iii) implementação do associativismo sindical, com duas vertentes principais (contratação coletiva e greve); iv) segurança no emprego, delimitando as situações de despedimento e salvaguardando certas garantias, nomeadamente compensatórias para o trabalhador.

A mencionada proteção jurídico-laboral teve essencialmente em vista o tradicional trabalhador dependente inserido numa unidade produtiva. O modelo de trabalhador era o que prestava a sua atividade na fábrica, mas houve uma evolução semântica do conceito de trabalhador e, hoje, surgem enquadrados neste regime de proteção prestadores de trabalho intelectual, dirigentes, etc. O modelo laboral típico que se foi construindo à sombra de orientações da OIT, para o trabalhador assalariado da fábrica, não estava pensado para esta nova realidade de trabalhadores com capacidade negocial, nem para o facto de se terem generalizado formas de prestação de trabalho a distância (teletrabalho). Do mesmo modo, além do alargamento da proteção laboral a pessoas que não eram, anteriormente, qualificadas como trabalhadores (p. ex., um advogado), passou ainda a prever-se a tutela do designado trabalhador independente. Por outro lado, a dinâmica sindical e o surgimento da contratação coletiva também tinham por substrato este modelo laboral do trabalhador presencial da fábrica, notando-se alguma dificuldade de ajustamento a estas novas realidades.

O modelo tradicional tem vindo a ser posto em causa tendo em conta, por um lado, o surgimento de novos modelos de trabalho, muitas vezes em resultado da revolução tecnológica, em que o teletrabalho é paradigmático desta evolução. Por outro lado, a ideia tradicional de construção do Direito do Trabalho pelo estabelecimento de normas proibitivas de condutas do empregador tem sido superado por uma designada responsabilidade social da empresa; no fundo, em complemento do Direito do Trabalho de origem legal, impositivo de condutas para o empregador, tem-se dinamizado, muitas vezes por via da contratação coletiva, um modelo social, com deveres empresariais, como de justa retribuição, de boas condições de trabalho, de formação profissional ou de proteção da segurança e saúde do trabalhador. Em complemento, surgem ainda empresas inclusivas que conferem participações sociais aos trabalhadores, atribuem planos de saúde ou promovem atividades extralaborais (creches, desporto, etc.).

Além desta diversidade de regimes de tutela do trabalhador, a tradicional unidade do modelo laboral teve de se adaptar a uma pluralidade de fatores. Sendo hoje usual que o regime laboral comum se acomode a certas especialidades, como o contrato a termo, o contrato a tempo parcial, o trabalho à chamada ou o trabalho intermitente. E a estas especificidades acrescem ainda contratos de trabalho com regime especial como o regime dos desportistas profissionais, dos profissionais de espetáculos ou do trabalho na função pública.

2. O direito do trabalho foi-se desenvolvendo, em grande medida a partir do início do século xx, por via de uma gradual autonomização relativamente ao direito civil, sendo hoje entendido como direito privado especial

Mas além da mencionada autonomização do Direito Civil, o Direito do Trabalho foi criando soluções próprias, por vezes inovadoras, em grande medida relacionadas com as designadas condições de trabalho. Por exemplo, as normas de proteção com indicação de mínimos, permitindo o acordo relativamente a soluções mais vantajosas para o trabalhador, ou o desenvolvimento de um regime de responsabilidade objetiva, tiveram a sua origem no Direito do Trabalho, tendo influenciado o Direito Civil.

No desenvolvimento do Direito do Trabalho podem distinguir-se três momentos: 1) entre 1919 e 1945, em que foram lançados os alicerces deste ramo do Direito; 2) entre 1945 e 1970, designado o período de ouro do Direito do Trabalho em que o crescimento económico do pós-guerra potenciou a consolidação do regime laboral, tendo passado a ser questionado com a crise petrolífera dos anos 70 do século passado; 3) desde 1970, em que, amiúde, se alude à crise do Direito do Trabalho.

A crise do Direito do Trabalho dir-se-á que é insuperável; trata-se de um Direito que vive permanentemente em crise. A crise do Direito do Trabalho assenta numa tripla realidade: por um lado, como referido, a proteção do trabalhador não pode descurar a viabilidade económica da empresa, pois não há trabalhadores sem empresários; por outro, as crises económicas, que são cíclicas, têm uma influência muito direta no direito do trabalho; por último, a evolução, nomeadamente tecnológica pôs termo ao modelo unitário de contrato de trabalho.

Mais do que noutros ramos do Direito, as crises económicas determinam novas ponderações e alterações legislativas em sede laboral; há, pois, uma natural instabilidade jurídico-laboral condicionada pela evolução económica. No Direito Civil, no Direito Comercial, no Direito Administrativo ou no Direito Penal não é usual que uma crise económica imponha ou condicione alterações legislativas; diversamente, as crises económicas determinam uma crise no Direito do Trabalho, com a consequente – diria, antes, apelativa – necessidade de intervenção legislativa.

3. Descurando a crise de 1929, que, atendendo ao momento histórico em que ocorreu, não teve um especial impacto nas normas jurídico-laborais, e as crises económicas resultantes das duas grandes guerras, importa começar por atender à crise petrolífera dos anos 70 do século passado

A crise petrolífera pôs termo ao designado ciclo de ouro do Direito do Trabalho, que determinou o crescimento e consolidação deste ramo do Direito. O crescimento económico dos anos 50 e 60 do século passado foi abruptamente sustido pela crise petrolífera e ainda que, à data, houvesse alguma contenção na intervenção legislativa, foram tomadas várias medidas tendo em vista a minimização do crescimento galopante do desemprego. As medidas então tomadas foram em grande medida económicas, por vezes para viabilizar as empresas e, deste modo, manter os postos de trabalho, além de soluções de proteção dos desempregados, para não determinar uma súbita quebra de capacidade de ganho dos trabalhadores e, consequentemente, de gastos das famílias. A perda do poder de compra dos trabalhadores geraria o aquilatar da crise económica, que era necessário sustar. Datam deste período as primeiras medidas de segurança no emprego, limitando os despedimentos *ad nutum*.

Sem prejuízo de outras crises económicas com menor relevo, cabe atender à designada crise do *subprime*, que corresponde à crise financeira iniciada com a queda acentuada do índice *Dow Jones*, em julho de 2007. A referida crise económico-financeira do *subprime* teve um significativo impacto na Europa entre 2008 e 2012, com múltiplas falências e um aumento exponencial do desemprego, tendo determinado alterações legislativas no âmbito laboral em vários países, entre os quais Portugal. Muitas dessas alterações legislativas no Direito do Trabalho acompanharam um modelo do FMI (Fundo Monetário Internacional).

A resposta legislativa a esta crise económico-financeira, em sede laboral, teve em vista a introdução de alterações no sentido de liberalizar o regime jurídico. Na prossecução deste desiderato, implementaram-se medidas em quatro vertentes: i) flexibilização do tempo de trabalho; ii) redução do valor das compensações devidas ao trabalhador em caso de despedimento; iii) diminuição dos custos do trabalho por parte das empresas; iv) reforço da contratação coletiva, dando prevalência aos acordos alcançados nesta sede sobre o regime legal. Este modelo serviu de inspiração a alterações legislativas que tiveram lugar em diferentes países, entre os quais Portugal, mas, no caso português, fruto de sucessivas revisões dessa legislação e de uma declaração parcial de inconstitucionalidade, o regime liberal então implementado determinou uma acentuada insegurança jurídica. Insegurança esta que ainda persiste, pelo que se torna difícil apreciar o impacto das alterações legislativas na redução do desemprego e na manutenção das empresas.

A crise pandémica (2020- 2021) foi igualmente uma crise económica, atentas as implicações que a defesa da saúde pública acarretou em quase todos os setores económicos. A crise pandémica assolou todos os países e teve efeitos particularmente negativos nas relações laborais, em grande medida por ter inviabilizado (ou reduzido) a prossecução da atividade de muitas empresas e, consequentemente, da prestação devida pelos trabalhadores.

A resposta legislativa à crise pandémica, ainda que muitas vezes com uma legislação errática e soluções extravagantes de carácter temporário, assentou em cinco pilares: 1) encerramento ou suspensão de atividades e de estabelecimentos, a que acrescia o dever geral de recolhimento, condicionando a liberdade de deslocação e de trabalho; 2) apoio da iniciativa económico-privada, nomeadamente por via de subsídios (apoio à retoma, apoio à inatividade e apoio à reestruturação), para evitar a insolvência das empresas; 3) dinamização do trabalho remoto, chegando a impor-se, em determinados períodos, a obrigatoriedade do teletrabalho em certos setores; 4) alteração de horários de trabalho, de molde a estabelecer desfasamento de horários entre os vários trabalhadores da empresa, associando-se com medidas sanitárias, como a realização de testes ou o uso de máscara; 5) evitar os despedimentos através da permissão do recurso ao *lay-off* simplificado, por forma a que uma parte da retribuição de trabalhadores inativos fosse suportada pela Segurança Social. Este último desiderato, de evitar os despedimentos, foi alcançado por várias vias; além do *lay-off* simplificado, foram implementadas medidas de proibição de despedimentos e de suspensão administrativa de despedimentos.

Diversamente da resposta legislativa à crise do *subprime*, com alterações tendencialmente de carácter perene, a crise pandémica determinou alterações no Direito do Trabalho com carácter temporário.

Conclusões

Desta osmose entre as crises económicas e as alterações legislativas em Direito do Trabalho retiram-se três conclusões: i) em primeiro lugar, há uma insegurança jurídica latente neste ramo do Direito, sem comparação com outras áreas jurídicas, sendo o futuro do Direito do Trabalho incerto; ii) por outro lado, a realidade existente, fruto de intervenções legislativas, mesmo que pontuais, influenciou o rumo a seguir, razão pela qual o trabalho a distância (teletrabalho) constitui uma realidade incontornável, com um desenvolvimento crescente; iii) o modelo de proteção do trabalhador, pensado para uma realidade jurídico-económica do período de ouro do Direito do Trabalho (anos 50 e 60 do século passado), tem de ser repensado, impondo-se uma readaptação a novas tecnologias e a diferentes modos de prestar trabalho.

Ainda que a proteção do trabalhador – como pessoa humana – continue a ser o principal desiderato do Direito do Trabalho, não se pode descurar a viabilidade das empresas e, principalmente a nova perspetiva da realidade jurídico-laboral no contexto económico atual.

PARTE III

A PANDEMIA E OS TRIBUNAIS

8.
EL CONTROL JUDICIAL DE LA GESTIÓN DE LA PANDEMIA EN ESPANA

JUAN RAMÓN FERNÁNDEZ TORRES

Introducción. El extraordinario impacto de la pandemia, incluso para el Estado de Derecho

El impacto en nuestras sociedades de la irrupción de la pandemia hace ahora algo más de dos años ha sido, y es aún[1], extraordinario en todos los planos[2]. Desde el punto de vista de la salud pública los datos son escalofriantes: a 28 de marzo de 2022, se contabilizan 416.595.300 contagios por infección de la covid-19 y 6.148.375 fallecimientos a escala mundial[3]. Por países, las cifras no son menos impactantes: España computa 11.451.676 casos (24,16% de la población total) y 102.392 muertes (0,22% de la población total); Portugal suma 3.534.003 casos (34,32% de la población total) y 21.545 fallecidos (0,21% de la población total); y

[1] El 17 de febrero de 2022, **Tedros Adhanom Ghebreyesus, Director General de la Organización Mundial de la Salud (OMS), de forma coetánea a** la reunión de ministros de Finanzas y gobernadores de bancos centrales de los países del **G20** que tiene lugar en Yakarta (Indonesia), **declara** que "la pandemia no ha acabado y tampoco sus secuelas económicas", por lo que urge a una mayor contribución por las principales economías del globo al sostenimiento del esfuerzo financiero de la recuperación.

[2] Vide Fuentes, J. F. y Laffond, J. C. Rueda. "COVID-19: lecciones de la historia". *Círculo Cívico de Opinión*. Posiciones, 35, junio 2020, p. 1.

[3] Fuente: Worldmeter (https://www.worldometers.info/).

Brasil registra 29.842.418 casos (14,04% de la población total) y 658.926 muertos (0,31% de la población total).

En el plano económico, las consecuencias son igualmente muy negativas, con la particularidad de agravar las desigualdades[4]. 2020 es considerado un año catastrófico a nivel mundial y 2021 el de un fuerte rebote, pero inferior a las previsiones iniciales[5]. Piénsese en su magnitud con un solo ejemplo: para Alemania, cuarta economía mundial, el coste de la pandemia asciende a unos 300.000 milllones de euros en 2020 y 2021, lo que equivale ni más ni menos que al 10% de su PIB de 2019. El responsable de coyuntura del Instituto de Investigación Económica (IFO), Timo

[4] Vide Banco Mundial, "*Resumen del año 2021 en 11 gráficos: la pandemia de la desigualdad*", 21 de diciembre de 2021. El 7 de febrero de 2022 el doctor Tedros Adhanom Ghebreyesus, advierte en rueda de prensa que "el impacto de la pandemia de la **Covid-19** se sentirá durante décadas, especialmente entre los grupos más vulnerables. Cuanto más se prolongue la **pandemia**, peores serán esos impactos" (sic). Las "devastadoras" consecuencias de la pandemia "van mucho más allá de la propia enfermedad. Ha profundizado las desigualdades económicas, sociales y sanitarias en todo el mundo, en países de todos los tamaños y niveles de renta" (sic). Por eso es "fundamental" que los países "colaboren aún más para apoyar a todos los países a vacunar al 70% de su población para mediados de este año, fortalecer la resistencia de los sistemas de salud y trabajar por una recuperación económica inclusiva" (sic).
A resultas de ello, los ministros de Finanzas y los Gobernadores de Bancos Centrales del G20 se comprometen en la reunión del 18 de febrero de 2022 en Yakarta (Indonesia) a destinar 60.000 millones de dólares (52.800 millones de euros) para apoyar a los países más necesitados en la recuperación post Covid, con el objetivo de alcanzar 100.000 millones de dólares (888.300 millones de euros). Así y todo, reconocen que la recuperación de la pandemia está siendo desigual como consecuencia del acceso desequilibrado a las vacunas y alertan de riesgos como la inflación y la interrupción de la cadena de suministros.

[5] Baste un único ejemplo, en apariencia anecdótico, pero muy significativo del alcance de los efectos económicos. La Unión de Federaciones Europeas de Fútbol (UEFA) cifra, en un informe publicado el 3 de febrero de 2022, en 7.000 millones de euros el coste total de la pandemia para los clubes europeos. Estima que dejaron de ingresar 4.000 millones de euros en la campaña 2019-20 y 3.000 millones de euros en la 2019-20, tras veinte años de crecimiento ininterrumpido. La causa fundamental estriba en los ingresos dejados de percibir por el cierre de los estadios y los partidos a puerta cerrada (4.400 millones de euros), la disminución de actividades comerciales y de patrocinio (una proyección de 1.700 millones de euros de bajada) y el impacto en los derechos de televisión (900 millones de euros).

Wollmershäuser, aporta un dato elocuente: "sin la crisis, la economía alemana hubiera crecido durante esos años un 1,3 % anual"[6].

A ello se une, por si fuera poco, que las últimas proyecciones de crecimiento de "Perspectivas de la economía mundial", del Fondo MonetaTrio Internacional, actualizadas a enero de 2022, señalan una reducción del crecimiento del PIB mundial (de +5,9% en 2021 a +3,8% en 2023), apreciable a escala general, lo que tendrá por efecto que numerosos países, como España, no puedan aún recuperar del todo los niveles de actividad económica anteriores a la pandemia[7]. Esas proyecciones afectan tanto a EEUU de Norteamérica (de +5,6% en 2021 a +2,6% en 2023) como a la zona del euro (de +5,2% en 2021 a +2,5% en 2023), incluida España (de +4,9% en 2021 a +3,8% en 2023) y a América Latina y el Caribe (de +6,8% en 2021 a +2,6% en 2023) y, por lo tanto, también a Brasil (de +4,7% en 2021 a +1,6% en 2023).

Si todo lo anterior no fuera bastante, es evidente que la pandemia ha causado asimismo un profundo impacto en el plano de las garantías jurídicas en los regímenes democráticos de Occidente. Ha afectado a los derechos fundamentales y libertades públicas de los ciudadanos y, por extensión, a las instituciones políticas que han de velar por ellos[8], sobre la base de la excepcionalidad sanitaria. Desde una perspectiva histórica, no es inhabitual que una situación de crisis exacerbada origine un proceso de robustecimiento de los resortes del poder frente a la temible alternativa del desorden y el caos. Europa ha conocido numerosos episodios durante la primera mitad del siglo XX que han desembocado en la implantación de regímenes totalitarios de uno y otro signo (Rusia, Italia, Alemania), blandiendo el tópico argumento del imperativo de una regeneración social improrrogable: "el nuevo Leviatán surgido de una crisis histórica ofrece la salvación colectiva a cambio de que el individuo renuncie a sus

[6] Las valoraciones corresponden al Instituto de Investigación Económica (IFO) y datan de 17 de febrero de 2022.

[7] Vide, p.e., Steinberg, F. y Martínez, J. P. *La economía mundial ante el año 2022*. Real Instituto Elcano, ARI 4/2022, 26 enero 2022.

[8] Resulta muy expresiva la portada del diario El País del 14 de marzo de 2020 ("el avance del coronavirus desafía al Estado") el día después del anuncio de la declaración del estado de alarma por parte del presidente del Gobierno.

derechos y los deposite en el Estado para que los administre en beneficio de todos"[9].

A lo largo de estos dos años de crisis sanitaria, las referencias a Thomas Hobbes y el Leviatán han sido una constante. Hay quienes identifican lo vivido durante el período de confinamiento y la mal llamada "nueva normalidad"[10] como un Leviatán sanitario en razón de la invasión de la esfera privada por medio de una ordenación extraordinariamente restrictiva de la ciudadanía en el espacio público. Ello es tan lógico y esperable como la tendencia de distintos gobiernos de acaparar los resortes del poder, so pretexto de garantizar la mayor eficacia posible en la gestión de la crisis sanitaria[11]. Han sido muchos los que lo han hecho no sólo por razones estrictamente técnicas, sino además con el fin de actuar con la máxima libertad, reduciendo cualesquiera obstáculos o dificultades en forma de límites legales que puedan poner en cuestión su eficacia[12], con la vana pretensión de ocultar su propia ineptitud e irresponsabilidad[13].

[9] Vide Fuentes, J. F. y Laffond, J. C. Rueda. "COVID-19: lecciones de la historia", op. cit., p. 6.

[10] Fuentes, J. F. y Laffond, J. C. Rueda señalan con agudeza que "la hipótesis de un impacto sin precedentes e inesperado, pese a que hacía semanas que se conocía lo ocurrido en Wuhan o Milán, dio paso a una sensación de gran ruptura que en España propició un lenguaje de nuevo cuño. "Transición hacia la nueva normalidad": esta fórmula, tomada de la utilizada en Estados Unidos tras el 11-S ("the new normal"), se ha llegado a emplear hasta en el *Boletín Oficial del Estado* y evoca vívidamente la idea de un futuro paradójico, de un porvenir que dice retornar a las certezas del pasado, aunque sin dejar de ser incógnito y, por tanto, inquietante" (Fuentes, J. F. y Laffond, J. C. Rueda. "COVID-19: lecciones de la historia", op. cit., p. 2).

[11] Vide Fernández-Galiano, L. "La ciudad y el territorio tras el virus". *AAVV, COVID-19: ciudad y urbanismo.* Círculo Cívico de Opinión, Posiciones, 36, 2020, pp. 2-10.

[12] Vide Machado, S. Muñoz. *El poder y la peste de 2020 (2020-2022)*. 2. ed. Madrid: Iustel, 2022.

[13] Uno de los episodios más señalados en España es la convocatoria, autorización (por parte de autoridades periféricas del Estado como son los Delegados del Gobierno) y celebración, financiadas con fondos públicos, de 67 actos propagandísticos del 8 de marzo de 2020, impulsados desde el Gobierno español ("que les va la vida", según D.ª. Carmen Calvo, Vicepresidenta y Ministra de la Presidencia y Relaciones con las Cortes), con la participación ostentosa de muchos de sus miembros [D.ª. Carmen Calvo, D.ª. Arancha González Laya (Ministra de AAEE), D. Fernando Grande-Marlaska (Ministro de Interior), D.ª. Isabel Celaá (Ministra de Educación), D.ª. Nadia Calviño (Vicepresidenta tercera y

Es verdad que la invocación del Leviatán en los últimos años no siempre es unidireccional y unívoca[14]. En todo caso, en el contexto de estas líneas, me refiero a lo que, entre otros autores, los economistas ACEMOGLOU y ROBINSON denominan "ese gran Leviatán que se llama una república o Estado (*Civitas* en latín)", que es un "hombre artificial", surgido de "pactos o convenios", "aunque de estatura y fuerza superiores a las del natural, para cuya protección y defensa fue pensado" (Thomas Hobbes) que pretende la obediencia al Estado a través del miedo como mensaje esencial. Como señalan estos autores, para que la sociedad progrese, "es necesario un Estado que tenga la capacidad de hacer cumplir las leyes, controlar la violencia, resolver conflictos y proporcionar servicios públicos, pero continúe estando dominado y controlado por una sociedad asertiva y bien organizada". Es lo que ellos llaman el "Leviatán encadenado"[15], que se contrapone al "Leviatán despótico" (el ejemplo paradigmático es China), gobernado por instituciones políticas y económicas que lejos de ser inclusivas se caracterizan por lo contrario, su naturaleza "extractiva",

Ministra de Economía y Transformación Digital), D.ª. Carolina Darias (Ministra de Política Territorial y Función Pública) y D.ª. Irene Montero (Ministra de Igualdad)] en las calles de muchas ciudades de España, a pesar de ser sabedores de la gravedad de la situación y de los riesgos para la ciudadanía. Fue un ejercicio de irresponsabilidad y desprecio a la salud pública, sin parangón probablemente. Baste recordar que la Ministra de Igualdad manifestó el 26 de marzo de 2020, tras recuperarse de la infección por covid, en un vano intento de justificar lo injustificable, que "hicimos en todo momento lo que dijeron los expertos y la autoridad sanitaria", como si los científicos hubieran convocado, autorizado y celebrado ese teatrillo. Por lo demás, baste recordar que con su habitual agudeza el Profesor ALBORNOZ afirma que lo acontecido evoca lo que en Italia se denominan "*orechie di mercatore*" (vide ALBORNOZ, A. Jiménez-Blanco Carrillo de. "Políticos, científicos y mediopensionistas", *Blog Almacén de Derecho*, 6 de abril de 2020, https://almacendederecho.org/politicos-cientificos-y-mediopensionistas/).

[14] Vide PARDO, J. Esteve. *El desconcierto del Leviatán. Política y derecho ante las incertidumbres de la ciencia*. Madrid: Marcial Pons, 2009. El autor denuncia con buenas razones que, mientras el Derecho nos proporciona seguridad en un plano formal, la Ciencia nos dispensa algo tan frágil que, lejos de aportar algo positivo en términos de certeza y seguridad, genera más complicaciones y dificultades.

[15] Vide ACEMOGLOU, D. y ROBINSON, J. A., *El pasillo estrecho. Estados, sociedades y cómo alcanzar la libertad*. Barcelona: Deusto, Grupo Planeta, 2019.

y están lideradas por "élites extractivas"[16]. Precisamente la situación desencadenada a raíz de la declaración de la pandemia el 11 de marzo de 2020 ha sido de tal magnitud que ha hecho peligrar el "Leviatán encadenado". De esta manera, las instituciones políticas, y las económicas por extensión, han evolucionado en dirección contraria a la ansiada "inclusividad", parafraseando a los economistas ACEMOGLOU y ROBINSON.

Hay voces autorizadas que sostienen con buenas razones que de no ser por la propia Unión Europea y su resuelto apoyo financiero a través de un vigoroso programa de recuperación se habría producido el colapso, el derrumbe y la ruina del propio Estado, como una década atrás[17]. A juicio del Profesor Tomás Ramón Fernández, la crisis generada por la pandemia de coronavirus "ha puesto al descubierto –y conviene tomar buena nota de ello- que el Estado como institución, un Estado sólo, no es realmente nada porque su capacidad de resistencia frente a una crisis de estas proporciones es mínima"[18].

Con la perspectiva que proporciona el transcurso ya de dos años desde la declaración por la Organización Mundial de la Salud (OMS) de la emergencia internacional por el brote de covid-19 el 30 de enero de 2020 y la pandemia el 11 de marzo siguiente y del estado de alarma en España tres días después, repasaré a grandes rasgos el impacto de la gestión de la pandemia en el Estado de Derecho en España[19].

1. La gestión de la pandemia en España

La gestión de la crisis sanitaria se funda en el plano normativo en tres clases de medidas[20]. En primer lugar, se basa en la declaración del estado

[16] Vide ACEMOGLOU, D. y ROBINSON, J. A., *¿Por qué fracasan los países? Los orígenes del poder, la prosperidad y la pobreza*. Barcelona: Deusto, Grupo Planeta, 2014.

[17] La Historia se repite a sí misma (Hegel), pero no lo hace como Marx le corrigió en su obra "*El dieciocho brumario de Luis Bonaparte*" afirmando que "se le olvidó añadir que la primera vez como tragedia, la segunda como farsa".

[18] Vide FERNÁNDEZ, T. R. "El Derecho de excepción: carencias y contradicciones". *AAVV, Libro homenaje a Libardo Rodríguez*, de próxima aparición.

[19] Para conocer la respuesta brindada en otros países, puede consultarse, entre otras, ALCUBILLA, E. Arnaldo y USERA, R. Canosa (Dirs.). *El Derecho Constitucional ante el COVID-19. Las diferentes respuestas en el ámbito comparado.* Madrid: Cardenal Cisneros Complutense y Wolters Kluwers, 2020.

[20] Vide, entre otros, CRIADO, D. Blanquer. (coord.) *COVID-19 y Derecho público.* Valencia:

de alarma, que da cobertura a la adopción de un ingente número de disposiciones generales. En rigor, el estado de alarma es declarado en tres ocasiones en apenas siete meses:

1) Real Decreto 463/2020, de 14 de marzo, aplicable a toda España durante un período de quince días naturales, prorrogado hasta en seis ocasiones seguidas por períodos idénticos previa autorización del Congreso de los Diputados conforme a lo dispuesto por el artículo 116.2 CE, y expirando su vigencia el 21 de junio de 2020[21];
2) Real Decreto 900/2020, de 9 de octubre, con un período de vigencia de quince días naturales limitado a un ámbito geográfico muy reducido; y
3) Real Decreto 926/2020, de 25 de octubre, aplicable a toda España, prorrogado mediante Real Decreto 956/2020, de 3 de noviembre, por un período de seis meses, hasta el 9 de mayo de 2021.

En total, estas tres declaraciones sucesivas del estado de alarma se extienden durante 422 días, con una vigencia efectiva de 310 días durante el mismo de excepcionalidad jurídica y, por supuesto, política.

El Gobierno español opta por declarar una de las tres situaciones de emergencia contempladas en la Ley Orgánica 4/1981, de 1 de junio, de los estados de alarma, excepción y sitio (LOAES), con fundamento en el artículo 116 CE. Desecha sin embargo la adopción de cualquiera de las numerosas medidas disponibles en el "arsenal normativo"[22] existente

Tirant lo Blanch, 2020; García, V. Alvarez. *El año de la pandemia de la COVID 19 (Estudios jurídicos)*. Madrid: Iustel, 2020; y Gatta, D. Fernández de. *Los estados de alarma por el covid-19*. Salamanca: Ratio Legis, 2021.

[21] Reales Decretos 476/2020, de 27 de marzo (1.ª prórroga); 487/2020, de 10 de abril (2.ª); 492/2020, de 24 de abril (3.ª); 514/2020, de 8 de mayo (4.ª); 537/2020, de 22 de mayo (5.ª); y 555/2020, de 5 de junio (6.ª). Vide al respecto, entre otros, Alcubilla, E. Arnaldo. "Capítulo XIII. España: tres meses y una semana bajo el estado de alarma". E. Arnaldo Alcubilla y R. Canosa Usera (Dirs.). *El Derecho Constitucional ante el COVID-19. Las diferentes respuestas en el ámbito comparado*. Madrid: Cardenal Cisneros Complutense y Wolters Kluwers, 2020.

[22] Esta expresión es empleada, a mi juicio muy certeramente, por V. Alvarez García para referirse a la normativa sectorial específicamente sanitaria. Vide García, V. Alvarez. "El

para hacer frente a las crisis. Lo hace pese a que la doctrina advierte que las situaciones de necesidad que justifican la aplicación de las medidas previstas en estas normas o en los estados de alarma y excepción de la LOAES, así como su contenido y alcance, son en sustancia iguales y, en consecuencia, intercambiables[23]. El Gobierno español descarta incluso la utilización de medidas sanitarias de excepción bien conocidas[24].

¿Por qué entonces elige declarar una situación de emergencia? La explicación descansa en varios factores:

1) la despreocupación del Gobierno en primera instancia respecto de la expansión de la -entonces- epidemia desde China y la consiguiente pérdida de un tiempo precioso para la adopción de

coronavirus (COVID-19): respuestas jurídicas frente a una situación de emergencia sanitaria". *El Cronista del Estado Social y Democrático de Derecho,* 2020, pp. 6-22, en especial pp. 9 y ss.

[23] P.e., la limitación o el condicionamiento de la circulación o permanencia de personas y vehículos en horas y lugares determinados; la práctica de requisas temporales de bienes e imposición de prestaciones personales obligatorias; la intervención y ocupación transitoria de industrias, fábricas, talleres, explotaciones y locales; la limitación o racionamiento del uso de servicios o el consumo de artículos de primera necesidad; la impartición de órdenes encaminadas a garantizar el abastecimiento de mercados y el funcionamiento de servicios y centros de producción;... Vide Fernández, T. R. "El Derecho de excepción: carencias y contradicciones". *AAVV, Libro homenaje a Libardo Rodríguez,* de próxima aparición.

[24] Así, desecha recurrir a la suspensión del ejercicio de actividades, el cierre de instalaciones diversas, la intervención de medios materiales y personales, la incautación o inmovilización de productos, el suministro centralizado temporalmente de medicamentos o productos sanitarios, etc., y hacer uso de cláusulas generales habilitantes para la toma en tales situaciones de emergencia de "cuantas medidas sean necesarias" y "cualquier otra medida ajustada a la legalidad vigente si existen indicios racionales de riesgo para la salud pública" (artículo 54 de la Ley 33/2011, de 4 de octubre, General de Salud Pública -LGSP, en adelante), las "oportunas para el control de los enfermos, de las personas que estén o hayan estado en contacto con los mismos y del medio ambiente inmediato, así como las que se consideren necesarias en caso de riesgo de carácter transmisible" (artículo 3 de la Ley Orgánica 3/1986, de 14 de Abril, de medidas especiales en materia de salud pública -LOMESP), "las preventivas que estimen pertinentes" y "cuantas otras se consideren sanitariamente justificadas" (artículo 26.°, n.° 1, LGSP). Machado, S. Muñoz estima de forma clara que las medidas contempladas en la normativa sanitaria de excepción habían bastado para hacer frente a la pandemia de coronavirus (*El poder y la peste de 2020 (2020-2022),* cit., pp. 81 y ss.).

medidas preventivas. Lo hace, a pesar de que ya el 31 de enero de 2020 el Centro Nacional de Microbiología confirma un primer caso positivo de infección por covid en España (un turista alemán), cuando son ya 9.976 los casos confirmados en el mundo, que motiva por lo demás la actuación resuelta de la Consejería de Sanidad de Canarias el 24 de febrero, ratificada judicialmente el 2 de marzo siguiente, cuando hay ya 89.253 infectados y 3.048 muertos a escala global[25];

2) el avance vertiginoso y descontrolado de la pandemia desde entonces[26];
3) la decisión contra toda razón de la celebración de 67 manifestaciones y concentraciones feministas el 8 de marzo de 2020, como reconoce la Vicepresidenta segunda del Gobierno D. Yolanda Díaz el 2 de diciembre de 2021[27];
4) la reacción tardía, lenta, parcial y fragmentaria del Gobierno, al cabo de muchas semanas, sin justificación alguna[28].

[25] Y lo que es peor, en Europa la situación es ya muy grave, en Italia (1.694 contagios y 34 fallecidos), Alemania (150 contagios), Francia (130 casos y 2 fallecidos) y España (120 casos). Vide al respecto, Torres, J. R. Fernández. "La Justicia durante el estado de alarma". D. Blanquer Criado (coord.). *Covid-19 y Derecho Público (durante el estado de alarma y más allá)*. Valencia: Tirant lo Blanch, 2020, pp. 325-398.

[26] En España en un intervalo de apenas 8 días entre el 5 y el 13 de marzo de 2020 los casos confirmados pasan de 234 a 4.300 y los fallecidos se elevan de 3 a 122, y en su conjunto en el mundo las cifras varían de 97.750 a 137.445 casos y de 3.995 a 5.088 muertos.

[27] Afirma en una entrevista a Radiocable recogida por los medios de comunicación (p.e., https://www.elmundo.es/espana/2021/12/02/61a8ab3cfc6c833a578b45a1.html) que "el 15 de febrero, como ya la pandemia azotaba fuertemente a **Italia**, convoqué a mi equipo porque tenía la convicción de que Italia es España y, por tanto, teníamos la necesidad de desplegar un montón de medidas porque veíamos lo que iba a pasar. "Tanto fue así que el 4 de marzo presenté una guía que fue enormemente polémica en el Gobierno y también fuera, se me acusó de ser una alarmista...En fin. Esto fue en la antesala del 8 de marzo" (sic).

[28] Me remito al respecto a mi trabajo titulado "La Justicia durante el estado de alarma". D. Blanquer Criado (coord.). *Covid-19 y Derecho Público (durante el estado de alarma y más allá)*. Valencia: Tirant lo Blanch, 2020, pp. 325-398, en particular pp. 337 y ss; y, en fechas más recientes, Martín-Llaguno, M.; Ballester, M.ª. T. J. Sainz y Cuerdo-Mir, M., "From ignorance to distrust: The Public "Discovery" of COVID-19 Around International Women´s Day in Spain" (De la ignorancia a la desconfianza: el descubrimiento público del

Esta suma de factores coadyuva a explicar también por qué el propio Real Decreto 463/2020 reviste un alcance mucho mayor de su precedente de 2010. Para recuperar el tiempo perdido, como los malos estudiantes, el Gobierno

- declara el estado de alarma por Real Decreto, que ostenta ni más ni menos que rango y fuerza de Ley (STC 83/2016, de 28 de abril)[29], con nítidas consecuencias normativas y procesales (p.e., su inimpugnabilidad contencioso-administrativa),
- fija *ex novo* unas reglas de ordenación específicas durante el estado de alarma y es fuente de habilitación de disposiciones generales y actos administrativos,
- establece un sistema diferente de fuentes en el que, partiendo de la Constitución y de la LOAES, la Orden Ministerial cobra un protagonismo capital y el principio de jerarquía normativa a la inversa se desdibuja de forma sensible en el marco del Derecho de excepción o emergencia[30], y
- se concede a sí mismo prerrogativas extraordinarias de un alcance y envergadura desconocidos, como la suspensión radical y general

Covid-19 en torno al Día Internacional de la Mujer). *International Journal of Communication* n.º 16, 2022, pp. 409-436.

[29] Vide Torres, J. R. Fernández. "*La Justicia durante el estado de alarma*", op. cit., pp. 348-357.

[30] Vide, p.e., Pastor, J. A. Santamaría, "Notas sobre el ejercicio de las potestades normativas en tiempos de pandemia". D. Blanquer Criado (coord.). *COVID-19 y Derecho público*. Valencia: Tirant lo Blanch, 2020, pp. 207-239; y Lora, A. Huergo. "Fuentes del Derecho". *Anuario de la Facultad de Derecho de la Universidad Autónoma de Madrid*, n.º extraordinario 2, coedición con el BOE y colaboración del Colegio de Registradores de la Propiedad y Mercantiles de España, 2021, pp. 173-187. Entre otras características singulares o sencillamente anomalías, pueden reseñarse la ausencia las más de las veces de todo procedimiento de elaboración de los reglamentos so pretexto de la urgencia, la modulación sustancial de la vigencia del principio de publicidad de las normas (la demora de la publicación desde su anuncio, lo que aconteció desde un principio con el propio Real Decreto 463/2020; la falta de *vacatio legis*; la entrada en vigor inmediata...), la dilución de la distinción entre reglamentos y actos que se derivaría en buena medida de lo dispuesto por el artículo 3 Lomesp (vide León, J. M.ª. Baño. "Confusión regulatoria en la crisis sanitaria". *Blog Almacén de Derecho*, 29/10/2020, https://almacendederecho.org/confusion-regulatoria-en-la-crisis-sanitaria), etc.

> de los derechos fundamentales de libertad de circulación y residencia (artículo 7.1), con el efecto inmediato de confinar y recluir a la población en sus domicilios, algo inédito en nuestro régimen constitucional de Derecho, sin precedentes y, por supuesto, sin fundamento constitucional.

De los Reales Decretos 463/2020, 900/2020 y 926/2020 se derivan consecuencias de gran calado. Afectan de forma negativa a los equilibrios y los pesos y contrapesos constitucionales (el crecimiento exponencial del Poder Ejecutivo tiene como correlato el empequeñecimiento del Poder Legislativo[31]) y numerosas garantías formales y materiales de los ciudadanos que hasta entonces se consideraban pacíficamente como consustanciales al Estado de Derecho, incluido el acceso a la Justicia y el ejercicio efectivo del derecho a la obtención de una resolución judicial de fondo fundada en Derecho[32]. Pero el Tribunal Constitucional sólo repara en alguna de ellas, como se puede apreciar después.

[31] Vide, entre otros, Reyes, M. Aragón, "COVID-19: aproximación constitucional a una crisis". *Revista Española de Derecho Constitucional*, 32, 2020; del mismo autor, "La decadencia de nuestro parlamentarismo". *El Notario del siglo XXI*, 100, 2021, pp. 16-19; y, como coordinador junto a J. R. Cossío Díaz y L. F. Nava Gomar. *La crisis del parlamentarismo en nuestra democracia constitucional.* Valencia: Tirant lo Blanch, 2021; Vázquez, J. Barnés. "La crisis de la democracia parlamentaria. El caso de la covid-19". *Revista de Administración Pública* 216, 2021, pp. 101-139.

[32] Vide Torres, J. R. Fernández. "*La Justicia durante el estado de alarma*", op. cit., pp. 344-345. Lo sucedido fue predicho en 1977 por un destacado miembro del Partido Comunista de España en la propuesta de enmienda (n.º 692) al artículo 94 del Anteproyecto de Constitución elaborado por la Ponencia (BOCG de 5 de enero de 1978). El Diputado por Madrid Sánchez Montero, D.S. razonaba que el novedoso estado de alarma era en puridad innecesario, existiendo como existían los estados de excepción y sitio que legitiman la limitación de derechos en circunstancias excepcionales, de modo que tan sólo podría servir para limitar derechos sin decirlo. Sin embargo, la propuesta de enmienda no salió adelante. Así lo recuerda Fernández, T. R. "El Derecho de excepción: carencias y contradicciones". *AAVV, Libro homenaje a Libardo Rodríguez,* antes citado. Se diría, por lo demás, que Montero conocía la obra del autor que sienta las bases doctrinales del autoritarismo: Carl Schmitt declara en 1921 justamente que "quien domine el estado de excepción, domina con ello al Estado, porque decide cuándo debe existir este estado y qué es lo que la situación de las cosas exige" (vide Montero, D. S. Sánchez. *La dictadura.*

El segundo tipo de medidas consiste en el empleo de los Decretos-Leyes como medios ordinarios de legislar[33] con los que el Gobierno español completa el Derecho de emergencia. ¿En qué medida facilitan la gestión de la pandemia, cuando la declaración del estado de alarma proporciona poderes extraordinarios análogos?[34] En rigor, su uso se intensifica en el curso de los años:

- desde 1979 hasta noviembre de 2015 se dictan 518 Decretos-Leyes (28,9%) frente a 1452 Leyes y 341 Leyes Orgánicas, y sólo 58 son objeto de recurso de inconstitucionalidad, siendo anulados apenas 28 (únicamente 3 en su totalidad)[35]; y
- durante los sucesivos Gobiernos presididos por D. Mariano Rajoy (del 27 de diciembre de 2011 al 1 de junio de 2018), se dictan 107 Decretos-Leyes (35,8% de todas las normas con rango de Ley aprobadas -299).

Ahora bien, se multiplica exponencialmente durante los gobiernos liderados por D. Pedro Sánchez (del 1 de junio de 2018 hasta hoy): se aprueban 115 Decretos-Leyes (60,5%) por 23 Leyes Orgánicas y 52 Leyes ordinarios (39,5%). De hecho, durante la vigencia de los estados de alarma (del 14 de marzo de 2020 al 9 de mayo de 2021) se dictan 40 Decretos-Leyes (59,7%) por 9 Leyes Orgánicas, 17 Leyes ordinarias y 1

Desde los comienzos del pensamiento moderno de la soberanía hasta la lucha de clases proletaria. 1921, 1.ª reimpresión en español de Alianza editorial. Madrid, 2003, p. 49).

[33] Vide al respecto, Torres, J. R. Fernández, "Estado de derecho y estado de alarma en España. Una antinomia sin fundamento", F. de Montalvo y M.ª. Isabel Alvarez Vélez (coord.), *Libro homenaje a Ignacio Astarloa Huarte-Mendicoa*, 2022, de próxima publicación, así como la bibliografía citada en el mismo.

[34] Vide en este sentido, Huergo Lora, A., "*Fuentes del Derecho*", cit., pp. 185-186.

[35] Vide entre los trabajos más completos en los últimos años, Martín Rebollo, L.. "Uso y abuso del Decreto-Ley (un análisis empírico)". *Revista Española de Derecho* Administrativo 174, 2015, pp. 23-92; y Aragón Reyes, M.. "Uso y abuso del Decreto-Ley: una propuesta de reinterpretación constitucional". *El Cronista del Estado Social y Democrático de Derecho* 60, 2016, pp. 12-17, que es un pequeño resumen de la monografía que lleva el mismo título. Particular relevancia si cabe tiene el testimonio de quien fuera Magistrado del Tribunal Constitucional durante nueve años por la autocrítica que encierra ("una jurisprudencia flexible a la que yo por cierto he contribuido por acción u omisión" -sic).

Texto Refundido. De ellos sólo 12 (30%) son tramitados como Proyectos de Ley tras su convalidación y sólo uno se convierte en Ley (Ley 3/2020, de 18 de septiembre). Dos son parcialmente declarados inconstitucionales, por razones ajenas a la gestión de la pandemia.

Aún más grave si cabe es que es que los Decretos-Leyes invocan de forma recurrente y tópica la "extraordinaria y urgente necesidad" como presupuesto de hecho habilitante, pese a que su concurrencia no es motivada de la forma debida y carecen de la debida justificación objetiva. Ello constituye una doble anomalía que ni siquiera la gestión de la pandemia puede justificar, porque ni el Decreto-Ley puede revestir la naturaleza jurídica de la Ley por mucho que disponga de una identidad de rango con ella[36], ni el Gobierno puede legítimamente sustituir a las Cortes Generales como titulares de la potestad legislativa pues carece de ella y debe por el contrario someterse a su control.

El tercer tipo de medidas se condensa en la normativa autonómica dictada al amparo de la legislación sanitaria, en particular durante la vigencia del tercer estado de alarma. Conviene destacar aquí dos cuestiones:

1) el Real Decreto 926/2020, de 25 de octubre, habilita a los Presidentes autonómicos en tanto que autoridades competentes delegadas para adoptar ciertas medidas, tales como las restricciones de movilidad en horario nocturno (mal llamadas toques de queda), los cierres perimetrales o la limitación del ejercicio del derecho de reunión, lo que suscita no pocos problemas[37]; y
2) los Jueces y Tribunales de lo contencioso-administrativo se ven obligados a ejercer un rol ajeno a sus genuinas funciones constitucionales de juzgar y hacer ejecutar lo juzgado (artículo 117.3 CE). Es la consecuencia de la reforma de la Ley 29/1998, de 13 de julio, reguladora de la Jurisdicción Contencioso-administrativa (LJCA)

[36] Vide Astarloa Huarte-Mendicoa, I., "Reivindicación de la Ley y exigencias consecuentes para el legislador de nuestro tiempo". *Revista de las Cortes Generales* 110, 2021, pp. 65-95.

[37] Vide sobre las razones de esta habilitación y los problemas resultantes, Torres, J. R. Fernández, "Estado de derecho y estado de alarma en España. Una antinomia sin fundamento", apartado II.3.

por parte de la Ley 3/2020, de 18 de septiembre, que les otorga una competencia para autorizar o ratificar las medidas generales que las autoridades sanitarias consideren "urgentes y necesarias para la salud pública" y entrañen la limitación o restricción de derechos fundamentales, tales como los confinamientos perimetrales de localidades. La regulación define la competencia jurisdiccional en términos tan amplios y genéricos que suscita numerosos interrogantes sobre su alcance y ámbito objetivo, su exigibilidad, etc., e incluso su constitucionalidad, en la medida que podría vulnerar la separación de poderes, al prever una intervención previa o un informe de legalidad sobre el que los Tribunales contencioso-administrativos podrían carecer de competencias[38]. El artículo 117.4 CE es nítido al respecto[39].

2. Su control judicial

El análisis de la fiscalización judicial de la actuación de las autoridades administrativas españolas durante la vigencia de la pandemia requiere el examen de al menos 7.000 resoluciones judiciales, lo que sin duda reviste un gran interés pero es materialmente inviable aquí y ahora[40]. Por eso me contentaré con exponer el enjuiciamiento de la constitucionalidad o no de la gestión de la pandemia.

Por un lado, el Tribunal Constitucional desmonta la base jurídica del Derecho de excepción surgido del Real Decreto 463/2020, que disponía, entre otros extremos, la "limitación de la libertad de circulación de las personas" (artículo 7) y, por lo tanto, el confinamiento domiciliario del conjunto de la población española por vez primera en un período

[38] A día de hoy, hay varias cuestiones de inconstitucionalidad admitidas a trámite, planteadas por la Sala de lo Contencioso-administrativo del Tribunal Superior de Justicia de Aragón sobre este tema (p.e., n.º 6283-2020 y 54-2022).

[39] Vide Huergo Lora, A., "*Fuentes del Derecho*", cit., pp. 184-185.

[40] Piénsese en la improvisada reforma del recurso de casación operada por el Real Decreto-Ley 8/2021, de 4 de mayo, de la que no puedo ocuparme aquí. Vide al respecto, Alonso Timón, A., "La limitación de los derechos en la lucha contra la covid-19: especial referencia a la reforma del recurso de casación de mayo de 2021". *Revista de Administración Pública* 216, 2021,
pp. 259-291.

de gobierno democrático[41]. La Sentencia del Tribunal Constitucional 148/2021, de 14 de julio, lo anula, aunque lo hace dividido y con polémica (cuenta con cinco votos particulares discrepantes)[42]. Estima parcialmente el recurso de inconstitucionalidad de más de 50 diputados del Grupo Parlamentario de Vox, declarando la nulidad parcial de aquellos preceptos que restringen la libertad de circulación y la habilitación al Ministro de Sanidad para modificar las medidas de contención de la propagación del virus en establecimientos y actividades económicas.

Llamo la atención sobre la duración excesiva de la tramitación y resolución de este primer –capital- recurso de inconstitucionalidad. Es interpuesto el 28 de abril de 2020, siendo admitido a trámite 8 días después, todavía en pleno confinamiento domiciliario, pero la Abogacía del Estado no se persona hasta el 19 de junio y tarda casi un mes en presentar sus alegaciones, sin explicación alguna. Desde entonces transcurren 374 días hasta dictarse Sentencia, tiempo durante el cual el Gobierno español declara el estado de alarma dos veces más, expirando el último de ellos dos meses antes. Durante todo ese tiempo los sucesivos estados de alarma son eficaces y producen múltiples efectos, desfavorables los más, sin que los justiciables dispongan de herramientas jurídicas que

[41] Vide Fernández, T. R. "El Derecho de excepción: carencias y contradicciones". *AAVV, Libro homenaje a Libardo Rodríguez*, de próxima aparición.

[42] La controversia se proyecta asimismo en el ámbito académico. Hay quienes sostienen con la mayoría del Tribunal Constitucional que la declaración del estado de alarma no halla cobertura en el artículo 116 CE y la Loaes, en la medida en que contiene medidas restrictivas de derechos que constituyen auténticas suspensiones de los mismos, que es lo propio del estado de excepción, so pena de hacer prevalecer "las exigencias de la necesidad con quebranto del Derecho" (vide, por todos,Aragón Reyes, M.. *¿Alarma o excepción?.* El País, 6 de julio de 2021) y, además, del propio principio democrático, porque sólo compete al Congreso de los Diputados administrar las libertades, autorizando o no de forma previa la suspensión de derechos (vide Betancor Rodríguez, A. *Banalidad de la arrogancia.* El Mundo, 16 de julio de 2021). Frente a ellos, otros autores llegan a afirmar que el Estado no puede quedar inerme en casos de grave crisis sanitaria, la calificación como suspensión de una restricción de derechos fundamentales es improcedente y constituye un mero atajo argumental para respaldar la declaración de inconstitucionalidad, eludiendo un exigible juicio de proporcionalidad.

puedan contrarrestarlos en razón de su propia inimpugnabilidad en sede contencioso-administrativa[43].

En cuanto al fondo, en síntesis el Tribunal Constitucional

1) entiende legítimo el uso de una situación de emergencia como el estado de alarma por la afectación real del orden público constitucional en su sentido más amplio y, por ende, la suspensión de derechos fundamentales. Acepta, pues, la necesidad, idoneidad y proporcionalidad de las medidas impuestas, como los recurrentes;
2) estima sin embargo que el estado de alarma no puede dar cobertura a la prohibición general de las libertades deambulatoria y de residencia impuesta a toda la ciudadanía salvo excepciones tasadas. Es una verdadera restricción general, "de altísima intensidad en cuanto a su contenido", que "aparece, pues, más como una "privación" o "cesación" del derecho...que como una "reducción"" y "lo suspende *a radice*", pues eso es lo propio del estado de excepción conforme a lo dispuesto en el artículo 55.1 CE (FJ 5)[44];

[43] Vide Fernandez Torres, J.R.. "La Justicia durante el estado de alarma", op. cit., pp. 371-373. Hasta un exmagistrado del Tribunal Constitucional, de sobresaliente prestigio y autoridad, como es el Profesor Aragón Reyes reconoce que el retraso es "criticable por la excepcional importancia del asunto" (vide Aragón Reyes, M. *El Tribunal Constitucional cumplió.* El País, 4 de agosto de 2021; así mismo, Díaz Revorio, F.J. "TC y alarma: algunas cosillas". *La Tribuna de Toledo,* 16 de julio de 2021. Disponible en https://www.latribunadetoledo.es/Opinion/ZB1685560-0382-F5AF-3DA19B27C3881E1B/202107/TC+y+alarma%3a+algunas+cosillas; Doménech, G. "El Tribunal Constitucional: tarde y mal". *Valencia Plaza,* 19 de julio de 2021. Disponible en https://valenciaplaza.com/despedida-y-cierre3).

[44] Vide sobre este punto, Aragón Reyes, M. "Hay que tomarse la Constitución en serio". R. Gómez-Ferrer Morant (coord.). *Memoria del Pleno sobre tres crisis encuadradas: sanitaria, económica y social.* Madrid: Real Academia de Jurisprudencia y Legislación, 2021. En esta línea, el Profesor Fernández agrega que, "si se reconociera al estado de alarma la posibilidad de llegar a la privación del derecho a circular libremente o al vaciamiento de su contenido, como admiten los Magistrados disidentes, no sería necesario ya el estado de excepción, conclusión ésta absurda en el plano sistemático, a la que, como indica el brocado clásico, *nemo tenetur*" (vide Fernández, T. R. "El Derecho de excepción: carencias y contradicciones". *AAVV, Libro homenaje a Libardo Rodríguez,* de próxima aparición). También se pronuncia en términos parecidos Muñoz Machado, S. "*El poder y la peste de 2020 (2020-2022)*", op. cit., pp. 157 ss.

3) considera que no compete al Ministro de Sanidad modificar, ampliar o restringir las medidas que limitan la libertad de empresa, porque corresponden en exclusiva al Consejo de Ministros mediante un nuevo Real Decreto, con el deber de su sometimiento al control del Congreso de los Diputados. De ahí la infracción adicional del artículo 38 CE, en relación con el artículo 116 CE (FJ 9);
4) modula el alcance de la nulidad (FJ 11), de manera que no pueden revisarse los procesos conclusos por sentencia con fuerza de cosa juzgada (artículos 161.1.a CE y 40.1 LOTC), las situaciones resueltas por actuaciones administrativas firmes y aquellas otras situaciones jurídicas derivadas de la aplicación de los artículos anulados (artículos 7.1, 3 y 5 y 10.6, en parte). En cambio, admite la revisión de los procesos penales o contencioso-administrativos de carácter sancionador en los que, como consecuencia de dicha nulidad, resulte la reducción de la pena o de la sanción o, en su caso, una exclusión, exención o limitación de la responsabilidad; y
5) advierte que la declaración de inconstitucionalidad no puede constituir por sí sola un título jurídico suficiente para servir de fundamento de reclamaciones de responsabilidad patrimonial de las Administraciones Públicas, "al tratarse de medidas que los ciudadanos tenían el deber jurídico de soportar" (sic).

Por otro lado, el tercer estado de alarma, declarado por Real Decreto 926/2020 también es anulado por inconstitucional por la Sentencia 183/2021, de 27 de octubre, con división una vez más (hay cuatro votos particulares discrepantes) y no sin polémica. El Tribunal Constitucional vuelve a estimar, parcialmente, el recurso de inconstitucionalidad de más de 50 diputados del Grupo Parlamentario de Vox.

A juicio del Tribunal Constitucional,

1) las limitaciones de derechos fundamentales contenidas en los artículos 5 a 8 de los dos Reales Decretos recurridos no merecen reproche se ciñen a lo dispuesto para el estado de alarma por el artículo 116 CE y la LOAES y son proporcionadas, de manera que no alcanzan el mismo grado de intensidad que las contempladas en el Real Decreto 463/2020, lo que es patente. No hay, por lo

tanto, un vaciamiento de hecho, o sea, una suspensión de los derechos vedada a el estado de alarma;

2) en cambio, la extensión durante seis meses de la prórroga del estado de alarma carece de soporte constitucional y legal. A falta de un mandato constitucional y de una previsión legal, incumbe al Congreso de los Diputados fijar y justificar la duración de la prórroga, que en todo caso ha de ser por el tiempo estrictamente indispensable para el aseguramiento del restablecimiento de la normalidad (FJ 8.C). Para ello, el Congreso debe observar cuatro criterios específicos: la necesidad de prolongar el estado de alarma, la valoración del período de tiempo que, previsiblemente, se estime imprescindible para restaurar la normalidad, la correspondencia entre la duración de la prórroga a autorizar y las medidas de aplicación durante la misma y, por último, la prudencia para hacer efectivo el control periódico de la revisión de la actuación gubernamental (FJ 8.E.b). Como la duración de la prórroga es fijada sin certeza alguna sobre las medidas a aplicar, el momento de su aplicación y su extensión temporal, es irrazonable y contraria a la irrenunciable potestad constitucional del Congreso para decidir sobre la continuidad y las condiciones del estado de alarma. De ahí su anulación, al igual que los diversos plazos conectados o consecuentes con ella (FJ 8.E.d);

3) carece de fundamento constitucional la designación de los Presidentes de las Comunidades Autónomas y Ciudades Autónomas como autoridades competentes delegadas y la atribución a los mismos de potestades para restringir las libertades de circulación y reunión en espacios públicos, privados y de culto, y flexibilizar las limitaciones fijadas en el Real Decreto 926/2020 (FJ 10). Supone la cancelación de las potestades del Congreso de los Diputados para establecer las condiciones y efectos del estado de alarma, así como para controlar su gestión, pues en la práctica recaen en aquéllos, en exclusiva, las decisiones sobre el estado de alarma, sin sometimiento al control político del Congreso. El efecto último de la delegación a favor de los Presidentes autonómicos es el desdibujamiento de la rendición de cuentas ante el Congreso de los

Diputados del Presidente del Gobierno y del Ministro de Sanidad; y

4) procede aquí también la modulación del alcance de la declaración de inconstitucionalidad y nulidad, al disponer que no afecta por sí sola, directamente, a los actos y disposiciones que hayan sido dictados con fundamento en los preceptos anulados durante la vigencia del tercer estado de alarma (FJ 11).

Debe notarse que esta STC 183/2021 ha conducido al Tribunal Supremo a declarar en su Sentencia de 25 de enero de 2022 (PO 25/2021) la nulidad de un Decreto valenciano (2/21, de 24 de enero), mediante el que el Presidente autonómico, en su condición de autoridad competente delegada, impone varias limitaciones de derechos fundamentales con fundamento en lo dispuesto en los artículos 5 a 11 del Real Decreto 926/2020. El caso es un tanto paradójico[45].

Por último, el Tribunal Constitucional anula asimismo los polémicos Acuerdos de la Mesa del Congreso de los Diputados de 19 de marzo y 21 de abril 2020, que imponen el cese temporal de la tramitación de las iniciativas parlamentarias de los Diputados del Grupo Parlamentario de Vox, mediante la Sentencia 168/2021, de 5 de octubre, por vulneración de su derecho fundamental de participación política (artículo 23 CE). Otorga el amparo a los Diputados por entender que ha sido lesionado

[45] La razón de la singularidad del litigio es la siguiente: tras la expiración del estado de alarma los Presidentes autonómicos pueden acordar tales restricciones al amparo de la legislación sanitaria, precisando eso sí de una justificación precisa y de la autorización o ratificación judicial de derechos fundamentales de personas indistintas, indeterminadas (artículo 10.8 LJCA). El Decreto valenciano 2/21 no es objeto de autorización o ratificación judicial, porque en la fecha de su aprobación no lo requiere, y su contenido material no sólo es constitucional, sino que además resulta adecuado, necesario y proporcionado para afrontar la crisis de salud pública. Pero la anulación por inconstitucional del artículo 2.2 y 3 del Real Decreto 926/2020 por la STC 183/2021 (habilitaba a las autoridades competentes delegadas para establecer medidas restrictivas por razones sanitarias sin requerir autorización o ratificación judicial) obliga, a juicio del Tribunal Supremo, a anular el Decreto 2/2021 por invalidez sobrevenida, al entender que es dictado por quien no ostenta competencia y sin sometimiento al procedimiento establecido en el artículo 10.8 LJCA, sin que pueda suplirse por la habilitación conferida a las autoridades sanitarias por la normativa sanitaria.

su derecho de participación política: el Congreso de los Diputados no puede acordar la interrupción de sus actividades durante la vigencia de una situación de emergencia como el estado de alarma. En tales circunstancias el ejercicio del derecho de participación política debe ser asegurado, con más intensidad si cabe que en situaciones ordinarias. Es a la Mesa del Congreso a la que incumbe velar de un modo especial por la salvaguardia de la función de control y de exigencia de responsabilidad política al Gobierno por su gestión, con independencia de que tenga o no una relación con la situación de excepción. De lo que se trata con ello es de preservar el Estado de Derecho.

Ello lleva al Tribunal Constitucional a razonar que el ejercicio de la función representativa de los Diputados se ve imposibilitada como consecuencia de una suspensión del cómputo de los plazos de tramitación de cualesquiera iniciativas parlamentarias, que además no contempla ni excepciones, ni límites temporales ni medidas alternativas, con el agravante de que su vigencia queda en manos del solo criterio de la Mesa. Ello es así al margen de la duración de la suspensión, la reducción sustancial de la actividad parlamentaria en ese período de tiempo y de las decisiones adoptadas por otros órganos constitucionales conducentes a la adopción de medidas similares.

Conclusiones.

En primer lugar, parece claro que el Tribunal Constitucional ya ha elaborado una doctrina sólida y fundamentada sobre aspectos claves de la normativa integrante del Derecho de excepción, que pone de relieve algunas de las infracciones constitucionales cometidas por las autoridades competentes durante la vigencia del estado de alarma y aclara el alcance del control de la gestión de la pandemia.

Ahora bien, aún debe pronunciarse sobre temas de gran relevancia, tales como los siguientes:

1) ha sido cuestionada la constitucionalidad de la atribución a los Tribunales Superiores de Justicia de la competencia para autorizar o ratificar las medidas generales que las autoridades sanitarias de ámbito distinto al del Estado consideren "urgentes y necesarias para la salud pública" y entrañen la limitación o restricción de

derechos fundamentales, tales como los confinamientos perimetrales de localidades, provincias o Comunidades Autónomas, los toque de queda o la limitación del número de asistentes a reuniones (artículo 10.8 LJCA)[46]. A juicio de la Sala de lo Contencioso-administrativo del Tribunal Superior de Justicia de Aragón, el otorgamiento de una competencia propia de un administrador no es conforme a los mandatos contenidos en los artículos 106 y 117.3 y 4 CE, porque infringe la separación de poderes, al tratarse de una convalidación previa, o informe de legalidad, sobre el que los Tribunales contencioso-administrativos carecen de competencia, con la particularidad de poder verse obligados a volver a pronunciarse sobre la decisión confirmada, en caso de recurso contra la misma, dando una falsa impresión de conformidad a la legalidad[47];

2) también ha sido puesta en entredicho la constitucionalidad del Decreto-Ley 11/2021, de 2 de septiembre, por el que se establece el régimen jurídico de alerta sanitaria y las medidas para el control y gestión de la pandemia de COVID-19 en Canarias;
3) también está puesta en cuestión la constitucionalidad de la Ley del País Vasco 2/2021, de 24 de junio, de medidas para la gestión de la pandemia de COVID-19 por el recurso de inconstitucionalidad del Grupo Parlamentario de Vox;
4) se cuestiona la constitucionalidad de la Ley 8/2021, de 25 de febrero, de modificación de la Ley 8/2008, de 10 de julio, de salud de Galicia, que como otras Comunidades Autónomas[48], prede-

[46] Cuestiones de inconstitucionalidad n.º 6283-2020 y 56-2022, admitidas a trámite el 16 de febrero de 2021 y el 24 de febrero de 2022 de forma respectiva (BOE de 23 de febrero de 2021 y 2 de marzo de 2022).

[47] Vide, en esta línea, Muñoz Machado, S. *El poder y la peste de 2020 (2020-2022)*, op. cit., pp. 111-112; y Rodríguez Fidalgo, D. "Del estado de alarma al control judicial del Derecho de necesidad frente a la pandemia". *Almacén de Derecho*, 5 de mayo de 2021, https://almacendederecho.org/del-estado-de-alarma-al-control-judicial-del-derecho--de-necesidad-frente-a-la-pandemia.

[48] En rigor, Galicia no es la única Comunidad Autónoma que reforma su legislación sanitaria. Antes lo hacen en términos parecidos Cataluña, por medio del Decreto-ley 27/2020, de 13 de julio, de modificación de la Ley 18/2009, de 22 de octubre, de Salud Pública y de adopción de medidas urgentes para hacer frente al riesgo de brotes de la COVID-19,

termina las medidas susceptibles de ser adoptadas, entre ellas la eventual imposición de la vacunación obligatoria en situaciones de grave riesgo para la salud pública[49], que a juicio del Consejo de Estado no se hallan expresamente previstas en aquél[50].

En segundo lugar, a la vista de lo expuesto queda claro el alcance de la alteración del funcionamiento de las instituciones democráticas del Estado de Derecho en España en el curso de los últimos años, en lo que se antoja una "seria crisis constitucional"[51]. El Poder Ejecutivo ha asumido un papel creciente, hoy por hoy absolutamente hegemónico, desplazando y arrinconando a los demás poderes del Estado del centro de la escena pública. De forma inversa, el Poder Legislativo se ha reducido de forma muy acusada. A su vez, el Poder Judicial se ha convertido por un lado un único garante de las libertades públicas y, por otro, ha sido llamado a desempeñar un rol complementario que no es el que la Constitución de 1978 le confía.

Ello está suponiendo una extraordinaria prueba de resistencia para el Estado de Derecho[52], que sufre un proceso de erosión que corre el riesgo de prolongarse mucho más que la propia emergencia sanitaria que dio lugar a la aplicación de un Derecho de excepción, que experimentó a su vez numerosos cambios al compás de la evolución de la pandemia. El reto ahora es diseñar herramientas jurídicas que ofrezcan soluciones fiables que perduren en el tiempo, sin menoscabo de las garantías de los ciudadanos, y permitan prevenir la repetición de los errores advertidos. El desplome de la calidad, personal y profesional, de la clase política en su conjunto, que la

y Aragón, mediante Ley 3/2020, de 3 de diciembre, por la que se establece el régimen jurídico de alerta sanitaria para el control de la pandemia COVID-19 en Aragón. Sin embargo, sólo la Ley gallega 8/2021 es recurrida ante el Tribunal Constitucional por el Presidente del Gobierno.

49 Vide al respecto el número monográfico de El Cronista del Estado Social y Democrático de Derecho dedicado a "*La vacunación contra el coronavirus*" (2021) 93-94.

50 Dictamen del Consejo de estado n.º 213/2021, de 22 de marzo de 2021.

51 Vide Muñoz Machado, S. *El poder y la peste de 2020*, op. cit., p. 150.

52 Vide Fernández, T.R., "*El Estado de derecho, a prueba*", en D. Blanquer Criado (coord.), "Covid-19 y Derecho Público (durante el estado de alarma y más allá", Tirant lo Blanch, Valencia, 2020, pp. 19-24.

crisis de salud pública, ha puesto al desnudo de forma descarnada, obliga a los iuspublicistas a dar un paso al frente, siguiendo la estela de Ihering. Ojalá este modesto trabajo sirva de algún modo a ese propósito.

Referencias

ACEMOGLOU, D. y ROBINSON, J. A., *¿Por qué fracasan los países? Los orígenes del poder, la prosperidad y la pobreza*. Barcelona: Deusto, Grupo Planeta, 2014.

— *El pasillo estrecho. Estados, sociedades y cómo alcanzar la libertad*. Barcelona: Deusto, Grupo Planeta, 2019.

ALBORNOZ, A. Jiménez-Blanco Carrillo de. "Políticos, científicos y mediopensionistas", *Blog Almacén de Derecho*, 6 de abril de 2020, https://almacendederecho.org/politicos-cientificos-y-mediopensionistas/).

ALCUBILLA, E. Arnaldo y USERA, R. Canosa (Dirs.). *El Derecho Constitucional ante el COVID-19. Las diferentes respuestas en el ámbito comparado*. Madrid: Cardenal Cisneros Complutense y Wolters Kluwers, 2020.

ALCUBILLA, E. Arnaldo. "Capítulo XIII. España: tres meses y una semana bajo el estado de alarma". E. Arnaldo Alcubilla y R. Canosa Usera (Dirs.). *El Derecho Constitucional ante el COVID-19. Las diferentes respuestas en el ámbito comparado*. Madrid: Cardenal Cisneros Complutense y Wolters Kluwers, 2020.

CRIADO, D. Blanquer. (coord.) *COVID-19 y Derecho público*. Valencia: Tirant lo Blanch, 2020;

DOMÉNECH, G. "El Tribunal Constitucional: tarde y mal". *Valencia Plaza*, 19 de julio de 2021. Disponible en https://valenciaplaza.com/despedida-y-cierre3).

FERNÁNDEZ-GALIANO, L. "La ciudad y el territorio tras el virus". *AAVV, COVID-19: ciudad y urbanismo*. Círculo Cívico de Opinión, Posiciones, 36, 2020, pp. 2-10.

FERNÁNDEZ, T. R. "El Derecho de excepción: carencias y contradicciones". *AAVV, Libro homenaje a Libardo Rodríguez*, de próxima aparición.

FIDALGO, D. Rodríguez. "Del estado de alarma al control judicial del Derecho de necesidad frente a la pandemia". *Almacén de Derecho*, 5 de mayo de 2021, https://almacendederecho.org/del-estado-de-alarma-al-control-judicial-del-derecho-de-necesidad-frente-a-la-pandemia.

FUENTES, J. F. y LAFFOND, J. C. Rueda. "COVID-19: lecciones de la historia". *Círculo Cívico de Opinión*. Posiciones, 35, junio 2020.

GARCÍA, V. Alvarez. "El coronavirus (COVID-19): respuestas jurídicas frente a una situación de emergencia sanitaria". *El Cronista del Estado Social y Democrático de Derecho*, 2020, pp. 6-22.

— *El año de la pandemia de la COVID 19 (Estudios jurídicos)*. Madrid: Iustel, 2020.

GATTA, D. Fernández de. *Los estados de alarma por el covid-19*. Salamanca: Ratio Legis, 2021.

HUARTE-MENDICOA, I. Astarloa, "Reivindicación de la Ley y exigencias consecuentes para el legislador de nuestro tiempo". *Revista de las Cortes Generales* 110, 2021, pp. 65-95.

LEÓN, J. M.ª. Baño. "Confusión regulatoria en la crisis sanitaria". *Blog Almacén de Derecho*, 29/10/2020, https://almacendederecho.org/confusion-regulatoria-en-la-crisis-sanitaria).

LORA, A. Huergo. "Fuentes del Derecho". *Anuario de la Facultad de Derecho de la Universidad Autónoma de Madrid*, n.º extraordinario 2, coedición con el BOE y colaboración del Colegio de Registradores de la Propiedad y Mercantiles de España, 2021, pp. 173-187.

MACHADO, S. Muñoz. *El poder y la peste de 2020 (2020-2022)*. 2. ed. Madrid: Iustel, 2022.

MARTÍN-LLAGUNO, M.; BALLESTER, M.ª. T. J. Sainz y CUERDO-MIR, M., "From ignorance to distrust: The Public "Discovery" of COVID-19 Around International Women´s Day in Spain" (De la ignorancia a la desconfianza: el descubrimiento público del Covid-19 en torno al Día Internacional de la Mujer). *International Journal of Communication* n.º 16, 2022, pp. 409-436.

MONTERO, D. S. Sánchez. *La dictadura. Desde los comienzos del pensamiento moderno de la soberanía hasta la lucha de clases proletaria*. 1921, 1.ª reimpresión en español de Alianza editorial. Madrid, 2003.

PARDO, J. Esteve. *El desconcierto del Leviatán. Política y derecho ante las incertidumbres de la ciencia*. Madrid: Marcial Pons, 2009.

PASTOR, J. A. Santamaría, "Notas sobre el ejercicio de las potestades normativas en tiempos de pandemia". D. Blanquer Criado (coord.). *COVID-19 y Derecho público*. Valencia: Tirant lo Blanch, 2020, pp. 207-239.

REBOLLO, L. Martín. "Uso y abuso del Decreto-Ley (un análisis empírico)". *Revista Española de Derecho* Administrativo 174, 2015, pp. 23-92.

REVORIO, F. J. Díaz. "TC y alarma: algunas cosillas". *La Tribuna de Toledo*, 16 de julio de 2021. Disponible en https://www.latribunadetoledo.es/Opinion/ZB1685560-0382-F5AF-3DA19B27C3881E1B/202107/TC+y+alarma%3a+algunas+cosillas.

REYES, M. Aragón. *El Tribunal Constitucional cumplió*. El País, 4 de agosto de 2021.

— "La decadencia de nuestro parlamentarismo". *El Notario del siglo XXI*, 100, 2021, pp. 16-19;

— "COVID-19: aproximación constitucional a una crisis". *Revista Española de Derecho Constitucional*, 32, 2020.

— *¿Alarma o excepción?*. El País, 6 de julio de 2021.

— "Hay que tomarse la Constitución en serio". R. Gómez-Ferrer Morant (coord.). *Memoria del Pleno sobre tres crisis encuadradas: sanitaria, económica y social.* Madrid: Real Academia de Jurisprudencia y Legislación, 2021.

— "Uso y abuso del Decreto-Ley: una propuesta de reinterpretación constitucional". *El Cronista del Estado Social y Democrático de Derecho* 60, 2016, pp. 12-17.

REYES, M. Aragón J. R. Cossío Díaz y L. F. Nava Gomar (coord.). *La crisis del parlamentarismo en nuestra democracia constitucional.* Valencia: Tirant lo Blanch, 2021.

RODRÍGUEZ, A. Betancor. *Banalidad de la arrogancia.* El Mundo, 16 de julio de 2021.

STEINBERG, F. y MARTÍNEZ, J. P. *La economía mundial ante el año 2022.* Real Instituto Elcano, ARI 4/2022, 26 enero 2022.

TIMÓN, A. J. Alonso, "La limitación de los derechos en la lucha contra la covid-19: especial referencia a la reforma del recurso de casación de mayo de 2021". *Revista de Administración Pública* 216, 2021, pp. 259-291.

FERNANDEZ TORRES, J.R, "Estado de derecho y estado de alarma en España. Una antinomia sin fundamento", F. de Montalvo y M.ª. Isabel Alvarez Vélez (coord.), *Libro homenaje a Ignacio Astarloa Huarte-Mendicoa*, 2022, de próxima publicación.

TORRES, J. R. Fernández. *La Justicia durante el estado de alarma*. D. Blanquer Criado (coord.). *Covid-19 y Derecho Público (durante el estado de alarma y más allá).* Valencia: Tirant lo Blanch, 2020.

TORRES, T. R. Fernández. "*El Estado de derecho, a prueba*", en D. Blanquer Criado (coord.), "Covid-19 y Derecho Público (durante el estado de alarma y más allá". Valencia: Tirant lo Blanch, 2020, pp. 19-24.

VÁZQUEZ, J. Barnés. "La crisis de la democracia parlamentaria. El caso de la covid-19". *Revista de Administración Pública* 216, 2021, pp. 101-139.

9.
ALGUMAS NOTAS PROCESSUAIS SOBRE O CONTROLO DE CONSTITUCIONALIDADE DE NORMAS DE EMERGÊNCIA NA ORDEM JURÍDICO-PROCESSUAL PORTUGUESA: EM ESPECIAL, A JURISPRUDÊNCIA CONSTITUCIONAL E ADMINISTRATIVA DA PANDEMIA

RAQUEL BRIZIDA CASTRO

Introdução

O tema das Constituições de emergência, dos direitos e dos poderes de emergência, conheceu importantes sobressaltos académicos e científicos no combate normativo à pandemia causada pelo novo coronavírus SARS-CoV- 2/Covid-19. No ordenamento jurídico-constitucional português, o modelo normativo adotado, estranho e alternativo ao sistema positivo de emergência, agudizou a deficiente clareza dogmática sobre a Constituição portuguesa dos direitos e dos poderes de emergência. Em consequência, naquela que foi a primeira experiência de exceção constitucional durante a vigência da atual Constituição da República Portuguesa (CRP), perante as inúmeras e surpreendentes inquietações jurídico-constitucionais, quisemos contribuir com as nossas reflexões hermenêuticas. Foi o que fizemos em 2020, através do artigo: "Direito Constitucional em tempos de pandemia: Pode a Constituição sobreviver a crises sanitárias?"

"*Constitutional Law in times of pandemic: Can the Constitution survive health crisis*?"[1]; em 2021, através da elaboração de um pequeno texto sobre "Eleições em Estado de Exceção?"[2] e, no ano em curso, com a publicação, pela Almedina, da nossa monografia «Justiça Constitucional em Tempos de Emergência»[3]. Atenta a compreensível reduzida dimensão do presente artigo e tendo como pressuposto o aprofundamento dogmático de outras dimensões atinentes à ossatura da Constituição de emergência, nos textos mencionados *supra*, optámos por nos concentrar numa perspetiva, até agora, menos tratada: alguns dos problemas jurídico-processuais que a jurisprudência constitucional e administrativa, prolatada durante o período mais conturbado da pandemia em Portugal, revelou ou sublimou, no contexto do controlo de constitucionalidade de normas de emergência.

Sem prescindir, não podemos deixar de caracterizar, nas linhas que se seguem, o modelo português de poderes normativos de emergência, ainda que em termos, necessariamente, perfunctórios, substrato essencial de um correto enquadramento jurídico-constitucional das questões convocadas para a presente análise.

[1] Castro, Raquel Brízida. "Direito Constitucional em tempos de pandemia: Pode a Constituição sobreviver a crises sanitárias?" "Constitutional Law in times of pandemic: Can the Constitution survive health crises?" *in Revista da Faculdade de Direito da Universidade de Lisboa*, número 1 de 2020 (ano LXI), Número Temático: Covid-19 e o Direito, 2020 pp. 645-679: https://drive.google.com/file/d/1hYglOv6WWR7FwmCICDBQYB4_PVk9f0-1/view.

[2] Castro, Raquel Brízida. "Eleições em Estado de Exceção?". *Observatório Almedina*, 22 jan 2021: https://observatorio.almedina.net/index.php/2021/01/22/eleicoes-em-estado-de-excecao/?fbclid=IwAR3APuRAuZ4h7-7liToC8okcVZtAyHVvCuJPY3TLqtriueceqjqg NsEkJiY

[3] "https://www.almedina.net/justica-constitucional-em-tempos-de-emergencia-16608 21819.html"

2. O modelo constitucional português de poderes normativos de emergência[4]: Brevíssima síntese e remissão

2.1. O modelo português é um *modelo dualista* e de *diferenciação atípica*

a) é um "modelo dualista" pois coexistem normas constitucionais e de normas legislativas de emergência, de natureza genérica, inexistindo uma separação estanque entre ambas

(b) é diferenciado, pois rejeita uma visão unitária da ordem jurídica, impondo uma clara separação, no plano jurídico, entre a normalidade e a exceção ou emergência

Essa separação reflete-se, todavia, numa "diferenciação atípica", pois a Constituição de emergência consagra, expressamente, "uma visão unitária do equilíbrio institucional de poderes" que se reflete no sistema de atos normativos e na repartição constitucional das competências dos órgãos de soberania, em normalidade e exceção constitucionais. O respeito pelo princípio equilíbrio institucional de poderes tal como resulta da Constituição portuguesa de emergência, implica a conjugação da repartição constitucional das competências, prevista para a normalidade constitucional, com os poderes normativos extraordinários conferidos ao Presidente da República em estado de exceção.

2.2 O modelo português é um modelo constitucional de separação de poderes *sui generis*

No contexto de modelos de poderes de emergência com a preocupação, formal ou substancial, de garantir a separação de poderes, é geralmente apontado um critério orientador decisivo: a distinção entre a "autoridade que declara o estado de emergência", que deverá ficar a cargo do órgão popular mais representativo, "e o órgão que detém os respetivos

[4] O presente artigo baseia-se na nossa monografia – "Justiça Constitucional em Tempos de Emergência", Almedina: Coimbra, 2022.

poderes"[5][6]. Na senda da ditadura constitucional romana, trata-se de evitar o risco de os titulares do poder de declaração da emergência o usarem em termos arbitrários.

O modelo português constitucional de emergência pretende garantir a separação de poderes através de um paradigma dinâmico e complexo de interdependência dos poderes, que exige a intervenção de uma pluralidade de órgãos na sua decretação, regulação e execução. Com efeito, mesmo em estado de exceção, a Constituição faz questão de salvaguardar os seus instrumentos de controlo mútuos e interorgânicos. Ao esquema de repartição de poderes de emergência pelos vários órgãos corresponde, naturalmente, um complexo sistema de atos normativos, legislativos e administrativos, onde cada um deles desempenha uma função constitucionalmente única relevante. Neste ponto, distingue-se claramente do arquétipo da Constituição de Weimar – e do seu artigo 48.º -, "que atribuía ao Presidente do Reich a autoridade para declarar o estado de exceção, suspender direitos fundamentais, adoptar as medidas que entendesse convenientes e autorizar o executivo federal a adoptar outras"[7].

Impõe-se, assim, reconhecer que a mencionada separação entre o poder de declaração e o poder de execução é atenuada no ordenamento jurídico- constitucional português, o que permite recortar um modelo de separação de poderes *sui generis*. Note-se que o intuito dessa separação é o de salvaguardar que o órgão que declara a emergência não dispõe dos poderes de emergência, partindo do pressuposto de que quem dispõe dos poderes de emergência é o órgão a quem compete a execução. Ora, em termos prudentes, o legislador constituinte português optou por não proceder a uma separação clara entre o órgão a quem a Constituição confere a competência para a declaração do estado de exceção – o Presi-

[5] O presente artigo baseia-se na nossa monografia – "Justiça Constitucional em Tempos de Emergência", Almedina: Coimbra, 2022.

[6] Böckenförde, Ernst-Wolfgang. "The Repressed State of Emergency", op. cit., p. 129.

[7] Ribeiro perfilha uma leitura significativamente restritiva do papel presidencial no estado constitucional de exceção português, reconduzindo o Decreto presidencial a um ato meramente declaratório. Neste contexto, sustenta a tese de que o Governo dispõe de poderes normativos extraordinários em estado de exceção – Ribeiro, Gonçalo de Almeida. "Compreender o estado de exceção constitucional". *Julgar*, n.º 44. Coimbra: Almedina, 2021, p. 51.

dente da República, mediante autorização parlamentar – e os órgãos que têm os poderes de regulação primária de emergência – o Presidente da República e a Assembleia da República, com a proeminência do primeiro.

Fez questão, contudo, de distinguir os órgãos a quem compete, em medidas diversas, a declaração e a regulação primária da emergência e o órgão a quem compete a execução do Decreto presidencial. Desde logo, porque embora, na prática, os poderes normativos de emergência, em geral, se dividam entre a declaração e a execução, as principais opções normativas devem constar da Declaração estado de excecão, em sentido amplo: Decreto presidencial e Resolução parlamentar. Os riscos de uma eventual concentração de poderes são significativamente enfraquecidos, porquanto, sem prejuízo do destaque presidencial, Presidente e Assembleia da República partilham papeis decisivos, legitimados pelo seu estatuto constitucional.

2.3 Incontestavelmente, o modelo constitucional português, em especial, no que se refere à decretação e exercício de poderes de emergência, não é equiparável ao "modelo neoromano"[8]

a) Desde logo, a doutrina nota, a partir do modelo executado durante a pandemia, que a designada "normatividade partilhada entre o Presidente e o Governo"[9] dificilmente se adequa ao "modelo neo-romano", uma vez que o Presidente da República não se limita a declarar a emergência, com a autorização parlamentar, conferindo uma ampla delegação de poderes ao órgão comissarial, tendo em vista a eliminação da situação de exceção; O decreto presidencial extravasa, significativamente, uma natureza meramente declaratória e a resolução parlamentar também reveste eficácia normativa, ainda que *sui generis*[10];

[8] Em sentido diverso Ribeiro, Gonçalo de Almeida. "Compreender o estado de exceção constitucional", op. cit., p. 152.

[9] Lomba, Pedro. "Constituição, estado de emergência e Administração sanitária: alguns problemas/ Constitution, state of emergency and public health Administration: some problems". *e-publica*, v. 7, n.º 1, abril 2020, p. 33.

[10] Sobre a relevância normativa dos atos que integram a declaração do estado de exceção, em sentido amplo atos (a natureza jurídico-normativa do Decreto presidencial e a eficácia normativa *sui generis* da Resolução parlamentar), e, em geral, em termos aprofundados,

b) A Constituição portuguesa de emergência atribui protagonismo normativo excecional ao Presidente da República, cabendo ao Governo a execução do Decreto do estado de exceção. Efetivamente, a Constituição e a Lei Orgânica do Estado de Exceção[11] são intransigentes quanto ao conteúdo da declaração: o Decreto presidencial deve especificar o direito (ou os direitos) cujo exercício pretende restringir ou suspender, definir o sentido e a extensão dessa intervenção; a Lei densifica, igualmente, o conteúdo da resolução parlamentar.

2.4 Pelo exposto, qual o significado do comando normativo extraído do artigo 19.º, n.º 7, da Constituição da República Portuguesa (CRP), quando impõe que a declaração do estado de sítio ou do estado de emergência "só pode alterar a normalidade constitucional nos termos previstos na constituição e na lei, não podendo nomeadamente afectar a aplicação das regras constitucionais relativas à competência e ao funcionamento dos órgãos de soberania e de governo próprio das regiões autónomas?"

No nosso entendimento, impõe-se retirar do comando constitucional mencionado as seguintes orientações hermenêuticas:

(i) A declaração do estado de sítio ou do estado de emergência não pode afetar, na sua previsão ou execução, as regras constitucionais relativas à "competência e ao funcionamento dos órgãos de soberania e de governo próprio das regiões autónomas ou aos direitos e imunidades dos respetivos titulares";

sobre o Sistema de Atos Normativos na Constituição de Emergência, Castro, Raquel Brízida. *Justiça Constitucional de Emergência*. Coimbra: Almedina, 2022 (no prelo), pp. 126 ss.

[11] O artigo 14.º da Lei n.º 44/86 exige que a declaração do estado de sítio ou do estado de emergência contenha clara e expressamente os seguintes elementos: "a) Caracterização e fundamentação do estado declarado; b) Âmbito territorial; c) Duração; d) Especificação dos direitos, liberdades e garantias cujo exercício fica suspenso ou restringido; e f) Determinação, no estado de emergência, do grau de reforço dos poderes das autoridades administrativas civis e do apoio às mesmas pelas Forças Armadas, sendo caso disso."

(ii) Durante o estado de exceção, nenhum órgão pode afetar a repartição de competências que se funda num determinado modelo de equilíbrio institucional de poderes, para produzir efeitos na própria situação crítica ou para o futuro, após o regresso à normalidade constitucional;

O arquétipo português de emergência vigente não é, seguramente, um modelo de concentração de poderes no executivo/Governo. Neste sentido, impõe-se clarificar o "equilíbrio institucional de poderes" almejado pelo poder constituinte, perante: (i) a inexistência de normas que confiram poderes normativos extraordinários ao Governo em estado de exceção ou que subtraiam competências políticas e legislativas ao Parlamento em favor do Presidente ou do Governo[12]; e (ii) a atribuição constitucional de poderes normativos extraordinários ao Presidente da República. Julgamos que o respeito do sobredito princípio do equilíbrio institucional de poderes, vigente em normalidade constitucional e ambicionado em exceção, obtém-se através da garantia da posição jurídico-constitucional do Parlamento:

i. No momento declaratório do estado de exceção, através da configuração da Resolução parlamentar e seu contributo para a definição da vontade normativa da declaração do estado de exceção[13];
ii. Durante a execução da declaração do estado de exceção, através da salvaguarda do exercício das competências políticas e legislativas parlamentares, designadamente as atinentes à fiscalização política e à reserva de lei;

Nestes termos, a Constituição dos poderes é apenas reconfigurada nos termos estritamente necessários à conciliação dos poderes normativos

[12] No mesmo sentido, SÁNCHEZ, Pedro Fernández. "Sobre os poderes normativos do Presidente da República e do Governo em estado de exceção". *Revista da Ordem dos Advogados* III/IV, 2021, pp. 755-805.

[13] Sobre a relevância normativa da declaração do estado de exceção – Castro, Raquel Brízida. Justiça Constitucional em Tempos de Emergência. Coimbra: Almedina, 2022; pp. 137-140.

extraordinários do Presidente no momento declaratório com o equilíbrio institucional de poderes ambicionado. Sem prejuízo do destaque presidencial, os poderes presidenciais de regulação primária da emergência são partilhados com o Parlamento. Efetivamente, não obstante a evidente erosão do modelo tripartido de separação de poderes através do crescimento gradual do *Administrative State,* "responsável pela diluição de" uma visão paritária dos poderes legislativo e executivo[14], tese repescada pelo Tribunal Constitucional[15], a mesma não configura credencial constitucional derrogatória de uma leitura hermenêutica do princípio da separação de poderes funcionalmente adequada a cada ordenamento jurídico-constitucional em concreto e à forma como cada ordem jurídica o projeta em termos de Constituição positiva[16]. Consequentemente, no que concerne aos restantes poderes, mantêm-se a repartição de competências dos órgãos de soberania e das regiões autónomas vigente em normalidade constitucional.

Em consequência, o equilíbrio institucional de poderes constitucionalmente desejado postula o respeito pelas regras constitucionais de forma e competência descritas, designadamente a garantia do princípio da reserva de lei, em especial, perante medidas restritivas e/ou suspensivas de direitos e liberdades *jus fundamentais*. No presente contexto, ganha ainda maior acuidade o princípio de que "o problema da constitucionalidade de medidas de emergência, mesmo quando se apresenta como questão formal, é, na sua essência, uma questão substantiva."[17] E tal pensamento perpassa, teimosamente, toda a argumentação que sustentámos

[14] Sobre a relevância normativa da declaração do estado de exceção – Castro, Raquel Brízida. Justiça Constitucional em Tempos de Emergência. Coimbra: Almedina, 2022; pp. 137-140.

[15] Cf. Acórdão do Tribunal Constitucional 474/2021, de 23 de Julho, cit., p. 39. Disponível: https://files.dre.pt/1s/2021/07/14200/0002000050.pdf

[16] Sobre as implicações jurídico-constitucionais das diferentes leituras hermenêuticas da separação dos poderes na Constituição de emergência – Castro, Raquel Brízida. *Justiça Constitucional de Emergência*. Coimbra: Almedina, 2022 (no prelo), pp. 155 ss.

[17] Andrade, José Carlos Vieira de (2020) "A defesa dos direitos e liberdades em estado de emergência – algumas reflexões livres". *Revista de Legislação e de Jurisprudência,* ano 150, n.º 4029, p. 321.

sobre o vigor do instituto da reserva de lei, em normalidade ou exceção constitucional[18].

O modelo normativo adotado, *in action,* durante o combate da pandemia contrariou, todavia, todos os parâmetros constitucionais de competência e de forma, sem que o controlo jurisdicional dessas sucessivas e teimosas inconstitucionalidades tivesse sido, minimamente, eficaz.

3. As insuficiências da justiça constitucional portuguesa de emergência

Da análise da jurisprudência constitucional portuguesa prolatada[19] no contexto normativo de emergência, é possível extrair duas conclusões: (i) a omissão de processos de fiscalização abstrata da constitucionalidade[20]; (ii) o reduzido número de recursos de constitucionalidade, em sede de fiscalização concreta.

No que importa ao controlo abstrato sucessivo, as presentes conclusões encontrariam, alegadamente, justificação na específica natureza jurídica e temporal da generalidade das normas restritivas e/ou suspensivas de direitos, liberdades e garantias adotadas, designadamente: (1) através de normas formalmente administrativas[21] que não integram o universo de atos abrangidas pela fiscalização preventiva da constitucionalidade; e (2) de curta vigência, o que convoca o suposto problema da utilidade processual da sua eventual declaração de inconstitucionalidade com força obrigatória geral.

Acresce, no que concerne à fiscalização concreta, que o recurso pelo Governo a regulamentos restritivos e/ou suspensivos, como são as Resoluções do Conselho de Ministros que revestem carácter normativo, agravou as já severas dificuldades de acesso ao Tribunal Constitucional. Não obstante a ostensiva preterição da reserva de lei e do princípio da

[18] Castro, Raquel Brízida. Justiça Constitucional em Tempos de Emergência. Coimbra: Almedina, 2022, pp. 163 ss.
[19] Castro, Raquel Brízida. Justiça Constitucional em Tempos de Emergência. Coimbra: Almedina, 2022, pp. 163 ss.
[20] No contexto, material e temporal, do objeto por nós delimitado para efeitos da presente análise. O que exclui, desde logo, o Acórdão n.º 545/2021: http://www.tribunalconstitucional.pt/tc/acordaos/20210545.html
[21] Na sua esmagadora maioria, materialmente legislativas.

separação de poderes, intocáveis em normalidade e exceção constitucionais, ao invés dos Decretos regulamentares, as resoluções do Conselho de Ministros não estão sujeitas a controlo de mérito presidencial e a respetiva desaplicação pelos tribunais, com fundamento em inconstitucionalidade, não gera recurso obrigatório do Ministério Público para o Tribunal Constitucional, em sede de fiscalização concreta da constitucionalidade.

3.1. A ausência de controlo abstrato de constitucionalidade das normas de emergência

a) Fiscalização Preventiva

A opção governamental pela regulação normativa das situações de emergência através de normas administrativas, *maxime* resoluções do Conselho de Ministros com caráter normativo[22], preclude o recurso à fiscalização preventiva da constitucionalidade. Este processo de fiscalização circunscreve o objeto do escrutínio às convenções internacionais, atos legislativos em formação e propostas de referendo. Para além das propostas de referendo, as restantes pré-normas atípicas da função política[23] não se encontram sujeitas à fiscalização preventiva, entre as quais a declaração do estado de sítio e do estado de emergência bem como a Resolução parlamentar, porquanto "não se definem como atos com valor legislativo"[24] sujeitos a promulgação. Ou seja, os atos normativos que foram utilizados durante a crise pandémica estão excluídos deste controlo prévio de constitucionalidade.

[22] Fundadas na Lei de Bases da Proteção Civil – Lei n.º 27/2006, de 03 de Julho, com as alterações introduzidas pela Lei n.º 80/2015, de 03/08, Lei Orgânica n.º 1/2011, de 30/11 e Rect. n.º 46/2006, de 07/08. Nos termos do Artigo 19.º, "a declaração da situação de calamidade é da competência do Governo e reveste a forma de resolução do Conselho de Ministros".

[23] Morais, Carlos Blanco de. *Justiça Constitucional, II*. Coimbra: Coimbra Editora, 2011, pp. 60-61; Miranda, Jorge. *Fiscalização da Constitucionalidade*. Coimbra: Almedina, 2017, pp. 307 ss.

[24] Morais, Carlos Blanco de. *Justiça Constitucional, II*. Coimbra: Coimbra Editora, 2011, p. 61.

Em tese, numa perspetiva *de jure constituendo*, o Presidente da República poderia dispor de legitimidade ativa para pedir a apreciação preventiva de normas contidas na Resolução parlamentar integrante da declaração do estado de exceção, em sentido amplo[25], ou de normas administrativas, eventualmente, adotadas pelo Governo durante a execução do estado de exceção. Por sua vez, em casos excecionais de inexistência jurídica do Decreto presidencial[26], por faltarem os respetivos requisitos de qualificação, deveria ser conferida legitimidade ativa ao Parlamento (Presidente da AR, Comissão Permanente, grupos parlamentares) ou ao Primeiro-Ministro para requererem essa apreciação preventiva da constitucionalidade.

b) Fiscalização sucessiva

O facto destas normas não integrarem o universo de atos sujeitos à fiscalização preventiva da constitucionalidade agrava[27], significativamente, a pressão exercida sobre os órgãos dotados de legitimidade para requerer a declaração de inconstitucionalidade/ilegalidade com força obrigatória geral, com os efeitos previstos artigo 282.º da CRP. Não obstante o estreito elenco de órgãos dotados de legitimidade ativa, a fiscalização abstrata sucessiva abrange as relações de desvalor da inconstitucionalidade e da ilegalidade. Refira-se que o pedido pode ser formulado a todo o tempo, após a publicação, nos termos do artigo 62.º da Lei Orgânica do Tribunal Constitucional (LTC). Ao invés da fiscalização preventiva[28], não existe um prazo constitucional ou legal para que o Tribunal Constitucional (TC) profira a sua decisão. Neste conspecto, uma eventual decisão de acolhimento importa, em regra, os efeitos *ex tunc* da declaração de inconstitucionalidade, com a consequente eliminação da norma e dos efeitos por ela produzidos no ordenamento jurídico e a respetiva força obrigatória geral.

[25] Castro, Raquel Brízida. *Justiça Constitucional de Emergência*. Coimbra: Almedina, 2022 (no prelo), pp. 126 ss.

[26] Perante vícios orgânicos e formais graves.

[27] E adia.

[28] Cf. Artigo 278.º, n.º 8, da CRP.

3.2. A pretensa falta de utilidade processual da declaração de inconstitucionalidade de normas de vigência localizada ou que já não estão em vigor

a) Da análise da jurisprudência constitucional produzida ressalta[29], a ausência de processos de fiscalização (abstrata) sucessiva da constitucionalidade

Entre as razões invocadas[30], sobressai o argumento da alegada falta de utilidade processual da declaração de inconstitucionalidade de normas revogadas. Neste contexto, a fiscalização abstrata sucessiva da constitucionalidade: seria um meio inapto para normas com vigência localizada, ou já revogadas. Acresce a indeterminação do prazo da decisão a proferir, o que agravaria a sua pretensa inutilidade.

Para além de estarmos perante um juízo cuja competência é exclusiva do Tribunal Constitucional, improcedem os argumentos aduzidos pelas seguintes razões:

i) A decisão de inconstitucionalidade proferida em fiscalização sucessiva abstrata da constitucionalidade conduz, em regra, à eliminação da norma ferida da ordem jurídica e dos respetivos efeitos. O âmbito temporal da sua vigência é irrelevante. Em rigor, nem sequer é necessário que tenha produzido efeitos, podendo o pedido de fiscalização ser interposto a partir da publicação da norma, em plena *vacatio legis*, independentemente da produção de efeitos.
O Tribunal Constitucional (TC) tem, efetivamente, entendido que o facto de determinada norma ter sido revogada não é, *de per si*, suficiente para obstar a sua declaração de inconstitucionalidade, com força obrigatória geral[31]. Ao contrário da revogação que apenas produz efeitos *ex nunc*, a declaração de inconstitucionalidade produz efeitos *ex tunc*, "podendo, consequentemente, revelar-se indispensável para, sempre que tal revista relevância constitucio-

[29] Fevereiro de 2022.

[30] https://www.dn.pt/sociedade/restricoes-a-circulacao-fora-do-estado-de-emergencia--nao-vao- ao-tc-14043587.html

[31] Cf. Acórdão n.º 188/94, de 23 de Fevereiro. Disponível: https://www.tribunalconstitucional.pt/tc/acordaos/19940188.html"

nal, eliminar os efeitos entretanto produzidos pela norma durante a sua vigência". Desde logo, a possibilidade de eliminação *ex tunc* de uma norma inconstitucional que prescrevia um regime especial, mais gravoso que o estabelecido na lei penal e processual penal geral ou contraordenacional, importando a aplicação de um regime mais favorável ou mesmo a extinção da infração penal ou contraordenacional, é suscetível de justificar a superação da intangibilidade do caso julgado. Efetivamente, a segunda parte do n.º 3, do artigo 282.º, da CRP, exceciona da regra da intangibilidade do caso julgado, os casos julgados em matéria sancionatória (Direito penal, disciplinar ou de mera ordenação social), revestindo a respetiva declaração de inconstitucionalidade, a nosso ver, incontestável utilidade processual, caso o TC o decida expressamente;

ii) Acresce a enorme suscetibilidade da sua reedição, em contexto de emergência. Independentemente da querela sobre os limites à força obrigatória geral de uma declaração de inconstitucionalidade, é incontroverso o seu vigor sobre os poderes administrativo e jurisdicional e, ainda que mitigado, sobre o poder legislativo[32]. Sem prescindir, cabe ressalvar que, na ausência de vício material, nada impede a respetiva reedição em conformidade com os requisitos constitucionais de forma e competência, antes preteridos;

iii) Por último, o facto de não haver prazo de decisão para o TC não suscita, neste conspecto, problemas novos.

b) Um exemplo relevante da utilidade processual de declaração de inconstitucionalidade normas já revogadas é-nos sugerido pelo acórdão do tribunal constitucional espanhol que declarou, em julho de 2021, a inconstitucionalidade com força obrigatória geral das medidas restritivas de combate à pandemia adotadas em madrid, em 2020, durante a primeira vaga, à margem do estado de exceção constitucional[33]:

O objeto do recurso de constitucionalidade em apreço, interposto em 28 de abril de 2020, integrava vários preceitos dos Decretos Reais que

[32] Morais, Carlos Blanco de. *Justiça Constitucional*, op. cit., pp. 201 ss.

[33] A sentença n.º 148/2021, de 14 de julho de 2021, proferida pelo Pleno do Tribunal

declararam o estado de alarme para a gestão da situação de crise sanitária ocasionada pelo COVID-19 e que os modificaram e prorrogaram, datados de março e abril de 2020. O TC espanhol declarou a nulidade parcial dos preceitos que restringiram a liberdade de circulação e que habilitavam o ministro de Saúde a alterar as medidas de contenção em estabelecimentos e actividades económicas.

No que agora importa, o Tribunal Constitucional espanhol é perentório em refutar a tese de que o facto de objeto do recurso integrar normas que já não estão em vigor constituiria um obstáculo à sua apreciação do recurso de constitucionalidade. Trata-se, aliás, de jurisprudência constante do Tribunal espanhol, reiterada na decisão *sub juditio*. Uma solução diferente implicaria, para o Tribunal, *abrir un inadmisible ámbito de inmunidad del poder frente a la Constitución*[34].

Destacamos, em termos sumários, os efeitos da decisão:

i) Recorrendo à modelação dos efeitos da declaração de nulidade, com que o ordenamento jurídico-constitucional espanhol sanciona a inconstitucionalidade, o Tribunal ressalvou dos efeitos da declaração: (i) os casos julgados; (ii) o caso administrativo decidido ou *firme*[35] e (iii) *las demás situaciones jurídicas generadas por la aplicación de los preceptos anulados;*
ii) O Tribunal admite a revisão, expressamente prevista na sua Lei Orgânica[36], dos casos julgados sancionatórios – processos penais e contenciosos-administrativos referentes a procedimentos sancionatórios – nos quais, em consequência da nulidade da norma inconstitucional aplicada, resulte uma redução de pena ou de sanção ou uma exclusão, isenção ou limitação da responsabi-

Constitucional espanhol em resposta a um recurso de inconstitucionalidade interposto por mais de cinquenta deputados do Grupo Parlamentar VOX. A decisão dividiu o Tribunal, tendo sido adotada por maioria, com várias declarações de voto. Cf. https://hj.tribunalconstitucional.es/docs/BOE/BOE-A-2021-13032.pdf

[34] É citada abundante jurisprudência neste sentido.

[35] O Tribunal refere-se às "*situaciones decididas mediante actuaciones administrativas firmes (según criterio que venimos aplicando desde la STC 45/1989, de 20 de febrero, por razones de seguridad jurídica ex art. 9.3 CE)*".

[36] Cf. Art. 40.°, n.° 1, *in fine*, da Lei do Tribunal Constitucional espanhol.

lidade. Uma exceção imposta pelo princípio da legalidade, que fere de inconstitucionalidade as sanções penais ou administrativas de factos que, no momento da sua comissão, não constituíam delito, falta ou infração administrativa. Como a norma que incriminava a conduta censurada é eliminada com efeitos *ex tunc*, ao ser erradicada da ordem jurídica com fundamento na sua inconstitucionalidade, a incriminação perde a sua base legal. O que demonstra a indiscutível (e insubstituível) utilidade processual desta declaração de inconstitucionalidade, *in casu*, de normas que já não estão em vigor.

c) Pela nossa parte, perante o ordenamento jurídico-constitucional português, parece-nos que o argumento da falta de utilidade processual deve ser refutado:

(i) Em termos análogos, a Constituição portuguesa prevê exceções[37] ao princípio da intangibilidade dos casos julgados. A respetiva salvaguarda configura um efeito típico da declaração de inconstitucionalidade com força obrigatória geral, *ope constitutionem*. Não obstante, mediante decisão em contrário do Tribunal Constitucional, "quando a norma (**declarada inconstitucional**[38]) respeitar a matéria penal, disciplinar ou de ilícito de meraordenação social e for de conteúdo menos favorável ao arguido", é possível atingir o caso julgado[39]. O presente raciocínio é aplicável, por exemplo, quando as normas sindicadas e declaradas (ou julgadas) inconstitucionais preveem a aplicação de contraordenações ou de penas mais severas, no caso de crimes;

(ii) No contexto da responsabilidade civil extracontratual do Estado por ação legislativa, embora não constitua pressuposto da ação de responsabilidade civil, a existência de uma decisão do Tribunal Constitucional que tenha declarado ou julgado inconstitucional

[37] Cf. Artigo 282.º, n.º 3, 2.ª parte, da CRP.

[38] Sublinhado nosso.

[39] Cf. Artigo 282.º, n.º 3, 2.ª parte, da CRP.

ou ilegal uma norma legal ou uma norma regulamentar[40] pode ser útil para o particular, tendo em consideração os danos não destruídos por essa declaração. CORREIA sustenta que, nesse caso, "deve considerar-se pré-definido ou comprovado o requisito da ilicitude". Com uma decisão prévia do TC de julgamento da inconstitucionalidade de uma norma regulamentar, pode, igualmente, o interessado, tendo sido parte no processo de fiscalização concreta, "beneficiar da comprovação pre-definição ou certificação da verificação do pressuposto da ilicitude"[41], podendo intentar ação no tribunal administrativo de uma ação de indemnização por danos resultantes do regulamento inconstitucional.

3.3. As insuficiências do controlo concreto da constitucionalidade das normas de emergência

Da análise da jurisprudência constitucional produzida em fiscalização concreta, em resultado da apreciação de medidas restritivas anti pandémicas resulta, em primeiro lugar, o agravamento do diagnóstico das suas principais insuficiências, abundantemente glosadas em normalidade constitucional: (i) quanto ao objeto idóneo do controlo, restrito ao escrutínio de normas; (ii) a interpretação excessivamente formalista, subjetiva e *ad hoc* dos pressupostos processuais conducente, em alguns casos, ao absoluto esvaziamento das possibilidades de acesso à justiça constitucional especializada, na ordem jurídico-constitucional portuguesa. Não obstante, a partir de fevereiro de 2022, foi possível observar alterações relevantes à orientação jurisprudencial constitucional dominante[42].

Até ao presente momento[43], dos dezassete acórdãos prolatados pelo Tribunal Constitucional em processos atinentes a medidas restritivas/

[40] Sobre a responsabilidade civil extracontratual do Estado por omissão legislativa, CASTRO, Raquel Brízida. *As Omissões Normativas Inconstitucionais no Direito Constitucional Português*. Coimbra: Almedina, 2012, pp. 303 ss.

[41] CORREIA, Fernando Alves. *Justiça Constitucional*. 2. ed. Coimbra: Almedina, 2019, pp. 327 e 328.

[42] Acórdãos do TC n.º 88/2022, de 1 de Fevereiro de 2022, 1.ª Secção; n.º 89/2022, de 1 de Fevereiro de 2022, 1.ª Secção; n.º 90/2022, de 1 de Fevereiro de 2022, 1.ª Secção; n.º 464/ 2022, de 24 de junho, 2.ª Secção; n.º 477/2022, de 5 de julho, 1.ª Secção.

[43] Julho de 2022.

suspensivas de direitos, liberdades e garantias[44] adotadas desde o início da pandemia:

(i) Nove são referentes a medidas vigentes em estado constitucional de exceção[45]; os restantes referem-se a normas aplicadas em normalidade constitucional, decretado o estado de calamidade administrativa[46];

(iii) O TC não conheceu de seis recursos[47];

(iii) Dos recursos que o Tribunal Constitucional decidiu admitir[48], três[49] culminaram com decisões negativas de inconstitucionalidade.

[44] Nesta contabilidade, tivemos em consideração apenas os Acórdãos que versaram sobre medidas de combate à pandemia destinadas à generalidade dos cidadãos. Excluímos, por conseguinte, os seguintes acórdãos: Acórdão n.º 798/2021 (suspensão da prescrição de processos contraordenacionais): http://www.tribunalconstitucional.pt/tc/acordaos/20210798.html; Acórdão n.º 738/2021 (contrainquirição de testemunha ou declarante, numa sessão de audiência em processo judicial, através de sistema de comunicação à distância): http://www.tribunalconstitucional.pt/tc/acordaos/20210738.html; Acórdão n.º 660/2021 (suspensão dos prazos de prescrição do procedimento contraordenacional): http://www.tribunalconstitucional.pt/tc/acordaos/20210660.html; Acórdão n.º 500/2021 (suspensão do prazo de prescrição do procedimento contraordenacional):http://www.tribunalconstitucional.pt/tc/acordaos/20210500.html

[45] Cf. Acórdãos n.º 921/2021, de 9 de Dezembro; n.º 868/2021, de 10 de Novembro; n.º 435/2021, de 22/06/2021, 2.ª Secção; n.º 381/2021, de 25/05/21, 2.ª Secção; no 380/2021, de 27/05/2021, 2.ª Secção; n.º 352/2021, de 27/05/2021, 3.ª Secção; n.º 350/2021, de 27/05/2021, 3.ª Secção; n.º 349/2021, 3.ª n.º 477/2022, de 5 de julho, 1.ª Secção.

[46] Cf. Acórdãos n.º 729/2020, de 10 de Dezembro; n.º 300/2021, de 13 de Maio de 2021, 3.ª Secção; n.º 88/2022, de 1 de Fevereiro de 2022, 1.ª Secção; n.º 89/2022, de 1 de Fevereiro de 2022, 1.º Secção; n.º 90/2022, de 1 de Fevereiro de 2022, 1.ª n.º 464/2022, de 24 de junho, 2.ª Secção.

[47] Cf. Acórdãos n.º 435/2021, de 22/06/2021, 2.ª Secção; n.º 381/2021, de 25/05/21, 2.ª Secção; n.º 380/2021, de 27/05/2021, 2.ª Secção; n.º 350/2021, de 27/05/2021, 3.ª Secção; n.º 349/2021, 3.ª Secção; n.º 300/2021, de 13 de Maio de 2021, 3.ª Secção.

[48] Cf. Acórdãos n.º 687/2020, de 26 de Novembro, de 2020, 2.ª Secção; n.º 424/2020, de 31 de julho de 2020, 1.ª Secção; n.º 352/2021, de 27 de maio de 2021, 3.ª Secção; n.º 173/2021, de 24 de março de 2021, 1.ª Secção; n.º 868/2021, de 10 de Novembro; n.º 921/2021, de 9 de Dezembro; n.º 88/2022, de 1 de Fevereiro de 2022, 1.ª Secção; n.º 89/2022, de 1 de Fevereiro de 2022, 1.ª Secção; n.º 90/2022, de 1 de Fevereiro de 2022, 1.ª n.º 464/2022, de 24 de junho, 2.ª Secção; n.º 477/2022, de 5 de julho, 1.ª Secção.

[49] Em especial, refira-se o Acórdão n.º 352/2021, de 27 de Maio de 2021. Note-se, porém,

A maioria dos Acórdãos mencionados *supra* foram proferidos perante recursos de constitucionalidade do Ministério Público, designados recursos de decisões positivas de inconstitucionalidade[50] dos tribunais comuns, apesar de nem todos serem, em rigor, recursos obrigatórios, como veremos.

Nas decisões recorridas, os tribunais comuns desaplicaram normas emanadas pelo Governo da República e Governo Regional dos Açores, com fundamento em inconstitucionalidades orgânicas e formais, atenta a preterição, na sua esmagadora maioria, de regras constitucionais de competência e de forma, e, em alguns casos, de regras materiais, em especial, por violação do direito à liberdade[51] e do princípio da proporcionalidade, nas dimensões da necessidade e proibição do excesso.

a) Limitações processuais quanto ao objeto do controlo

i) O modelo português de fiscalização concreta da constitucionalidade é restrito ao controlo de normas[52], no contexto de uma aceção de norma funcionalmente adequada ao nosso sistema, moldada pela jurisprudência constitucional a partir de preocupações estritamente garantísticas. O objeto dos processos de fiscalização pode incluir, não apenas todos os atos aprovados sob a forma de lei, como também os restantes atos normativos, desprovidos dessa forma, mas que contenham comandos jurídicos gerais e abstratos. Atualmente, integram o conceito de norma todos os atos do poder público que contiverem uma regra de conduta para os par-

que a decisão dividiu os juízes conselheiros do TC, tendo sido relator o Conselheiro Gonçalo de Almeida Ribeiro. Votaram a favor, para além do relator, os Conselheiros João Caupers e Lino Ribeiro; votaram vencidas as Conselheiras Joana Fernandes Costa e Maria José Rangel de Mesquita.

50 Cf. Artigo 280.º, n.º 1, alínea a), da CRP.

51 Cf. Artigo 27.º, números 1 e 3, da CRP.

52 CASTRO, Raquel Brízida. "Normas implícitas e Normas Constitucionalmente Devidas *ad casum* e a Pretensa Quadratura do Círculo Processual Constitucional: Recapitulação, Desmistificação e Tentativa de Reconstrução". *Estudos em Homenagem a Rui Machete*. Coimbra: Coimbra Editora, 2015, pp. 851-881.

ticulares ou para a Administração, um critério de decisão ou, em geral, um padrão de valoração de comportamentos[53].

Em contexto de direitos fundamentais, as restantes intervenções desvantajosas perpetradas pelos vários poderes do Estado, não subsumíveis no sobredito conceito funcional de norma, encontram-se arredadas da atuação do Tribunal Constitucional, enquanto órgão especializado da administração da justiça constitucional, cabendo a sua tutela aos restantes tribunais. Em especial, a violação concreta e pontual dos direitos fundamentais, sem que na base e na causa do ato lesivo esteja uma norma inconstitucional. Acresce que, na prática, muitas das infrações aos direitos atuadas por via normativa acabam por não ser julgadas pelo Tribunal Constitucional, atentos os constrangimentos processuais destinados a filtrar o acesso aos juízes constitucionais, traduzidos num generoso elenco de trâmites introduzidos com o desiderato de evitar ou mitigar a inundação do Tribunal[54].

ii) Tais obstáculos no acesso do cidadão comum à Justiça Constitucional agigantaram-se durante a pandemia. Assim o comprova o reduzido número de recursos de constitucionalidade referentes a esses períodos que é possível identificar. Independentemente dos respetivos desfechos, são processos no âmbito dos quais o juiz comum desaplicou, com fundamento em inconstitucionalidade, normas produzidas pelo Governo da República e pelos Governos regionais durante o período pandémico e em que o recorrente foi o Ministério Público (MP).

O recurso de constitucionalidade reveste natureza obrigatória para o MP quando o juízo de invalidade do tribunal *a quo* incida sobre certo tipo de atos, com fundamento na sua inconstitucionalidade ou ilegalidade: tratados, atos legislativos e Decretos regulamentares (estaduais ou regionais)[55]. Neste conspecto, o MP atua como defensor de um interesse público objetivo. O recurso é obrigatório porque o princípio da presunção de constitucionalidade de certas normas é, inexoravelmente, abalado pela forte presunção de inconstitucionalidade libertada pela

[53] Rego, Carlos Lopes do. "As interpretações normativas sindicáveis pelo TC". *Jurisprudência Constitucional,* n.º 3. Lisboa: AATRIC, 2004, pp. 4 ss.

[54] Morais, Carlos Blanco de. *Justiça Constitucional,* op. cit., p. 745.

[55] Cf. Artigo 280.º, n.º 3, CRP, *in fine.*

desaplicação da norma ao caso concreto pelo juiz *a quo*, com fundamento num juízo de inconstitucionalidade. No caso dos tratados e atos normativos descritos *supra*, entende-se que o incidente tem, necessariamente, de subir ao TC[56] para que seja este a dirimir a questão, impondo a última palavra.

O mesmo entendimento não procede, nos termos constitucionais, no que concerne às resoluções do Conselho de Ministros de carácter normativo, não obstante serem hierarquicamente equiparados aos Decretos regulamentares[57]. O que significa que quando um juiz comum desaplica uma norma contida numa Resolução do Conselho de Ministros[58] com fundamento em inconstitucionalidade, o recurso não é obrigatório[59] para o Ministério Público. Uma opção que enfraquece, consideravelmente, as já magras possibilidades de acesso à Justiça Constitucional.

b) A natureza prejudicial do controlo: a questão de constitucionalidade como única e exclusiva *ratio decidendi*

i) O controlo concreto de constitucionalidade constitui, por regra, um incidente processual de natureza prejudicial. Quanto à sua natureza jurídica, é *caracterizado* "por uma questão prejudicial heterogénea, desprovida de carácter devolutivo e que emerge a título incidental, no âmbito de um processo principal"[60]:

(i.a) Trata-se, em primeiro lugar, de um *incidente de instância*, pois a questão de constitucionalidade surge no processo principal que tem

[56] Morais, Carlos Blanco de. *Justiça Constitucional*, op. cit., p. 734.

[57] Não sendo atos legislativos, mas sim normas administrativas, Queiroz justifica a obrigatoriedade do recurso por se encontrarem sujeitos a controlo de mérito presidencial e, sobretudo, por ser essa a tradição da Constituição de 1933. Pela nossa parte, parece-nos que essa obrigatoriedade resulta, precisamente, da respetiva sujeição a promulgação presidencial, a qual, por sua vez, se funda no carácter tendencialmente inovatório dos Decretos Regulamentares – Queiroz, Cristina. *Justiça Constitucional*. Lisboa: Petrony, 2017, p. 193.

[58] Do Governo da República ou dos Governos Regionais.

[59] Não é obrigatório, mas o MP pode naturalmente recorrer. Foi o que aconteceu nos recursos de constitucionalidade de normas produzidas pelos Governos Regionais, durante a pandemia. No caso, porém, de Resoluções do Conselho de Ministros, aprovadas pelo Governo da República, não houve, até agora, recursos interpostos pelo Ministério Público.

[60] Morais, Carlos Blanco de. *Justiça Constitucional*, op. cit., p. 609.

um objeto diferente, sendo "a sua resolução condição necessária para a determinação do direito a aplicar no processo principal"[61];

(i.b) Por ser, igualmente, uma "questão prejudicial heterogénea" implica o julgamento prévio de uma questão que respeita a um ramo de Direito diferente do processo principal, "existindo uma correlação lógica entre a mesma e o "thema decidendum" inerente ao feito em julgamento"[62]. Essa relação de necessidade lógica – "nexo direto e incindível" – com a questão principal identifica- se com a necessidade de o objeto do processo ser o fundamento, a *ratio decidendi*, da decisão recorrida;

(i.c) Por fim, essa prejudicialidade é desprovida de caráter devolutivo, atenta a componente difusa do nosso sistema de fiscalização concreta da constitucionalidade.

Mas deve a questão de constitucionalidade ser a única e exclusiva *ratio decidendi*? É exigível, em todos os tipos de recurso e independentemente da natureza do recurso ou do recorrente, que a dimensão normativa impugnada tenha constituído o único e exclusivo fundamento normativo da decisão recorrida, no sentido de apenas o respetivo julgamento no sentido da inconstitucionalidade obrigar à reforma da decisão recorrida[63]? A resposta há-de fundar-se, a nosso ver, na natureza do tipo de recurso.

c) A maioria dos recursos de constitucionalidade conhecidos pelo Tribunal Constitucional, respeitantes ao nosso tema, são recursos obrigatórios do Ministério Público. Todavia, embora tais recursos se tenham também fundado na desaplicação das normas com fundamento em inconstitucionalidade pelos tribunais comuns, os juízes constitucionais[64] decidiram não conhecer do recurso[65], alegando falta de utilidade nessa apreciação.

[61] Morais, Carlos Blanco de. *Justiça Constitucional,* op. cit., p. 614.
[62] Morais, Carlos Blanco de. *Justiça Constitucional,* op. cit., p.614.
[63] Novais, Jorge Reis. *Sistema Português de Fiscalização de constitucionalidade: Avaliação Crítica.* 2. ed. Lisboa: AAFDL Editora, 2019, p. 39.
[64] Cf. Acórdãos do TC n.º 435/2021, de 22/06/2021, 2.ª Secção; n.º 381/2021, de 25/05/21, 2.ª Secção; n.º 380/2021, de 27/05/2021, 2.ª Secção; n.º 350/2021, de 27/05/2021, 3.ª Secção; n.º 349/2021, 3.ª Secção; n.º 300/2021, de 13 de Maio de 2021, 3.ª Secção. Nos casos em análise, os tribunais a quo concluíram que os arguidos não podiam ser condenados, nem lhes poderia ser imputada a prática do crime de desobediência sob a forma agravada,

Há, todavia, que distinguir nas decisões de não conhecimento do recurso por falta de utilidade, independentemente da questão de inconstitucionalidade, três tipos de fundamentos:

(a) a norma sindicada (desaplicada) nunca poderia ter sido aplicada ao caso em julgamento pois não estava em vigor à data dos factos[66];
(b) a norma impugnada (desaplicada) não era aplicável por falta de verificação dos respetivos pressupostos jurídicos:

No mesmo sentido e partilhando da mesma fundamentação do ponto anterior, embora o processo principal apresentasse características diversas[67], o Acórdão do TC n.º 435/2021, de 22/06/2021, sufragou semelhante

conforme referido na Acusação, porque as normas desaplicadas ainda não estavam em vigor, à data da prática dos factos. Perante isto, atenta a configuração dos recursos de constitucionalidade, o Tribunal Constitucional fundamentou a sua decisão na inutilidade do conhecimento do recurso, uma vez que a decisão recorrida não se fundava, exclusivamente, na questão de inconstitucionalidade sindicada, com a agravante de esta implicar o julgamento de inconstitucionalidade de uma norma inexistente à data da prática dos factos. A norma-objeto do recurso sub juditio não podia fundar a responsabilidade criminal do arguido, por não integrar à lei vigente no momento da prática dos factos, não sendo aplicável aos casos sub juditio, em razão de o momento da sua entrada em vigor ser posterior à data dos factos.

[65] Com a exceção já referida.

[66] Nos Acórdãos do TC n.º 380/2021, 381/2021 e 350/2021, estava em causa a desaplicação das normas constantes nos artigos 46.º, n.º 1, alíneas a) e c) e n.º 7 do Decreto n.º 2-C/2020, de 17 de abril do Governo e, no n.º 349/2021, a norma sindicada era a constante do artigo 46.º, n.º 7, do Decreto n.º 2-B/2020, de 2 de abril, igualmente do Governo. Tratava-se de recursos obrigatórios do Ministério Público, pois as normas desaplicadas eram Decretos Regulamentares do Governo, que regulamentavam o Decreto presidencial do estado de exceção. Não obstante, independentemente das questões de inconstitucionalidade elencadas, as normas impugnadas e desaplicadas não podiam, efetivamente, ser aplicadas aos casos concretos, o que afastou, naturalmente, eventuais julgamentos da respetiva conformidade constitucional, em sede de fiscalização concreta da constitucionalidade.

[67] "«59. Conforme resulta, inequivocamente, do teor da douta sentença recorrida [...], decidiu a Mm.a Juíza "a quo" que o arguido deveria "ser absolvido da prática do crime de desobediência", não só por julgar inconstitucional, orgânica e formalmente, a interpretação conjugada "do disposto nos arts. 6.º e 43.º, n.os 1, al. d) e 6 [do Decreto n.º 2-B/2020, de

conclusão, porquanto a fundamentação alternativa aduzida também conduz "ao afastamento da punição agravada trazida pelo n.º 6 do artigo 43.º do Decreto n.º 2-B/2020, independentemente do juízo negativo de constitucionalidade formulado pelo tribunal a quo"[68]. Porém, neste caso, o arguido foi absolvido da prática do crime de desobediência, pois "o julgador concluiu que sempre seria de afastar a responsabilidade *criminal do arguido, por não se encontrar preenchido um dos pressupostos da incriminação constante do artigo 348.º, n.º 1, alínea b), do Código Penal: a precedência de um comando, sob a forma de ordem ou mandado, impondo uma determinada conduta positiva ou negativa"*.

Por conseguinte, uma vez que o afastamento da responsabilidade criminal do arguido se manteria mesmo em caso de procedência do recurso de constitucionalidade, o tribunal recorrido estaria vinculado a manter o mesmo juízo absolutório e impedido de proceder à determinação concreta de uma pena, independentemente da conformação da moldura sancionatória aplicável. Consequentemente, o Tribunal Constitucional concluiu, mais uma vez, que a utilidade da pronúncia do Tribunal Constitucional se encontrava, *in casu*, definitivamente afastada. O recurso não revestia utilidade processual, atento o aludido fundamento alternativo,

2 de abril] est[ar], de forma inovadora, a definir determinada realidade como crime" mas, igualmente porque "não resultou provado qualquer cominação da prática do crime de desobediência, caso saísse do seu concelho de residência habitual, efetuada pelos militares da GNR, outra força de segurança, ou polícia municipal, em momento prévio à abordagem do arguido e ainda no concelho de Torres Vedras, que o arguido tenha desrespeitado, pelo que o arguido não praticou o crime de desobediência". – Acórdão do TC n.º 435/2021, de 22/06/2021.

[68] «Fazendo apelo à factualidade considerada provada, verifica-se que o arguido, em 10.04.2020, circulou para fora do concelho de residência habitual, tendo sido abordado pela patrulha da GNR – cfr. factos 3) a 11). Todavia não resultou provad[a] qualquer cominação da prática do crime de desobediência, caso saísse do seu concelho de residência habitual, efetuada pelos militares da GNR, outra força de segurança, ou polícia municipal, em momento prévio à abordagem do arguido e ainda no concelho de Torres Vedras, que o arguido tenha desrespeitado, pelo que o arguido não praticou o crime de desobediência. Assim, o arguido deve ser absolvido da prática do crime de desobediência, previsto e punido pelo art. 348.º, n.º 1, al. b), do Código Penal, com referência ao art. 6.º, n.º 1, e 43.º, n.º 1, al. d), do Decreto n.º 2-B/2020, de 2 de abril» – Acórdão do TC n.º 435/2021, de 22/06/2021.

encontrando-se inviabilizada a respetiva finalidade, como seja a de determinar a reforma da decisão recorrida em conformidade com o julgamento da questão jurídico-constitucional (artigo 80.º, n.º 2, da LTC).

Para o TC, perante uma "dupla fundamentação do decidido", independentemente do julgamento de constitucionalidade, a decisão recorrida sempre subsistiria em virtude da manutenção do outro fundamento[69]. Por conseguinte, atento o carácter instrumental dos recursos de constitucionalidade, o recurso deve ser considerado inútil, quando a utilidade da pronúncia do Tribunal Constitucional é afastada[70] nos termos referidos.

c) A questão do duplo fundamento da decisão recorrida

Os recursos são inúteis por falta de utilidade processual, atento o duplo fundamento da decisão recorrida, apesar de os dois fundamentos terem como único parâmetro a mesma norma desaplicada. Se a falta de utilidade invocada pelos juízes constitucionais nas duas categorias anteriores de decisões analisadas é pacífica, em função, nomeadamente, da configuração positiva e jurisprudencial dos recursos de constitucionalidade e do pressuposto processual da aplicação efetiva da norma objeto do recurso, a fundamentação aduzida pelos juízes constitucionais no Acórdão n.º 300/2021, o qual incidiu sobre medidas restritivas adotadas fora do estado de exceção constitucional, suscita-nos algumas interrogações.

No acórdão mencionado, o TC decidiu não conhecer do objeto do recurso e invocou a mesma "dupla fundamentação do decidido" que, no caso *sub juditio*, se reconduz a uma dupla relação de desvalor: o ato sujeito a censura é, ao mesmo tempo, ilegal e inconstitucional. Porém, *in casu*, esse duplo desvalor tem, precisamente, o mesmo fundamento normativo que é a norma que foi desaplicada pelo tribunal recorrido. O Tribunal *a quo* não se baseou apenas na inconstitucionalidade das normas sindicadas para decidir da procedência da providência de *habeas corpus*; a decisão recorrida conclui também, após apreciação da prova produzida pelo Tribunal, que se está perante uma detenção ilegal, pois o ato violava a mesma norma que o juiz *a quo* desaplicou. Neste sentido, se a detenção era ilegal, para além de inconstitucional, e essa ilegalidade que esteve na

[69] Cf. Acórdão do TC n.º 350/2021 – 3.ª Secção.

[70] Cf. Acórdão do TC n.º 349/2021 – 3.ª Secção.

base do deferimento do pedido de *Habeas Corpus*, se verificaria, independentemente da constatação das inconstitucionalidades apontadas pela sentença, o TC concluiu que o recurso de constitucionalidade será inútil. Neste caso, entre outras potenciais críticas, a decisão de não conhecimento do recurso de constitucionalidade por a detenção ser, para além de inconstitucional, ilegal padece de um ostensivo vício lógico. É que a ilegalidade, invocada a título subsidiário pelo tribunal *a quo*, funda-se, precisamente, nas normas desaplicadas na decisão recorrida, pelo que o não conhecimento do recurso: (i) não altera o juízo de inconstitucionalidade do juiz *a quo* sobre as normas impugnadas pelo MP; (ii) não reconfigura o poder/dever de o mesmo juiz desaplicar normas que considera inconstitucionais.

Consequentemente, qual a norma parâmetro que subsiste e que permite manter a decisão?

Pela nossa parte, à margem das especificidades do Acórdão anterior, estas decisões escancaram um certo apego questionável a uma leitura excessivamente formalista de um pressuposto processual que, supostamente, esvazia a utilidade processual dos recursos quando haja um duplo fundamento nos termos expostos. Uma tese que importa relevantes consequências dogmáticas:

(i) Não basta que o critério normativo sindicado coincida com o que foi aplicado pelo tribunal *a quo* e com a *ratio decidendi* da decisão recorrida;
(ii) A questão de constitucionalidade, objeto do processo, tem de corresponder à única e exclusiva *ratio decidendi* da decisão recorrida;
(iii) Por conseguinte, o recurso só pode ser admitido pelo TC se o eventual futuro julgamento de constitucionalidade for o único suscetível de influenciar o desfecho do processo-base em que foi proferida a decisão objeto do recurso de constitucionalidade.

Em suma, para o TC, só devem ser conhecidas as questões de constitucionalidade quando a decisão a proferir seja a única suscetível de alterar a decisão recorrida, em termos de, apenas nesse caso, o tribunal recorrido poder ser confrontado com a obrigatoriedade de reformar o sentido do seu julgamento. Não obstante o critério normativo sindicado coincida com o que foi aplicado pelo tribunal *a quo* – e, nesse sentido, seja respeitado o âmbito dos poderes de cognição dos juízes constitucionais, limitados à norma que a decisão recorrida, conforme os casos, tenha aplicado ou a que haja recusado aplicação[71]-, não tendo sido o único fundamento da decisão recorrida, o TC entende que o recurso de constitucionalidade perde a sua utilidade. Mesmo tratando-se de um recurso do MP, obrigatório, o TC pode não o admitir.

Não podemos concordar com esta interpretação, cujo exagero formalista é suscetível de redundar, como vimos, em decisões ilógicas e incoerentes, fundadas em argumentos jurídico-constitucionalmente tautológicos. Perante este entendimento, apesar de estarmos perante a desaplicação de uma norma por um tribunal, com fundamento em inconstitucionalidade, os fundamentos da obrigatoriedade do recurso do Ministério Público para o Tribunal Constitucional cedem perante um conceito de utilidade processual avaliado, exclusivamente, por referência a interesses particulares. O julgamento da questão de constitucionalidade acaba por assumir uma natureza meramente secundária e irrelevante, sendo a respetiva admissibilidade analisada, exclusivamente, à luz da configuração específica do caso concreto. O Tribunal Constitucional ignora a feição objetiva do recurso de constitucionalidade, em especial o de decisões do primeiro tipo, e converte-o, subversivamente, num mero processo "de parte", vinculado aos interesses das partes e aos efeitos que a decisão produz em concreto.

d) As dimensões prevalecentes dos recursos obrigatórios para o MP

Sem pretendermos aderir ao já prolixo debate sobre a feição objetivista ou subjetivista dos processos de fiscalização concreta, parece-nos imprescindível a identificação das dimensões prevalentes nos recursos de decisões positivas de inconstitucionalidade, geradoras de impulso obrigatório para o ministério públic.[72]

Dando por adquirida a componente subjetiva dos recursos de decisões negativas e sem contestar a natureza processual mista ou compósita dos

[71] Cf. Artigo 79.º-C da LTC.

[72] Cf. n.ºs 3 e 5 do artigo 280.º, da CRP.

processos *sub juditio*, impõe-se concluir no sentido da prevalência formal de fatores objetivos: (i) o poder/dever de controlo oficioso exercido pelo juiz[73], eventualmente conducente à desaplicação e consequente privação da eficácia de uma norma no caso concreto, com fundamento em inconstitucionalidade, independentemente da intervenção das partes; (ii) o recurso obrigatório do Ministério Público para o TC nos casos previstos no artigo 280.º, n.º 3 e 5, da CRP; (iii) a intervenção da Justiça Constitucional em controlo concreto desenvolve-se independentemente da violação de direitos ou da lesão de interesses das partes[74].

Com efeito, o facto de os recursos serem restritos à questão da inconstitucionalidade (ou da ilegalidade)[75] e o estatuto do Ministério Público[76], por referência a certos recursos da fiscalização concreta, constituem fortes indícios do seu carácter objetivo. Configura, seguramente, um tipo de legitimidade com uma natureza essencialmente formal, o estatuto que o MP assume, enquanto recorrente obrigatório, perante decisões que constituem fortes indícios da existência de uma inconstitucionalidade[77] ou que pretendem garantir a unidade da ordem jurídica. Nos casos do artigo 280.º, n.º 3, da CRP, a atuação do MP tem como desígnio a preservação institucional de "um *status* de presunção de legitimidade"[78] dos atos ali descritos; Nos casos do artigo 280.º, n.º 5, da CRP, como "guardião da coerência e da unidade jurisprudencial da Justiça Constitucional"[79]; nos casos de desarmonia de julgados entre secções do Tribunal Constitucional[80]; nos casos das decisões previstas na alínea i), do artigo 70.º, da LTC, como "garantia da unidade jurisprudencial situada fora do universo da validade"[81]. Estes são, para nós,

[73] Morais, Carlos Blanco de. *Justiça Constitucional,* op. cit., p. 616.
[74] Blanco de Morais, Carlos (2011) *Justiça Constitucional, Tomo II,* Coimbra Editora: Coimbra, cit., p. 616.
[75] Ou da ilegalidade.
[76] Canas, Vitalino. *Os Processos de Fiscalização da constitucionalidade e da legalidade pelo Tribunal Constitucional.* Coimbra: Coimbra Editora, 1986, pp. 38 ss.
[77] *Idem*, p. 41.
[78] Morais, Carlos Blanco de. *Justiça Constitucional,* op. cit., p. 698.
[79] Morais, Carlos Blanco de. *Justiça Constitucional,* op. cit., p. 698.
[80] Cf. Artigo 79.º-D, n.º 1, da LTC.
[81] Morais, Carlos Blanco de. *Justiça Constitucional,* op. cit., p. 698.

argumentos decisivos. Nos casos em que o Ministério Público atua como recorrente obrigatório, o Tribunal Constitucional não pode deixar de conhecer o objeto do recurso, pelo menos nos casos em que o próprio MP sustenta a sua admissibilidade.

Dir-se-á, na senda da jurisprudência constitucional, que embora o objeto do processo seja a questão de inconstitucionalidade, a respetiva finalidade é a da reforma da decisão recorrida, donde a relevância do interesse processual, preclusiva do conhecimento do objeto do recurso, medido em função dos efeitos eventualmente produzidos no processo pretexto.

Por conseguinte, o recurso perde a sua utilidade perante a existência de outro fundamento, autónomo, da decisão do tribunal *a quo*.

Parece-nos, contudo, que tal premissa merece ser reavaliada. Desde logo, na prática, cumpre notar que os efeitos de um eventual julgamento de inconstitucionalidade, a cargo do Tribunal Constitucional, não se esgotam, exclusivamente, no caso concreto. O que justifica, sobretudo nos recursos de constitucionalidade de feição predominantemente objetiva, que o indeferimento liminar só possa fundar-se na alegação de motivos ponderosos, havendo condições de admissibilidade do recurso.

Atendendo *ao* "critério primacial do âmbito da eficácia"[82] e ao argumento colhido da formulação do artigo 80.º, n.º 1, da LTC[83], as decisões de inconstitucionalidade que concedem provimento ao recurso assumem a força de caso julgado formal e de caso julgado prejudicial, pois, em princípio, os seus efeitos são *interpartes.* Porém, considerando os efeitos jurídicos do caso julgado formal, cumpre notar que, mesmo na perspetiva do caso concreto e dos respetivos efeitos intraprocessuais, a diferença entre o não conhecimento da questão de constitucionalidade e a prolação de uma eventual decisão de provimento do recurso não é jurídico-constitucionalmente inócua. Efetivamente, mesmo em fiscalização concreta, a decisão final não só não é jurídico- constitucionalmente irrelevante para o caso concreto, como produz, na prática, efeitos que o excedem:

[82] Morais, Carlos Blanco de. *Justiça Constitucional,* op. cit., p. 847.

[83] Nos termos do qual, a decisão faz caso julgado no processo.

(i) Todos os membros do MP ficam obrigados a recorrer para o Tribunal Constitucional das decisões dos tribunais que apliquem norma anteriormente julgada inconstitucional ou ilegal pelo próprio Tribunal Constitucional[84];

(ii) Uma eventual decisão de provimento do recurso pode constituir um pressuposto de competência[85] para efeitos da "repetição do julgado", considerando que o TC aprecia e declara ainda, com força obrigatória geral, a inconstitucionalidade ou a ilegalidade de qualquer norma, desde que tenha sido por ele julgada inconstitucional ou ilegal em três casos concretos[86]. Neste caso, pode o Tribunal Constitucional, por iniciativa de qualquer dos seus juízes ou do Ministério Público, promover a organização de um processo com as cópias das correspondentes decisões, seguindo-se os termos do processo de fiscalização abstrata sucessiva da constitucionalidade ou da ilegalidade[87];

(iii) Reitere-se a utilidade a que aludimos *supra*, em sede de responsabilidade civil extracontratual do Estado, de uma eventual decisão de julgamento de inconstitucionalidade de uma norma legal ou regulamentar: perante uma decisão do TC nesse sentido, deve considerar-se comprovado o requisito da ilicitude.

4. A deferência da justiça administrativa perante a administração de emergência: em especial, a jurisprudência administrativa da pandemia

Um dos argumentos que é, habitualmente, invocado para aliviar o atual diagnóstico da justiça constitucional, atentas as deficiências e insuficiências do sistema fiscalização concreta, é a previsão de um contencioso administrativo amigo dos direitos fundamentais.

Em contexto de emergência, a doutrina sublinha a particular adequação da intimação para proteção de direitos, liberdades e garantias para reagir

[84] Cf. Artigo 280.º, n.º 5, da CRP.

[85] Canas, Vitalino. *Os Processos de Fiscalização,* op. cit., p. 46.

[86] Cf. Artigo 281.º, n.º 2, da CRP.

[87] Cf. Artigo 82.º, da LOTC.

"às intensíssimas interferências sobre direitos fundamentais"[88] perpetradas através de atos administrativos (praticados ou omitidos), regulamentos, contratos/atos de conformação de relações contratuais, ou de puros atos de execução/operações materiais, excetuando os casos em que tenham assumido dimensão legislativa[89]. Sendo constitutivas de relações jurídicas administrativas, tais atuações sujeitam-se ao controlo da jurisdição administrativa. Tais expetativas foram defraudadas ou confirmadas pela prática?

Comecemos por destacar, em termos necessariamente sumários, dois aspetos positivos atinentes à delimitação da jurisdição administrativa, cuja interpretação no contexto pandémico permitiu a apreciação de certos processos pelos tribunais administrativos.

(i) Afigura-se-nos evidente que o conteúdo dos "Decretos do Governo «regulamentadores»/«executores» dos Decretos presidenciais"[90], bem como as Resoluções do Conselho de Ministros adotadas durante os estados de calamidade, fundadas na Lei de Bases da Proteção Civil (LBPC)[91], revestiam natureza materialmente legislativa. Não obstante o Governo invocasse a norma constitucional que lhe confere competência adminis-

[88] Coimbra, José Duarte. "A justiça administrativa em tempos de emergência e de calamidade". *e-publica*, v. 7, n.º 1, abril 2020, p. 252.

[89] No mesmo sentido, Coimbra, José Duarte escreve que: "Já quanto aos – também – «Decretos» do Governo «regulamentadores»/«executores» dos Decretos presidenciais, a questão é à partida algo enigmática, a começar desde logo pela justificação da forma escolhida e pela referência à alínea g) do artigo 199.o da Constituição como aparente base normativa para a sua aprovação, as quais parecem indiciar estarem em causa atos correspondentes ao exercício da função administrativa. Basta, no entanto, uma só leitura de cada um desses Decretos governamentais para muito dificilmente se poder afastar a conclusão de que o seu conteúdo se traduz, quase integralmente, em atos de dimensão materialmente legislativa. E o mesmo parece poder ser dito em relação aos «Regimes» aprovados pelas sucessivas Resoluções do Conselho de Ministros declaradoras da situação de calamidade, mais uma vez não obstante a opção subjacente à forma de ato adotada.": Coimbra, José Duarte. "A justiça administrativa em tempos de emergência e de calamidade". *e-publica*, v. 7, n.º 1, abril 2020, p. 252, nota 38.

[90] Coimbra, José Duarte. "A justiça administrativa em tempos de emergência e de calamidade". *e-publica*, v. 7, n.º 1, abril 2020, p. 252, nota 38.

[91] Lei n.º 27/2006, de 03 de Julho, com as alterações introduzidas pela Lei n.º 80/2015, de 03/08, Lei Orgânica n.º 1/2011, de 30/11 e Rect. n.º 46/2006, de 07/08.

trativa (cf. artigo 199.º, da CRP), considerando o conteúdo, incontestavelmente, inovatório, restritivo ou mesmo, nalguns casos, suspensivo de direitos fundamentais, de tais normas, as mesmas revestiam, incontestavelmente, natureza legislativa[92].

No entendimento do Supremo Tribunal Administrativo (STA), tais regulamentos invasivos da função subordinante acarretam, desde logo, a incompetência material dos tribunais administrativos para a sua apreciação, face à exclusão expressa do artigo 4.º, n.º 2, alínea a), do Estatuto dos Tribunais Administrativos e Fiscais (ETAF)[93]. Com efeito, a impugnabilidade dos atos (normativos ou administrativos) na jurisdição administrativa depende dessa prévia qualificação, como atos praticados no exercício da função administrativa[94]. No que concerne à impugnação dos atos proferidos no uso do poder legislativo (e político), a constitucionalidade e legalidade abstrata das normas legais é da competência do Tribunal Constitucional, sendo os parâmetros da sua validade os definidos na Constituição[95].

[92] Em sentido diverso, Coimbra considera que este recurso a regulamentos com conteúdo materialmente legislativo pode resultar "de um nebuloso cenário normativo e de distribuição competencial, em parte promovido, diga-se, pelas equívocas referências que se conseguem extrair da própria Constituição a respeito da delimitação das funções administrativa/legislativa, por um lado, e das competências governamentais/parlamentares, por outro, em cenários de excepcionalidade constitucional ou administrativa.". – COIMBRA, José Duarte. "A justiça administrativa em tempos de emergência e de calamidade". *e-publica,* v. 7, n.º 1, abril 2020, p. 252, nota 38.

[93] Lei n.º 13/2002, de 19 de Fevereiro, com as alterações introduzidas pela Lei n.º 114/2019, de 12/09, DL n.º 214-G/2015, de 02/10, Lei n.º 20/2012, de 14/05, Lei n.º 55-A/2010, de 31/12, DL n.º 166/2009, de 31/07, Lei n.º 59/2008, de 11/09, Lei n.º 52/2008, de 28/08, Lei n.º 26/2008, de 27/06, Lei n.º 2/2008, de 14/01, Lei n.º 1/2008, de 14/01, Lei n.º 107-D/2003, de 31/12, Lei n.º 4-A/2003, de 19/02, Rect. n.º 18/2002, de 12/04 e Rect. n.º 14/2002, de 20/03.

[94] Segundo o STA, o artigo 268.º, n.º 4 refere-se expressamente a "atos administrativos (...) independentemente da sua forma" e o n.º 5 refere-se às "normas administrativas com eficácia externa". Quer isto dizer que tanto os atos como as normas impugnáveis ao abrigo do disposto no art. 268.º, 4 e 5 da CRP são atos e normas emanados do exercício da função administrativa – Acórdão do STA de 29 de janeiro de 2014, Processo 0703/13. Disponível (última consulta dezembro 2021):http://www.dgsi.pt/jsta.nsf/35fbbbf22e1bb1e680256f8e003ea931/365ad5aca640790c80257c77 0051e7c0?OpenDocument&ExpandSection=1

[95] Cf. artigos 223.º, n.º 1, 277.º e 278.º da CRP.

Não obstante, o STA nunca suscitou a questão da natureza materialmente legislativa das normas sindicadas, o que se ajusta ao sentido maioritário da sua interpretação da Constituição dos poderes de emergência. Essa visão jurisprudencial permitiu, de resto, que certos processos pudessem ser objeto de apreciação pelos tribunais administrativos.

(ii) Em acréscimo, o STA considerou, em termos inovadores[96], a impugnação de normas como pedido idóneo na intimação para a proteção de direitos, liberdades e garantias, quando a questão não é suscitada como um pedido de impugnação de normas, mas sim como fundamento da intimação. Isto é, a questão pode ser a realização de um direito ou interesse, tendo como único fundamento a declaração de inconstitucionalidade de uma norma, com efeitos restritos ao caso concreto. O STA manteve, assim, garantido o âmbito de reserva de jurisdição constitucional[97], aplicando diretamente o princípio da tutela jurisdicional efetiva, prevista no n.º 5, do artigo 268.º, da CRP.

Não obstante o exposto, da análise da jurisprudência administrativa da pandemia resulta notório que a generosidade da interpretação do âmbito da jurisdição administrativa **não se propagou ao sentido das decisões prolatadas**.

Salvo algumas exceções, considerando a curta vigência temporal das medidas restritivas ou suspensivas e a leitura que o STA fez, em contexto pandémico, dos pressupostos processuais do respetivo contencioso, a tutela jurisdicional dos direitos fundamentais em estados de emergência revelou ser insuficiente, desajustada e, nalguns casos, mesmo inviável.

[96] Brito, Miguel Nogueira de. "Anotação ao Acórdão do STA, 1.ª Secção, de 10 de Setembro de 2020". *Revista de Direito Administrativo*, n.º 10. Lisboa: AAFDL Editora, jan-abr 2021, p. 132.

[97] Brito nota que o Acórdão define a reserva de jurisdição constitucional, "não em função de o objeto do processo ser exclusivamente a questão de inconstitucionalidade, mas em função de a declaração de inconstitucionalidade com força obrigatória geral cabe unicamente ao Tribunal Constitucional, em qualquer instância, e de a desaplicação de uma norma ao caso concreto com fundamento em inconstitucionalidade ser apenas admissível estando salvaguardado recurso para o Tribunal Constitucional": Brito, Miguel Nogueira de. "Anotação ao Acórdão do STA, 1.ª Secção, de 10 de Setembro de 2020". *Revista de Direito Administrativo*, n.º 10. Lisboa: AAFDL Editora, jan-abr 2021, pp. 131 e 132.

Efetivamente, da análise da justiça administrativa da pandemia, cabe extrair os seguintes tópicos jurídico-processuais:

(i) Impõe-se revelar a abundância de inutilidades e/ou impossibilidades supervenientes da lide, para além dos poucos casos em que o STA, que julga as Resoluções do Conselho de Ministros em primeira instância, proferiu decisões de mérito. O STA revelou perfilhar uma interpretação excessivamente formalista e rígida do conceito de utilidade processual, reconduzindo o escopo, em especial, das intimações para a proteção de direitos, liberdades e garantias à possibilidade de garantia em tempo útil – entendido numa perspetiva imediatista e circunscrita no tempo – de uma decisão de mérito, nos casos em que a tutela a obter não seria alcançável através da cumulação de um pedido de impugnação de normas, com uma providência cautelar;

(ii) As circunstâncias inerentes à natureza das normas sindicadas – de vigência curta e localizada – fragilizam ou inviabilizam o duplo grau de jurisdição, encontrando-se qualquer impugnação de decisões de primeira instância, irremediavelmente, destinada a desfechos de inutilidade e/ou impossibilidade, superveniente ou originária, da lide, por falta de objeto, perante um quadro jurídico em estonteante movimento[98] [99];

(iii) Para além de diferentes aceções dos pressupostos processuais atinentes ao escopo da intimação, umas mais restritivas que outras, eventualmente redutoras da sua suscetibilidade de amparo constitucional, a utilidade processual surge contaminada pelas sucessivas revogações das normas inicialmente sindicadas e, nalguns casos, por regulações distintas quanto ao conteúdo;

[98] (1) No Acórdão do STA de 25 março de 2021 tinha sido julgada improcedente a intimação para a protecção de direitos, liberdades e garantias por Acórdão de 31 de Outubro de 2020, através da qual se pretendia, exclusivamente, a imposição judicial de uma conduta que permitisse à recorrente circular no território nacional entre os dias 30 de Outubro e 3 de Novembro de 2020. No despacho reclamado decidiu-se julgar extinto o recurso com fundamento na impossibilidade e inutilidade superveniente da lide, pois se essa conduta fosse judicialmente imposta, nessa altura, não teria objeto.

[99] Cf. Acórdão do STA, de 25/03/2021.

(iv) A interpretação restritiva do ónus de especificação das normas suspendendas não permite a suspensão da eficácia de normas regulamentares que não sejam suscetíveis de ser identificadas com precisão, independentemente do conteúdo.

4.1. A tutela preventiva inibitória regulamentar

Acrescem as dificuldades (ainda) geradas pela tutela preventiva inibitória em matéria regulamentar. No Acórdão do STA, proferido em 24 Junho de 2021[100], estava em causa um despacho de não admissão liminar de um pedido de intimação, por, alegadamente, ser inútil. Segundo o Despacho reclamado, o processo urgente de intimação para protecção de direitos, liberdades e garantias tem como escopo assegurar o exercício, em tempo útil, de um direito, liberdade ou garantia e não outro qualquer fim, "por mais meritório que seja". No caso *sub juditio*, estava em causa o direito de deslocação, previsto no n.º 1 do artigo 44.º da CRP, perante a sua alegada violação pela norma regulamentar, do Conselho de Ministros, que proibia a circulação "de e para a Área Metropolitana de Lisboa", num determinado período temporal[101]. Ocorre que esse período temporal terminava, precisamente, às 6 horas da manhã do dia em que o processo foi "*concluso*" ao Relator para despacho liminar, pelo que a proibição de circulação que é decretada pela norma regulamentar em causa tinha terminado. Pelo exposto, no entender do STA, não estaria em causa a «*lesão actual ou iminente*» do direito fundamental da livre circulação, pois seria manifestamente inútil admitir a pretensão controvertida, uma vez que, a ser deferida, "não produziria qualquer efeito jurídico a não ser o de "aviso para futuro"", sendo que "este processo urgente não admite uma tal "finalidade" meramente preventiva, e muito menos de mera declaração de inconstitucionalidade, como parece que os demandantes entendem". Pelo contrário, os reclamantes contrapunham que a pretensão de intimação tinha utilidade e devia ser conhecida porque, apesar da vigência da medida restritiva do direito fundamental de

[100] Votaram o Acórdão, os Conselheiros José Veloso (Relator), Ana Paula Portela e Adriano Cunha.

[101] No período compreendido entre as 15H00 do dia 18 de Junho de 2021 e as 06H00 do dia 21 do mesmo mês.

circulação ter findado, era expectável a sua manutenção pelo Conselho de Ministros com a mera alteração do período de vigência nela contido.

O STA admite que o meio processual de intimação para protecção de direitos, liberdades e garantias possa impor à Administração determinados comportamentos, positivos ou negativos, que se mostrem indispensáveis para assegurar, em tempo útil, o exercício de um direito, liberdade ou garantia. O que, em seu entender, exige uma "lesão actual ou iminente" do direito fundamental da livre circulação, o que, *in casu*, não estaria verificado. Porém, no entendimento expresso no Acórdão, a eventual condenação da entidade requerida à abstenção de emitir um regulamento com o mesmo conteúdo das normas impugnadas extravasa o "âmbito do poder de intervenção do poder judicial", porquanto "a eventual renovação da norma restritiva para outros períodos temporais subsequentes já depende de ponderações de conveniência e oportunidade administrativas, alheias ao STA, as quais ultrapassam o âmbito de intervenção do poder judicial". Pelo que não podia o STA, "com base na realização dessas ponderações, que não lhe pertencem, considerar iminente a continuação da restrição ao direito de livre circulação, como pretendem os reclamantes de modo a suportar a utilidade à demanda.".

A doutrina admite que este meio processual possa abranger situações em que a tutela do direito fundamental se dirige à emissão de um ato administrativo ou de norma regulamentar. Mas pode esta intimação redundar numa tutela preventiva inibitória, no sentido de impor à Administração a abstenção de emitir normas administrativas que contendam com, restrinjam ou suspendam, direitos, liberdades e garantias? Embora a admissibilidade deste tipo de tutela tenha sido, historicamente, controversa na doutrina[102], é, atualmente[103], consensual que o CPTA prevê a condenação na abstenção de emissão de normas administrativas, quando

[102] Lanceiro, Rui. "A condenação à abstenção de comportamentos no Código de Processo nos Tribunais Administrativos", 2010. Disponível em: https://www.icjp.pt/sites/default/files/media/1033-2247.pdf

[103] Raimundo, Miguel Assis. "Em busca das especificidades processuais das formas típicas de atuação (a propósito da eliminação da distinção Acção Comum/Acção especial no CPTA". *JULGAR*, n.º 26. Coimbra: Coimbra Editora, 2015, p. 124.

os efeitos da norma se produzam diretamente, sem necessidade de ato (administrativo ou jurisdicional) de aplicação. Os comportamentos que a Administração deve abster-se de adotar podem não se circunscrever a atos administrativos, categoria mencionada a título meramente exemplificativo pelo CPTA[104].

Não obstante a resistência do STA no aresto em apreço, expressa no sentido da rejeição de uma finalidade meramente preventiva da intimação, esta tutela preventiva constitui uma imposição do próprio princípio da tutela jurisdicional efetiva[105], no pressuposto, naturalmente, que a mesma não implique uma incursão em áreas de livre margem de decisão administrativa, em colisão com o princípio da separação de poderes. De resto, as vinculações jurídicas e limitações jurídico-constitucionais da Administração que permitiram a superação dos preconceitos e do debate doutrinário[106] e abriram caminho à previsão pelo CPTA da possibilidade de condenar a Administração à emissão do regulamento devido, serão, precisamente, as mesmas que legitimam uma condenação à omissão de emitir normas administrativas.

Ao contrário da argumentação do STA mencionada *supra*, parece-nos que a abstenção ou a emissão de normas administrativas com um determinado conteúdo pode não extravasar, necessariamente, o âmbito de intervenção do poder judicial, pois o respetivo controlo jurídico, positivo ou negativo, constitui um corolário lógico do princípio da tutela jurisdicional efetiva, na medida da sua imediata lesividade. Um entendimento diverso ressuscita todos os mitos geralmente associados à natureza

[104] Cf. Artigo 37.o, n.o 1, alínea c): "Condenação à adopção ou abstenção de comportamentos, designadamente a condenação da Administração à não emissão de um ato administrativo, quando seja provável a emissão de um ato lesivo".

[105] Lanceiro, Rui. "A condenação à abstenção de comportamentos no Código de Processo nos Tribunais Administrativos", 2010. Disponível em: https://www.icjp.pt/sites/default/files/media/1033-2247.pdf

[106] Sobre as Omissões Regulamentares Ilegais, o nosso Relatório (inédito) de Mestrado de Direito Administrativo –
Castro, Raquel Brízida. *Contributo para o Estudo das Omissões Regulamentares Ilegais*. Relatório de Direito Administrativo, para o Curso de Mestrado em Ciências Jurídico-Políticas da Faculdade de Direito da Universidade de Lisboa, sob a Regência do Prof. Doutor Paulo Otero (inédito), Lisboa, 2000, p. 9.

jurídica do próprio poder regulamentar e da correspetiva impugnabilidade[107], por razões constitucionais, políticas e jurídico- normativas[108].

Consequentemente, considerando a inexistência de indícios literais da refutação dessa tutela inibitória preventiva no CPTA e sem prejuízo da preferência, *a priori,* pela via reativa, esta deve ser superada pela via preventiva quando o princípio da tutela jurisdicional efetiva o reclame, nos termos seguintes:

i) Quando a prevista e provável emissão das normas administrativas seja suscetível de causar danos irreversíveis, que uma eventual reação apenas a posteriori, seria capaz de prevenir ou remover[109];
ii) Desde que seja provável a emissão do regulamento[110] [111] e que este seja (ou possa ser) suficientemente determinado[112].

Estamos conscientes da dificuldade/impossibilidade de identificação precisa de uma norma previsível futura, não sendo possível uma condenação à abstenção da regulamentação de norma em abstrato. Todavia, perante a irrelevância jurídica da forma, por imposição constitucional[113], apenas uma aceção excessivamente formalista do direito incompatível com o nosso ordenamento jurídico-constitucional ousará exigir a especificação de uma norma concreta, *ipsis verbis,* perante uma sucessão de normas de conteúdo idêntico, cujas agressões a direitos fundamentais se revelam materialmente equivalentes. Na ausência de

[107] Morais, Carlos Blanco de. "A impugnação dos regulamentos no contencioso administrativo português". *Temas e Problemas de Processo Administrativo.* 2. ed. revista e atualizada, coord. Vasco Pereira da Silva, E-book ICJP. Lisboa: Faculdade de Direito de Lisboa, 2011, pp. 136 ss.
[108] Morais, Carlos Blanco de. "A impugnação dos regulamentos", ult. loc. cit., p. 136.
[109] Para o ato administrativo, Almeida, Mário Aroso de. *Manual de Processo Administrativo.* 5. ed. Coimbra: Almedina, 2021, pp. 110-113.
[110] Sobre a "probabilidade" da emissão de ato lesivo como pressuposto da acção inibitória, Lanceiro, Rui. "A condenação à abstenção de comportamentos", op. cit.
[111] Por exemplo, quando a Administração anunciou que ia adotar esse comportamento – Lanceiro, Rui. "A condenação à abstenção de comportamentos", op. cit.
[112] Lanceiro, Rui. "A condenação à abstenção de comportamentos", op. cit.
[113] Cf. Artigo 268.°, n.° 4, da CRP.

instrumentos jurídico-processuais de amparo direto perante o Tribunal Constitucional, em situações excecionais de emergência, perante uma bastante provável (e publicamente anunciada) emissão de uma norma administrativa com um conteúdo determinado, deve admitir-se a condenação à abstenção de emissão de regulamentos, designadamente, em sede de intimação para a proteção de direitos, liberdades e garantias. Quando a célere emissão de uma decisão de mérito que imponha à Administração a adoção de uma conduta negativa, ato ou norma, se revele indispensável para assegurar o exercício, em tempo útil, de um direito, liberdade ou garantia, por não ser possível ou suficiente, nas circunstâncias do caso, o decretamento de uma providência cautelar.

Conclusões

O modelo de resposta normativa adotado em Portugal no combate à pandemia configura um desvio ao modelo positivo da Constituição dos poderes e dos direitos de emergência, o qual se funda no princípio do equilíbrio institucional de poderes vigente em normalidade constitucional, limite negativo intangível do ordenamento jurídico-constitucional de emergência. O que conduziu ao enfraquecimento da tutela jurisdicional de direitos fundamentais e da suscetibilidade de controlo da constitucionalidade das medidas restritivas e/ou suspensivas pelo Tribunal Constitucional.

A pandemia agravou a percepção das insuficiências do nosso sistema de fiscalização concreta da constitucionalidade, em especial no que respeita às gigantescas dificuldades jurídico-processuais que constrangem o acesso à justiça constitucional especializada, no ordenamento jurídico-constitucional português. Um teimoso diagnóstico que, aliado à surpreendente inércia das entidades a quem a Constituição confere legitimidade para a fiscalização abstrata, constitui mais um argumento, decisivo, para a sua reformulação.

Em acréscimo, o contencioso administrativo não se revelou, no presente domínio material, especialmente amigo dos diretos fundamentais. Com algumas exceções, mesmo os meios processuais que geravam maiores expetativas mostraram-se, na maioria absoluta dos casos, inservíveis para lidar com situações críticas pois, salvo alguns casos de criatividade jurídica de geometria varável, renderam-se ao pragmatismo das dificuldades processuais geradas pela regulação de emergência, por natureza, de vigência curta e temporalmente limitada.

Referências

ALMEIDA, Mário Aroso de. *Manual de Processo Administrativo*. 5. ed. Coimbra: Almedina, 2021.

ANDRADE, José Carlos Vieira de (2020) "A defesa dos direitos e liberdades em estado de emergência – algumas reflexões livres". *Revista de Legislação e de Jurisprudência,* ano 150, n.º 4029.

BÖCKENFÖRDE, Ernst-Wolfgang. "The Repressed State of Emergency: The Exercise of State Authority in Extraordinary Circumstances". *M. Künkler and T. Stein (eds.), Constitutional and Political Theory: Selected Writings,* v. I. Oxford: Oxford University Press, 2017.

BRITO, Miguel Nogueira de. "Anotação ao Acórdão do STA, 1.ª Secção, de 10 de Setembro de 2020". *Revista de Direito Administrativo,* n.º 10. Lisboa: AAFDL Editora, jan-abr 2021.

CANAS, Vitalino. *Os Processos de Fiscalização da constitucionalidade e da legalidade pelo Tribunal Constitucional.* Coimbra: Coimbra Editora, 1986.

CAROLAN, Eoin. "The Problems with the Theory of the Separation of Powers", january 2009. Available at SSRN: https://ssrn.com/abstract=1889304 or http://dx.doi.org/10.2139/ssrn.1889304.

CASTRO, Raquel Brízida. *As Omissões Normativas Inconstitucionais no Direito Constitucional Português*. Coimbra: Almedina, 2012.

CASTRO, Raquel Brízida. "Normas implícitas e Normas Constitucionalmente Devidas *ad casum* e a Pretensa Quadratura do Círculo Processual Constitucional: Recapitulação, Desmistificação e Tentativa de Reconstrução". *Estudos em Homenagem a Rui Machete*. Coimbra: Coimbra Editora, 2015, pp. 851-881.

CASTRO, Raquel Brízida. *Justiça Constitucional de Emergência*. Coimbra: Almedina, 2022 (no prelo).

CASTRO, Raquel Brízida. *Contributo para o Estudo das Omissões Regulamentares Ilegais.* Relatório de Direito Administrativo, para o Curso de Mestrado em Ciências Jurídico-Políticas da Faculdade de Direito da Universidade de Lisboa, sob a Regência do Prof. Doutor Paulo Otero (inédito), Lisboa, 2000.

CASTRO, Raquel Brízida. "Direito Constitucional em tempos de pandemia: Pode a Constituição sobreviver a crises sanitárias?" "Constitutional Law in times of pandemic: Can the Constitution survive health crises?". *Revista da Faculdade de*

Direito da Universidade de Lisboa, n.º 1, 2020 (ano LXI), pp. 645-679: https://drive.google.com/file/d/1hYglOv6WWR7FwmCICDBQYB4_PVk9f0-1/view

CASTRO, Raquel Brízida. "Eleições em Estado de Exceção?". *Observatório Almedina*, 22 jan 2021: https://observatorio.almedina.net/index.php/2021/01/22/eleicoes-em-estado-de- excecao/?fbclid=IwAR3APuRAuZ4h7-7liToC8okcVZtAyHVv-CuJPY3TLqtriueceqjqgNsEkJiY.

COIMBRA, José Duarte. "A justiça administrativa em tempos de emergência e de calamidade". *e-publica*, v. 7, n.º 1, abril 2020, pp. 228-265.

CORREIA, Fernando Alves. *Justiça Constitucional*. 2. ed. Coimbra: Almedina, 2019.

LANCEIRO, Rui. "A condenação à abstenção de comportamentos no Código de Processo nos Tribunais Administrativos", 2010. disponível em: *https://www.icjp.pt/sites/default/files/media/1033-2247.pdf* (última consulta dezembro de 2021).

LOMBA, Pedro. "Constituição, estado de emergência e Administração sanitária: alguns problemas/ Constitution, state of emergency and public health Administration: some problems". *e-publica*, v. 7, n.º 1, abril 2020.

MIRANDA, Jorge. *Fiscalização da Constitucionalidade*. Coimbra: Almedina, 2017.

MORAIS, Carlos Blanco de. *Justiça Constitucional, II*, Coimbra: Coimbra Editora, 2011.

MORAIS, Carlos Blanco de. "A impugnação dos regulamentos no contencioso administrativo português". *Temas e Problemas de Processo Administrativo*. 2. ed. revista e atualizada, coord. Vasco Pereira da Silva, E-book ICJP. Lisboa: Faculdade de Direito de Lisboa, 2011.

NOVAIS, Jorge Reis. *Sistema Português de Fiscalização de constitucionalidade: Avaliação Crítica*. 2. ed. Lisboa: AAFDL Editora, 2019.

QUEIROZ, Cristina. *Justiça Constitucional*. Lisboa: Petrony, 2017.

RAIMUNDO, Miguel Assis. "Em busca das especificidades processuais das formas típicas de atuação (a propósito da eliminação da distinção Acção Comum/Acção especial no CPTA". *JULGAR*, n.º 26. Coimbra: Coimbra Editora, 2015.

REGO, Carlos Lopes do. "As interpretações normativas sindicáveis pelo TC". *Jurisprudência Constitucional*, n.º 3. Lisboa: AATRIC, 2004.

RIBEIRO, Gonçalo de Almeida. "Compreender o estado de exceção constitucional". *Julgar*, n.º 44. Coimbra: Almedina, 2021.

SÁNCHEZ, Pedro Fernández. "Sobre os poderes normativos do Presidente da República e do Governo em estado de exceção". *Revista da Ordem dos Advogados* III/IV, 2021, pp. 755-805.

10.
CONSENSUALIDADE NA PÓS-PANDEMIA: BREVES REFLEXÕES

JOSÉ MARINHO PAULO JUNIOR

Introdução

O presente artigo perquire, com metodologia de revisão bibliográfica, a consensualidade em um contexto pós-pandêmico. O recorte de pesquisa não se dedica a examinar todos os métodos de resolução de conflito, mas a compreender sua interação com a nova realidade mundial, em um ambiente transnacional virtualizado, em interseção entre a cultura, a transdisciplinaridade[1] e o direito – o que justifica o estudo.

1. A ebulição da consensualidade

O estímulo à consensualidade[2], com evolução da ciência de resolução de conflitos, passou a ser um novo mote em nosso ordenamento, sendo a

[1] Ante a plurivocidade do vocábulo "transdisciplinariedade", alinha-se aqui à semântica por GUSTIN e DIAS (2006): exige linguagem científica dialógica, consistindo em estudo de um elemento através de diversas disciplinas, com sobreposição dos saberes (na multidisplinariedade, ao contrário, quedam apenas justapostas), com conhecimento integrado e interativo entre as disciplinas, com relações, em etapa qualitativamente superior à interdisciplinaridade, postas em sistema total, sem fronteiras claras entre si. (GUSTIN, Miracy Barbosa de Sousa e DIAS, Maria Tereza Fonseca. *(Re)pensando a Pesquisa Jurídica: Teoria e Prática*. Belo Horizonte/MG: Del Rey, 2006).

[2] Na era da construção do consenso, é igualmente curial – e sem qualquer paradoxo – o estímulo ao dissenso, na acepção de HALIS, isto é, "the initiative of a behavior that offers

Lei Nacional de Mediação e o Novo Código de Processo Civil emblemáticos desta nova realidade por inúmeras outras iniciativas, em clara compreensão de que mesmo a indisponibilidade do interesse público não se confundiria com a disponibilidade de meios para atingi-lo, sendo imprópria a invocação do princípio da indisponibilidade do interesse público como óbice à sua utilização por entes públicos[3].

Desde o visionário termo de compromisso pela Comissão de Valores Mobiliários (artigo 11 §5.º da Lei n.º 6.385/76)[4], posteriormente remodelado pelo artigo 14 da Lei n.º 13.506/2017, o sistema normativo pátrio continha previsões esparsas e extravagantes sobre compromissos, tal como a do artigo 46, parágrafo 1.º da Lei de Diretrizes e Bases da Educação Nacional (Lei n.º 9394/10996). E tal tendência já vinha sendo seguida nas normas que regem as agências reguladoras, como, por exemplo, a agência nacional de energia elétrica – ANEEL (artigo 3.º, V, da Lei n.º9.427, de 1996), agência nacional de telecomunicações – ANATEL (artigo 19, XVII, da Lei n.º 9.472, de 1996), agência nacional do petróleo – ANP (artigo 20 da Lei n.º 9.478, de 1997) e da agência nacional de saúde suplementar – ANS (artigo 29 da Lei n.º 9.656/1998 e artigo 4.º da Lei n.º 9.961/2000)[5]-[6].

A consensualidade foi ampliada por meio do acordo de leniência (artigo 86 da Lei n.º 12.529/2011; artigo 16 e 17 da Lei n.º 12.846/2013), do compromisso de cessação (artigo 85 da Lei n.º 12.529/2011), dos acordos administrativos em processo de supervisão conduzidos pelo Banco

another view, another sense, or another way of feeling to existing behavior and reality, rather than merely implying a rebellious or transgressive behavior." (Halis, Denis de Castro. "Digitalization and Dissent in Legal Cultures: Chinese and Other Perspectives". *Naveiñ Reet: Nordic Journal of Law and Social Research* (NNJLSR), n. .º 9, 2019, p. 129).

[3] Rodrigues, Marco Antonio dos Santos e Alvarez, Pedro de Moraes Perri. "Arbitragem e a Fazenda Pública". *Revista Eletrônica de Direito Processual* – REDP, v. 14, 2014.

[4] Poder-se-ia retroagir ainda mais no tempo. Bastaria lembrar o longevo instituto da desapropriação amigável previsto pelo Decreto-Lei n .º 3.365, de 21 de junho de 1941, cujo artigo 10 previa expressamente o acordo.

[5] Pinho (2018, p. 208).

[6] Em completo levantamento dos antecedentes históricos do cabimento dos acordos envolvendo órgãos públicos, Souza, Luciana Moessa de Souza. "A mediação de conflitos e a Administração Pública". *O marco legal da mediação no Brasil: comentários à Lei n.º 13.140, de 26 de junho de 2015.* Durval Hale, Humberto Dalla Bernardina de Pinho, Trícia Navarro Xavier Cabral (org.) São Paulo: Atlas, 2016.

Central do Brasil (artigo 30 da Lei n.º 13.506/2017), da mediação entre entidades fechadas de previdência complementar e entre estas e seus participantes, assistidos, patrocinadores ou instituidores, pela Superintendência Nacional de Previdência Complementar – PREVIC (ar. 2.º, VIII, Lei n.º 12.154/2009), e do compromisso do artigo 26 da Lei de Introdução às Normas do Direito Brasileiro, inserido pela Lei n.º 13.655/2018.

Em paralelo, diversos diplomas legais remetem à arbitragem para conflitos da Administração Pública. A título exemplificativo, afora evidentemente a Lei n.º 9.307/96 (Lei Nacional de Arbitragem), tenham-se a Lei n.º 9.472/97 (Lei Geral de Telecomunicações), artigo 93, XV; Lei n.º 9.478/97 (Lei de Petróleo), artigo 43, X; Lei n.º 11.079/04 (Lei das Parcerias Público-Privadas), artigo 11, III; Lei n.º 8.987/95 (Lei de Concessões), artigo 23-A; Lei n.º 10.848/04 (Lei sobre a Comercialização de Energia Elétrica), artigo 4.º, §§ 5.º, 6.º e 7.º; Lei n.º 4.418/02 (Estatuto do BNDES), artigo 9.º, I.

O Conselho Nacional de Justiça implantara o "Movimento pela Conciliação" em agosto de 2006, com o fito de alterar a cultura da litigiosidade e promover a busca de soluções para os conflitos mediante a construção de acordos, dando origem à Semana Nacional da Conciliação, evento anual que abrange todos os tribunais do país. Em 2010, com o crescimento das demandas internas sobre o tema, foi editada a Resolução CNJ n.º 125, que dispôs sobre a Política Judiciária de Tratamento Adequado dos Conflitos de Interesse no Âmbito do Poder Judiciário. Também foi editada a Recomendação CNJ n.º 50/2014, para estimular e apoiar os tribunais na adoção das técnicas consensuais de resolução de conflitos. Ainda, a Resolução CNJ n° 198/2014, sobre o Planejamento e a Gestão Estratégica no âmbito do Poder Judiciário para o sexênio 2015-2020, ressaltava a importância da efetividade na prestação jurisdicional, apontando como cenário desejado: justiça mais acessível, desjudicialização e descongestionamento do Poder Judiciário. Mais recentemente, a Recomendação CNJ n.º 71/2020 orientou os Tribunais de Justiça a instalarem Centros Judiciários de Solução de Conflitos e Cidadania (Cejuscs), voltados para a desjudicialização de demandas no meio empresarial[7]-[8].

[7] Anote-se também a Resolução CNJ n.º 271, de 11 de dezembro de 2018, que fixa parâmetros de remuneração a ser paga aos conciliadores e mediadores judiciais, nos termos

A pandemia que assolou o mundo no início desta década fez chegar aos tribunais brasileiros milhares de ações a si relacionadas (figura 01), somando-se às outras milhares ordinariamente tratadas por nossas cortes.

FIGURA 01: **Ações relativas à Covid-19 no âmbito do CNJ por classe**

Classe	Quantidade
Procedimento do Juizado Especial Cível	56081
Auxílio Emergencial	10371
Habeas Corpus Criminal	9924
Agravo de instrumento	4780
Mandado de segurança	4148

Fonte: CNJ (2020)

E em tempos de enfrentamento ao COVID-19, a Justiça Brasileira avançou em direção à resolução digital de conflitos[9], tornando realidade a *online dispute resolution* (ODR)[10]. A Portaria CNJ n° 61, de 31 de março

do disposto no artigo 169 do Código de Processo Civil – Lei n.º 13.105/2015 – e no artigo 13 da Lei de Mediação – Lei n.º 13.140/2015.

[8] No levantamento realizado pelo Conselho Nacional de Justiça, havia cerca de 80.000.000 (oitenta milhões) de processos tramitando na Justiça (CNJ. *Justiça em Números 2019/Conselho Nacional de Justiça*. Brasília: CNJ, 2019. p. 79).

[9] TRIBUNAL DE JUSTIÇA DO ESTADO DO PARANÁ. "Nova Plataforma de mediação digital é apresentada pelo CNJ", 2018. Disponível em: https://www.tjpr.jus.br/home/- /asset_publisher /9jZB/content/id/15002299. Acesso em 09/04/2020.

[10] Uma realidade embrionária, com implementação gradativa e que ainda necessita de uma atuação mais concentrada do Poder Público para permitir uma ampla acessibilidade dos cidadãos à internet, carecendo, de igual forma, de um marco legal (NETTO, José Laurindo Souza e FOGAÇA, Anderson Ricardo. "Métodos consensuais de solução de conflitos no ambiente digital em tempos de pandemia". Congresso Internacional de Direito e Inteligência Artificial – CONPEDI – SKEMA, 2020. Disponível em: http://conpedi.danilolr.info/publicacoes /x2c7701f/2gddgklv/LeIKfY1O4YjeZDw1. Consultado em 19/08/2021).

de 2020, tornou disponível plataforma emergencial de videoconferência para a realização de audiências sessões de julgamento e de conciliação[11].

Aliás, o Conselho Nacional de Justiça, diante do regime de isolamento social orientado pela Organização Mundial da Saúde (OMS), em razão da pandemia do COVID-19, vedou, por meio das Resoluções CNJ n.º 314 e 318 de 2020, o reestabelecimento do expediente presencial no âmbito do Poder Judiciário, determinando o trabalho remoto de magistrados, servidores e colaboradores, em busca de soluções de forma colaborativa com os demais órgãos do sistema de justiça, para realização de todos os atos processuais.

Tal movimento conciliatório foi acompanhado por diversas unidades da Federação. No Rio de Janeiro, destacam-se, por exemplo, o Decreto Estadual n.º 42.625/2018 (de Arbitragem na Administração Pública) e a Lei Estadual n.º 5427/2009 (sobre ajustes em procedimentos administrativos).

E assim não se deu apenas na *terrae brasilis*. Diversos ordenamentos jurídicos alienígenas[12] também migraram de adversariais a dialógicos. Bem mais do que movimentos nacionais isolados, a comunidade internacional igualmente vem cunhando novos instrumentos de cunho resolutivo. Embora haja, de fato, desde 1980, as Regras de Conciliação da UNICITRAL, destaca-se a Convenção sobre Acordos de Liquidação Internacional Resultantes de Mediação das Nações Unidas, também conhecida como Convenção de Singapura sobre Mediação[13]-[14], do qual o Brasil

[11] Aliás, a mediação digital (ou on-line, pela internet ou virtual) já fora previamente prevista pela Resolução CNJ n.º 125/2010 e pela Lei n.º 13.140/2015. Bem antes, em 2006, a Lei n.º 11.419 previa o acesso à justiça no formato eletrônico, sendo corolário do Programa Nacional de Apoio à Inclusão Digital nas Comunidades (instituído pelo Decreto Federal n.º 6.9991/2009).

[12] Pinho, Humberto Dalla Bernardina de e Paumgartten, Michele Pedrosa. "Os Efeitos Colaterais Da Crescente Tendência À Judicialização Da Mediação". *Revista Eletrônica de Direito Processual* – REDP, v. 11, 2013. Periódico da Pós-Graduação Stricto Sensu em Direito Processual da UERJ. Patrono: José Carlos Barbosa Moreira. Disponível em: www.redp.com.br. Acesso em: 22/09/2021.

[13] Disponível em https://uncitral.un.org/en/texts/mediation. Consulta em 25 ago. 2021.

[14] O tratado busca facilitar o comércio internacional e promove a mediação como alternativa e método efetivo para resolver disputas comerciais, garantindo mecanismos eficazes para a aplicação de acordos internacionais de liquidação resultantes da mediação,

foi o 54.º (quinquagésimo quarto) país signatário – o que o alça a um dos mais bem-sucedidos tratados multilaterais preparados pela Comissão das Nações Unidas para o Direito Comercial Internacional (UNCITRAL).

Para além do mundo real, o mundo virtual, tal como visto acima, é alcançado pelo movimento conciliatório, passando a integrá-lo como mais um ambiente de facilitação de acordos e construção de consenso. A Diretiva n.º 11/2012 do Parlamento Europeu e do Conselho da União Europeia, na forma do Regulamento EU n.º 524/2013 e do PE-COS n.º 80/2021, em atenção ao crescimento exponencial do comércio eletrônico, dispôs sobre a resolução de disputa virtual entre consumidores e comerciantes – fonte de inspiração à Lei n.º 13.140/2015[15].

Há, pois, um movimento nacional, com capilaridade nos Estados da Federação, presente em ambientes físico e virtual, paralelo ao de outros países – um fenômeno genuinamente mundial, portanto – e, bem mais, em comunhão de esforços internacionais, nos quais a consensualidade é posta como pedra angular, revisitando-se posturas adversariais tradicionais.

Em termos metodológicos, ocorre vertiginosa revolução negocial[16] coletiva em um meio cada vez mais virtual e com necessidade de tratamento de *Big Data*[17] – onde não se permite às instituições o simplório

sob fundamento de que soluções mediadas agilizam e barateiam litígios de comércio internacionais.

[15] Spengler, Fabiana Marion Spengler e Pinho, Humberto Dalla Bernardina de. "A mediação digital de conflitos como Política judiciária de acesso à justiça no Brasil". *Revista da Faculdade de Direito da UFMG*, n.º 72. Belo Horizonte, jan./jun. 2018, pp. 219-257.

[16] "Negociação" em sentido amplo; incluída, pois, a negociação assistida qualificada (a mediação), esposada aqui a concepção *lato sensu* de URY, William e Fisher, Roger. *Getting to Yes: Negotiating Agreement Without Giving In*. 2. ed. New York: Penguin Books, 1992. Neste sentido, no ordenamento norte-americano, o *Uniform Mediation Act*, que dispõe em seu item (1): "*Mediation means a process in which a mediator facilitates communication and negotiation between parties to assist them in reaching a voluntary agreement regarding their dispute*".

[17] Lyons, Susanna Haas. *Social Media and Civic Engagement*. Vancouver, Canadá: Simon-Fraser University, 2012, aduz que, diante da complexidade que denomina "ciclo de engajamento" na mídia social, fica clarividente a necessidade de haver um sistema próprio, adequado, predisposto e igualmente complexo para tratamento da informação, constante, flutuante e contínua, que passa por tal meio digital .E tudo sem mencionar a constante ebulição de tecnologias, tais como o *Open Data*, que sonham em mudar o modo como

opt-out, em realidades impostas[18]. Migra-se do modelo único da audiência pública a novos meios dialógicos em massa, destacados dentre estes *Consensus Building Approach, Open Space Technology, World Café, Deliberative Polling, 21st Century City Hall Meeting*, além de processos circulares (com *Gacaca Courts*), narrativos, constelares e transformativos, em suas formas multitudinárias[19]-[20].

Sob tais luzes, ao se olhar para o cenário jurídico-processual, frente a demandas processuais coletivas *lato sensu*, não bastará ao operador do direito adotar adequado veículo de diálogo em massa. Haverá de ir além, devendo lançar mão, de igual forma, de instrumento de análise quantitativo-qualitativa da informação complexa, sem o que estará diante da absurda alternativa de se perder tal inestimável dado ou de se quedar paralisado em assombro diante do que não consegue compreender. Colher dados em massa e extrair significado e sentido destes são tarefas que andam de mãos entrelaçadas[21]. A resolução de conflito reclama seu reconhecimento como ciência e não só como arte.

cidadãos e governos interagem em relação a problemas que conjuntamente se prestam a enfrentar.

[18] E não há, para o Direito e a Justiça, a opção estratégica de contrafluxo comportamental. Segundo Qualman, Erik. *How Social Media transforms the way we live and do business.* 2. ed. New Jersey, USA: John Wiley & Sons Inc., 2013, p. 158, se uma instituição resiste à mudança, pode rapidamente colocar-se em uma rota de declínio daqueles que falharam em entender o novo modelo de seu negócio, ainda que com uma menor fatia do mercado – ainda maior do que fatia alguma

[19] Vide Junior, José Marinho Paulo. "Métodos Modernos de Resolução de Conflito em Massa". *Revista do Ministério Público no Estado do Rio de Janeiro*, n.º 52. Rio de Janeiro, 2015, para maior detalhamento de novos métodos de resolução de conflito em massa.

[20] Vide Haskell, Leslie. "The Legacy of Rwanda's Community-Based Gacaca Courts". Human Rights Watch, 30 de maio de 2011. Disponível em: https://www.hrw.org/report/2011/05/31/justice-compromised/legacy-rwandas-community-based-gacaca-courts (acesso em 22/04/2020) sobre Gacaca Courts, experiência única de Rwanda, onde se deu aplicação de processo circular restaurativo a incidentes com violência.

[21] A avaliação de impacto regulatório (AIR) surge como um novo paradigma para o processo e o método de motivação e controle de escolhas com o uso de autoridade (RIBEIRO, Daniel Lima. "Adaptive Regulatory Impact Assessment: Beyond the Foresight-Hindsight Divide", setembro de 2019. Disponível em: <https://www.researchgate.net/project/Adaptive-Regulatory-Impact-Assessment-Beyond-the-Foresight-Hindsight-Divide>. Consulta em: 13/05/2020).

2. Transnacionalidade, transdisciplinaridade e Cultura[22]

A realidade da era globalizada[23] é tocada por conflitos sociais em grau de massa, autoevidenciando a complexidade estampada em sua estrutura[24]. A percepção dos indivíduos em sua totalidade mostra-se como a pedra de toque a justificar a correlação dos elementos complexidade, cultura e pós-modernidade, com vistas à interdisciplinaridade – matéria esta ventilada em diversos campos científicos, sem, entretanto, univocidade de conceituação e consenso a respeito da sua aplicação nas diversas esferas do conhecimento.

Como elemento uníssono está a busca pela mudança sistemática do ensino como forma de promover o reconhecimento da complexidade dos sujeitos, por meio da reformulação ou do aprimoramento do processo ensino-aprendizagem, adequando esses mecanismos à nova realidade globalizada e complexa.

Para identificar os sentidos da transdisciplinaridade e a importância de sua inserção na construção do conhecimento, é necessário ter a percepção de que o mundo globalizado apresenta muitos desafios que impõem o rompimento com modelos tradicionais para o ensino.Nesse sentido, parte das considerações sobre a Educação para o século XXI incorporadas na UNESCO geraram a edição de *Educação: um tesouro a descobrir*, cujas teses apontadas passaram a nortear a política educacional contemporânea marcada pelos quatro pilares: aprender a ser, aprender fazer, aprender a viver juntos e aprender a conhecer, que constituem

[22] Seção adaptada do artigo intitulado *A Cultura da Consensualidade e o Ensino Superior*, escrito em coautoria por Pinho, Humberto Dalla Bernardina de e Junior, José Marinho Paulo (no prelo).

[23] Como visto adiante, a transnacionalidade não é fenômeno distinto da globalização, mas nasce no seu contexto, consoante Clóvis Demarchi, para que, aliás, a globalização só poderia ser pensada a partir dos primórdios da era moderna nos séculos XV e XVI, com a revolução copernicana (*Direito e Educação: A regulação da Educação Superior no contexto transnacional*. Tese de Doutorado submetida ao programa de Doutorado em Ciência Jurídica da Universidade do Vale do Itajaí – UNIVALI. Itajaí-SC, p. 303, 2012, p. 74).

[24] Pinho, Humberto Dalla Bernardina de e Duarte, Marcia Michele Garcia. "Interdisciplinaridade, Complexidade e Pós-Modernidade: Premissas Fundamentais para a Compreensão do Processo Civil Contemporâneo". *Revista Jurídica Luso-Brasileira*, n.º 4, ano 4, 2018, pp. 955-999.

ações permanentes teriam o potencial de formar o educando como pessoa e cidadão[25].

A idealização do alcance da transdisciplinaridade tem ocupado boa parte da agenda do ensino contemporâneo, mas não como algo engrandecedor em absoluto. Para os críticos[26]. o modismo da inserção do modelo de mercado dessa terminologia está afetando cada vez mais os profissionais eficientes, e essa exigência seria maquiada pelo discurso oficial da academia em transformação.

Ao estudar o fenômeno da resiliência e da transdisciplinaridade, VARELLA[27] descreveu que a segunda é mais do que um sistema educacional. Para ela, cuida-se da aceitação de ambiguidades em ações e em reflexões, possibilitando o exer-cício de diferentes linguagens e diferentes atitudes, que permitem o reconhecimento, o agir, e a renovação interior. Para a estudiosa, a transdisciplinaridade ocupa-se da verdade do homem enquanto ser do mundo, oportunizando o aprender, a busca pelo potencial interno com liberdade, e viabilizando os autoconhecimento e autodesenvolvimento.

De acordo com Moreira José[28], as práticas pedagógicas devem viabilizar ao aluno aquisições para além do saber escolarizado, nisso residindo as práticas estratégicas transgressoras que neguem as práticas positivistas, voltadas para a memoriz ação e para a repetição, que não incitam a reflexão.

[25] Fortes, Clarissa Correa. "Interdisciplinaridade: Origem, Conceito e Valor". Disponível em: http://www3.mg.senac.br/NR/rdonlyres/eh3tcog37oi43nz654g3dswloqyejkbfuxkjpbgehjepnlzyl4r3inoxahewtpql7drvx7t5hhxkic/Interdisciplinaridade.pdf. Acesso em 13/01/2013.

[26] Alves, Railda F; Brasileiro, Maria do Carmo E.; Brito, Suerde M. de O. "Interdisciplinaridade: um conceito em construção". *Episteme*, n.º 19. Porto Alegre, jul./dez. 2004, p. 143.

[27] Varella, Ana Maria Ramos Sanchez. "A Resiliência e a Interdisciplinaridade". *R. Interdisciplinaridade*, v. 1, n.º 0. São Paulo, Outubro de 2010, pp. 40/2.

[28] Moreira Jose, Mariana Aranha. "Interdisciplinaridade e Ensino: Dialogando so-bre as questões da aprendizagem". *R. Interdisciplinaridade*. São Paulo, v. 1, n.º 0, Outubro de 2010, p. 57.

Veiga Neto[29] analisa a transdisciplinaridade como algo que pode coexistir e não se sobrepor à disciplinaridade. Conclui que consagra um processo de evolução do conhecimento, sem prejuízo de que ambas constituam um mesmo processo histórico educacional, sendo a transdisciplinaridade recebida como modo de se proporcionar o trabalho conjunto de várias disciplinas em direção ao mesmo objeto.

Retomando a seara do conhecimento científico, Silva[30] aponta que o fenômeno da hiperespecialização do saber inviabiliza a compreensão de objetos ou de questões de pesquisa ante o risco de simplificação dos fenômenos investigativos gerando fronteiras ou "bolhas" disciplinares como decorrência da organização dos departamentos no espaço universitário. Para o autor, isso impede a circulação e o diálogo entre as disciplinas e opõe resistência às novas teorias provenientes do exterior, provocando estagnação dos movimentos interdisciplinares.

A especialização extrema representa um polo inversamente oposto ao da generalidade, embora sejam ambas vias distorcidas da realidade. A especialidade na ciência é positiva por se mostrar necessária ao aprofundamento do conhecimento, mas desde que isso não implique em reducionismos dos especialistas, reservando-se a necessidade de esses dialogarem com outros que o sejam em diferentes áreas do conhecimento.

Isso porque a transdisciplinaridade permite tanto a horizontalização quanto a verticalização do conhecimento, viabilizando a visão complexa e profunda, conferindo espaços para particularidade e complexidade, tal como se observa nas pesquisas em grupo, com pesquisadores de áreas e perspectivas dife-rentes, ensinam Alves, Brasileiro e Brito[31].

Gattás e Furegato[32] destacaram que esse crescente e rápido movimento foi promovido pela pulverização do conhecimento e pela divisão dos saberes, que geraram as especialidades e subespecialidades, num

[29] Alves, Railda F; Brasileiro, Maria do Carmo E.; Brito, Suerde M. de O. "Interdisciplinaridade: um conceito em construção". *Episteme*, n.º 19. Porto Alegre, jul./dez. 2004., p. 145

[30] Silva, Wagner Rodrigues. "Construção da Interdisciplinaridade no Espaço Complexo de Ensino e Pesquisa". *Cadernos de Pesquisa*, v. 41, n.º 143, maio/ago, 2011, p. 588.

[31] Alves, Railda F; Brasileiro, Maria do Carmo E.; Brito, Suerde M. de O. "Interdisciplinaridade: um conceito em construção". *Episteme*, n.º 19. Porto Alegre, jul./dez. 2004, p. 142.

[32] Gattás, Maria Lúcia Borges e Furegato, Antônia Regina Ferreira. "Interdisciplinaridade: uma contextualização". Disponível em http://www.scielo.br/scielo.php?script=sci_

espaço em que especialistas têm difi-culdade de visualizar como conjunto naquilo que observa (e se prende) limitadamente aos detalhes, restringindo as comunicações com outros espaços mentais e intelectuais. Ilustram as referidas autoras que isso gera sistemas feudais que controlam a iniciativa de ensino e investigação, e apontam que o ostracismo do conhecimento transdisciplinar se deu em razão de preconceitos pregados pelos positivistas, formando barreiras conceitual, me-todológicas e ideológicas.

Alves, Brasileiro e Brito[33] sugerem como forma de eliminar a individualização, a realização de pesquisas em grupos organizados ou equipes de trabalho. Para realizar a interdisciplinaridade, ensinam que se deve atentar para os empreendimentos humanos e históricos, buscando objeto comum aos vários conhecimentos e à prática, o que configura o "método da tarefa", ao passo em que fica a cargo do "método da reflexão interdisciplinar" a reflexão acerca dos saberes já constituídos.

Nessa seara, surge a necessidade de se abordar a percepção da cultura e sua importância no espaço-tempo presente, bem como a sua participação no processo de construção do conhecimento científico e acadêmico, diante da importância da cultura como elemento massificador de paradigmas.

Nesse contexto, merecem relevo os ensinamentos de JOBIM[34], para quem a cultura é diversa de "culturalismo". À primeira, o autor atribui a característica de algo inerente à de-terminada sociedade, aos traços culturais existentes, mesmo os rudimentares de algumas tribos indígenas, ou totalmente voltada para a alta tecnologia como a japonesa. Ainda para o autor, cultura é algo afirmável e não conceituável, na medida em que con-sidera tão difícil de conceituar categoricamente quanto quando se pretende fazê-lo com as expressões, tempo, direito e justiça, por exemplo.

arttext&pid=S010321002006000300011&lng=pt&nrm =iso&tlng=pt. Acesso em 13/01/2016.

[33] Alves, Railda F; Brasileiro, Maria do Carmo E.; Brito, Suerde M. de O. "Interdisciplinaridade: um conceito em construção". *Episteme*, n.º 19. Porto Alegre, jul./dez. 2004, p. 142.

[34] Jobim, Marco Félix. *Cultura, escolas e fases metodológicas do processo*. Porto Alegre: Livraria do Advogado, 2011, p. 23.

Para Jobim, o elemento cultura permite dois seguimentos de abordagem: um voltado ao que o ser humano agrega em seu subjetivo e outro, àquilo que a sociedade pode oferecer cultural-mente pela sua historicidade acumulada. Diferentemente, revela-se o culturalismo, corrente de pensamento ou mesmo paradigma central e decisivo. A importância dessa distinção mostra-se clara para o renomado jurista Miguel Reale, para quem a concepção do conhecimento partiu da ação do homem como um ser cultural, envolto na história e na natureza.

Sob a ótica de Morin[35], o fenômeno da complexidade é o elemento marcador das dificuldades para a melhor explicação daquilo que gerou cortes entre as disciplinas e categorias cognitivas.

É com base nesse entendimento que o autor assegura ser a complexidade eivada de dificuldade e incerteza, mostrando-se embaraçoso chegar a uma resposta clara e objetiva. Para Morin, cuida-se de problemática geral do conhecimento científico que inviabiliza uma definição prévia, o que é agravado pela possibilidade de haver não só uma complexidade, mas complexidades diversas.

Dessa forma, é extremamente oportuna a identificação da estreita relação entre cultura e interdisciplinaridade, precisamente no que tange a questionamentos e novas orientações. Por isso, também cultura deve ser objeto de estudo da antropologia, o que se evidencia pela ausência de concepção precisa e rigorosa daquele instituto, centrado nas relações sociais, ideias e valores, e, por isso, necessitando da ciência empírica e analítica dissociada da sociologia e da psicologia.

Cultural é termo ambíguo classificado pelos antigos como a "formação individual da pessoa humana"; posteriormente, foi considerado "conjunto de obras humanas" voltados para a formação coletiva e anônima de um grupo social tocado por modos de vida criados, adquiridos e transmitidos. No século XIX, cultura designava a sociedade mais progressista assim como as mais rústicas e primitivas, ou seja, o indicativo dos modos

[35] Morin, Edgar. *Ciência com Consciência*, trad. Maria D. Alexandre e Maria Alice Sampaio Dória. 12. ed. Rio de Janeiro: Bertrand Brasil, 2008, pp. 176-177.

de vida de um grupo determinado sem referência ao sistemade valores, ensinam Assis e Kümpel[36].

Verifica-se ser extremamente oportuna a identificação da estreita relação entre cultura e interdisciplinaridade, precisamente no que tange aos questionamentos contemporâneos e novas orientações, importância que se revela não só para o Direito, mas para as diversas searas do conhecimento científico, haja vista serem os diversos campos do saber indissociáveis em sua essência, o que deve ser reconhecidamente estampado na formação acadêmica.

Para melhor embasar nossas hipóteses científicas, necessário faz-se acoplar o direito aos institutos anteriormente descritos, notadamente em razão dos múltiplos efeitos do contexto de cultura e transdisciplinaridade que se operam sobre o direito. Nessa perspectiva, Chase[37] ressalta a extrema importância da leitura relacional entre cultura e a sociedade para a execução de trabalho pragmático e para a reforma processual, ante a significância do tema no que tange aos efeitos da globalização e atividades das pessoas, sendo certo que os sistemas sociais são socialmente construídos por força da conduta humana e da cultura, inexistindo na natureza. – o que é igualmente aplicável na reforma de grades curriculares das faculdades de Direito.

Para Chase[38], a cultura poderia ser definida segundo valores coletivos e não institucionais. É a cultura o marcador social que distingue um grupo humano de outro, do mesmo modo o faz em relação a uma coletividade humana que molda a personalidade do indivíduo em blocos de valores que constroem a cultura e influenciam, assim como explicam, as instituições jurídicas e políticas.

Geertz[39], por sua vez, buscou conceituar "cultura" e o parâmetro utilizado leva os indivíduos a crerem que a criação de uma cultura decorreria da instalação de um modelo de certas ideias, surgidas pelo ímpeto

[36] Assis, Olney Queiroz e KÜMPEL, Vitor Frederico. *Manual de Antropologia Jurídica*. São Paulo: Saraiva, 2011, pp. 236-237.

[37] Chase, Oscar G. "American 'Exceptionalism' and Comparative Procedure". *American Journal of Comparative Law*. American Society of Comparative Law, 2002.

[38] *Op. Cit.*

[39] Geertz, Clifford. *A Interpretação das Culturas*. Rio de Janeiro: LTC, 2008, pp. 3-4.

intelectual, hábeis a solucionar imediatamente os problemas e aclarar os pontos obscuros.

A ideia exclui tudo e se torna o experimento com derivações e generalizações. Ao se familiarizar com a nova ideia, o indivíduo passa a um patamar supremo até se chegar a um equilíbrio, relativizando a então popularidade excessiva, embora alguns insistam em enxergá-la como a "chave para o universo".

Bauman[40] leciona ser inevitável a ambiguidade quando se pretende conceituar cultura. As duas conceituações possíveis seriam (i) qualquer elemento socialmente herdado na vida do homem e (ii) um ideal de refinamento do indivíduo. No primeiro caso, tem-se a oposição ao estado da natureza e, no segundo, o contraste com a rudeza ou falha no processo educacional que geraria o refinamento.

No centro dessa questão, surge para o autor a controvérsia filosófica a respeito da natureza do significado, bem como os "significados preexistentes", residindo interdependência entre o nível contextual e o do significado, já que cada termo utilizável na comunicação reduz a incerteza anterior do universo percebido e introduz uma nova ordem num domínio primitivamente amórfico. Finaliza o doutrinador afirmando que o termo cultura foi incorporado a três universos de discurso distintos organizando um campo semântico diferente em cada um dos contextos, mantendo sua forma enquanto termo, mas denotando conceitos diferentes. O mesmo raciocínio é aplicável para designar conceitos distintos igualmente legítimos e relevantes.

Segue o autor[41] analisando que, no século XVIII, a ideia de cultura era utilizada como elemento a distingui-la de natureza, em que o primeiro se prestaria ao que os humanos poderiam fazer, conquanto que o segundo, ao que deviam obedecer. No século seguinte, foi neutralizada pelos fatos sociais, sujeitos à indomável obstinação da natureza. Já no século XX, iniciou-se o que denominou de "culturalização da natureza", justificada pela superação do modelo de que o humano seria inabalável e intransponível ofuscando a própria natureza. A neutralização da cultura

[40] Bauman, Zygmunt. *Ensaios Sobre o Conceito de Cultura*, trad. Carlos Alberto Medeiros. Rio de Janeiro: Zahar, 2012, pp. 83-90.
[41] *Op. cit.*, pp. 07/13.

foi parte do moderno desencantamento do mundo e, seguida da culturalização da natureza, o reencantamento pós-moderno do mundo.

Numa era em que certezas se esvaziaram e as incertezas ocupam o pensamento humano, frente a um frenético ritmo adotado como normal, JOBIM[42] aponta como alicerces da pós-modernidade a globalização e a universalização, regada à noção de hiperconsumismo num mercado atrativo que favorece essa postura que infantiliza adultos, tornas crianças adultos precocemente e engole os cidadãos, frutos de uma cultura massificada e instantânea de comportamento industrializado.

Essa temática denota-se relevante no estudo da interdisciplinaridade, na medida em que se extrai desse cenário também a construção individualizada e especializada de pesquisa, seguida da mera reprodução do conhecimento. Ambos são pautados no modelo da era industrial e da formação acadêmica de docentes de algumas gerações, o que representa obstaculização à inserção da interdisciplinaridade frente ao modelo cultural introjetado até então por meio de códigos estabelecidos.

Enfim, o contemporâneo não seria necessariamente a superação daquilo que se intitula de pré-contemporâneo. O contemporâneo, na verdade, não é a ruptura total do paradigma precedente, mas, sim, a própria transição: não se supera completamente o cenário anterior, mas, pelo contrário, permite-se uma confluência de ideias e perspectivas: não se trata do novo da superação ou da sucessividade, mas do "novo da concomitância"[43].

WATERS afirma que o processo de globalização permite, frente a esta contextualização, "um fluxo contínuo de ideias, informações, compromissos, valores, gostos, circulação de pessoas e símbolos"[44]. Por isso que é possível se questionar sobre a possibilidade de uma cultura global, visto que o campo cultural tem como princípio a diferença – exemplo disto é a religião, enquanto manifestação cultural presente em diversas formas

[42] JOBIM, Marco Félix. *Cultura, Escolas e Fases Metodológicas do Processo*. Porto Alegre: Livraria do Advogado Editora, 2011, p. 20.

[43] MARTINS, Rui Cunha. *O ponto cego do direito*. The brazilian lessons. 2. ed. Rio de Janeiro: Lumen Juris, 2011.

[44] WATERS, Malcolm. *Globalização*, trad. Magnólia Costa e Ana Bela Rocha. Oeiras, Portugal: Celta, 1999 (Título Original: Globalization), pp. 120-121.

e em todos os cantos do planeta. A globalização cultural tanto faz a diferenciação como faz a homogeneização. Como afirma Levitt[45], "o mundo é impelido e mantido junto pelos laços comuns que unem suas dissemelhanças". Aquilo que estava disponível somente para um determinado "local" pode ser agora disponibilizado para "qualquer local", ou para o "global".

A ideia de globalização trouxe consigo a visão de globo. Neste contexto é que firma a Transnacionalidade, como reflexo do fenômeno da globalização. O prefixo trans representa um nível de integração que vai além do internacional[46], onde as fronteiras desaparecem. Disto resulta que se entende por transnacionais os novos espaços públicos não vinculados a um território específico, que perpassam a ideia tradicional de Nação Jurídica"[47], em uma pluralidade que vai estabelecer uma "pauta axiológica comum" que viabilizaria um "novo pacto de civilização". Tal pauta axiológica comum "tenderia a abranger valores como, por exemplo: a questão vital ambiental, direitos humanos, paz mundial, regulação econômica e financeira, dentre outros, principalmente os de caráter difuso"[48].

Segundo Stelzer[49], a transnacionalização é um "fenômeno reflexivo da globalização", que se evidencia pela "desterritorialização e que articula ordenamento jurídico mundial à margem das soberanias dos Estados."

5. Desafios da consensualidade na pós-pandemia

A mediação digital também pode causar impactos sociais negativos, com exclusão digital[50] e acentuação da marginalização de pessoas pobres.

[45] Levitt, Theodore. *A imaginação de marketing*, trad. Auriphebo Berrance Simões. 2. ed. São Paulo: Atlas, 1991 (Título original: The marketing imagination), pp. 56-57.

[46] Fernandes, António José. *Relações Internacionais contemporâneas. Do mundo da Europa a Europa do mundo.* Itajaí: Univali, 1998, p. 120.

[47] Cruz, Paulo Márcio e Bodnar, Zenildo. A transnacionalidade e a emergência do Estado e do Direito Transnacionais. In: CRUZ, Paulo Márcio; Stelzer, Joana. *Direito e Transnacionalidade.* Curitiba: Juruá, 2009, p. 61.

[48] *Op. cit.*, 2009, p. 61, nota de rodapé 14.

[49] Stelzer, Joana. "O fenômeno da Transnacionalização da dimensão jurídica". *Direito e Transnacionalidade.* In: Cruz, Paulo Márcio; Stelzer, Joana. Curitiba: Juruá, 2009.

[50] Assim entendida a situação de impossibilidade ou de severa dificuldade de acesso às novas tecnologias da informação e comunicação. Tal conceito, embora originalmente

Nessa linha, pesquisa do IBGE aponta que embora a inclusão digital esteja em franco crescimento entre nós, o país ainda tinha 63,3 milhões de habitantes e 21 milhões de lares sem acesso ao serviço no fim de 2016[51]. Desse contingente de desconectados, 47,7 milhões – 75% do total – afirmam que não usam a rede por falta de conhecimento ou desinteresse. Neste sentido, o Banco Mundial, em seu Relatório sobre o Desenvolvimento Mundial 2016: Dividendos Digitais, informava que, naquele ano, da população global, cerca de 4 bilhões não tinham acesso à rede mundial de computadores, 2 bilhões não tinham telefone celular e meio bilhão residia em área sem cobertura de sinal móvel[52].

Justamente por isso, a Conferência das Nações Unidas sobre Comércio e Desenvolvimento (UNCTAD), órgão da Organização das Nações Unidas (ONU) aponta que a exclusão digital é um importante fator de desigualdade entre as nações, o que coloca os países periféricos e suas populações em situação de franca desvantagem frente aos países economicamente fortes e suas populações.

Como alertado em 2020 pelo então Secretário Geral da ONU, António Guterres, "[...] mais da metade do mundo tem acesso limitado ou nenhum acesso à internet. A inclusão é essencial para a construção de uma economia digital que traga resultados para todos".[53]

vinculado a aspectos técnicos (como velocidade de conexão à internet ou qualidade dos equipamentos), evoluiu para incluir fatores, notadamente individuais e sociais (idade, gênero, grau de escolaridade, renda, capacidade de compreensão do inglês, diferenças culturais, diferenças de habilidades no uso de tecnologias, motivação, autonomia, qualidade da informação, tempo diário de conexão, questões comportamentais, como a timidez), além de geográficos (zonas urbanas e rurais e seus bairros e regiões, com problema de captação de sinal). (Marques, Francisco Paulo Jamil Almeida. *Democracia on-line e o problema da exclusão digital*, n.º 30. Porto Alegre: Intexto, julho de 2014, p. 102).

[51] Fonte: https://www.anj.org.br/site/exemplos/97-midia-nacional/5948-excluidos--digitais-sao-63-milhoes.html (acesso em 13/04/2020).

[52] Banco Mundial. *Relatório sobre o Desenvolvimento Mundial de 2016: Dividendos Digitais. Visão Geral.* Washington DC: Grupo Banco Mundial, 2016. Disponível em: <https://documents.worldbank.org/pt/publication/documents-reports/documentdetail/788831468179643665/relat%c3%b3rio-sobre-o-desenvolvimento -mundial-de-2016--dividendos-digitais-vis%c3%a3o-geral>. Acesso em 22/09/2021.

[53] Fonte: https://porta23.blogosfera.uol.com.br/2019/09/04/a-exclusao-digital-aumentara-a-desigualdade-globalalerta-relatorio-da-onu/ (acesso em 13/04/2020).

Tais aspectos, conjugados aos perfis socioeconômicos dos mediandos, devem ser levados em conta no momento em que se implemente a virtualização de atos de consensualidade, para que não o seja feito de forma abrupta e improvisada, sem condições materiais de pleno acesso às novas tecnologias, tampouco condições culturais e expertise para seu uso em completude.

Spengler e Pinho[54] aditam a tensão crescente sob os padrões de comunicação, exigindo-se cautela entre o conectar e o desconectar de indivíduos, grupos ou regiões. Não por outra, na II Jornada de Prevenção e Solução Extrajudicial de Litígios, realizada pelo Centro de Estudos Judiciários do Conselho da Justiça Federal, dedicou-se uma comissão especialmente ao tema circunscrito a "novas formas de solução de conflitos e novas tecnologias", sendo cunhados 19 enunciados atinentes à vulnerabilidade tecnológica, mesmo ocasional, com respeito à identidade cultural e étnica das partes envolvidas, levando em consideração fatores como nacionalidade, religião, língua, tradições, gênero, cor, idade, dentre outros determinantes sociais[55].

[54] Spengler, Fabiana Marion Spengler e Pinho, Humberto Dalla Bernardina de. "A mediação digital de conflitos como Política judiciária de acesso à justiça no Brasil". *Revista da Faculdade de Direito da UFMG*, n.º 72. Belo Horizonte, jan./jun. 2018, pp. 219-257.

[55] Destacam-se os seguintes: ENUNCIADO 150 – É garantida a participação de pessoa com deficiência no procedimento de mediação e outras formas de resolução de conflitos, com a observância da acessibilidade aos instrumentos, mecanismos ou tecnologias eventualmente necessárias para ela se expressar e ser compreendida. ENUNCIADO 151 – A parte que sofrer com falhas de conexão da internet ou dificuldade de acesso à plataforma que impeça a sua participação ou a continuidade de sua participação nas sessões e audiências virtuais não poderá ser prejudicada e poderá solicitar a remarcação da sessão ou sua realização por outro meio. ENUNCIADO 153 – Constatada a vulnerabilidade tecnológica do indivíduo no âmbito judicial e/ou extrajudicial, a Defensoria Pública poderá ser solicitada a cooperar no processo de inclusão digital, bem como o indivíduo que encontrar dificuldades tecnológicas poderá procurar apoio dessa instituição para participar de ato processual virtual. ENUNCIADO 154 – A aplicação dos meios adequados à resolução de conflitos deve respeitar a identidade cultural e étnica das partes envolvidas, levando em consideração fatores como nacionalidade, religião, língua, tradições, gênero, cor, idade, dentre outros determinantes sociais, prestigiando sempre a autonomia individual e prestando esclarecimentos às partes envolvidas no conflito acerca dos procedimentos utilizados para solução da lide. ENUNCIADO 155 – Constatada a vulnerabilidade tecnológica do indivíduo para a participação em determinado ato processual, o magistrado

Os métodos consensuais de resolução de conflito não guardam consigo solução única infalível para todo e qualquer conflito. Há sim limites aos meios alternativos de resolução de conflito, que, longe de simplórios, são profundamente complexos, sujeitas até mesmo suas bases ontológicas a críticas ácidas e incisivas[56]. A percepção de que a *Adequate Dispute Resolution* seria, sob quaisquer destes aspectos, inexpugnável é de todo irreal.

PINHO e PAUMGARTTEN[57] afirmam que a institucionalização e a participação obrigatória em sessões de mediação, embora pareçam soluções rápidas e eficazes, são, na verdade, esquemas que comprometem a essência do instituto. Ao deixar a mediação à sombra de um Tribunal ou punir as partes que resistem ao convite para mediar, fere-se a sua identidade (com processualização ou patrimonialização do método, e, em ambos os casos, com resultado final aquém das expectativas). Não se pode transformar a mediação num remédio para curar a ineficiência da administração pública.

Nada disto, porém, afasta a constatação igualmente importante de que meios consensuais não podem ser descartados enquanto parte integrante e complementar de um todo, de um sistema de resolução de conflito. A simplória exclusão de meios alternativos por conta de sua falibilidade

pode facultar a realização do ato na sua forma híbrida ou presencial. ENUNCIADO 156 – As plataformas de ODR, privadas ou públicas, buscarão, sempre que possível, atender a critérios de acessibilidade digital para grupos possivelmente marginalizados pela exclusão digital, como a compatibilidade com meios de tecnologia para viabilizar acesso a pessoas com deficiência. (BRASIL. Justiça Federal. *II Jornada de Prevenção e Solução Extrajudicial de Litígios*. Brasília: Conselho da Justiça Federal, Centro de Estudos Judiciários, 2021, p. 57. Disponível em https://www.cjf.jus.br/cjf/corregedoria-da-justica-federal/centro-de-estudos-judiciarios-1/prevencao-e-solucao-extrajudicial-de-litigios. Consultado em 15/10/2021).

[56] Neste sentido, JUNIOR, José Marinho Paulo. "Limites dos Meios Alternativos de Conflito". *Contemporary Tendencies in Mediation*. Humberto Dalla Bernardina de Pinho (org.). Espanha: Editorial Dykinson, 2015.

[57] PINHO, Humberto Dalla Bernardina de e PAUMGARTTEN, Michele Pedrosa. "Os Efeitos Colaterais Da Crescente Tendência À Judicialização Da Mediação". *Revista Eletrônica de Direito Processual – REDP*, v. 11, 2013. Periódico da Pós-Graduação Stricto Sensu em Direito Processual da UERJ. Patrono: José Carlos Barbosa Moreira. Disponível em: www.redp.com.br. Acesso em: 22/09/2021.

deveria levar também e por igual motivos à ceifa dos meios judiciais clássicos.

Perfeição não há em nenhum destes. Ao revés, a "polifonia de abordagens", em feliz expressão por Duarte e Iorio Filho[58], é que torna mais rico o sistema resolutivo, que deve comportar, de acordo com o conflito em foco, um meio adversarial ou consensual que lhe seja mais adequado. Não deve ser a mediação a única via ou sequer. Não se amolda o problema ao método, mas o método ao problema, na letra de DANESH, Roshan et al[59]. Segundo GEWURZ[60], a variedade de meios de processamento de conflito, ainda quando nenhum destes seja infalível, reduz o grau de falibilidade do sistema de resolução de conflito. Noutras palavras, a soma das falibilidades das partes isoladamente consideradas é menor que o produto desta mesma soma, quando em conjunto.

Métodos consensuais de resolução de conflitos são imperfeitos. Inobstante, o sistema de resolução como um todo se torna menos falível, por contar com cada uma de suas variadas partes.

Conclusões

O desafio de readequação de todos os atores à nova realidade pós-pandêmica cultural transnacional, que impacta a todos nós, exige saber transdisciplinar atento à ebulição da consensualidade em todo o mundo e aos limites da virtualização. Projetam-se operadores – especialmente, os de controle (como Tribunais de Contas e Ministério Público) – sensíveis e abertos ao diálogo, em abandono à formação adversarial que caracterizou as anteriores gerações de profissionais do Direito.

[58] Duarte, Fernanda e Filho, Rafael Mário Iório. "Introdução: A mediação de conflitos como objeto e as suas várias vozes". *Mediações: práticas, discursos e reflexões*. Fernanda Duarte, Rafael Mário Iório Filho, Ana Paula Faria Felipe, Delton Meirelles (coord.). Niterói: PPGSD – Programa de Pós-Graduação em Sociologia e Direito, 2017, pp. 3-6.
[59] Danesh, Roshan. *Integrating Conflict Theory and Practice*. New Westminster: Justice Institute of British Columbia, 2012.
[60] Gewurz, Ilan. *Re-Designing Mediation to Address the Nuances of Power Imbalance*. Michigan, US: Ross School of Business, 2012.

Referências

ALVES, Railda F; BRASILEIRO, Maria do Carmo E.; BRITO, Suerde M. de O. "Interdisciplinaridade: um conceito em construção". *Episteme*, n.º 19. Porto Alegre, jul./dez. 2004.

BANCO MUNDIAL. *Relatório sobre o Desenvolvimento Mundial de 2016: Dividendos Digitais. Visão Geral.* Washington DC: Grupo Banco Mundial, 2016. Disponível em: <https://documents.worldbank.org/pt/publication/documents-reports/documentdetail/788831468179643665/relat%c3%b3rio-sobre-o-desenvolvimento -mundial-de-2016-dividendos-digitais-vis%c3%a3o-geral>. Acesso em: 22 set. 2021.

BAUMAN, Zygmunt. *Ensaios Sobre o Conceito de Cultura*, trad. Carlos Alberto Medeiros. Rio de Janeiro: Zahar, 2012.

BRASIL. Justiça Federal. *II Jornada de Prevenção e Solução Extrajudicial de Litígios*. Brasília: Conselho da Justiça Federal, Centro de Estudos Judiciários, 2021. Disponível em https://www.cjf.jus.br/cjf/corregedoria-da-justica-federal/centro-de-estudos-judiciarios-1/prevencao-e-solucao-extrajudicial-de-litigios. Consultado em 15/10/2021).

CHASE, Oscar G. "American 'Exceptionalism' and Comparative Procedure". *American Journal of Comparative Law*. American Society of Comparative Law, 2002.

CONSELHO NACIONAL DE JUSTIÇA. *Justiça em Números 2019*, Conselho Nacional de Justiça. Brasília: CNJ, 2019.

CRUZ, Paulo Márcio e BODNAR, Zenildo. A transnacionalidade e a emergência do Estado e do Direito Transnacionais. In: CRUZ, Paulo Márcio; STELZER, Joana. *Direito e Transnacionalidade*. Curitiba: Juruá, 2009.

DANESH, Roshan. *Integrating Conflict Theory and Practice*. New Westminster: Justice Institute of British Columbia, 2012.

DEMARCHI, Clovis. *Direito e Educação: A regulação da Educação Superior no contexto transnacional.* Tese de Doutorado submetida ao programa de Doutorado em Ciência Jurídica da Universidade do Vale do Itajaí – UNIVALI. Itajaí-SC, 2012.

DUARTE, Fernanda e FILHO, Rafael Mário Iório. "Introdução: A mediação de conflitos como objeto e as suas várias vozes". *Mediações: práticas, discursos e reflexões.* Fernanda Duarte, Rafael Mário Iório Filho, Ana Paula Faria Felipe, Delton Meirelles (coord.). Niterói: PPGSD – Programa de Pós-Graduação em Sociologia e Direito, 2017.

FERNANDES, António José. *Relações Internacionais contemporâneas. Do mundo da Europa a Europa do mundo.* Itajaí: Univali, 1998.

FORTES, Clarissa Correa. "Interdisciplinaridade: Origem, Conceito e Valor". Disponível em: http://www3.mg.senac.br/NR/rdonlyres/eh3tcog37oi43nz654g3dswloqyejkbfuxkjpb gehjepnlzyl4r3inoxahewtpql7drvx7t5hhxkic/Interdisciplinaridade.pdf. Acesso em 13/01/2013.

GATTÁS, Maria Lúcia Borges e FUREGATO, Antônia Regina Ferreira. "Interdisciplinaridade: uma contextualização". Disponível em http://www.scielo.br/scielo.php?script=sci_arttext&pid=S010321002006000300011&lng=pt&nrm=iso&tlng=pt. Acesso em 13/01/2016.

GEERTZ, Clifford. *A Interpretação das Culturas*. Rio de Janeiro: LTC, 2008.

GEWURZ, Ilan. *Re-Designing Mediation to Address the Nuances of Power Imbalance*. Michigan, US: Ross School of Business, 2012.

GUSTIN, Miracy Barbosa de Sousa e DIAS, Maria Tereza Fonseca. *(Re)pensando a Pesquisa Jurídica: Teoria e Prática*. Belo Horizonte/MG: Del Rey, 2006.

HALIS, Denis de Castro. "Digitalization and Dissent in Legal Cultures: Chinese and Other Perspectives". *Naveiñ Reet: Nordic Journal of Law and Social Research* (NNJLSR), n. .º 9, 2019, pp. 127-152.

HASKELL, Leslie. "The Legacy of Rwanda's Community-Based Gacaca Courts". Human Rights Watch, 30 de maio de 2011. Disponível em: <https://www.hrw.org/report/2011/05/31/justice-compromised/legacy-rwandas-community-based-gacaca-courts>. Acesso em 22/04/2020.

JOBIM, Marco Félix. *Cultura, Escolas e Fases Metodológicas do Processo*. Porto Alegre: Livraria do Advogado Editora, 2011.

JUNIOR, José Marinho Paulo. "Métodos Modernos de Resolução de Conflito em Massa". *Revista do Ministério Público no Estado do Rio de Janeiro*, n.º 52. Rio de Janeiro, 2015.

— "Limites dos Meios Alternativos de Conflito". *Contemporary Tendencies in Mediation*. Humberto Dalla Bernardina de Pinho (org.). Espanha: Editorial Dykinson, 2015.

LEVITT, Theodore. *A imaginação de marketing*, trad. Auriphebo Berrance Simões. 2. ed. São Paulo: Atlas, 1991 (Título original: The marketing imagination).

LYONS, Susanna Haas. *Social Media and Civic Engagement*. Vancouver, Canadá: Simon-Fraser University, 2012.

MARQUES, Francisco Paulo Jamil Almeida. *Democracia on-line e o problema da exclusão digital*, n.º 30. Porto Alegre: Intexto, julho de 2014.

MARTINS, Rui Cunha. *O ponto cego do direito. The brazilian lessons*. 2. ed. Rio de Janeiro: Lumen Juris, 2011.

MORIN, Edgar. *Ciência com Consciência*, trad. Maria D. Alexandre e Maria Alice Sampaio Dória. 12. ed. Rio de Janeiro: Bertrand Brasil, 2008.

NETTO, José Laurindo Souza e FOGAÇA, Anderson Ricardo. "Métodos consensuais de solução de conflitos no ambiente digital em tempos de pandemia". Congresso Internacional de Direito e Inteligência Artificial – CONPEDI – SKEMA, 2020. Disponível em: http://conpedi.danilolr.info/publicacoes /x2c7701f/2gddgklv/LeIKfY1O4YjeZDw1. Consultado em 19/08/2021.

PINHO, Humberto Dalla Bernardina de e DUARTE, Marcia Michele Garcia. "Interdisciplinaridade, Complexidade e Pós-Modernidade: Premissas Fundamentais para a Compreensão do Processo Civil Contemporâneo". *Revista Jurídica Luso-Brasileira*, n.º 4, ano 4, 2018, pp. 955-999.

PINHO, Humberto Dalla Bernardina de e PAULO JUNIOR, José Marinho. *A Cultura da Consensualidade e o Ensino Superior* (no prelo).

PINHO, Humberto Dalla Bernardina de e PAUMGARTTEN, Michele Pedrosa. "Os Efeitos Colaterais Da Crescente Tendência À Judicialização Da Mediação". *Revista Eletrônica de Direito Processual* – REDP, v. 11, 2013. Periódico da Pós-Graduação Stricto Sensu em Direito Processual da UERJ.

QUALMAN, Erik. Socialnomics. *How Social Media transforms the way we live and do business*. 2. ed. New Jersey, USA: John Wiley & Sons Inc., 2013.

RIBEIRO, Daniel Lima. "Adaptive Regulatory Impact Assessment: Beyond the Foresight-Hindsight Divide", setembro de 2019. Disponível em: <https://www.researchgate.net/project/Adaptive-Regulatory-Impact-Assessment-Beyond-the-Foresight-Hindsight-Divide>. Consulta em: 13/05/2020.

RODRIGUES, Marco Antonio dos Santos e ALVAREZ, Pedro de Moraes Perri. "Arbitragem e a Fazenda Pública". *Revista Eletrônica de Direito Processual* – REDP, v. 14, 2014.

SILVA, Wagner Rodrigues. "Construção da Interdisciplinaridade no Espaço Complexo de Ensino e Pesquisa". *Cadernos de Pesquisa*, v. 41, n.º 143, maio/ago, 2011.

SOUZA, Luciana Moessa de Souza. "A mediação de conflitos e a Administração Pública". *O marco legal da mediação no Brasil: comentários à Lei n.º 13.140, de 26 de junho de 2015*. Durval Hale, Humberto Dalla Bernardina de Pinho, Trícia Navarro Xavier Cabral (org.) São Paulo: Atlas, 2016.

SPENGLER, Fabiana Marion e PINHO, Humberto Dalla Bernardina de. "A mediação digital de conflitos como Política judiciária de acesso à justiça no Brasil". *Revista da Faculdade de Direito da UFMG*, n.º 72. Belo Horizonte, jan./jun. 2018, pp. 219-257.

STELZER, Joana. "O fenômeno da Transnacionalização da dimensão jurídica". *Direito e Transnacionalidade.* In: CRUZ, Paulo Márcio; STELZER, Joana. Curitiba: Juruá, 2009.

TRIBUNAL DE JUSTIÇA DO ESTADO DO PARANÁ. "Nova Plataforma de mediação digital é apresentada pelo CNJ", 2018. Disponível em: https://www.tjpr.jus.br/home/- /asset_publisher /9jZB/content/id/15002299. Acesso em 09/04/2020.

URY, William e FISHER, Roger. *Getting to Yes: Negotiating Agreement Without Giving In.* 2. ed. New York: Penguin Books, 1992.

VARELLA, Ana Maria Ramos Sanchez. "A Resiliência e a Interdisciplinaridade". *R. Interdisciplinaridade,* v. 1, n.º 0. São Paulo, outubro 2010.

WATERS, Malcolm. *Globalização,* trad. Magnólia Costa e Ana Bela Rocha. Oeiras, Portugal: Celta, 1999 (Título Original: Globalization).

11.
REFLEXÕES DE UM MAGISTRADO SOBRE A PANDEMIA

LUIS FELIPE SALOMÃO

Procurei, muito brevemente, fugir um pouco do que já foi apresentado aqui com tanto brilho e talento e fiz uma reflexão diferente sobre as soluções extrajudiciais de conflito.

Na verdade, não há consenso, curiosa e paradoxalmente, nem mesmo quanto ao título para esta forma de resolução de controvérsias, porque alguns sustentam que é solução extrajudicial; outros, que são soluções adequadas de conflitos.

Enfim, o que procurei fazer foi uma reflexão de como os tribunais podem contribuir para esse debate e o fiz neste momento em que tentamos pensar um pouco "fora da caixa", embora com a percepção de que estamos em um novo tempo, inaugurando uma cultura jurídica diversa, com um microssistema legal de soluções adequadas de conflito, que envolve a Lei da Mediação, a ampliação da Lei de Arbitragem, o novo Código de Processo Civil.

Da mesma forma, procurei pensar além dos números frios do CNJ. O Ministro Mauro Campbell abordou bem esse interessante tema dos números, que realmente assustam: 80 milhões de processos. O último *Justiça em Números* (2020) até mostrou um decréscimo, não sabemos ainda se por conta da pandemia ou não.

Por outro lado, entendo que não é o caso de falarmos sobre o microssistema econômico para retomada da economia (Lei de Licitação, Lei de

Insolvência, Lei do Superendividamento), pois, embora com conexão em vários pontos deste debate – como se verá a seguir -, não poderia analisá-lo com profundidade em razão do tempo.

O que procurei fazer foi uma reflexão sobre a contribuição que nós – da magistratura – podemos dar a esse tema.

Nesse particular, há uma frase muito interessante do Juiz Antonin Scalia, da Suprema Corte dos Estados Unidos, que, quando visitou Brasília, nos idos de 1980, fez uma palestra na UnB tratando das questões que envolvem a aplicação da lei no sistema de *Common Law* e no sistema de *Civil Law*: **"Os juízes não têm ideia de qual é a vontade do povo. Nós trabalhamos em palácios de mármore."** No contexto de soluções adequadas de conflito, tanto mais é verdade essa advertência.

Na verdade, é preciso alargar a visão sobre como a magistratura e os tribunais podem contribuir – num pilar, identificando quais os temas que, creio, aportarão com mais intensidade à Corte, preparando-nos adequadamente para analisá-los; noutro pilar, considerando os centros de estudo e debates, tal como ocorreu na II Jornada de Prevenção e Solução Extrajudicial de Litígio, que realizamos no STJ.

Entre os temas jurídicos que nos assustam muito neste momento, o primeiro deles é relacionado a contratos empresariais, no caso do direito privado mais especificamente. Os contratos empresariais, como podemos intuir, foram fortemente impactados pelos efeitos econômicos da pandemia, e algumas ferramentas são postas à disposição das partes para preservar, encerrar o contrato ou, de alguma maneira, resolver a questão obrigacional.

No caso brasileiro, de início já temos uma primeira grande dificuldade, que é saber ou identificar com precisão quando se aplica o Código de Defesa do Consumidor, pela letra do artigo 6.º, V, e quando se aplica o Código Civil, artigo 317.

Um segundo ponto são as diversas teorias que já existem para explicar a incidência de um fenômeno como esse da pandemia nas relações contratuais. A princípio – uma nota de rodapé –, seria o que os doutrinadores mais modernos chamam de um dever anexo de renegociação. Diante de uma tragédia como a que estamos vivendo – a inesperada pandemia -, o dever anexo de renegociação é ínsito a todos os contratos. Praticamente, a doutrina mais moderna remete a soluções adequadas ou extrajudiciais antes de se buscar o Judiciário, o que seria um dever anexo de renegociar; ainda antes de ingressar com o litígio, uma resilição bilateral ou um distrato encaminhado por conciliadores, mediadores, especialistas que podem compor a solução previamente.

Além disso, sobre a aplicação do Direito a essas hipóteses, no caso de descumprimento das obrigações contratuais, reside uma outra controvérsia: qual a teoria a ser aplicada, seria caso fortuito ou força maior? Essa é a primeira indagação que poderíamos fazer e que se aplica também às concessões e aos contratos públicos.

Sei que já existem pareceres da Procuradoria da AGU a respeito desse assunto, mas creio que caso fortuito ou força maior não é, porque há impossibilidade da prestação, que, sendo passageira, torna sem aplicação, sem eficácia essa teoria. Também não parece o caso de se cogitar da teoria da onerosidade excessiva. Relativamente à modificação da previsão e condições originais do contrato – que é uma variação da famosa cláusula *rebus sic stantibus* -, talvez pudéssemos sim aplicar a teoria da "alteração das circunstâncias", diante do cenário novo e incerto criado com a pandemia. No entanto, volto a dizer, essa é uma matéria que, transpassadas todas as outras, antes de se ingressar em juízo, o Judiciário terá de apreciar para definir qual teoria opera para a generalidade dos casos que decorrem da pandemia.

É preciso separar o joio do trigo, verificar caso a caso; mas, em situações assemelhadas, como no caso da pandemia da gripe espanhola – que de espanhola não tem nada –, dei-me ao trabalho de verificar que o Judiciário da época começou a aplicar a variação da cláusula *rebus sic stantibus*, o que talvez seja um indicativo para este momento.

Há outros desdobramentos da crise da pandemia que podem ser aplicados antes de se ingressar no Judiciário, como, por exemplo, o direito da concorrência, que se denomina cartel da crise e, como estamos vendo, faz elevar os preços das mercadorias, do combustível. Se fosse aplicado o direito da concorrência e a agência reguladora pudesse atuar neste instante, seria extremamente importante para evitarmos uma corrida ao Judiciário.

Ainda, temos um campo enorme para trabalhar no que se refere às Agências, ao Ministério da Justiça, que poderiam atuar nessa parte de regulação, pois vêm desenvolvendo algumas notas técnicas, algumas resoluções. É preciso fazer essa atividade conjugada. Quanto se evitaria de demanda se a questão da regulação atuasse eficazmente.

Em outro viés, entendo que a atuação dos administradores das empresas, sobretudo daqueles de companhias que têm ativos em bolsa, deve ser objeto de fiscalização pelos órgãos competentes, visando à transparência das informações concedidas aos investidores. Isso é um ponto importantíssimo.

Nos Estados Unidos, ocorreram algumas demandas envolvendo companhias de navegação que mascaravam seus balanços, além de empresas farmacêuticas que projetavam lucros excessivos. Houve ações, as *class actions* do direito americano, tentando controlar a atuação dos administradores e impondo responsabilidade em vários desses casos. Seria também outro ângulo de intervenção.

No que concerne ao Judiciário, já me encaminhando para o fim dessas brevíssimas reflexões, tentando escapar um pouco do que trouxeram os colegas de painel, preocupa-nos as demandas relacionadas às locações não residenciais – teremos uma grande quantidade delas; condomínio em *shoppings centers* – devido ao período em que ficaram fechados; e mensalidades escolares. Tudo isso além da onda de preocupação generalizada com a judicialização da pandemia em si, porque inúmeras questões são levadas às Cortes, ao Supremo Tribunal Federal, ao Superior Tribunal de Justiça. Inclusive, já há glossários de jurisprudência sobre pandemia.

Não falarei da pesquisa sobre recuperação de empresas que estamos fazendo no âmbito da Fundação Getúlio Vargas e da Associação dos Magistrados Brasileiros, uma métrica para avaliar e tentar melhorar o ambiente de negócios, porque já foi objeto de um painel bem interessante na parte da manhã, quando tivemos uma participação especial do Ministro Alexandre de Moraes, para a nossa satisfação.

Por último, cito ferramentas com as quais nós do Judiciário podemos trabalhar, vencidas aquelas etapas: a Lei da Mediação, como foi visto, que, no artigo 2.º, § 1.º, traz hoje a possibilidade de uma cláusula de mediação; e a possibilidade de negócio processual, de acordo com o artigo 190 do Código de Processo Civil. Temos também diversos modelos e programas novos de solução de disputas relacionadas especificamente a consumo. Outrossim, o negociador, a arbitragem, o *dispute board*, o julgamento simulado, o DSD, o *ombudsman*, o *fact-finding*, o facilitador, inúmeros caminhos para reforçar o propósito da solução extrajudicial e adequada de litígios.

Conclusões

Encerrarei lembrando de dois ou três enunciados, para nosso orgulho e nossa satisfação, que foram aprovados na II Jornada de Soluções Extrajudiciais de Litígios. Conseguimos reunir ali um *dream team* de especialistas em arbitragem, em mediação, em desjudicialização. Para se ter uma ideia, foram 689 proposições – isso foi inédito –, 250 especialistas envolvidos na votação dos trabalhos, tendo sido aprovados em torno de 140 enunciados.

Neste campo, é muito bom lembrar que, por indicação do Ministro Gilmar Mendes, tomei conhecimento de uma iniciativa pioneira do Desembargador Marcos Machado, de Mato Grosso, e esses enunciados foram encaminhados ao Órgão Especial para uniformização de jurisprudência.

Destacarei apenas um outro enunciado como exemplo para se ter noção da importância deste trabalho: no caso da arbitragem, a inserção de cláusula compromissória em pacto antenupcial e em contrato de união estável. Reparem o alcance da arbitragem em virtude desse enunciado aprovado na II Jornada.

Essas foram algumas reflexões sobre como nós do Judiciário podemos inserir-nos nesse debate, atentos àquela advertência do Juiz Scalia de que devemos preocupar-nos com o problema, mas precisamos ter um cuidado redobrado em como implementar as ferramentas de solução e prevenção de litígio.

PARTE IV

A RESPONSABILIDADE CIVIL DO ESTADO NO CONTEXTO DA PANDEMIA

12.
RESPONSABILIDADE CIVIL DO ESTADO NO ÂMBITO DE MEDIDAS DE EXCEÇÃO SANITÁRIAS

FERNANDO MENEZES DE ALMEIDA

Introdução

Com grande honra e satisfação fui convidado a participar do IX Fórum Jurídico de Lisboa, apresentando algumas reflexões sobre o tema da responsabilidade do estado no âmbito de medidas de exceção sanitárias praticadas no contexto da pandemia de COVID-19, no direito brasileiro.

De plano, esclareço que a expressão contida no título do painel que integrei no referido Fórum – "medidas de exceção" – não implica, no caso brasileiro, aplicação dos regimes constitucionais excepcionais de proteção do estado (estado de sítio e estado de defesa – Constituição da República, artigos 136 a 139); e menos ainda implica referência a alguma exceção para além dos limites constitucionais do estado de direito.

Com efeito, a experiência vivida no Brasil para o enfrentamento da pandemia de COVID-19 deu-se indiscutivelmente dentro na vigência regular do regime constitucional. Isso implica que a presente discussão sobre responsabilidade ganhe contornos de uma particularização da hipótese mais ampla de responsabilidade do estado por atos legislativos[1].

[1] As ideias que foram por mim expostas no Fórum tomam por base estudos previamente realizados e publicados, as quais agora adapto e reproduzo para a edição dos anais do

1. Noções gerais sobre responsabilidade do estado

Contemporaneamente, a palavra "responsabilidade", em linguagem corrente e mesmo em linguagem jurídica, possui diversos significados.

Herbert HART[2] aponta quatro sentidos principais: i) "*role-responsibility*" (responsabilidade-"papel"): em que "responsabilidade" significa a atividade que se espera de determinada pessoa no desempenho de função que especialmente lhe é atribuída; p. ex.: os pais são responsáveis por cuidar dos filhos; o capitão é responsável por zelar pela integridade do navio; ii) "*causal-responsibility*" (responsabilidade causal): situação em que ser responsável é ser causador, como na frase "a longa seca foi responsável pela fome na Índia"; iii) "*capacity-responsibility*" (responsabilidade-capacidade): que expressa a aptidão de "compreensão, raciocínio e controle" de quem se diz responsável, quanto à sua conduta; iv) "*legal liability-responsibility*" (responsabilidade jurídica): aqui um sentido propriamente jurídico de responsabilidade, destacado dos demais, que carregam um aspecto lógico ou moral.

Exploremos este último sentido, pois é a ele que se refere esta apresentação.

A ideia de responsabilidade, em termos jurídicos, importa a sujeição de alguém à sanção prevista em direito, como consequência do descumprimento de uma obrigação. No caso da responsabilidade civil, tipicamente a sanção indenizatória.

Sobre esse ponto, é precisa a lição de Hans KELSEN[3], que aqui se adota:

> Conceito essencialmente ligado com o conceito de dever jurídico, mas que dele deve ser distinguido, é o conceito de responsabilidade. Um indivíduo é juridicamente obrigado a uma determinada conduta quando uma oposta

evento: (i) Responsabilidade do Estado, in Tratado de direito administrativo; (ii) "Reflexões sobre a pandemia de COVID-19 no contexto do estado direito brasileiro"; e (iii) "Princípio da legalidade e ações administrativas no âmbito estadual durante a pandemia de COVID-19". (Vide referências completas na bibliografia ao final).

[2] HART, Herbert. L. A. *Punishment and responsibility: essays in the philosophy of law* (reimpressão da edição de 1968 da Oxford University Press). Oxford: Clarendon Press, 1998, pp. 211 e ss.

[3] KELSEN, Hans. *Teoria Pura do Direito*, v. 1, trad. João Baptista Machado, a partir da edição de 1960. Coimbra: Armého Amado, 1962, pp. 233-234.

> conduta sua é tornada pressuposto de um ato coercitivo (como sanção). Mas este ato coercitivo, isto é, a sanção como consequência do ilícito, não tem de ser necessariamente dirigida [...] contra o indivíduo obrigado, quer dizer, contra o indivíduo cuja conduta é o pressuposto do ato coercitivo, contra o delinquente, mas pode também ser dirigido contra um outro indivíduo que se encontre com aquele numa relação determinada pela ordem jurídica. O indivíduo contra quem é dirigida a consequência do ilícito **responde** pelo ilícito, é juridicamente **responsável** por ele.

Ou seja, obrigação não se confunde com responsabilidade. A obrigação relaciona-se com a conduta cuja não adoção é pressuposto da incidência da sanção.

Já a responsabilidade relaciona-se com a sujeição de alguém à incidência da sanção, independentemente de ter essa pessoa, com sua conduta, descumprido uma obrigação.

Basta pensar que nem sempre quem é o obrigado é o responsável; ou que nem sempre quem é o responsável é o obrigado. Por exemplo, respectivamente, citem-se os casos em que filhos menores descumpram obrigações civis a todos impostas, sendo responsáveis seus pais (Código Civil, artigo 932, I); ou casos em que o fiador responde pelo descumprimento de obrigação imposta ao devedor (Código Civil, artigo 818 e ss.).

Mas, voltando a KELSEN[4], seu pensamento vai além, precisando ainda a distinção entre duas situações que, na prática, revestem-se de traços exteriores de similaridade: a responsabilidade e a obrigação de indenizar.

Há, assim, casos em que o direito faculta, ou mesmo impõe, certa conduta. Nesses termos, por definição trata-se de conduta lícita, à qual não estará associada sanção – pelo contrário, sanção poderá estar associada à conduta oposta – e, portanto, da qual não decorrerá responsabilidade.

Todavia, ao mesmo tempo em que o direito faculta ou impõe tal conduta, admite que ela cause um gravame, um sacrifício, em relação ao direito (subjetivo) de outrem, o que implica – em nome de uma decisão de política legislativa visando a garantir a igualdade de todos perante os encargos públicos – a obrigação (complementar) de que o sujeito obri-

[4] KELSEN, Hans. *Teoria Pura do Direito*, v. 1, trad. João Baptista Machado, a partir da edição de 1960. Coimbra: Arméio Amado, 1962, pp. 240-243.

gado à conduta gravosa quanto a terceiro, indenize o terceiro. Exemplifique-se com o caso da desapropriação.

Fala-se, então, em obrigação de indenizar, mas não em responsabilidade. Responsabilidade, nesse caso, só haveria em um momento ulterior, caso a obrigação de indenizar – enquanto obrigação que também é – venha a ser descumprida e daí decorra uma sanção.

É, pois, da essência da relação de responsabilidade ser decorrência de um ilícito, como pressuposto de sanção.

Aceito esse conceito de responsabilidade, é preciso ter especial cautela com a ideia de "responsabilidade do estado por ato lícito" – ponto especialmente relevante para a discussão do caso dos atos legislativos (e também dos atos jurisdicionais).

Aqui importa ter consciência da distinção entre "conduta" e "resultado", como elementos integrantes de um conjunto que o direito trata como "ato".

A ilicitude do ato pode estar tanto na conduta, como no resultado – ou em ambos.

Mesmo no regime de "responsabilidade objetiva" (responsabilidade independente da demonstração de culpa do agente) há necessidade de um dano. E o dano, por sua própria definição (jurídica), é ilícito.

Se não há ilícito – se não há sanção de direito especificamente prevista para a situação – não há que se falar em dano. Quanto muito haverá uma contrariedade íntima, subjetiva, da vítima, irrelevante para o direito.

Enfim, para haver responsabilidade, seja ela objetiva ou subjetiva, deve existir um ilícito. E se o ilícito não se situar na conduta do agente, deve ao menos situar-se no resultado.

A perspectiva de haver um resultado ilícito torna desnecessária a discussão sobre responsabilidade do estado por "ato lícito": se o resultado é ilícito, o ato concreto que o causou é ilícito – é ilícito causar dano –, pouco importando se a descrição abstrata da conduta, antes que se concretize, não corresponda a uma tipificação normativa de ilicitude.

De resto, se tanto a conduta, quanto o resultado, forem lícitos, não há que se falar em responsabilidade.

A lógica da responsabilidade na vida social é ligada à consideração de que o responsável – no caso, o estado – tenha (por direito e por justiça) que indenizar. E a técnica do direito vem evoluindo, na maioria dos ordenamentos jurídicos, para ampliar a ocorrência da indenização.

Todavia, há situações em que a vontade objetivada da sociedade – ou seja, o direito – legitimamente entende que aquilo que alguém subjetivamente perceba ser um suposto "dano", não o seja para efeito jurídico.

Via de regra, o direito não prestigia o individualismo exacerbado que justificaria qualquer insatisfação pessoal ter uma tutela jurisdicional ressarcitória.

No limite, trata-se da sensibilidade da sociedade, em face da disponibilidade de recursos coletivos, que definirá politicamente (em termos de política legislativa) quais situações jurídicas serão consideradas "danos" (ilícitos), ou seja, ensejarão a mobilização dos instrumentos de direito para que se produza a "indenização" (sanção).

2. Responsabilidade por atos legislativos

A definição de responsabilidade civil por referência a um *ilícito*, ainda que seja um resultado ilícito (dano) de uma conduta, em tese, lícita, suscita o problema teórico de como enquadrar a questão da responsabilidade do estado por atos materialmente legislativos.

Isso porque os atos materialmente legislativos, em princípio, expressam o sentido do lícito. Ao menos, "em princípio".

Antes de avançar sobre o ponto em foco, vale lembrar que órgãos do Poder Legislativo também praticam atos administrativos ou, em situação mais rara, atos jurisdicionais. Explique-se melhor o tema, introduzindo-se uma distinção pelos qualificativos "material" e "formal". A questão central de que ora se cogita é justamente aquela atinente aos atos praticados pelo Poder Legislativo que sejam materialmente legislativos.

Detalhando e sistematizando melhor, o Poder Legislativo pode praticar: i) *ato formal e materialmente legislativo* (por exemplo: emendas à constituição e leis – com conteúdo material de leis, conforme será esclarecido a seguir); ii) *ato formalmente legislativo e materialmente administrativo* (por exemplo: leis com conteúdo material de atos administrativos, conforme também será esclarecido a seguir); iii) *ato formalmente legislativo e materialmente jurisdicional* (por exemplo: a resolução pela qual se julga o Presidente da República em crime de responsabilidade, nos termos do artigo

35 da Lei 1.079/1950); iv) *ato formal e materialmente administrativo* (por exemplo: contrato administrativo).

Observe-se que é mais duvidoso identificarem-se, entre os atos praticados pelo Poder Legislativo, um ato *formalmente administrativo e materialmente legislativo* – ou seja, com conteúdo regulamentar, mas veiculado por ato que formalmente não é lei. Isso porque a Constituição (artigo 59) considerou parte do "processo legislativo" atos como resoluções e decretos legislativos. Esses atos, de todo modo, poderiam bem ser ditos "nominalmente" *formalmente legislativos* e "verdadeiramente" *formalmente administrativos.*

Por outro lado, o Poder Executivo e o Poder Judiciário praticam *atos formalmente administrativos e materialmente legislativos;* é o caso, por exemplo, respectivamente, do decreto regulamentar expedido pelo Presidente da República e de uma resolução de um tribunal veiculando seu regimento interno.

Aprofunde-se, agora, a distinção entre atos formal e materialmente legislativos, o que remete à distinção entre legalidade formal e legalidade material.

Muitas vezes a menção à legalidade (*tout court*) induz espontaneamente à consideração da origem formal do ato legislativo: a lei como ato de vontade produzido pelo parlamento, independentemente de seu conteúdo.

Essa dimensão formal da legalidade, de fundamental importância para o estado de direito ocidental, ressalta o valor democrático, o valor da participação da vontade dos destinatários da norma em sua produção – para invocar aqui a definição kelseniana de democracia.

A noção formal de lei remete, no caso brasileiro, ao processo legislativo constitucionalmente traçado e aos tipos de "lei" arrolados no artigo 59 da Constituição da República.

Mas, ao lado da dimensão formal, igualmente relevante é a dimensão material, que toma a lei (para efeito da legalidade) como norma jurídica com conteúdo geral e abstrato[5].

[5] Generalidade e abstração não são qualificativos que necessariamente coincidem em uma norma, ainda que seja usual essa coincidência. **Generalidade** diz respeito aos sujeitos aos quais se destina, sendo eles tomados de modo universal (por oposição à individualidade da

Nas palavras de Léon DUGUIT:

> Do ponto de vista material o princípio de legalidade consiste nisto: em um estado de direito, nenhuma autoridade pode jamais tomar uma decisão individual, senão nos limites fixados por uma disposição de caráter geral, quer dizer, por uma lei no sentido material.[6]

Decorre, pois, do sentido (material) de lei como norma geral e abstrata um viés protetivo da igualdade, na medida em que a generalidade e a abstração tendem a impedir que determinada decisão jurídica (no caso, uma decisão legislativa) seja tomada especialmente para beneficiar ou para prejudicar alguém.

Não que isso seja uma garantia absoluta da isonomia. Sabe-se que mesmo normas gerais e abstratas podem ser elaboradas sob a inspiração velada (ou não) de favorecer ou lesar os interesses de algum ou alguns indivíduos. Ainda assim, é válido apontar a tendência de que essa consequência seja mais dificilmente atingida por uma norma geral e abstrata – que incidirá sobre situações reais futuras, ainda não conhecidas, e sobre sujeitos potencialmente variados – do que por uma norma individual e concreta que não se fundamente em uma norma anterior geral e abstrata.

Retomando o ponto da responsabilidade do estado, quando está em questão um dano causado por ato apenas formalmente legislativo, mas materialmente administrativo – ou seja, uma lei aprovada segundo o processo legislativo, mas com conteúdo de norma individual e/ou concreta

norma, caso em que a norma se dirige a determinado ou determinados indivíduos); **abstração** refere-se ao objeto da hipótese de incidência da norma, vislumbrando-se uma situação hipotética que, no plano factual, pode vir a ocorrer ou não (por oposição à concretude da norma, que supõe aplicação da norma para determinado caso concreto factualmente existente e identificado). Para maiores desenvolvimentos a respeito do tema, até mesmo com o cruzamento desses binômios (generalidade-individualidade, abstração-concretude) com mais um: coletividade-pessoalidade (este referente aos sujeitos que elaboram a norma), ver Bobbio, Norberto. *Contribución a la teoría del derecho*, trad. Alfonso Ruiz Miguel, a partir da edição italiana. Valencia: Fernando Torres Editor, 1980, pp. 295-298.

[6] Duguit, Léon. *Leçons de droit public général*. Paris: Éditions la Mémoire du Droit, 2000 (edição facsimilar de Paris: E. de Boccord, 1926), p. 275.

–, aplica-se a mesma lógica das situações de responsabilidade do estado no exercício de função administrativa.

Diversa, entretanto, é a hipótese de se conceber a responsabilidade por atos *materialmente* legislativos. Nessa hipótese, vislumbram-se certas dificuldades desde o plano conceitual, dado o caráter normativo *geral e abstrato* do ato supostamente "causador" do dano.

Ora, como cogitar de nexo de causalidade, em relação a um efeito danoso, em virtude de algo que é geral e abstrato? É a concretização do comando normativo – o que envolve ao menos outro ato, individual e concreto – que causará, eventualmente, o dano.

De todo modo, pode-se argumentar com a ideia de uma cadeia causal, considerando-se juridicamente a norma geral e abstrata como a causa relevante, ainda que mediata, do dano – este sendo imediatamente provocado por outro ato que tenha dado concretização à norma geral e abstrata.

Mesmo nesse ponto, duas hipóteses têm que ser distintas.

Em primeiro lugar, a hipótese em que o ato de concretização desvia-se do comando normativo geral e abstrato. Nessa hipótese, claramente o ilícito não tem sua origem causal na norma geral e abstrata e não se põe a questão sobre responsabilidade por ato materialmente legislativo.

Em segundo lugar, a hipótese em que o ato de concretização segue adequadamente o comando normativo geral e abstrato. Nessa hipótese, sim, é que faz sentido cogitar-se de responsabilidade por ato materialmente legislativo.

Todavia, nessa segunda hipótese, é preciso, para que haja *responsabilidade*, identificar-se um ilícito no resultado da aplicação da norma.

Então surge nova questão: como cogitar-se de ilicitude de algo que já se concebe como o *correto* resultado de aplicação de uma norma legal? A *correta* aplicação da lei pode resultar em *ilícito*?

A resposta a essa última questão não provoca maiores dificuldades em um sistema jurídico, como o brasileiro que desde há mais tempo afastou-se do princípio da supremacia normativa da lei ("lei", aqui, tomada em sentido estrito: lei formal especificamente identificada como ato infraconstitucional[7]), acolhendo a supremacia normativa da constituição.

[7] Cabe a ressalva na medida em que, no caso brasileiro, as emendas à constituição estão

Recordando a fórmula empregada por WAHL a respeito do direito alemão, mas perfeitamente aplicável ao caso brasileiro atual:

> Para a administração, a lei não está mais 'pronta para o uso', ponto de partida insuscetível de ser posto em dúvida na sua ação; as leis devem constantemente ser verificadas quanto à sua constitucionalidade, da mesma maneira que toda aplicação ao caso específico é submetida aos critérios e ao controle de constitucionalidade.[8]

Nesse contexto, a lei é francamente suscetível a um controle de constitucionalidade, podendo eventualmente ter os resultados de sua aplicação tidos por ilícitos.

A resposta bastante consensual[9] para a questão acima formulada é, pois, reconhecer-se a responsabilidade civil do estado por danos decorrentes da aplicação de atos materialmente legislativos que tenham sido julgados inconstitucionais.

No Brasil, qualquer juiz pode controlar a constitucionalidade das leis, via controle difuso, ainda que decisões das instâncias inferiores ao

incluídas no rol de atos formalmente legislativos, elaborados via processo legislativo (Constituição, artigo 59).

[8] Wahl, Rainer. "Aux origines du droit public allemand contemporain". *Revue du Droit Public et de la Science Politique en France et à l'Étranger*, n.º 3, mai/jun. Paris: LGDJ, 2007, p. 820.

[9] Além de monografias específicas sobre o tema: Zockun, Maurício. *Responsabilidade patrimonial do Estado: matriz constitucional, a responsabilidade do Estado por atos legislativos, a obrigatoriedade de prévia indenização e a responsabilidade pessoal do parlamentar.* São Paulo: Malheiros, 2010; e Luvizotto, Juliana Cristina. *Responsabilidade civil do estado legislador.* São Paulo: Almedina, 2015, ver em especial as obras de Filho, Romeu Felipe Bacellar. *Direito administrativo e o novo Código Civil.* Belo Horizonte: Fórum, 2007; Cahali, Yussef Said. *Responsabilidade civil do Estado.* 4. ed. São Paulo: Ed. RT, 2012; Filho, Sergio Cavalieri. *Programa de responsabilidade civil.* 10. ed. São Paulo: Atlas, 2012; Cretella JR., José. *O Estado e a obrigação de indenizar.* São Paulo: Saraiva, 1980; e Zancaner, Weida. *Da responsabilidade extracontratual da administração pública.* São Paulo: Ed. RT, 1981. Também a jurisprudência do Superior Tribunal de Justiça afirma-se nesse sentido: AgInt no REsp 1705508, Rel. Min. Herman Benjamin, 2.ª T, j. 17/04/2018; REsp 201972, Rel. Min. Demócrito Reinaldo, 1.ª T, j. 17/06/1999; REsp 202125, Rel. Min. Demócrito Reinaldo, 1.ª T, j. 04/05/1999; REsp 170347, Rel. Min. Demócrito Reinaldo, 1.ª T, j. 17/11/1998.

Supremo Tribunal Federal possam apenas produzir efeitos *in concreto* e *inter partes*.

Ou seja, não é necessário o julgamento principal e abstrato da inconstitucionalidade de um ato materialmente legislativo, pelo STF, para que se chegue ao reconhecimento de responsabilidade do estado em virtude desse mesmo ato. É certo que, se o STF o fizer, tanto mais provável a busca de indenização – salvo que o STF, ao fazê-lo, module efeitos da decisão para não afetar atos praticados anteriormente à decisão de inconstitucionalidade (Lei 9.868/1999, artigo 27).

3. Principal norma sobre polícia administrativa no contexto da pandemia no Brasil

Com esses pressupostos, pode-se concluir – tendo aqui em mente o objeto específico desta apresentação – com considerações sobre o modo que o Brasil tratou, legislativamente, das possíveis restrições à liberdade individual no contexto da pandemia.

A principal norma legal que fundamenta as referidas restrições à liberdade é a Lei federal n. 13.979, de 6 de fevereiro de 2020.

De plano, a Lei invoca elementos típicos da legitimação de medidas administrativas de restrição da liberdade individual (ou seja, medidas de polícia administrativa) em defesa da saúde coletiva – o que implica dizer, da própria vida dos indivíduos:

> Artigo 1.º Esta Lei dispõe sobre as medidas que poderão ser adotadas para enfrentamento da emergência de saúde pública de importância internacional decorrente do coronavírus responsável pelo surto de 2019.
> § 1.º As medidas estabelecidas nesta Lei objetivam a proteção da coletividade.

A Lei arrola então as medidas que podem ser aplicadas para esse fim:

> Artigo 3.º Para enfrentamento da emergência de saúde pública de importância internacional decorrente do coronavírus, as autoridades poderão adotar, no âmbito de suas competências, dentre outras[10], as seguintes medidas:

[10] A abertura discricionária dada pelo "dentre outras" parece-me potencialmente um desrespeito ao princípio da legalidade. Ora, se é a lei que estabelece as possíveis medidas

I – isolamento;
II – quarentena;
III – determinação de realização compulsória de:
a) exames médicos;
b) testes laboratoriais;
c) coleta de amostras clínicas;
d) vacinação e outras medidas profiláticas; ou
e) tratamentos médicos específicos;
IV – estudo ou investigação epidemiológica;
V – exumação, necropsia, cremação e manejo de cadáver;
VI – restrição excepcional e temporária, conforme recomendação técnica e fundamentada da Agência Nacional de Vigilância Sanitária, por rodovias, portos ou aeroportos de:
a) entrada e saída do País; e
b) locomoção interestadual e intermunicipal;
VII – requisição de bens e serviços de pessoas naturais e jurídicas, hipótese em que será garantido o pagamento posterior de indenização justa; e
VIII – autorização excepcional e temporária para a importação de produtos sujeitos à vigilância sanitária sem registro na Anvisa, desde que:
a) registrados por autoridade sanitária estrangeira; e
b) previstos em ato do Ministério da Saúde.

Gostaria de destacar ainda um aspecto peculiar da Lei, trazido no § 1.º do artigo 3.º, acima transcrito:

> § 1.º As medidas previstas neste artigo somente poderão ser determinadas com base em evidências científicas e em análises sobre as informações estratégicas em saúde e deverão ser limitadas no tempo e no espaço ao mínimo indispensável à promoção e à preservação da saúde pública.

de restrição à liberdade dos indivíduos, essas "outras" medidas apenas poderiam ser adotadas por autoridades estatais se também vierem a ser previstas em lei. De todo modo, na prática, as medidas já previstas expressamente nesta Lei mostraram-se suficientes para as ações administrativas subsequentes.

Com efeito, por força desse dispositivo, as autoridades administrativas que aplicarão a Lei têm o dever de motivar suas decisões com base em argumentos científicos, o que legitima um controle judicial de legalidade com fundamento na ciência.

Essa Lei, por diversos de seus aspectos, foi questionada perante Supremo Tribunal Federal (STF), o qual, em suma, considerou-a constitucional. Pode-se mesmo detectar por parte do STF um movimento de autocontenção, tendente a prestigiar a validade das decisões legislativas e administrativas, e mesmo tendente a permitir que Estados e Municípios exerçam com mais margem sua autonomia.

E o parâmetro dessa autocontenção do STF – preservado o sempre necessário juízo de não contrariedade às normas constitucionais – foi justamente o fundamento técnico-científico das normas jurídicas submetidas ao controle de constitucionalidade[11].

[11] Citem-se alguns exemplos, não necessariamente referentes à Lei n.º 13.979/20, mas no mesmo contexto:
Apreciando a medida cautelar em ação direta de inconstitucionalidade (ADI-MC n.º 6.341, Rel. Min. Marco Aurélio, Plenário, julgamento em 15/04/2020), tendo por objeto diversos dispositivos da própria Lei n.º 13.979/20, o Tribunal considerou-os constitucionais, validando a opção do legislador. Nesse julgamento, o Tribunal cuidou ainda de aspectos federativos, afirmando a competência legislativa concorrente dos entes federativos sobre a matéria de proteção à saúde e afirmando que a competência administrativa comum a todos eles permite que o Presidente da República defina por decreto os serviços públicos e atividades essenciais que devam continuar em funcionamento, resguardando-se, porém, a autonomia dos entes locais.
Decidindo liminarmente, em medida cautelar em ação direta de inconstitucionalidade (ADI-MC n. .º 6.363, Rel. Min. Ricardo Lewandowski, decisão monocrática, julgamento em 06/04/2020) tendo por objeto a Medida Provisória n.º 963/20, a qual alterara regras da legislação trabalhista, o Ministro Relator afirmou textualmente em suas razões de decidir que, sem abrir mão de sua função de exercer o controle de constitucionalidade, "o Poder Judiciário, como um todo, e Supremo Tribunal Federal, em particular, precisa agir com extrema cautela diante das graves proporções assumidas pela pandemia da Covid-19" e que "cumpre à Suprema Corte enfrentar a questão sob exame com a devida parcimônia, buscando preservar ao máximo o texto normativo sob ataque".
Julgando uma arguição de descumprimento de preceito fundamental (ADPF n.º 671, Rel. Min. Ricardo Lewandowski, decisão monocrática, julgamento em 03/04/2020), pela qual se pretendia que o Tribunal obrigasse a administração pública a tomar medidas visando à utilização dos leitos de unidades de tratamento intensivo de hospitais privados durante

Conclusões

A conclusão que me pareceu pertinente trazer nesta exposição, considerando que o Brasil ainda não acumula uma casuística suficiente para que se possa falar em tendências jurisprudenciais envolvendo o tema da responsabilidade civil no contexto das medidas de exceção sanitárias, é antes de mais nada uma conclusão teórica, equacionando em temos de modelos de raciocínio as possíveis questões que venham a surgir.

Retomando, portanto, o que mais acima disse quanto à responsabilidade por atos legislativos, e considerando que a Lei n. 13.979/20 foi

a pandemia de COVID-19, o Ministro Relator não conheceu a ação (ou seja, entendeu-a de plano processualmente incabível), afirmando que a ação em questão: "não constitui meio processual hábil para acolher a pretensão nela veiculada, pois não cabe ao Supremo Tribunal Federal substituir os administradores públicos dos distintos entes federados na tomada de medidas de competência privativa destes, até porque não dispõe de instrumentos hábeis para sopesar os distintos desafios que cada um deles enfrenta no combate à Covid-19".

No julgamento, ainda liminar, de uma arguição de descumprimento de preceito fundamental (ADPF n.º 672, Rel. Min. Alexandre de Moraes, decisão monocrática, julgamento em 08/04/2020), pela qual se pretendia que o Tribunal obrigasse o Presidente da República a tomar certas atitudes no âmbito de sua competência e se abstivesse de comportamentos em desacordo com orientações das autoridades sanitárias, o Ministro Relator considerou incabível, que o Poder Judiciário determinasse ao Presidente da República a tomada de medidas administrativas específicas – "Não compete ao Poder Judiciário substituir o juízo de conveniência e oportunidade realizado pelo Presidente da República no exercício de suas competências constitucionais" – resguardando, no entanto, a competência do Tribunal para a "verificação da exatidão do exercício dessa discricionariedade executiva perante a constitucionalidade das medidas tomadas". Ao mesmo tempo, o Ministro Relator decidiu que: "não compete ao Poder Executivo federal afastar, unilateralmente, as decisões dos governos estaduais, distrital e municipais que, no exercício de suas competências constitucionais, adotaram ou venham a adotar, no âmbito de seus respectivos territórios, importantes medidas restritivas como a imposição de distanciamento/isolamento social, quarentena, suspensão de atividades de ensino, restrições de comércio, atividades culturais e à circulação de pessoas, entre outros mecanismos reconhecidamente eficazes para a redução do número de infectados e de óbitos, como demonstram a recomendação da OMS (Organização Mundial de Saúde) e vários estudos técnicos científicos, como por exemplo, os estudos realizados pelo *Imperial College of London*, a partir de modelos matemáticos (*The Global Impact of COVID-19 and Strategies for Mitigation and Suppression*, vários autores; *Impact of non-pharmaceutical interventions (NPIs) to reduce COVID 19 mortality and healthcare demand*, vários autores)".

considerada, em abstrato, constitucional, podem ser formuladas duas hipóteses:

(i) Por um lado, a hipótese em que o ato administrativo de concretização da lei segue adequadamente o comando normativo geral e abstrato. Nessa hipótese, sim, faz sentido cogitar-se de responsabilidade por ato materialmente legislativo.
Porém, tratando-se de ato legislativo já julgado em tese constitucional, sua adequada aplicação ao caso concreto, por definição, não causará "dano" a ensejar responsabilidade.

(ii) Por outro lado, a hipótese em que o ato administrativo de concretização da lei desvia-se do comando normativo geral e abstrato. Nessa hipótese, claramente o ilícito não tem sua origem causal na norma geral e abstrata e não se põe a questão sobre responsabilidade por ato materialmente legislativo.

Considerando, pois, o que disse logo acima, quanto à constitucionalidade da Lei n. 13.979/20, medidas restritivas de liberdade com finalidade sanitária, com potenciais impactos de lesão patrimonial (ou moral) sobre indivíduos (ou pessoas jurídicas) – p. ex.: restrição ao funcionamento de estabelecimentos comerciais, restrição da locomoção pessoal – devem receber o tratamento regular de análise caso a caso sobre abusos ou desvios no momento em que incide o ato administrativo individual e concreto.

De resto, caso o Estado brasileiro entenda cabível criar, por lei, indenizações ou subsídios em geral, com o sentido de compensar, de modo amplo, perdas econômicas sofridas por indivíduos ou por setores econômicos, não estaria caracterizada hipótese de "responsabilidade do estado", senão, pelas razões expostas ao longo desta apresentação, hipótese de lei criando para o estado a "obrigação de indenizar", sob regime jurídico diverso do da responsabilidade.

Referências

ALMEIDA, Fernando Menezes de. "Reflexões sobre a pandemia de COVID-19 no contexto do estado direito brasileiro". *Revista Il diritto dell'economia*, v. 101 (ano 66). Modena: STEM Mucchi Editore, 2020.

—. Princípio da legalidade e ações administrativas no âmbito estadual durante a pandemia de COVID-19. In: Augusto Dal Pozzo, Márcio Cammarosano (org.), *As implicações da COVID-19 no direito administrativo*. São Paulo: RT, 2020.

—. *Responsabilidade do Estado. Tratado de direito administrativo*, v. 7 (coord. Maria Sylvia Zanella Di Pietro). 2. ed. São Paulo: Revista dos Tribunais/Thomson Reuters Brasil, 2019.

BOBBIO, Norberto. *Contribución a la teoría del derecho*, trad. Alfonso Ruiz Miguel, a partir da edição italiana. Valencia: Fernando Torres Editor, 1980.

CAHALI, Yussef Said. *Responsabilidade civil do Estado*. 4. ed. São Paulo: Ed. RT, 2012.

FILHO, Romeu Felipe Bacellar. *Direito administrativo e o novo Código Civil*. Belo Horizonte: Fórum, 2007.

FILHO, Sergio Cavalieri. *Programa de responsabilidade civil*. 10. ed. São Paulo: Atlas, 2012.

CRETELLA JR., José. *O Estado e a obrigação de indenizar*. São Paulo: Saraiva, 1980.

DUGUIT, Léon. *Leçons de droit public général*. Paris: Éditions la Mémoire du Droit, 2000 (edição facsimilar de Paris: E. de Boccord, 1926).

HART, Herbert. L. A. *Punishment and responsibility: essays in the philosophy of law* (reimpressão da edição de 1968 da Oxford University Press). Oxford: Clarendon Press, 1998.

KELSEN, Hans. *Teoria Pura do Direito*, v. 1, trad. João Baptista Machado, a partir da edição de 1960. Coimbra: Arméio Amado, 1962.

LUVIZOTTO, Juliana Cristina. *Responsabilidade civil do estado legislador*. São Paulo: Almedina, 2015.

WAHL, Rainer. "Aux origines du droit public allemand contemporain". *Revue du Droit Public et de la Science Politique en France et à l'Étranger*, n.º 3, mai/jun. Paris: LGDJ, 2007.

ZANCANER, Weida. *Da responsabilidade extracontratual da administração pública*. São Paulo: Ed. RT, 1981.

ZOCKUN, Maurício. *Responsabilidade patrimonial do Estado: matriz constitucional, a responsabilidade do Estado por atos legislativos, a obrigatoriedade de prévia indenização e a responsabilidade pessoal do parlamentar*. São Paulo: Malheiros, 2010.

13.
RESPONSABILIDADE CIVIL DO ESTADO E PANDEMIA DA COVID-19

PAULO GUSTAVO GONET BRANCO

Introdução

A pandemia vem incitando não poucos abalos na normalidade da vida das relações e no cumprimento pelo Estado dos seus deveres institucionais ordinários. O ineditismo das perplexidades científicas e sanitárias que surpreenderam todo o mundo também causou espanto jurídicos, ante o despreparo das ordens constitucionais para enfrentar o inusitado desafio imposto pelo insidioso vírus.

Logo se mostraram inquietantes as lacunas normativas em termos de competências internas e no que tange a limites de ações, para acudir aos esforços urgentes e sem precedentes que a proteção da vida e a preservação da saúde dos cidadãos reclamavam em toda parte. A urgência não se concilia com ações antecedidas de longas meditações e ponderações. Subitamente, medidas drásticas, sem paralelo na imaginação das coisas possíveis, tiveram que ser tomadas. Países inteiros se viram de quarentena. Suspenderam-se o comércio, escolas, igrejas, serviços públicos, viagens... Tudo ficou em suspenso. A impressão é de que o mundo parara – exceto o sistema de saúde, lotado e sobrecarregado, sempre prestes ao colapso. O invisível vírus derrotou toda a ordem do cotidiano e do planejado.

Os sistemas constitucionais democráticos muitas vezes preveem mecanismos de enfrentamento de crises, acolhendo medidas de exceção, ideadas para que, vencidos os desafios extraordinários, retorne-se à normalidade institucional. Num inventário de sistemas jurídicos de todo o mundo[1], recentemente se apontou que 90% de 106 Constituições em vigor em partes variadas do globo preveem a declaração de estado de emergência, em que medidas excepcionais abruptas e interferências sobre direitos fundamentais são admitidas para arrostar graves perigos à prevalência dos valores essenciais da comunidade.

Soma-se ao quadro insólito, ter-se percebido que a situação crítica provocada pelo vírus não se amolda aos tipos de emergência que as ordens constitucionais anteveem. As situações extremas pensadas costumam girar em torno de problemas de crises segurança nacional, como invasões militares, guerras e insurreições.[2] A pandemia gerou tribulações de outras ordens. Se em crises de segurança se justifica que o poder Executivo, melhor aparelhado para obter informações relevantes e mais ágil na tomada de decisões, assuma o protagonismo e imponha medidas centralizadoras e de contenção de liberdades, como a de expressão, no caso da pandemia, quanto mais informação todos tivessem, melhor. A descentralização na tomada de providências, a partir da avaliação local da crise, também beneficia o propósito do debelar o mal.

A pandemia tampouco se ajusta aos casos, também mais frequentes, de crise decorrente de desastre natural. Estas, diferentemente do que a Covid-19 engendrou, têm curta duração e tendem a ser mais precisamente localizadas no planisfério – características que influem no cardápio de medidas extremas admissíveis.

Essas distinções talvez concorram para explicar que não mais do que 43% dos países cujas Constituições adotam sistema de estado de emergência tenham declarado essa condição[3]. O Legislativo atuou decisivamente em 46% dos mais de cem países analisados, com 72% desses editando nova legislação especificamente para os infortúnios sanitários[4]. Houve supervisão judicial efetiva em 41% de 106 países analisa-

[1] Cf. GINSBURG, Tom e VERSTEEG, Mila. "The bound executive: Emergency powers during the pandemic". *International Journal of Constitutional Law* 19, 2021, p. 1506.

[2] GINSBURG, Tom e VERSTEEG, Mila, op. cit., p. 1.509.

[3] GINSBURG, Tom e VERSTEEG, Mila, op. cit., p. 1.516.

[4] GINSBURG, Tom e VERSTEEG, Mila, op. cit., p. 1516.

dos[5], na maior parte das vezes, por meio de juízos *ex post facto* de medidas tomadas; em alguns países, como no Brasil e também na Argentina, Índia, Filipinas, Nepal, Uganda e Zimbabwe[6], decisões urgiram providências a serem implementadas.

Em todo o mundo, percebe-se como característica do combate à crise rearranjos institucionais, que, por vezes, antecederam a formalização em lei, mas que se conjugam, na busca de colaboração entre os Poderes, para o fim de tornar atos excepcionais tecnicamente legítimos.

Alguns questionamentos, porém, subsistem. Como lidar, do ponto de vista dos direitos dos cidadãos, com evidências que venham à tona sobre atrasos fatais em providências ou de excessos nas interferências sobre os direitos básicos individuais? O caráter bem-avisado das ações administrativas tomadas, especialmente aquelas que comprimiam direitos fundamentais, sob a alegação de serem necessários para a defesa da vida e da saúde, começa a suscitar impugnações. Espocam dúvidas sobre a justiça isonômica de medidas que afetaram alguns dos cidadãos com mais intensidade do que outros, sobretudo no campo das atividades econômicas e empresariais.

A todos esses casos, subjaz o debate sobre as consequências jurídicas das condutas do Estado, no plano da sua liceidade, da eficiência dos serviços que lhe incumbe prestar e da igualdade na distribuição de ônus pelos cidadãos. Essas circunstâncias apresentam repercussões no plano da responsabilidade civil do Estado.

1. É consabido que o Brasil adota o modelo de responsabilidade civil objetiva do Estado, ante atos ilícitos da Administração

O prejuízo a ser ressarcido pode-se ligar a ato comissivo, como também pode decorrer de omissão total ou parcial do serviço público, em tomar a providência devida, deixando de cumprir pontualmente o dever de atalhar a situação propiciadora do dano.

A configuração da responsabilidade, aqui, depende de que se demonstre que, podendo e devendo agir, os Poderes Públicos se mantiveram inertes ou atuaram com atraso.

[5] Ginsburg, Tom e Versteeg, Mila, op. cit., p. 1517.

[6] Ginsburg, Tom e Versteeg, Mila, op. cit., p.1524-1525.

A noção de culpa – não obstante, nos casos comissivos, a responsabilidade do Estado não depender desse elemento subjetivo – é relevante para os casos de omissão. Não se busca necessariamente a culpa individual de um agente público específico, mas a culpa do serviço, expressão correspondente à locução *faute du service*, explorada pela doutrina francesa. Chama-se o Estado à responsabilidade, quando o serviço não funciona (culpa *in ommitendo*), funciona mal (culpa *in commitendo*), ou funciona de modo serôdio (esta, em última instância, uma modalidade do mal funcionamento).

Além dos prejuízos decorrentes de atos ilícitos imputáveis aos poderes públicos, também os que se seguem a uma causa consistente em ato lícito, mas ensejador de dano especial e anormal, merecem ser compensados, por uma questão de justiça a que o Estado de Direito não é indiferente. Busca-se, com a compensação financeira, reequilibrar a distribuição dos custos sociais, sob a métrica do princípio da proporcionalidade.

De toda sorte, não se adota entre nós a doutrina da responsabilidade integral da Administração. A concausa não arreda a responsabilidade do Estado, mas a culpa exclusiva do lesado neutraliza a responsabilidade. Desfeito o nexo de causalidade entre a ação do Estado e o dano, não há cogitar dessa responsabilidade.

2. Dentro desses marcos amplos, o enquadramento de condutas durante a pandemia no âmbito da responsabilidade civil do Estado haverá de se beneficiar sobretudo de uma revisita à jurisprudência do Supremo Tribunal Federal sobre o instituto

Um primeiro ponto a recordar é o de que a responsabilidade civil do Estado, mesmo quando se firma à conta de uma ação de um seu servidor, operando nessa condição, enseja demanda a ser proposta apenas contra a pessoa jurídica de direito público. Não se franqueia ao autor optar por acionar o servidor faltoso. Caberá, sim, ao Estado, uma vez condenado, cobrar do seu agente público faltoso por culpa ou dolo, o que desembolsou, a título de regresso. No RE 1.027.633 – RG assentou-se esta tese:

> A teor do disposto no art. 37, § 6o, da Constituição Federal, a ação por danos causados por agente público deve ser ajuizada contra o Estado ou a pessoa jurídica de direito privado prestadora de serviço público, sendo parte

ilegítima para a ação o autor do ato, assegurado o direito de regresso contra o responsável nos casos de dolo ou culpa.[7]

Em outro precedente, também sob a sistemática da repercussão geral, o Supremo Tribunal definiu que o Estado tem o dever de propor a ação regressiva, por seu advogado público, contra o agente culpado pelo dano, exercendo assim o seu direito de regresso. O descumprimento desse dever concretiza hipótese de improbidade administrativa.[8]

3. Quer a responsabilidade se dê por ato lícito ou ilícito, para que se configure, é indispensável que se demonstre o dano, a conduta a Administração e o nexo de causalidade entre esses dois elementos Sobre a natureza desse nexo de causalidade, o STF rejeitou a doutrina do risco integral, que fazia a Administração obrigada a ressarcir todo e qualquer dano suportado pelo indivíduo, desde que, de alguma forma, fosse possível relacionar o prejuízo a um comportamento comissivo ou omissivo dos Poderes Públicos.

Será admissível falar em quebra do dever de agir – e, aí sim, com possibilidade de se arguir a responsabilidade civil do Estado – quando houver, por parte da Administração, o ultraje a um dever jurídico de agir, conforme o STF assentou no RE 136.861-RG[9].

Se é certo que o Estado tem o dever genérico de proteger bens, objeto de direitos fundamentais, não pode, entretanto, responder por todos os azares da vida das relações. A medida de satisfação do dever ser proteger deve ser objeto de deliberação dos agentes políticos, a quem se reconhece margem de apreciação para as providências passíveis de serem adotadas.

Essas considerações possuem óbvias implicações para o tema da responsabilidade patrimonial do Estado nos tempos da pandemia.

[7] DJe 05/12/2019.

[8] RE 842.846 – RG, Tema 777, DJe 07/07/2020.

[9] DJe 21/01/2021. Foi fixada esta tese de Repercussão Geral: "Para que fique caracterizada a responsabilidade civil do Estado por danos decorrentes do comércio de fogos de artifício, é necessário que exista a violação de um dever jurídico específico de agir, que ocorrerá quando for concedida a licença para funcionamento sem as cautelas legais ou quando for de conhecimento do poder público eventuais irregularidades praticadas pelo particular ".

4. Outro ensinamento do acervo de jurisprudência do STF está expresso num precedente magistral, de autoria do Ministro Moreira Alves[10], datado dos primeiros anos da vigência da Constituição atual. Afirmou-se, ali, que o sistema nacional perfilha a teoria do risco administrativo[11]

Foi explicitado, ainda mais, que o nexo causal, para engendrar a responsabilidade do Estado, há de ser *direto e imediato*. Disse o Ministro Moreira Alves:

> A teoria adotada quanto ao nexo de causalidade é a teoria do dano certo e imediato, também chamada de teoria da interrupção do nexo causal.

Por essa teoria, o nexo de causalidade somente se configura, "quando o dano é efeito necessário de uma causa". Com Agostinho Alvim, o relator apontou que, na teoria do dano direto e imediato, só se admite ver configurado o nexo de causalidade "quando o dano é efeito necessário de uma causa. (...) O dano direto e imediato é abarcado sempre; os indiretos, porém, não são indenizáveis pelo aparecimento de concausas".

Esse achado jurisprudencial constitui parâmetro importante para a análise de responsabilidade do Estado.

A causa direta de tantos estragos durante a pandemia coincide com a doença ela própria, evento, em si mesmo, imprevisível, desafiador da ciência e não ensejador de reparação pecuniária pelo Estado.

É fato que a pandemia espalhada pelo coronavírus espantou e desafiou a ciência. De fato, ouvimos de fontes com autoridade científica orientações nem sempre claras, e por vezes cambiantes, sobre o modo de lidar com a doença ao longo do ano. O grande problema sempre foi o de tentar enxergar a nova moléstia da maneira mais nítida e real, à vista dos dados disponíveis, para discernir como enfrentá-la.

Estávamos – e ainda estamos – sob as incertezas e premências da *medicina de catástrofe.*

[10] RE 130.764, DJ 07/08/1992.

[11] Essa orientação foi reiterada mais recentemente pelo Plenário da Corte, no RE 841.526-RG, DJe 01/08/2016.

O conhecimento técnico foi-se aperfeiçoando no contato progressivo com a doença, e não espanta que as orientações de métodos de tratamento e de prevenção hajam passado por fases de imposição, rejeição, readoção e correção.

Cabe lembrar uma observação muito honesta de Jürgen Habermas sobre o assombro com que a Covid-19 gravou os anos de 2019 e 2020. Para o arguto filósofo:

> A pandemia impõe, ao mesmo tempo e sobre todos, um impulso reflexivo que, até agora, era da área de especialistas: precisamos agir com o saber explícito de nosso não-saber. Hoje, todos os cidadãos estão aprendendo como seus governos devem tomar decisões com uma nítida consciência dos limites do saber dos virologistas que os aconselham. A cena em que a ação política se desenrola mergulhada na incerteza raramente foi posta sob uma luz tão forte[12].

A pandemia em si é um fato que consubstancia força maior, tornando mais árduo o esforço por caracterizar as aflições dela decorrentes como consequências diretas e imediatas de omissões ou de ações da Administração.

Há situações, porém, que se situam fora da eximente da imprevisibilidade,

Eventuais atrasos, por incúria, no serviço de profilaxia e na adoção de providências de ordem sanitária tendem a ser computados como causa direta, para efeitos de responsabilidade civil do Estado.

No tocante à responsabilidade do Estado, no campo da prestação de serviço inadequada, o STF assinalou, em 2020, em tema de saúde e do direito à vida, que a decisão administrativa se equipara ao dolo ou ao erro grosseiro, quando não observa "standards, normas e critérios científicos e técnicos, tal como estabelecidos por organizações e entidades internacional e nacionalmente reconhecidas"[13]. O precedente, em termos de pandemia apresenta implicações relevantes, para fins de caracterização

[12] Entrevista constante do endereço https://www.ihu.unisinos.br/78-noticias/597983-a-solidariedade-e-a-unica-cura-entrevista-com-juergen-habermas. Acesso em 12/10/2021.
[13] ADI MC 6.421, DJe 12/11/2020.

da responsabilidade pessoal do administrador, a título de regresso, em havendo condenação da pessoa jurídica de direito público, numa ação de responsabilidade civil do Estado. O agente público, como se viu, responde regressivamente pelo dano, se age com culpa ou dolo no evento ocasionador da indenização.

De toda sorte, se a tese parece suficiente no plano da afirmação abstrata, certamente que, a ser invocada em contextos concretos da pandemia, oferecerá não poucas dificuldades de aplicação. As incertezas que rondam a pandemia levam até mesmo as entidades científicas a rápidas revisões dos seus achados e das suas proposições de ordem sanitária. Neste passo, não custa lembrar as palavras, citadas, de Jürgen Habermas, que enxerga um imenso desfio aos implementadores de políticas nesse período, uma vez que se veem na contingência de agir "com o saber explícito do nosso não saber", num quadro de "nítida consciência dos limites do saber dos virologistas".

Não será, afinal, razoável ter como comportamento devido da Administração aquele que somente mais tarde se revelou imperioso. Não se exige dos que impulsionam os serviços do Estado o dom da presciência.

5. Um outro ponto definido na jurisprudência deve ser levado em consideração. Tem a ver com a natureza do ônus extraordinário no contexto social que o dano a ser coberto deve ostentar

Em julgamento clássico do Supremo Tribunal Federal, de 1992[14], a Corte, prestigiou a doutrina de que a responsabilidade civil do Estado se perfaz mesmo que a atuação dos Poderes Públicos seja regular, enfatizando, porém, que o prejuízo, aí, há de ser diferenciado, já que o fundamento último do ressarcimento é o princípio da igualdade numa República. Disse o acórdão:

> O que interessa, é isto: sofrendo o particular um prejuízo, em razão da atuação estatal, regular ou irregular, no interesse da coletividade, é devida a indenização, que se assenta no princípio da igualdade dos ônus e encargos sociais.

[14] RE 113.587, rel. Min. Carlos Velloso, RTJ 140/636.

O objetivo da indenização, nessas hipóteses, é o de recompor a repartição de cargas públicas, sob o parâmetro da igualdade; daí a compensação somente ser cogitável em havendo dano marcado pelas características da singularidade e anormalidade, em cotejo com os sacrifícios de interesses que são comuns nas contingências da vida social. O dano que todos partilham em condições de relativa igualdade não é indenizável.

A ressalva feita serve de critério para apreciar pretensões de responsabilização civil do Estado por fatos relacionados com a pandemia. Mesmo que haja um nexo direto de causalidade do dano com a medida estatal, há de ser aferido se os transtornos causados foram de ordem substancialmente mais intensos para quem pretende a reparação, à vista – ressalte-se – também de eventuais medidas concretas, adotadas pelo próprio Poder Público, em favor dos atingidos, a título compensatório.

Conclusões

Por último, deve ser lembrado que responsabilidade civil do Estado não é o mesmo que responsabilidade penal, civil e política do governante. Os critérios de aferição não são coincidentes. O governante a quem falta destreza ou que é descumpridor dos seus deveres pode cometer atos sancionáveis no âmbito administrativo (improbidade, por exemplo), político, cível e até criminal, sem que daí se extraia razão suficiente para se impor a responsabilidade civil ao Estado.

Essas são algumas ponderações que me ocorreram no propósito de alinhar temas da jurisprudência do STF às provocações que a pandemia suscita no campo da responsabilidade civil do Estado.

Referências

GINSBURG, Tom e VERSTEEG, Mila. "The bound executive: Emergency powers during the pandemic". *International Journal of Constitutional Law* 19, 2021.

14.
TRAÇOS GERAIS DA INDEMNIZAÇÃO CIVIL EXTRACONTRATUAL PÚBLICA EM CONTEXTOS DE EXCECIONALIDADE

RICARDO PEDRO

Introdução

O princípio de Estado de Direito impõe um dever de indemnizar os causados pelos entes públicos. Em rigor, pela conjugação com outras normas constitucionais, é imposto um princípio de indemnização pública, desde logo, ao nível constitucional, que vem a encontrar operacionalização ao nível da legislação ordinária e sob diferentes técnicas indemnizatórias.

Se é verdade que este regime está – em regra, aliás, como toda a organização e funcionamento das diferentes funções públicas – previsto para situações de normalidade jurídica ou, de juridicidade de normalidade, a verdade é que, como a história revela, há períodos de excecionalidade real e fáctica que exigem uma outra juridicidade, isto é, uma juridicidade de excecionalidade e que pode ter várias origens e naturezas.

Os acontecimentos recentes que provocaram a crise pandémica criada pela COVID-19 representam uma situação de excecionalidade fáctica que impôs, de modo transversal – em todo um mundo –, uma atuação excecional dos poderes públicos, de modo a proteger os cidadãos do contágio e da doença provocados pelo referido vírus. Este contexto de excecionalidade fáctica impôs uma juridicidade de excecionalidade em cujo âmbito, desde logo, ao nível da sua definição e execução, poderão surgir danos dignos de indemnização pública. Importa, assim, apurar quais os regimes de indemnização postos à disposição dos lesados por danos causados pelo exercício de funções públicas em contextos de excecionalidade, com destaque para os danos provocados pela crise sanitária provocada pela COVID-19[1].

Para melhor compreensão do regime indemnizatório público previsto para contextos de excecionalidade (e apenas na dimensão substantiva – ficando de fora do objeto do presente estudo a dimensão de competência jurisdicional e processual), iremos adiantar as principais linhas caracterizadoras do princípio da indemnização pública.

De seguida trataremos de adiantar uma compreensão, de modo muito geral, do regime da indemnização pública previsto para as situações de normalidade (fáctica e jurídica).

Posteriormente, analisaremos os regimes jurídicos que estão à disposição dos lesados para indemnização dos danos resultantes em contextos de excecionalidade.

Por fim, terminaremos com umas breves conclusões.

1. Princípio da indemnização civil extracontratual pública

1.1 Principais normas ao nível constitucional

O tema da indemnização pública encontra no ordenamento jurídico português previsão constitucional em vários normativos da lei fundamental com destaque para os artigos 2.º e 22.º[2]

O primeiro normativo, que consagra o princípio do Estado de Direito democrático, impõe uma indemnização pública animada pela ideia de justiça distributiva. Ou seja, sempre que se verifique uma distribuição dos encargos públicos violadora do princípio da igualdade, os particu-

[1] Sobre o muitas vezes designado de "Direito do Corona", cf. QUARCH, Benedikt M. et al. *Staatshaftung in der Coronakrise, Ansprüche bei rechtmäßigen und unrechtmäßigen COVID19 Schutzmaßnahmen*. Baden-Baden: Nomos, 2021, p. 5. Sobre a responsabilidade do Estado no contexto de "medidas públicas de proteção" impostas pelo Direito do Corona (ibid, pp. 67 ss.); ainda sobre o tema, cf. Tholl, Frank. *Staatshaftung und Corona*. Munique, 2021, pp. 26 ss.

[2] Para outros desenvolvimentos, cf. PEDRO, Ricardo. *Estudos sobre Administração da Justiça e responsabilidade civil do Estado*. Lisboa: AAFDL, 2016, pp. 1 ss.

lares que suportem tais encargos ou danos devem ser compensados na medida do respetivo sacrifício desigualitário.

A segunda norma referida – assente numa ideia de justiça retributiva/ressarcitória – apresenta-se de difícil interpretação, dada a amplitude da sua previsão e, que, por isso, não tem gerado unanimidade na sua caracterização como direito, liberdade e garantia ou como garantia institucional[3]. Todavia, tratar-se-á sempre de um princípio geral que impõe a responsabilidade direta e solidária do Estado e demais entidades públicas pelos atos funcionais que violem direitos, liberdades e garantias ou causem prejuízo para outrem[4]. Trata-se de um dispositivo que permite o desenvolvimento de um modelo de reparação de danos adequado à natureza da função, nomeadamente, pela modelação dos pressupostos indemnizatórios. Está em causa um preceito que inclui várias normas[5], pelo menos uma por cada função do Estado. Esta compreensão obriga a que se considere a natureza e o regime constitucional relativo a cada função específica do Estado, o que pode revelar que o que é válido para uma função do Estado ao nível da responsabilidade civil não é válido para outra.

Ambas as normas – artigos 2.º e 22.º – encontram desenvolvimento na Lei n.º 67/2007, de 31 de dezembro, que aprovou, em anexo, o regime de

[3] Para um resumo das várias posições doutrinais sobre esta discussão, cf. Acórdão do Tribunal Constitucional de 2007-03-02, P. 65/02, *Prazeres Beleza*, e para uma visão panorâmica das diferentes posições da doutrina sobre a natureza do artigo 22.º e do regime aplicável, cf. Pedro, Ricardo. *Contributo para o estudo da responsabilidade civil extracontratual do Estado por violação do direito a uma decisão em prazo razoável ou sem dilações indevidas.* Lisboa: AAFDL, 2011, pp. 28 ss.

[4] Apesar de o artigo 22.º apenas se referir a direitos, liberdades e garantias, a doutrina tem entendido que esta garantia se estende a outros direitos fundamentais, outros direitos subjetivos ou quaisquer direitos ou interesses legalmente protegidos. Por todos, cf. Canotilho, José Joaquim Gomes e Moreira, Vital. *Constituição da República Portuguesa Anotada,* I. Coimbra: Coimbra Editora, 2007, pp. 436-437.

[5] Neste sentido, entre nós, cf. Silva, Jorge Pereira da. *Dever de legislar e protecção jurisdicional contra omissões legislativas: contributo para uma teoria da inconstitucionalidade por omissão.* Lisboa: Universidade Católica Editora, 2003, p. 310, e, no mesmo sentido, por referência a uma norma análoga no ordenamento jurídico italiano, Bartole, Sergio; BIN, Roberto e Ambrosi, Andrea. *Commentario breve alla costituzione.* Padova: CEDAM, 2008, p. 291.

responsabilidade civil extracontratual do Estado e das demais entidades públicas ("RRCEE").

1.2 O dever público de indemnizar em contextos de excecionalidade

Apesar de, nas situações mais graves de excecionalidade, ser permitida a restrição de certos direitos, liberdades e garantias[6]. No entanto, assim não acontece com o direito à indemnização pública, que não se encontra suspenso, mesmo nas situações mais graves de estado de exceção[7]. Assim, será o princípio geral de indemnização pública que norteará o dever de indemnizar os danos causados em contextos de normalidade e ainda em contextos de excecionalidade. Ou seja, no ordenamento jurídico português o paradigma de indemnização pública mantém-se em ambos os contextos – normalidade e excecionalidade.

A questão que se deve colocar é se os contextos de excecionalidade não apresentam uma tendência preferencial por um certo tipo de indemnização pública, mais assente numa ideia de justiça distributiva do que numa ideia de justiça retributiva/ressarcitória. Os contextos de excecionalidade fática tendem a convocar uma juridicidade de excecionalidade que adequa e legitima a atuação dos entes públicos à (nova) realidade excecional (que se pretende debelar), sendo, por regra, tal atuação legítima e legal. O que afastaria, em tese, as situações merecedoras de uma indemnização retributiva/ressarcitória, como é próprio da responsabilidade civil pública e privilegiaria os regimes de indemnização distributiva, como tende a acontecer com a indemnização pelo sacrifício, de modo a garantir-se a Justiça na distribuição dos encargos públicos impostos pela excecionalidade em causa. Ou seja, o novo contexto de excecionalidade impõe um teste na distribuição igualitária dos encargos públicos, surgindo aqui a figura da indemnização pelo sacrifício como a melhor

[6] Cf. artigo 19.º da Constituição da República Portuguesa. Sobre o tema recentemente, cf. BOTELHO, Catarina Santos. "Os estados de exceção constitucional: estado de sítio e estado de emergência". *Direito administrativo de necessidade e de excepção*, Carla Amado Gomes, Ricardo Pedro (coord.). Lisboa: AAFDL, 2020, pp. 47-95.

[7] Cf. GOUVEIA, Jorge Bacelar. *Estado de excepção no direito constitucional: entre a eficiência e a normalidade das estruturas de defesa extraordinária da Constituição*. II. Coimbra: Almedina, 1998, p. 1243; CANOTILHO, José Joaquim Gomes. *Direito constitucional e teoria da Constituição*. 7. ed. Coimbra: Almedina, 2003, p. 1074.

candidata. Uma leitura global do nosso sistema jurídico positivo tende a oferecer uma resposta favorável à anterior tendência.

Agora, importa ainda ter presente que também os regimes de responsabilidade civil pública podem ser convocados, nomeadamente, sempre que se verifiquem situações de excesso ou de défice de atuação pública à luz do que é permitido pela juridicidade de excecionalidade, *maxime*, responsabilidade civil legislativa, jurisdicional e/ou administrativa.

2. Indemnização civil extracontratual pública em contextos de normalidade

2.1 Contextos de normalidade

A par dos contextos de excecionalidade, em regra, mantém-se para a regulação da maioria da vida em sociedade (em proporção do *não* impacto da excecionalidade real na comunidade) uma juridicidade de normalidade. Isto é, com exceção das situações altamente radicais e devastadoras de um (ou parte) País ou um setor (económico, social ou outro) do mesmo, mantém-se para as situações de normalidade fáctica uma juridicidade de normalidade. Pelo que, nestas situações, a haver danos, será de convocar perante as atuações públicas ilícitas, o regime da responsabilidade civil pública e, perante as situações lícitas danosas, o regime da indemnização pelo sacrifício, desde logo, os regimes previstos na Lei n.º 67/2007, de 31 de dezembro.

O regime previsto no referido diploma, relativo à responsabilidade civil pública, abrange as diferentes funções estaduais, *maxime*, legislativa, administrativa e jurisdicional, embora cada uma destas funções beneficie de um regime de responsabilidade civil pública ajustado à sua natureza. Acresce que, para além de um regime de responsabilidade civil pública, a referida lei apresenta ainda um regime de indemnização pelo sacrifício comum aplicável a todas funções estaduais.

Para melhor compreensão dos referidos regimes, ainda que genericamente, importa fazer referência às principais coordenadas do mesmo, sem atendermos, por um lado, a previsões de regimes especiais (avulsas)[8], por

[8] É a própria Lei n.º 67/2007, de 31 de dezembro a admitir tais regimes especiais no artigo 1.º, n.º 1.

outro, a soluções alternativas criadas em "fuga" ao regime geral[9] e, por outro ainda, a problemas que possam surgir quando se analisa a jurisprudência nacional aplicadora dos referidos regimes, por vezes, reveladora de uma normatividade (em particular, um *standard* garantístico) distinta da prevista na lei[10].

2.2 Regime geral de responsabilidade civil pública

O RRCEE, no artigo 3.º, estabelece um princípio de reconstituição natural, admitindo apenas uma indemnização fixada em dinheiro quando a reconstituição natural não seja possível, não repare integralmente os danos, ou seja, excessivamente onerosa. Trata-se de um regime previsto, sobretudo, para a figura da responsabilidade civil pública, impondo-se uma outra compreensão quando está em causa a figura da indemnização pelo sacrifício. O RRCEE prevê um regime de responsabilidade civil pública extracontratual, que se desdobra em, em regra, em quatro requisitos: (i) ilicitude, (ii) culpa, (iii) danos e (iv) nexo de causalidade e que é aplicável com diferentes matizes a cada uma das funções estaduais.

Por referência à função administrativa, é de destacar o regime de responsabilidade civil administrativa por factos ilícitos (artigos 7.º a 10.º do RRCEE) e o regime de responsabilidade civil pelo risco (artigo 11.º do RRCEE).

No que tange à função de administração da justiça, está previsto um regime geral para cobrir os danos ilicitamente causados pela administração da justiça (artigo 12.º do RRCEE) e um regime para reparar os danos causados por erro judiciário (artigo 13.º do RRCEE).

Por fim, está ainda previsto um regime de responsabilidade civil pelo exercício da função legislativa (artigo 15.º do RRCEE), que não deixa de apresentar algumas particularidades em matéria de danos indemnizáveis.

[9] Cf. "Nota prévia". *O regime de responsabilidade civil extracontratual do Estado e demais entidades públicas: comentários à luz da jurisprudência*, Carla Amado Gomes, Ricardo Pedro, Tiago Serrão (coord.). 2. ed. Lisboa: AAFDL, 2018, pp. 5 ss.

[10] Cf. Pedro, Ricardo. Responsabilidade civil do Estado por erro judiciário: da *"law in books"* à *"law in action": mind the gap*. *Revista do Ministério Público*, Ano 42, n.º 166 (abril-junho 2021). Lisboa, pp. 159-199.

2.3 Indemnização pelo sacrifício

A indemnização pelo sacrifício encontra-se prevista no artigo 16.º do RRCEE e tem tido o seu principal âmbito de aplicação na atividade administrativa. No entanto, pode ainda aplicar-se à função legislativa para as situações não previstas no artigo 15.º e à função de administração da justiça (sublinhe-se que, apesar de o RRCEE não limitar a aplicação desta figura a nenhuma função estadual em particular, será difícil, em contextos de normalidade, equacionar a sua aplicação à função de administração da justiça)[11]. Importa também ter em conta que do disposto no 16.º emerge um regime geral de compensação pelo sacrifício ou uma cláusula geral de salvaguarda de direitos[12] que se aplica sempre que não haja previsão em lei especial.

Para que tenha lugar uma indemnização pelo sacrifício têm de cumprir-se cumulativamente os seguintes pressupostos: (i) o Estado ou uma entidade pública no exercício de funções, (ii) por razões de interesse público, (iii) imponha encargos ou cause danos especiais e anormais, (iv) seja afetado o conteúdo substancial do direito ou interesse violado ou sacrificado, (v) se verifique uma relação de causalidade entre a mera violação ou o sacrifício e os danos ou prejuízos e (vi) inexista norma especial a prever a obrigação de indemnizar.

Dos requisitos enunciados são de destacar, pela especificidade, o tema dos danos e do nexo de causalidade. A noção de danos especiais e anormais é oferecida pelo disposto no artigo 2.º do RRCEE: "(...) consideram-se especiais os danos ou encargos que incidam sobre uma pessoa ou um grupo, sem afetarem a generalidade das pessoas, e anormais os que, ultrapassando os custos próprios da vida em sociedade, mereçam, pela sua gravidade a tutela do direito". Por outro lado, no que se refere ao nexo de causalidade, alguma doutrina tende a aplicar o regime previsto

[11] Em sentido distinto do texto, equacionando esta hipótese, cf. Moncada, Luís Cabral de. *Responsabilidade Civil Extracontratual do Estado – A Lei n.º 67/2007, de 31 de Dezembro, Introdução de Jorge de Abreu*. Lisboa: Edição Abreu & Marques, Vinhas e Associados, 2008, pp. 97 ss.

[12] Cf. Machete, Pedro. "Anotação ao artigo 16.º". *Comentário ao Regime da Responsabilidade Civil do Estado e Demais Entidades Públicas*. Lisboa: Universidade Católica Portuguesa, 2013, p. 442.

no artigo 563.º do Código Civil[13], já outra doutrina chama à atenção para a opção de a aplicação da teoria da causalidade adequada poder revelar-se insatisfatória enquanto teoria geral[14], pelo que deveria ser feito um juízo casuístico à luz dos circunstancialismos concretos.

De sublinhar ainda, que é o próprio artigo 16.º, *in fine*, a esclarecer que a fixação da medida da indemnização deve variar em função do grau de afetação do conteúdo substancial do direito ou do interesse violado ou sacrificado. Por fim, em tudo o que não esteja especificamente previsto no artigo 16.º deve aplicar-se, na medida em que seja compatível, o regime geral previsto no RRCEE.

3. Indemnização civil extracontratual pública em contextos de excecionalidade

3.1 Contextos de excecionalidade

a) A admissão de regimes jurídicos públicos de excecionalidade (a par dos regimes de normalidade) não é uma novidade – antes de todos os tempos[15] –, bastando atentar no brocardo latino *necessitas non habet legem, sed ipsa sibi facit legem*. Era este brocardo que justificava no direito romano

[13] Sousa, Marcelo Rebelo de e Matos, André Salgado de. *Responsabilidade Civil Administrativa, Direito Administrativo Geral,* III. Lisboa: Dom Quixote, 2008, p. 82.

[14] Canotilho, José Joaquim Gomes. *O problema da responsabilidade do Estado por actos lícitos.* Coimbra: Almedina, 1974, pp. 325 ss.; Machete, Pedro. "Anotação ao artigo 16.º...", p. 373.

[15] Entre muitos, cf. Morais, Carlos Blanco de. *O estado de excepção.* Lisboa: Cognitio, 1984, *passim*; Angiolini, Vittorio. *Necessita ed emergenza nel diritto pubblico.* Padova: CEDAM, 1986, *passim*; Pinna, Pietro. *L'emergenza nell'ordinamento costituzionale italiano.* Milano: Giuffre, 1988, *passim;* Correia, António Damasceno. *Estado de sítio e de emergência em democracia.* Lisboa: Vega, 1989, *passim*; Suordem, Fernando Paulo da Silva. "Os estados de excepção constitucional: problemática e regime jurídico". *Scientia iuridica.* Braga, julho/dezembro de 1995, pp. 246 ss; Garcia, Vicente Alvarez. *El concepto de necesidad en derecho publico.* Madrid: Civitas, 1996, pp. 31 ss; Gouveia, Jorge Bacelar. *Estado de excepção no direito constitucional: entre a eficiência e a normalidade das estruturas de defesa extraordinária da Constituição.* Coimbra: Almedina, 1998, *passim*; Correia, José Manuel Sérvulo. "Revisitando o estado de necessidade". *Estudos de Direito Público,* I, Francisco Paes Marques, José Duarte Coimbra e Tiago Fidalgo de Freitas (coord.). Coimbra: Almedina, 2019, pp. 135-162; AA. VV. *Direito administrativo de necessidade e de excepção.* Carla Amado Gomes e Ricardo Pedro. Lisboa: AAFDL, 2020, *passim.*

poderes extraordinários, exercíveis nos casos em que era necessário enfrentar uma situação imprevisível e que exigia uma decisão de ação imediata, sem possibilidade de adiamento.

A necessidade de uma juridicidade de excecionalidade e, portanto, a sua mobilização, tem-se tornado mais evidente nos tempos recentes. Para tal, muito contribui a configuração da atual sociedade de risco[16] e o facto de vivermos num mundo globalizado (económica e socialmente[17]) em que apesar da distância física tudo parece estar próximo, como, aliás, revela a (ainda) atual crise sanitária provocada pelo surto de COVID-19 – que no prazo de poucos meses se alastrou do seu foco de origem (China – cidade de Wuhan) para todo o mundo.

Perante calamidades deste tipo, o direito público "não podia e não pode" ficar indiferente, ou seja, perante os efeitos nefastos que as calamidades públicas representam para a *salus populi* é facilmente compreensível que os entes públicos tenham de desencadear todos os meios à sua disposição para repor a normalidade[18]. Portanto, de modo que se garanta a *rule of law* torna-se imprescindível a previsão de regimes que apresentem a "flexibilidade necessária para acudir aos interesses públicos que se

[16] Cf., entre muitos, Beck, Ulrich. *Risikogesellschaft: Auf dem Weg in eine andere Modern.* Suhrkamp Verlag KG, 1986, *passim*; Bauman, Z. *La società dell'incertezza.* Bologna: Il Mulino, 1999, *passim*; Gomes, Carla Amado. *A prevenção à prova no Direito do Ambiente.* Coimbra: Coimbra Editora, 2000, pp. 15 ss; Cassese, S. *La crisi dello Stato.* Roma – Bari: Laterza, 2001, *passim*; Martins, A. G. Freitas. *O Princípio da Precaução no Direito do Ambiente.* Lisboa: AAFDL, 2002, pp. 12 ss.; Bauman, Z. *Modernità liquida.* Roma-Bari: Laterza, 2002, *passim*; Gomes, Carla Amado. «Dar o duvidoso pelo (in)certo? Reflexões sobre o "princípio da precaução"». *Textos Dispersos de Direito do Ambiente.* Lisboa: AAFDL, 2005, pp. 147 ss; Cassese, S. *Oltre lo Stato.* Roma-Bari: Laterza, 2006, *passim*; Sofsky, W. *Rischio e sicurezza.* Torino: Einaudi, 2005, pp. 16 ss.

[17] Pode ainda pensar-se no risco dos atentados terroristas, agravado pela grande mobilidade das pessoas e pelas enormes possibilidades de comunicação oferecidas pela telemática, que obrigam os Estados contemporâneos a procurar um difícil equilíbrio entre segurança e liberdade, entre a proteção dos direitos adquiridos e a emergência de novos direitos e exigências sociais, mantendo firmes os princípios e as garantias constitucionais. Em geral, sobre a globalização, cf. Latouche, Serge. *L'occidentalizzazione del mondo.* Torino: Bollati Boringhieri, 1992, *passim*; Brecher, Jeremy e Costello, Tim. *Contro il capitale globale.* Milano: Feltrinelli, 1996, *passim*.

[18] Cf. Garcia, Vicente Alvarez. *El concepto de necessidad...*, pp. 49 ss.

encontram ameaçados" – regimes que permitam responder a estados de necessidade pública, ou, por outras palavras, regimes de direito público da excecionalidade.

b) Num quadro de "normalidade real", o direito público rege-se, desde logo, pelo princípio da legalidade (juridicidade) da atuação pública – a que corresponde, portanto, um quadro de "normalidade jurídica". O problema surge sempre que a realidade se altera temporariamente de forma radical, criando situações de perigo iminente ou real para a comunidade e em que o direito público da normalidade não oferece resposta adequada, surgindo, por imposição da ideia de manutenção do Estado de direito democrático, a necessidade de entrarem em ação regimes de juridicidade excecional – *jus extremae necessitatis* – de modo a que a curto prazo se reponha a normalidade e voltem a vigorar os regimes de juridicidade da normalidade.

Estes regimes de juridicidade excecional, que revelam poderes públicos de excecionalidade[19], por um lado, tornam lícitas certas atuações públicas que em contextos de juridicidade de normalidade seriam ilícitas, por outro, para fazer face às situações de estados de excecionalidade, podem criar situações de desigualdade entre os cidadãos e, em particular, impondo, por exemplo, encargos especiais aos agentes de certos sectores da atividade económica ou social privada que melhor se encontram posicionados para auxiliar na resposta à eliminação do contexto temporário de excecionalidade. Por fim, não raro, acresce que, nestes contextos de excecionalidade, os entes públicos se vêm obrigados a apoiar as populações e empresas mais afetadas pela calamidade pública, concedendo apoios de diversa ordem (financeira, fiscal, etc.)[20], seja por razões de solidariedade, seja por razões de fomento económico. Estes apoios devem ser considerados aquando da atribuição de uma eventual indemnização pelo sacrifício sofrido.

[19] Entre muitos, cf. Correia, José Manuel Sérvulo. "Revisitando o estado de necessidade...", pp. 135-162.

[20] Sobre alguns destes tipos de apoios, cf. Pedro, Ricardo. *Fundos Europeus Estruturais e de Investimento e Auxílios Públicos: Estudos de Direito Administrativo Nacional e Europeu*. Lisboa: Almedina, 2020, *passim*.

c) Numa perspetiva exemplificativa[21], tenham-se em conta algumas situações que marcaram a história recente do ocidente:

(i) Situação do "maio de 1968", que o Conselho de Estado Francês recusou de catalogar como "excecional", considerando tais circunstâncias como simplesmente "particulares". Apesar da referida catalogação, o citado Conselho veio a atribuir-lhe os mesmos efeitos que os atribuídos às circunstâncias excecionais[22].

(ii) Situação dos atentados de Nova Iorque e Washington no dia 11 de setembro de 2001[23], dado o seu carácter imprevisível, o elevado número de vítimas, a extensão dos danos e a sua incidência na economia mundial convocaram uma juridicidade de excecionalidade com impacto noutros pontos do globo, nomeadamente, na realidade europeia e, por consequência, na normatividade europeia. Por esta razão, a Comissão Europeia considerou que os acontecimentos de 11 de Setembro de 2001 podiam ser qualificados de acontecimentos extraordinários para efeitos de flexibilização dos regimes de auxílios públicos no âmbito do sector do transporte aéreo[24].

[21] Para outros exemplos, cf. ENTERRÍA, Eduardo García de e FERNANDEZ, Tomas-Ramón. *Curso de derecho administrativo*, I. Madrid: Editorial Civitas, 1977, p. 568.

[22] Por todos, cf. Rivero, Jean. *Direito administrativo* (tradução de Rogério Soares). Coimbra: Almedina, 1981, p. 100.

[23] Sobre o tema e entre muitos, cf. AMARAL, Diogo Freitas do. "Reflexão sobre alguns aspectos jurídicos do 11 de Setembro e suas sequelas". *Estudos em homenagem à Professora Doutora Isabel de Magalhães Collaço*, Rui Manuel de Moura Ramos et al. (coord.), II, Coimbra: Almedina, 2002, pp. 765-777; SCHEPPELE, Kim Lane. "Law in a Time of Emergency: States of Exception and the Temptations of 9/11". *University of Pennsylvania Journal of Constitutional Law*, v. 6, pp. 1001-1083.

[24] Cf. Comunicação da Comissão ao Parlamento Europeu e ao Conselho – Consequências dos atentados nos Estados Unidos no sector do transporte aéreo (COM/2001/0574 final); PEDRO, Ricardo. "Notas introdutórias sobre o quadro jurídico europeu de auxílios públicos enquadrador de possíveis medidas de incentivos financeiros às empresas no contexto dos impactos económico-financeiros causados pelo surto de COVID-19". CEDIS, *Working Paper* VARIA, n. .º 2, março 2020, pp. 1 ss.

(iii) Situação dos ataques terroristas de novembro de 2015 em Paris, em que o ataque mais mortal foi no teatro *Bataclan*, onde foram fuziladas várias pessoas[25].

(iv) A situação de crise sanitária provocada pela COVID-19, que pode ser qualificada com um facto notório e que provocou a doença e morte de milhares de pessoas em todo o mundo.

d) À luz do ordenamento jurídico nacional podem elencar-se os principais estados de excecionalidade jurídica:

(i) Situações de excecionalidade especialmente previstas e passíveis de ser declaradas formalmente:
  (a) Declaração de estado de sítio e de estado de emergência[26];
  (b) Declaração de calamidade, de contingência ou de alerta[27];
  (c) Declaração de emergência ambiental[28];
  (d) Declaração de crise energética[29];
  (e) Declaração de emergência de saúde pública[30];

[25] Vauchez, Stéphanie Hennette. "The state of emergency in France: days without end?". *European Constitutional Law Review*, v. 14, n.º 4, 2018, pp. 700-720.

[26] Cf. Lei n.º 44/86, de 30 de setembro, que aprova o regime do estado de sítio e do estado de emergência. Sobre este regime, entre outros, cf. Correia, António Damasceno. *Estado de sítio e de emergência...*, p. 145 ss; Gouveia, Jorge Bacelar. *Estado de excepção no direito constitucional: entre a eficiência e a normalidade das estruturas de defesa extraordinária da Constituição*. I. Coimbra: Almedina, 1998, pp. 631 ss.

[27] Cf. Lei n.º 27/2006, de 3 de julho, que aprova a Lei de Bases da Proteção Civil (*maxime*, artigos 8.º ss.).

[28] Cf. Lei n.º 58/2005, de 29 de dezembro, que aprova a Lei da Água, transpondo para a ordem jurídica nacional a Diretiva n.º 2000/60/CE, do Parlamento Europeu e do Conselho, de 23 de outubro, e estabelecendo as bases e o quadro institucional para a gestão sustentável das águas (*maxime*, artigo 44.º).

[29] Cf. Decreto-Lei n.º 114/2001, de 7 de abril, que estabelece as disposições aplicáveis à definição de crise energética, à sua declaração e às medidas de carácter excecional a aplicar nessa situação.

[30] Cf. Decreto-Lei n.º 135/2013, de 4 de outubro, que procede à primeira alteração ao Decreto-Lei n.º 82/2009, de 2 de abril, que estabelece as regras de designação, competência e funcionamento das entidades que exercem o poder de autoridade de saúde (*maxime*, artigo 6.º).

(ii) Referência a algumas declarações concretas recentemente verificadas:
   (a) Declaração de calamidade referente aos incêndios florestais de grande dimensão[31];
   (b) Declaração de crise energética no abastecimento de combustíveis[32];
   (c) Declaração de estado de emergência por causa da crise pandémica causada pela COVID-19[33].

(iii) Situações de excecionalidade não declaradas formalmente:
   (a) Estado de necessidade administrativa[34].

e) Os exemplos referidos representam situações de "necessidade pública"[35] ou de "Estado[36]", que surge como fonte de direito[37] no sentido de que os poderes públicos devem atuar ao abrigo de uma normatividade adequada à situação excecional, sob pena do desfasamento da atuação pública ser revelador da incapacidade de os poderes públicos responderem adequadamente à proteção dos interesses públicos em crise[38].

[31] Cf., nomeadamente, Despacho n.º 7313-A/2017, de 18 de agosto, que declara a situação de calamidade em vários distritos e concelhos com índice de risco elevado ou extremo de incêndio, e determina a adoção de medidas que permitam disponibilizar recursos adicionais para ações de prevenção, bem como de proteção civil.

[32] Cf. Resolução do Conselho de Ministros n.º 134-A/2019, de 9 de agosto, que declara a situação de crise energética e estabelece a Rede Estratégica de Postos de Abastecimento.

[33] Cf. Decreto do Presidente da República n.º 14-A/2020, de 18de março, que declara o estado de emergência, com fundamento na verificação de uma situação de calamidade pública; Resolução da Assembleia da República n.º 15-A/2020, de 18de março, que autoriza a declaração do estado de emergência); Decreto n.º 2-A/2020, de 20 de março, que procede à execução da declaração do estado de emergência efetuada pelo Decreto do Presidente da República n.º 14-A/2020, de 18 de março. Para outros desenvolvimentos legislativos, cf. https://dre.pt/dre/geral/legislacao-covid-19

[34] Cf. Artigo 3.º, n.º 2 do Código do Procedimento Administrativo ("CPA").

[35] Cf. Garcia, Vicente Alvarez. *El concepto de necesidad...*, pp. 31 ss.

[36] Cf. Canotilho, José Joaquim Gomes e Moreira, Vital. *Constituição da República Portuguesa...*, p. 399.

[37] Cf. Angiolini, Vittorio. *Necessita ed emergenza nel diritto pubblico...*, pp. 86 ss.

[38] Subjacente está a ideia de que os poderes públicos devem assegurar as funções para que foram criados, mesmo que para tal não encontrem cobertura numa lei positiva. Neste sentido, cf. Garcia, Vicente Alvarez. *El concepto de necesidad...*, p. 299.

Ou seja, as situações de excecionalidade ditam a sua própria juridicidade[39], impondo aos competentes poderes públicos que respondam de modo adequado, substituindo a "legalidade da normalidade" por uma "legalidade da excecionalidade". O estado de necessidade pública está abrangido pela ideia de Direito, por um princípio da juridicidade[40], desde logo, pelo artigo 266.º, n.º 2, da Constituição, que habilita, muitas vezes, um agir sem a mediação da lei.

Está em causa uma legalidade alternativa[41], uma legalidade excecional[42], *rectius*, uma juridicidade de excecionalidade[43] – uma "juridicidade substitutiva e temporária" – a que Administração (e restantes poderes públicos) "fica[m] sujeita[os], em estado de necessidade, a uma mais ampla, mas paradoxalmente mais rigorosa, forma de atuação jurídica – a obediência ao Direito ou à ideia de Direito que emana do ordenamento jurídico no seu todo"[44].

Esta juridicidade substitutiva pode resultar da aplicação de alguns princípios gerais da atuação pública previstos na Constituição, por via da imediata obediência à Constituição sem que haja necessidade de uma mediação legislativa[45] ou em cumprimento do estado de necessidade administrativa previsto no CPA e, quando a situação de necessidade estadual tiver sido declarada formalmente, resultará dos regimes criados para

[39] Cf. Enterría, Eduardo García de e Fernandez, Tomas-Ramón. *Curso de derecho administrativo*, I, pp. 567 ss.

[40] Cf. Amaral, Diogo Freitas do e Garcia, Maria da Glória F. P. D. "O estado de necessidade e a urgência em Direito Administrativo", p. 482.

[41] Cf. Otero, Paulo. *Legalidade e Administração Pública: o sentido da vinculação administrativa à juridicidade*. Coimbra: Almedina, 2003, p. 998; Miranda, Juliana Gomes. *Teoria da excepcionalidade administrativa: a juridicização do estado de necessidade*. Belo Horizonte: Fórum, 2010, p. 116.

[42] Cf. Correia, José Manuel Sérvulo. "Revisitando o estado de necessidade...", p. 139.

[43] Cf. Correia, José Manuel Sérvulo. *Legalidade e autonomia contratual nos contratos administrativos*. Lisboa: Almedina, 1987, pp. 283 e 768.

[44] Cf. Amaral, Diogo Freitas do e Garcia, Maria da Glória F. P. D. "O estado de necessidade...", p. 462.

[45] Cf. Amaral, Diogo Freitas do e Garcia, Maria da Glória F. P. D. "O estado de necessidade...", p. 350; Otero, Paulo. *Legalidade e Administração Pública...*, p. 997, refere-se a "um afastar das normas jurídico-positivas habitualmente reguladoras da função administrativa".

o efeito, como acontece nos casos de estados de emergência ou de sítio ou situação de calamidade pública.

3.2 Técnicas indemnizatórias

a) A figura da indemnização pública surge muito frequentemente associada aos estados de excecionalidade jurídica enquanto mecanismo regulador da Justiça que um sistema de justiça de um Estado de Direito não pode esquecer.
Tal acontece uma vez que a ideia subjacente ao direito público de excecionalidade é de convocar sobretudo uma lógica de justiça material, pois a exceção dá-se mal com o tempo (normal) de resposta jurídica que exige a forma e o procedimento (normal). Aliás, não por outra razão, o princípio da legalidade em sentido estrito é, muitas das vezes, posto de parte para dar lugar a um direito de exceção animado por um princípio de necessidade pública com severas consequências na atuação pública em matéria de (postergação) de competências, procedimentos, habilitações, etc.

b) Deve ainda ter-se em conta que, no contexto nacional, para além das regras gerais e regimes específicos sobre indemnização pública, os diplomas relativos aos estados de excecionalidade jurídica não deixam de fazer referências ao dever de indemnizar precisamente nas situações de atuação pública motivada por necessidade pública.
Destarte, são de ter em conta as principais bases normativas (de legalidade ordinária excecional) habilitadoras da indemnização pública em contextos de excecionalidade previstas no:

c) Artigo 3.º, n.º 2, do CPA, que dispõe que: "Os atos administrativos praticados em estado de necessidade, com preterição das regras estabelecidas no presente Código, são válidos, desde que os seus resultados não pudessem ter sido alcançados de outro modo, mas os lesados têm o direito de ser indemnizados nos termos gerais da responsabilidade da Administração"[46].
Artigo 2.º, n.º 3, da Lei n.º 44/86, de 30 de setembro, que prevê o regime do estado de sítio e do estado de emergência, determina

[46] Destaque nosso.

que: "Os cidadãos cujos direitos, liberdades e garantias tiverem sido violados por declaração do estado de sítio ou do estado de emergência, ou por providência adotada na sua vigência, ferida de inconstitucionalidade ou ilegalidade, designadamente por privação ilegal ou injustificada da liberdade, têm direito à correspondente indemnização, nos termos gerais"[47].

As referidas normas apresentam a utilidade de o legislador confirmar a possibilidade de existência de indemnização pública em contextos de necessidade administrativa e de emergência pública. No entanto, não é adiantado o regime específico aplicável para que uma eventual indemnização tenha lugar, antes se remetendo para os *termos gerais*. Para uma melhor compreensão sistemática e à luz da unidade do sistema jurídico, importa ter presente que o segundo diploma referido é anterior (1986) ao regime geral da responsabilidade civil pública vigente – RRCEE (2007) – e o primeiro – CPA (2015) apesar de ser posterior não foi abonado com a merecida discussão sobre a indemnização pública em estado de necessidade.

3.2 Indemnização pelo sacrifício

a) Uma das principais respostas que se encontra quando se procura o regime adequado da indemnização pública (extracontratual) surge pela mão da figura da indemnização pelo sacrifício. Isto é, de acordo com uma boa parte da doutrina portuguesa os danos causados em contextos de emergência e de necessidade (administrativa) encontram resposta no regime previsto no artigo 16.º do RRCEE[48], embora tal não esteja expressamente previsto.

[47] Destaque nosso.

[48] As referências aqui consideradas têm apenas em conta o regime da indemnização civil extracontratual vigente, em particular, o RRCEE. Cf. Sousa, Marcelo Rebelo de e Matos, André Salgado de. *Responsabilidade Civil Administrativa...*, p. 23; Cadilha, Carlos Alberto Fernandes. *Regime da responsabilidade extracontratual do Estado e demais entidades públicas – Anotado*. S.L: Coimbra Editora, 2008, p. 305; Correia, José Manuel Sérvulo. "Revisitando o estado de necessidade...", p. 142; Gomes, Carla Amado. "A compensação administrativa pelo sacrifício: reflexões breves e notas de jurisprudência". *Revista do Ministério Público*, n.º 129, janeiro/março de 2012, pp. 9-17; Machete, Pedro. "Anotação ao artigo 16.º"..., pp.

Importa notar que uma parte da referida resposta legal surge, em regra, acantonada no âmbito do estado de necessidade administrativa e não numa ideia ampla de necessidade pública que inclua todos as outras expressões normativas de excecionalidade. Destarte, a referida resposta surge na sequência da compreensão do regime de necessidade *administrativa* previsto no artigo 3.º, n.º 2, do CPA em que a atuação motivada por interesse público geradora de danos pode conduzir a que os lesados tenham o direito de ser indemnizados nos termos gerais da "responsabilidade da Administração".

Já a outra parte da resposta legal – a prevista no artigo 2.º, n.º 3 da Lei n.º 44/86, de 30 de setembro – dedica-se a contextos de estado de sítio ou de estado de emergência, tratando-se de uma norma com outra amplitude. Isto porque vai além da reparação de danos causados no exercício da função administrativa, cobrindo ainda os danos causados no âmbito do exercício da função legislativa e da função de administração da justiça (desde logo, pela referência expressa do preceito: "designadamente por privação ilegal ou injustificada da liberdade" – o que parece convocar a aplicação do Código de Processo Penal, *maxime* artigos 225.º e 226.º[49]).

b) A figura da indemnização pelo sacrifício prevê que, em caso de conflito entre interesses públicos e privados e no caso de aqueles deverem prevalecer, sacrificando legitimamente estes, devem os particulares ser compensados, por imposição do princípio do Estado de Direito e de igualdade de tratamento e, sublinha-se, é aplicável a todas as funções estaduais[50].

463 ss. Em sentido distinto, defendendo a aplicação do regime da responsabilidade civil pública, cf. Gomes, Carla Amado. "Responsabilidade civil extracontratual do Estado e(m) estado de emergência: Dez breves notas". *e-Pública*, v. 7, n.º 1, abril de 2020, pp. 170-183.

[49] Sobre o tema, cf. Ricardo Pedro, *Responsabilidade civil do Estado pelo mau funcionamento da administração da justiça...*, 2016, pp. 462 ss.

[50] Em contramão com a opção legal prevista no artigo 16.º do RRCEE, o legislador veio prever no artigo 8.º do Decreto-Lei 19-A/2020, de 30 de abril que "[n]ão dão lugar a indemnização pelo sacrifício os danos resultantes de atos regularmente praticados pelo Estado ou outra entidade pública, no exercício das competências conferidas pela legislação de saúde pública e de proteção civil, ou no quadro do estado de emergência, para efeitos da prevenção e do combate à pandemia COVID-19, que constitui para o efeito causa de

Esta figura já foi, em certa medida, mobilizada pela jurisprudência nacional no contexto dos danos provocados pela crise sanitária resultante da COVID-19. Assim, no acórdão do STA, de 18 de fevereiro de 2021, P. 0136/20.1BALSB (esta decisão foi objeto de recurso para o Pleno da Sec-

força maior". Antes de mais, é de notar que a causa de exclusão da indemnização pelo sacrifício "força maior" deve ser devidamente compreendida (sobre o tema, cf. *infra* 3.4). Sem prejuízo do que aí se refere, deve já ter-se em conta que a solução legal acima citada assume a pandemia COVID-19 (e seus efeitos) como uma realidade estática e considera a figura da força maior de um modo simplista. Vejamos.
Como primeira nota, parece-nos que a resposta à crise sanitária provocada pela COVID-19 é/foi, naturalmente, dinâmica, devendo ser ajustada à experiência acumulada de resposta e aos desenvolvimentos científicos, entretanto, ocorridos, de modo a restringir o mínimo possível, desde logo, o direito de liberdade de iniciativa económica.
Como segunda nota, destaca-se que a força maior deve ser considerada tendo por base os seus elementos essenciais: "imprevisibilidade" e "inevitabilidade". No contexto da COVID-19, à data do diploma que aprova a solução legal agora em referência, será de perguntar se tal fenómeno e seus efeitos eram, *in totum*, imprevisíveis (...). A previsibilidade é referente ao "antes" do acontecimento ter lugar; por sua vez, a previsibilidade é pressuposto da evitabilidade. Se falhar o cumprimento do elemento previsibilidade cai, em consequência, o pressuposto negativo força maior. De notar ainda que a imprevisibilidade e a inevitabilidade são conceitos jurídicos indeterminados carecidos de concretização – o que só pode acontecer no contexto particular das circunstâncias de cada caso concreto. Pois, estão em causa juízos de valor que se devem produzir sobre os factos e seus efeitos e que devem ser alegados e provados pelo lesante, caso este pretenda beneficiar desta causa de exclusão do dever de indemnizar.
A referida incompreensão técnico-jurídica por parte do legislador da figura da força maior e da sua relevância no contexto da COVID-19 impõe uma interpretação ab-rogante da referida norma. Aliás, à mesma conclusão – não admissão da validade de tal norma – se chega pela análise da conformidade desta norma com os padrões de constitucionalidade previstos em matéria de indemnização pública. Importa que fique claro, por um lado, que o direito à indemnização pública não é um dos direitos sujeitos a "compressão" no contexto do estado de exceção constitucional e, por outro, ainda que se admita que, em certas situações, possa haver uma concordância prática deste direito fundamental com outros, a verdade é que também nos contextos de excecionalidade jurídica a rosa dos ventos há de ser sempre o princípio de Estado do direito. No sentido da inconstitucionalidade acima defendida, cf. Gomes, Carla Amado. "Responsabilidade civil extracontratual do Estado e(m) estado de emergência: Dez breves notas". *e-Pública*, v. 7, n.º 1, abril de 2020, pp. 170-183; Almeida, Mário Aroso de. "Breve apontamento sobre alguns aspetos de regime do Decreto-Lei n.º 19-A/2020, de 30 de abril". *Concorrência e sustentabilidade: dois desafios para a contratação pública: actas das II jornadas de direito dos contratos públicos* (30

ção – acórdão de 1 de julho de 2021)[51], foi solicitada uma indemnização pública pelos causados pela COVID-19, em sede de providência cautelar (regulação provisória do pagamento de quantias[52]) em virtude do encerramento prolongado de um bar/discoteca. Este Tribunal começou por qualificar a situação de excecionalidade pandémica causada pela COVID-19 por apelo aos conceitos de "situação de calamidade", "acidente grave" e de "catástrofe", tendo a decretação do estado de exceção se apresentado como uma medida de defesa da situação de perigo a justificar a licitude do referido encerramento. Ou seja, no contexto de uma tutela provisória, uma vez qualificada a situação de excecionalidade jurídica, afastou-se a hipótese de ilicitude pública. Posteriormente, por apelo (também)[53] à figura da indemnização pelo sacrifício, que, relembre-se, apenas cobre os danos especiais e anormais, veio a considerar que os danos sofridos pelo bar/discoteca não apresentavam aquela qualificação, pelo que não deveriam ser objeto de indemnização. Isto é, não se encontrava verificado o requisito *fumus boni iuris* exigido, em cumulação com outros, para o provimento da providência cautelar.

Apesar de não ser o local indicado para a análise do referido aresto, sempre se referirá que, em abstrato, se podem equacionar três situações (mais) paradigmáticas em que a indemnização pública tende a ser convocada no contexto da crise sanitária provocada pela COVID-19 (sendo que uma delas é tratada no aresto em referência): (i) eventuais danos sofridos por todos aqueles estiveram sujeitos a confinamento social; (ii) eventuais danos sofridos por certos setores de atividade económica, que tiveram de encerrar os seus estabelecimentos comerciais durante determinado período; (iii) danos e prejuízos sofridos por certas empresas que foram

de setembro a 2 de outubro de 2020, FDUL), Miguel Assis Raimundo (org.). Lisboa: AAFDL Editora, 2021, pp. 421-431.

[51] Todos os acórdãos citados podem encontrar-se em www.dgsi.pt.

[52] Sobre esta, cf. Ricardo Pedro, *Contributo para o estudo da responsabilidade civil extracontratual do Estado* Pedro, Ricardo. *Contributo para o estudo da responsabilidade civil extracontratual do Estado...*, pp. 180 ss.

[53] De acordo com o acórdão do STA, de 18 de fevereiro de 2021, estariam em causa os seguintes regimes de indemnização pública: "art.º 15.º n.º 1 Lei 67/2007 (função político-legislativa) no tocante ao art.º 12.º n.º 1 DL 10.A/2020 e do art.º 16.º Lei 67/2007 (indemnização pelo sacrifício) relativamente ao art.º 3.º n.º 1 da RCM n.º 92-A/2020".

obrigadas a direcionar a sua produção para o auxílio no combate ao surto de COVID-19 (ex. produção de máscaras, ventiladores). Só interessa aqui evidenciar os três paradigmas de uma perspetiva abstrata.

Em termos sintéticos, e apenas tendo em consideração a figura da indemnização pelo sacrifício, nas três referidas situações, devem fazer-se dois testes cumulativos, impostos pelo princípio da igualdade no contexto indemnizatório (igualdade perante os encargos públicos): (a) apurar se os danos sofridos são especiais, no sentido de afetarem a esfera jurídica de um indivíduo ou um grupo de indivíduos e não toda a população; (b) apurar se os danos sofridos são anormais, porque ultrapassam os custos próprios de vida em sociedade. Assim, por referência às três situações adiantadas:

(i) Os eventuais danos sofridos por todos aqueles estiveram sujeitos a confinamento, em regra, não passam no primeiro teste, pelo que não gerarão dever de indemnizar.

(ii) Os eventuais danos sofridos por certos setores de atividade económica, que tiveram de encerrar os seus estabelecimentos comerciais durante determinado período, podem gerar algumas dúvidas em sede de atribuição de indemnização pública. Dúvidas que não assentam na verificação do requisito da especialidade dos danos, uma vez que se está perante um grupo determinado de indivíduos/empresas. As dúvidas podem colocar-se quanto ao requisito/teste da anormalidade do dano. Na verdade, a resposta à verificação deste teste deve operar em concreto, isto é, em face da factualidade alegada e provada no processo judicial (ou arbitral). Isto porque, em abstrato, tal requisito pode estar verificado, nada impedindo que, à luz do caso concreto, se apure que tais indivíduos/empresas, desde logo, em face do desenvolver da pandemia e das medidas adequadas para o seu combate consigam provar que, por exemplo, a partir de determinado momento temporal as medidas a que estiveram sujeitos lhes impuseram um dano anormal. Ou seja, só em concreto se pode apurar se tais indivíduos/empresas estão/estiveram ou não a suportar um prejuízo que ultrapassa os custos próprios de vida em sociedade. Importa ainda ter em conta que, dado o nível de exigência aqui seguido, na apreciação das responsabilidades públicas, o mesmo nível de exigência deve ser imposto aos eventuais lesados, pelo que lhes é exigível que tenham desencadeados todos os meios à sua disposição para evitar a produção de danos, sob pena de redução ou mesmo exclusão indemnizatória – por imposição do regime da culpa do lesado, previsto no artigo 4.º do RRCEE[54]. Acresce que, os montantes recebidos a título de apoio devem ser descontados numa eventual indemnização pública.

(iii) Os danos e prejuízos sofridos por certas empresas que foram obrigadas a direcionar a sua produção para o combate à COVID-19. Tudo leva a crer que estão verificados os dois requisitos, levando a um dever de indemnizar. Aliás, a situação assume tal tipicidade que o legislador há muito que criou um regime jurídico para tal, por via da requisição de pessoas e bens[55].

3.3 Responsabilidade civil pública

a) Como acima se referiu, não pode deixar de considerar-se que, caso as atuações públicas, violem os limites do estado de exceção/necessidade pode haver lugar a responsabilidade civil por violação da juridicidade de excecionalidade. Ou seja, pode entrar em cena o regime da responsabilidade civil pública acima referido, pois a juridicidade de excecionalidade apenas tem o condão de "juridificar" as ilegalidades diretamente causadas pela excecionalidade real e não as ilegalidades culposas[56] ou, se se preferir, as situações excecionais subjetivas, isto é, criadas pelo servidor público por culpa sua ou por culpa do serviço.

Situações, aliás, que no enquadramento correto do estado de necessidade de administrativa, levam a que este esteja afastado se for criado pela

[54] Sobre este regime, entre muitos, PEDRO, Ricardo. *Estudos sobre Administração da Justiça...*, pp. 30 ss.

[55] Sobre o tema, cf. EGÍDIO, Mariana Melo. "A requisição de pessoas e bens". *Direito administrativo de necessidade e de excepção*. Carla Amado Gomes e Ricardo Pedro (coord.). Lisboa: AAFDL, 2020, pp. 385-412.

[56] A verificação de uma ilicitude culposa resultante, ainda que no contexto de uma situação de excecionalidade, releva ainda – para além da responsabilidade civil dos entes públicos – para efeitos de determinação da responsabilidade civil do servidor público e do direito de regresso.

Administração – constituindo um requisito negativo do estado de necessidade administrativa: não ter a ocorrência sido provocada pelo agente público[57]. Por outras palavras, na distinção entre estado de necessidade objetivo e estado de necessidade subjetivo só o primeiro é causa de exclusão da ilicitude e causa de justificação da culpa[58].

A apreciação do requisito ilicitude deve merecer um especial cuidado nas situações de excecionalidade jurídica, o que, por consequência, impõe uma especial atenção à jurisprudência. Aliás, no contexto da crise pandémica criada pela COVID-19, o julgador deve ter um especial cuidado na aferição deste requisito indemnizatório seja por ação ou por omissão administrativa, podendo, em concreto, revelar-se necessário atender ao estado de desenvolvimento da ciência ou técnica existente no momento da produção dos danos, assim como aos eventuais deveres de precaução que a atuação pública em concreto reivindica.

De notar ainda que a responsabilidade civil pública pode ter lugar sempre que seja violado o regime de excecionalidade jurídica no exercício da função legislativa ou da função jurisdicional.

b) A ilicitude pode emergir a vários títulos, seja na sequência de um estado formal de exceção, de um estado de necessidade administrativa ou até ao abrigo de um princípio geral de necessidade/excecionalidade pública, desde logo, por violação (direta ou indireta) do princípio da proporcionalidade na adoção de medidas administrativas e pode verifica-se em todas as funções estaduais. Assim, seguindo a sistemática do RRCEE, será de ter em conta que poderá haver lugar:

(i) Responsabilidade civil administrativa por factos ilícitos[59]. A título de exemplo, podem equacionar-se as situações em que a ilicitude resulte da não verificação dos pressupostos do estado de necessidade administrativa ou de violação do princípio da proporcionalidade na aplicação daquele princípio – "excesso

[57] Cf. CORREIA, José Manuel Sérvulo. "Revisitando o estado de necessidade...", pp. 150 ss.

[58] No âmbito do direito privado, cf. JORGE, Fernando de Sandy Lopes Pessoa. *Ensaio sobre os pressupostos da responsabilidade civil*, reimpr. Coimbra: Almedina, 1995, p. 252.

[59] Cf. CADILHA, Carlos Alberto Fernandes. *Regime da responsabilidade extracontratual do Estado...*, pp. 156 ss.

de estado de necessidade administrativa"[60] ou ilegalidade resultante de usurpação de poder, desvio de poder[61], ou de inatividade administrativa.

(ii) Responsabilidade civil administrativa pelo perigo[62]. A título de exemplo, no reforço dos poderes de polícia, que são típicos dos estados de exceção, não é surpreender a emergência de danos causados pelas forças armadas ou pelas forças policiais, desde logo, pelo uso desproporcional de armas para controlo social[63].

(iii) Responsabilidade civil pela função de administração da justiça (mau funcionamento e erro judiciário). No que tange à modalidade mau funcionamento da administração da justiça, pode considerar-se o impacto que a situação de excecionalidade pode provocar no regular funcionamento das instituições, desde logo, judiciais em situações de paralisação total ou parcial. Aqui, importa averiguar em que medida é que a causa é ou não imputável ao Estado em sentido amplo para efeitos de apuramento em eventuais ações de responsabilidade civil do Estado por violação do direito a uma decisão judicial em prazo razoável ou antes a um comportamento culposo de um servidor público da administração da justiça. Em matéria de responsabilidade civil por erro judiciário deve ter-se em conta que é muito comum a verificação de uma vasta proliferação de legislativa de resposta à situação de excecionalidade real, ou seja, uma legislação preparada "em tempo recorde" (e como se sabe a pressa não costuma ser amiga da perfeição – o que se pode apurar pelas subsequentes retificações legislativas que costumam ter lugar nestas situações) – que pode (potencialmente) conter (mais) erro derivados da urgência

[60] Cf. OTERO, Paulo. *Legalidade e Administração Pública...*, p. 998.

[61] Cf. SOUSA, Marcelo Rebelo de e MATOS, André Salgado de. *Responsabilidade Civil Administrativa...*, p. 420.

[62] Cf.
CADILHA, Carlos Alberto Fernandes. *Regime da responsabilidade extracontratual do Estado...*, pp. 158 ss.

[63] RAPOSO, João. "As medidas de polícia". *Direito administrativo de necessidade e de excepção.* Carla Amado Gomes e Ricardo Pedro (coord.). Lisboa: AAFDL, 2020, pp. 773-795.

de resposta legislativa com um impacto indireto na atividade do julgador.

(iv) Responsabilidade civil legislativa por factos ilícitos. A título de exemplo e para além da situação mais radical de ilicitude constitucional por declaração da situação de estado de exceção, pela não verificação real dos pressupostos do estado de exceção, podem considerar-se a aprovação de diplomas normativos além do permitido pelo quadro constitucional de excecionalidade vigente, desde logo, suspendendo direitos não passíveis de suspensão ou cuja suspensão seja violadora do princípio da proporcionalidade.

3.4 Causas de exclusão da indemnização civil pública extracontratual

a) O Estado (e demais entidades públicas) deixará de ser responsável sempre que se verifique uma causa de exclusão de responsabilidade civil. Ou seja, podem ter lugar causas de isenção de responsabilidade civil ou pressupostos negativos da indemnização civil[64].

Embora estas causas de exclusão não resultem de forma expressa do RRCEE, emergem do tratamento harmonioso da responsabilidade civil no contexto da unidade de todo o ordenamento jurídico[65].

b) Estas causas podem incidir sobre a ilicitude, nomeadamente, quando (i) o servidor público esteja perante o cumprimento de um dever, (ii) o servidor público esteja perante estado de necessidade, (iii) haja consentimento do lesado e (iv) o servidor público esteja a atuar em legítima defesa[66]. Posto isto, e apesar da não verificação do requisito ilicitude, pode ocorrer responsabilidade civil por facto lícito[67].

Face ao tema que nos ocupa, um dos aspetos a ter em particular atenção é o relativo ao estado de necessidade objetivo uma vez que este exclui

[64] Cf. JORGE, Fernando de Sandy Lopes Pessoa. *Ensaio sobre os pressupostos...*, p. 56.

[65] Entre nós, cf. OTERO, Paulo. "Causas de exclusão da responsabilidade civil extracontratual da administração pública por facto ilícito". *Estudos em Homenagem ao Prof. Doutor Sérvulo Correia*, Jorge Miranda (org.). Lisboa: Coimbra Editora, 2010, pp. 965 ss.

[66] Cf. PAILLET, Michel. *La responsabilité administrative*. Paris: Dalloz, 1996, pp. 47-54; CADILHA, Carlos Alberto Fernandes. *Regime da responsabilidade extracontratual do Estado...*, p. 158.

[67] Cf. OTERO, Paulo. "Causas de exclusão da responsabilidade civil extracontratual...", p. 965.

a ilicitude[68]. Os limites estabelecidos para o estado de necessidade objetivo – o servidor púbico que aja em estado de necessidade só está legitimado a atuar nos limites da necessidade pública – revelam que logo que tal limite seja ultrapassado se estará perante um excesso, podendo o Estado e o servidor responder por esse excesso.

c) As causas liberatórias de responsabilidade civil podem incidir ainda sobre o requisito culpa, como sejam: (i) erro desculpável ou (ii) estado de necessidade desculpante. Porém, face ao carácter cada vez menos impressivo do requisito culpa, estas duas últimas causas de exclusão tornam-se menos relevantes, podendo implicar, em algumas situações, a apurar caso a caso, a irresponsabilidade do servidor público, mas não a do Estado[69].

d) Pode ainda verificar-se alguma causa de exclusão da causalidade[70]. Começamos pela figura da culpa do lesado que, na nossa opinião, expressa um princípio de autorresponsabilidade (processual, procedimental e substantiva) e de não inculpação de outrem pelos danos causados a si próprio – que se revela num princípio de concorrência dos comportamentos danosos, a que o juiz terá de atender para efeitos de identificação do património responsável (público e/ou privado). Por outras palavras, a conduta do lesado surge como um ónus para o lesado e uma válvula geral de escape para o sistema, de modo a permitir a consideração de todos os comportamentos (justificadores de indemnização) na justiça a arbitrar no caso concreto[71].

A culpa (conduta danosa) do lesado está prevista no artigo 4.º do RRCEE. A terminologia usada pelo legislador é infeliz[72] não só dada a cada vez menor utilidade prática do conceito de culpa, como pela perda de peso deste conceito no direito público – que, segundo nos parece,

[68] Cf. Jorge, Fernando de Sandy Lopes Pessoa. *Ensaio sobre os pressupostos...*, p. 252; Amaral, Diogo Freitas do e Garcia, Maria da Glória F. P. D. "O estado de necessidade...", p. 493.

[69] Cf. Sousa, Marcelo Rebelo de e Matos, André Salgado de. *Responsabilidade Civil Administrativa...*, pp. 21 ss.

[70] Cf. Otero, Paulo. "Causas de exclusão da responsabilidade civil extracontratual...", pp. 981 ss.

[71] Já anteriormente, cf. Pedro, Ricardo. *Estudos sobre Administração da Justiça...*, pp. 31 ss.

[72] Sobre a multiplicidade de terminologias, cf., Proença, José Carlos Brandão. *A conduta do lesado como pressuposto e critério de imputação do dano extracontratual.* Coimbra: Almedina, 1997, pp. 81 ss.

assim como a outra doutrina, se coaduna melhor, em muitas situações, com *standards* de funcionamento[73]. O RRCEE inclui esta figura nas disposições gerais – pelo que se deverá aplicar a todas as modalidades de responsabilidade/indemnização pública extracontratual aí previstas. De acordo com alguma doutrina, este regime encontra a sua atividade privilegiada na função administrativa[74].

Nesta função teria aplicação mais frequente na responsabilidade por condutas ilícitas, inclusivamente, no âmbito da responsabilidade civil por danos causados no procedimento de formação dos contratos públicos. Pode ainda, de acordo com o disposto no artigo 11.º, n.º 1 do RRCEE, aplicar-se à responsabilidade pelo risco (embora a letra do preceito não o diga expressamente, em muitas situações pode estar-se já perante uma conduta perigosa do lesado). Na nossa opinião, poderá ainda aplicar-se em certas situações no âmbito da administração da justiça[75] e mesmo nas situações resultantes de erro judiciário. Dificuldade maior manifesta-se na aplicação desta figura à responsabilidade civil por facto legislativo. Por fim, poderá ainda aplicar-se à indemnização pelo sacrifício[76].

A conduta do lesado surge como um conceito amplíssimo, que vai além da adequada reação jurisdicional (seja cautelar ou definitiva e urgente ou normal), incluindo a reação adequada para a evitação de danos, nomeadamente, por condutas materiais[77]. Esta conduta do lesado, culposa (e perigosa) deve ter concorrido para a produção ou agravamento dos danos causados, ou seja, terá de ser causa adequada da produção/agravamento de danos. Perante a emergência, por um lado, de danos e, por outro, da

[73] Cf. ANDRADE, José Carlos Vieira de. "A responsabilidade por danos decorrentes do exercício da função administrativa na nova lei sobre responsabilidade civil extracontratual do Estado e demais entes públicos". *Revista de Legislação e de Jurisprudência*, n.º 3951, julho/agosto de 2008, p. 366.

[74] Cf. GOMES, Carla Amado. "A *culpa* (ou a *conduta?*) do lesado: reflexões sobre um instituto aberto". *Revista do Ministério Público*, n.º 139, julho/setembro de 2014, p. 12.

[75] Cf. PEDRO, Ricardo. *Contributo para o estudo da responsabilidade civil extracontratual do Estado...*, pp. 95-98.

[76] Cf. GOMES, Carla Amado. "A *culpa* (ou a *conduta?*) do lesado...", pp. 26-28.

[77] Cf. CALVÃO, Filipa. "Anotação ao artigo 4.º". *Comentário ao regime da responsabilidade civil extracontratual do Estado e demais entidades públicas*. Lisboa: Universidade Católica Editora, 2013, pp. 107-109.

encruzilhada de comportamentos culposos, o juiz terá de ponderar, ao abrigo do critério da gravidade das culpas (negligência, culpa grave e dolo) de ambas as partes e das consequências que delas tenham resultado, que indemnização é devida ao lesado, desvendando-se três cenários: reparação integral, redução parcial e exclusão.

e) Ainda sob o desígnio da exclusão da causalidade emerge a figura da força maior *(damnum fatale)* que, apesar de expressamente prevista no artigo 11.º, n.º 1, do RRCEE, a propósito da responsabilidade civil pelo perigo, se deve estender também à responsabilidade civil por facto ilícito[78]. Como será fácil de perceber, a força maior é uma das causas de exclusão de indemnização que surge frequentemente em contextos de excecionalidade. Apesar de o RRCEE não lhe fazer referência geral, a verdade é que a figura não é desconhecida do ordenamento jurídico nacional a propósito da responsabilidade civil, como se pode recortar dos artigos 505.º e 509.º, n.º 2[79], do Código Civil (CC)[80]. Assim, como é admitida expressamente em sede de responsabilidade civil pública em outros ordenamentos jurídicos[81].

A nossa jurisprudência superior, no contexto da responsabilidade civil privada, define a força maior "como excludente da culpa e até da responsabilidade civil lato sensu [e] tem ínsita uma ideia de inevitabilidade, ligada a uma acção do homem ou terceiro e, em muitos casos, a fenómenos da natureza, que por serem incontroláveis e nem sequer previsíveis pela vontade do agente, não são passíveis de imputação pelas suas con-

[78] Cf. OTERO, Paulo. "Causas de exclusão da responsabilidade civil extracontratual...", pp. 981 ss.; Acórdão do STA, de 08.10.1996, P. 038196.

[79] De acordo com este artigo *"considera-se de força maior toda a causa exterior independente do funcionamento e utilização da coisa".*

[80] Referências à *força maior* podem ainda encontrar-se nos artigos 321.º e 1072.º do Código Civil.

[81] Cf. ZULOAGA, Daniel Cuadrado. "Fuerza mayor como causa eximente de la responsabilidad patrimonial". *Actualidad administrativa*, n.º 19, 2005, pp. 2380-2392; RODRÍGUEZ, Concepción Barrero. *Fuerza mayor y responsabilidad administrativa extracontractual.* Navarra: Aranzadi, 2009, *passim.*

sequências, configurando-se como evento contra o qual nada pôde fazer por maior que tivesse sido a sua diligência"[82].

Também o Supremo Tribunal Administrativo (STA)[83] já decidiu no sentido de a força maior ser aplicável no contexto da responsabilidade civil pública, em particular, para esclarecer que em "caso de presunção legal de culpa, verifica-se uma inversão das regras relativas ao ónus da prova, estabelecidas no artigo 342.º do Código Civil, incumbindo ao lesado apenas a prova do facto que serve de base à presunção, e cabendo ao autor da lesão a prova principal de (...) que este se deveu de força maior"[84].

f) No âmbito da indemnização civil pública o efeito da força maior é no sentido de não serem indemnizáveis os danos decorrentes de eventos ou circunstâncias que não poderiam ter sido previstos ou evitados de acordo com o estado da ciência ou técnica existente no momento da produção daqueles. Numa síntese, estaria em causa um evento imprevisível e inevitável provocado por uma causa que escapa à esfera de ação do agente em questão. Esta exclusão de indemnização seria justificada pelo facto de que, nesses contextos, se poder considerar que os danos não foram realmente causados pela atuação de serviços públicos – que escapam ao controlo humano -, mas pelo facto que constitui força maior[85].

[82] Cf. acórdãos do Supremo Tribunal de Justiça ("STJ"), de 18.12.2013, P. 3186/08.2TBVCT.G1.S1; de 28.5.2002, P. 02A185; de 27.5.2003, P. 03B3598; de 4.10.2005, P. 05A2167; de 4.10.2007, P. 07B2957; de 11.7.2013, P. 97/05.7TBPVL.G2. Próxima desta figura é a do *caso fortuito* que tende a ser entendido como se ligando a *"uma ideia de imprevisibilidade do evento, que se tivesse sido previsto, poderia ter sido evitado"*, cf., entre muitos, acórdão do STJ, de 18.12.2013, P. 3186/08.2TBVCT.G1.S1.

[83] Para o STA, *"um caso de força maior é todo o acontecimento natural ou acção humana que, embora, previsível ou até prevenida, não se pode evitar, nem em si mesmo nem nas suas consequências"*. Entre muitos, cf. acórdãos de 14.01.2010, P. 0566/08 que remete para a jurisprudência do STJ (entre outros, cf. acórdãos do STJ, de 9.1.1970, P. 62941; de 10.12.1985, P. 73169, de 26.5.1988, P. 75721, de 27.9.1994, P. 85089, de 10.2.2005, P. 4B2192 e de 29.11.2005, P. 05B3678).

[84] Cf., entre outros, acórdãos do STA, de 9.03.2006, P. 069/05; de 22.03.2007, P. 01161/06; de 5.12.2007, P. 0655/07.

[85] Cf. Pascual, Gabgriel Domenech. "Responsabilidad patrimonial del Estado por la gestión de la crisis del COVID 19". *El cronista del Estado Social y de Derecho*, n.ºs 86/87,

No contexto da crise sanitária provocada pela COVID-19, o argumento da força maior pode revelar-se, em abstrato, merecedor de atenção, devendo, em concreto, o ente público a quem seja imputado o dever de indemnizar alegar e provar que a exclusão se deve a tal facto – o que nem sempre se revelará fácil. A relevância da força maior, por um lado, é, por regra, variável desde logo em função do momento em que é imputado o dever de indemnizar [mais relevante no momento em que surge o evento (em resultado geral de escasso conhecimento científico) e menos relevante quando, em geral, já se encontram respostas adequadas para debelar o interesse público em crise] e, por outro, em muitas situações de responsabilidade civil pública pode não assumir relevância sempre que haja culpa do agente ou do serviço.

g) Por fim, é ainda de ter em conta que o facto (danoso) de terceiro tende a excluir total ou parcialmente a responsabilidade civil pública[86]. A previsão que se encontra no nosso ordenamento jurídico a este propósito vem a radicar no artigo 11.º, n.º 2, do RRCEE a propósito da responsabilidade civil pelo perigo. Este artigo prevê que: "quando um facto culposo de terceiro tenha concorrido para a produção ou agravamento dos danos, o Estado e as demais pessoas colectivas de direito público respondem solidariamente com o terceiro, sem prejuízo do direito de regresso".

Apesar de se tratar-se de um preceito previsto para a responsabilidade civil pelo risco, deve ser aplicável também à responsabilidade civil pública por factos ilícitos[87]-[88] e tende a excluir (total ou parcialmente)[89] a responsabilidade civil pública.

marzo/abril 2020: Corona vírus y otros problemas..., p. 105, disponível em: http://www.elcronista.es/El-Cronista- número-86-87-Coronavirus.pdf, consultado em 01.11.2021.

[86] Entre muitos, cf. Cadilha, Carlos Alberto Fernandes. *Regime da responsabilidade extracontratual do Estado...*, pp. 181 ss.; SOUSA, Marcelo Rebelo de e Matos, André Salgado de. *Responsabilidade Civil Administrativa...*, p. 41.

[87] Cf., entre outros, acórdão do STA, de 10.02.2000, P. 045101, em que se pode ler: "Para além das situações em que a Administração tenha elementos para alegar e provar a existência de caso fortuito ou de força maior, ou mesmo a culpa de terceiro – hipóteses que afastarão a sua responsabilidade, à semelhança do disposto na lei para a responsabilidade fundada no risco ou para a responsabilidade por factos casuais – bastar-lhe-à alegar e provar que organizou os seus serviços de modo adequado a assegurar um eficiente sistema de prevenção e vigilância de anomalias previsíveis".

Conclusões

O princípio de Estado de Direito e instituto da "responsabilidade das entidades públicas" impõem um princípio geral de indemnização dos danos causados pelos entes públicos no exercício das funções que lhe estejam atribuídas. Este princípio assume valia para a situação de regular funcionamento institucional do Estado de Direito – situações de normalidade jurídica, assim como, para situações de excecionalidade jurídica, isto é, aquelas situações que, em razão de uma necessidade pública, deve entrar em cena uma juridicidade capaz de lidar com o interesse público em crise.

Nos contextos de juridicidade de normalidade, assume especial relevância o princípio de legalidade/juridicidade na conformação da atuação dos poderes públicos e, por consequência (na situação da sua violação), para efeitos de indemnização dos danos causados, o instituto da responsabilidade civil extracontratual pública.

Já nos contextos de excecionalidade real e fáctica entra, em regra, em cena uma juridicidade alternativa que, muitas vezes, substitui a juridicidade assente no princípio da legalidade em sentido estrito, afastando regras procedimentais, de competência, etc. A necessidade pública de proteger o interesse público em crise pode impor uma redistribuição dos encargos públicos sofridos pelos particulares que, desde logo, auxiliaram no combate à situação causadora de danos, pelo que se torna muito relevante a figura da indemnização pelo sacrifício, de modo a restabelecer o valor Justiça em face dos diferentes encargos públicos assumidos por certos particulares ou grupos de particulares. Acresce que a atuação pública em contextos de excecionalidade pode causar danos em virtude da atuação culposa dos servidores públicos, pelo que pode assumir ainda grande relevância a figura da responsabilidade civil pública para efeitos de indemnizar os danos daí resultantes.

[88] Sousa, Marcelo Rebelo de e Matos, André Salgado de. *Responsabilidade Civil Administrativa...*, p. 41.

[89] Em rigor, o modo como se apresenta o artigo 11.°, n.° 2 do RRCEE parece comtemplar, sobretudo, a responsabilidade civil concorrente entre o ente público e o terceiro, razão pela qual o ente público surge como responsável solidário com o terceiro, ainda que com direito de regresso (total ou parcial).

Para além dos pressupostos positivos que convocam a aplicação da figura da indemnização pelo sacrifício ou da responsabilidade civil pública, importa que se apure que não se verifica nenhum pressuposto negativo, isto é, uma cláusula de exclusão de indemnização pública. Estas podem incidir sobre o requisito ilicitude, o requisito culpa ou sobre o requisito nexo de causalidade. No contexto de excecionalidade provocado pela crise sanitária resultante da COVID-19, é de destacar a causa de exclusão de indemnização pública resultante de força maior (enquanto evento imprevisível ou irresistível): apesar de, em abstrato, a força maior apresentar valia para exclusão do dever de indemnizar, deve o ente público a quem é imputado tal dever, alegar e provar que, em concreto, o facto COVID-19 foi, por um lado, o causador imediato dos danos e que encontra afastado o nexo de causalidade.

Referências

AA. VV. "Nota prévia". *O regime de responsabilidade civil extracontratual do Estado e demais entidades públicas: comentários à luz da jurisprudência*, Carla Amado Gomes, Ricardo Pedro, Tiago Serrão (coord.). 2. ed. Lisboa: AAFDL, 2018.

AA. VV. *Direito administrativo de necessidade e de excepção*. Carla Amado Gomes e Ricardo Pedro. Lisboa: AAFDL, 2020,.

ALMEIDA, Mário Aroso de. "Breve apontamento sobre alguns aspetos de regime do Decreto-Lei n.º 19-A/2020, de 30 de abril". *Concorrência e sustentabilidade: dois desafios para a contratação pública: actas das II jornadas de direito dos contratos públicos (30 de setembro a 2 de outubro de 2020, FDUL)*, Miguel Assis Raimundo (org.). Lisboa: AAFDL Editora, 2021, pp. 421-431.

AMARAL, Diogo Freitas do e GARCIA, Maria da Glória F. P. D. "O estado de necessidade e a urgência em Direito Administrativo".

AMARAL, Diogo Freitas do. "Reflexão sobre alguns aspectos jurídicos do 11 de Setembro e suas sequelas". *Estudos em homenagem à Professora Doutora Isabel de Magalhães Collaço*, Rui Manuel de Moura Ramos et al. (coord.), II, Coimbra: Almedina, 2002, pp. 765-777.

ANDRADE, José Carlos Vieira de. "A responsabilidade por danos decorrentes do exercício da função administrativa na nova lei sobre responsabilidade civil extracontratual do Estado e demais entes públicos". *Revista de Legislação e de Jurisprudência*, n.º 3951, julho/agosto de 2008.

ANGIOLINI, Vittorio. *Necessita ed emergenza nel diritto pubblico*. Padova: CEDAM, 1986.

BARTOLE, Sergio; BIN, Roberto e AMBROSI, Andrea. *Commentario breve alla costituzione*. Padova: CEDAM, 2008.

BAUMAN, Z. *La società dell'incertezza*. Bologna: Il Mulino, 1999.

BAUMAN, Z. *Modernità liquida*. Roma-Bari: Laterza, 2002.

BECK, Ulrich. *Risikogesellschaft: Auf dem Weg in eine andere Modern*. Suhrkamp Verlag KG, 1986.

BOTELHO, Catarina Santos. "Os estados de exceção constitucional: estado de sítio e estado de emergência". *Direito administrativo de necessidade e de excepção*, Carla Amado Gomes, Ricardo Pedro (coord.). Lisboa: AAFDL, 2020, pp. 47-95.

BRECHER, Jeremy e COSTELLO, Tim. *Contro il capitale globale*. Milano: Feltrinelli, 1996.

CADILHA, Carlos Alberto Fernandes. *Regime da responsabilidade extracontratual do Estado e demais entidades públicas – Anotado*. S.L: Coimbra Editora, 2008.

CALVÃO, Filipa. "Anotação ao artigo 4.º". *Comentário ao regime da responsabilidade civil extracontratual do Estado e demais entidades públicas*. Lisboa: Universidade Católica Editora, 2013.

CANOTILHO, José Joaquim Gomes. *Direito constitucional e teoria da Constituição*. 7. ed. Coimbra: Almedina, 2003.

CANOTILHO, José Joaquim Gomes. MOREIRA, Vital. *Constituição da República Portuguesa Anotada*, I. Coimbra: Coimbra Editora, 2007.

CANOTILHO, José Joaquim Gomes. *O problema da responsabilidade do Estado por actos lícitos*. Coimbra: Almedina, 1974.

CASSESE, S. *La crisi dello Stato*. Roma – Bari: Laterza, 2001.

CASSESE, S. *Oltre lo Stato*. Roma-Bari: Laterza, 2006.

CORREIA, António Damasceno. *Estado de sítio e de emergência em democracia*. Lisboa: Vega, 1989.

CORREIA, José Manuel Sérvulo. "Revisitando o estado de necessidade". *Estudos de Direito Público*, I, Francisco Paes Marques, José Duarte Coimbra e Tiago Fidalgo de Freitas (coord.). Coimbra: Almedina, 2019, pp. 135-162.

CORREIA, José Manuel Sérvulo. *Legalidade e autonomia contratual nos contratos administrativos*. Lisboa: Almedina, 1987.

EGÍDIO, Mariana Melo. "A requisição de pessoas e bens". *Direito administrativo de necessidade e de excepção*. Carla Amado Gomes e Ricardo Pedro (coord.). Lisboa: AAFDL, 2020, pp. 385-412.

ENTERRÍA, Eduardo García de e FERNANDEZ, Tomas-Ramón. *Curso de derecho administrativo*, I. Madrid: Editorial Civitas, 1977.

GARCIA, Vicente Alvarez. *El concepto de necesidad en derecho publico*. Madrid: Civitas, 1996.

GOMES, Carla Amado. "A compensação administrativa pelo sacrifício: reflexões breves e notas de jurisprudência". *Revista do Ministério Público*, n.º 129, janeiro/março de 2012, pp. 9-17.

GOMES, Carla Amado. "A *culpa* (ou a *conduta*?) do lesado: reflexões sobre um instituto aberto". *Revista do Ministério Público*, n.º 139, julho/setembro de 2014.

GOMES, Carla Amado. "Responsabilidade civil extracontratual do Estado e(m) estado de emergência: Dez breves notas". *e-Pública*, v. 7, n.º 1, abril de 2020, pp. 170-183.

GOMES, Carla Amado. «Dar o duvidoso pelo (in)certo? Reflexões sobre o "princípio da precaução"». *Textos Dispersos de Direito do Ambiente*. Lisboa: AAFDL, 2005.

GOMES, Carla Amado. *A prevenção à prova no Direito do Ambiente*. Coimbra: Coimbra Editora, 2000.

GOUVEIA, Jorge Bacelar. *Estado de excepção no direito constitucional: entre a eficiência e a normalidade das estruturas de defesa extraordinária da Constituição*, I, II. Coimbra: Almedina, 1998.

JORGE, Fernando de Sandy Lopes Pessoa. *Ensaio sobre os pressupostos da responsabilidade civil*, reimpr. Coimbra: Almedina, 1995.

LATOUCHE, Serge. *L'occidentalizzazione del mondo*. Torino: Bollati Boringhieri, 1992.

MACHETE, Pedro. "Anotação ao artigo 16.º". *Comentário ao Regime da Responsabilidade Civil do Estado e Demais Entidades Públicas*. Lisboa: Universidade Católica Portuguesa, 2013.

MARTINS, A. G. Freitas. *O Princípio da Precaução no Direito do Ambiente*. Lisboa: AAFDL, 2002.

MIRANDA, Juliana Gomes. *Teoria da excepcionalidade administrativa: a juridicização do estado de necessidade*. Belo Horizonte: Fórum, 2010.

MONCADA, Luís Cabral de. *Responsabilidade Civil Extracontratual do Estado – A Lei n.º 67/2007, de 31 de Dezembro, Introdução de Jorge de Abreu*. Lisboa: Edição Abreu & Marques, Vinhas e Associados, 2008.

MORAIS, Carlos Blanco de. *O estado de excepção*. Lisboa: Cognitio, 1984.

OTERO, Paulo. "Causas de exclusão da responsabilidade civil extracontratual da administração pública por facto ilícito". *Estudos em Homenagem ao Prof. Doutor Sérvulo Correia*, Jorge Miranda (org.). Lisboa: Coimbra Editora, 2010.

OTERO, Paulo. *Legalidade e Administração Pública: o sentido da vinculação administrativa à juridicidade*. Coimbra: Almedina, 2003.

PAILLET, Michel. *La responsabilité administrative*. Paris: Dalloz, 1996.

PASCUAL, Gabgriel Domenech. "Responsabilidad patrimonial del Estado por la gestión de la crisis del COVID 19". *El cronista del Estado Social y de Derecho*, n.ºs 86/87, marzo/abril 2020: Corona vírus y otros problemas...

PEDRO, Ricardo. "Notas introdutórias sobre o quadro jurídico europeu de auxílios públicos enquadrador de possíveis medidas de incentivos financeiros às empresas no contexto dos impactos económico-financeiros causados pelo surto de COVID-19". CEDIS, *Working Paper* VARIA, n.º 2, março 2020.

PEDRO, Ricardo. *Contributo para o estudo da responsabilidade civil extracontratual do Estado por violação do direito a uma decisão em prazo razoável ou sem dilações indevidas*. Lisboa: AAFDL, 2011.

PEDRO, Ricardo. *Estudos sobre Administração da Justiça e responsabilidade civil do Estado*. Lisboa: AAFDL, 2016.

PEDRO, Ricardo. *Fundos Europeus Estruturais e de Investimento e Auxílios Públicos: Estudos de Direito Administrativo Nacional e Europeu*. Lisboa: Almedina, 2020.

PEDRO, Ricardo. Responsabilidade civil do Estado por erro judiciário: da *"law in books"* à *"law in action": mind the gap*. *Revista do Ministério Público*, Ano 42, n.º 166 (abril-junho 2021). Lisboa, pp. 159-199.

PINNA, Pietro. *L'emergenza nell'ordinamento costituzionale italiano*. Milano: Giuffre, 1988.

PROENÇA, José Carlos Brandão. *A conduta do lesado como pressuposto e critério de imputação do dano extracontratual*. Coimbra: Almedina, 1997.

QUARCH, Benedikt M. et al. *Staatshaftung in der Coronakrise, Ansprüche bei rechtmäßigen und unrechtmäßigen COVID19 Schutzmaßnahmen*. Baden-Baden: Nomos, 2021.

RAPOSO, João. "As medidas de polícia". *Direito administrativo de necessidade e de excepção*. Carla Amado Gomes e Ricardo Pedro (coord.). Lisboa: AAFDL, 2020, pp. 773-795.

RIVERO, Jean. *Direito administrativo* (tradução de Rogério Soares). Coimbra: Almedina, 1981.

RODRÍGUEZ, Concepción Barrero. *Fuerza mayor y responsabilidad administrativa extracontractual*. Navarra: Aranzadi, 2009.

SCHEPPELE, Kim Lane. "Law in a Time of Emergency: States of Exception and the Temptations of 9/11". *University of Pennsylvania Journal of Constitutional Law*, v. 6, pp. 1001-1083.

SILVA, Jorge Pereira da. *Dever de legislar e protecção jurisdicional contra omissões legislativas: contributo para uma teoria da inconstitucionalidade por omissão*. Lisboa: Universidade Católica Editora, 2003.

SOFSKY, W. *Rischio e sicurezza*. Torino: Einaudi, 2005.

SOUSA, Marcelo Rebelo de e MATOS, André Salgado de. *Responsabilidade Civil Administrativa, Direito Administrativo Geral*, III. Lisboa: Dom Quixote, 2008.

SUORDEM, Fernando Paulo da Silva. "Os estados de excepção constitucional: problemática e regime jurídico". *Scientia iuridica*. Braga, julho/dezembro de 1995.

THOLL, Frank. *Staatshaftung und Corona*. Munique, 2021.

VAUCHEZ, Stéphanie Hennette. "The state of emergency in France: days without end?". *European Constitutional Law Review*, v. 14, n.º 4, 2018, pp. 700-720.

ZULOAGA, Daniel Cuadrado. "Fuerza mayor como causa eximente de la responsabilidad patrimonial". *Actualidad administrativa*, n.º 19, 2005, pp. 2380-2392.